目 录

❧ 远古时期 ❧

远古简介 …………… 007
杰出历史名人 …………… 007
重大历史事件 …………… 009
文化艺术成就 …………… 009
盘古开天辟地 …………… 011
女娲造人补天 …………… 013
尧舜禅让 …………… 014
大禹治水 …………… 016

❧ 夏商周时期 ❧

夏商周简介 …………… 020
杰出历史名人 …………… 020
重大历史事件 …………… 022
文化艺术成就 …………… 023

夏启家天下 …………… 025
商汤灭夏 …………… 027
盘庚迁都 …………… 031
姜太公钓鱼 …………… 033
武王伐纣 …………… 036
周公摄政 …………… 039
国人暴动 …………… 042
烽火戏诸侯 …………… 045

❧ 春秋战国时期 ❧

春秋战国简介 …………… 048
杰出历史名人 …………… 048

重大历史事件 ………… 051
文化艺术成就 ………… 053
齐桓公称霸 …………… 055
晋文公复国图霸 ……… 059
秦穆公称霸西戎 ……… 064
楚庄王一鸣惊人 ……… 068
吴国崛起 ……………… 074
勾践卧薪尝胆 ………… 081
孔子周游列国 ………… 087
三家分晋 ……………… 093
赵武灵王胡服骑射 …… 096
苏秦合纵 ……………… 100
张仪连横 ……………… 103
乐毅伐齐 ……………… 108
将相和 ………………… 110
荆轲刺秦王 …………… 116
秦灭六国 ……………… 120

秦汉时期

秦汉简介 ……………… 125
杰出历史名人 ………… 125
重大历史事件 ………… 127
文化艺术成就 ………… 129
嬴政称帝 ……………… 131
焚书坑儒 ……………… 134
指鹿为马 ……………… 137
大泽乡起义 …………… 141
巨鹿之战 ……………… 145
鸿门宴 ………………… 149
刘邦创汉 ……………… 153
文景之治 ……………… 159
七国之乱 ……………… 163
雄才大略汉武帝 ……… 167
卫青和霍去病 ………… 170
霍光辅政 ……………… 174
王莽改制 ……………… 177
光武中兴 ……………… 179
班超出使西域 ………… 182
蔡伦造纸 ……………… 185
党锢之祸 ……………… 188

黄巾大起义 ………… 191

🌩 三国时期 🌩

三国简介 ………… 195
杰出历史名人 ………… 195
重大历史事件 ………… 197
文化艺术成就 ………… 198
董卓乱政 ………… 199
官渡之战 ………… 204
刘备三顾茅庐 ………… 208
赤壁之战 ………… 212
关羽大意失荆州 ………… 217
七擒孟获 ………… 222
诸葛亮挥泪斩马谡 ………… 225
司马懿擅权 ………… 229
三国归晋 ………… 233

🌩 魏晋南北朝时期 🌩

魏晋南北朝简介 ………… 237
杰出历史名人 ………… 237
重大历史事件 ………… 239

文化艺术成就 ………… 241
八王之乱 ………… 244
王与马共天下 ………… 248
祖逖北伐 ………… 251
桓温北伐 ………… 254
王猛治秦 ………… 258
淝水之战 ………… 262
书圣王羲之 ………… 267
刘裕称帝 ………… 271
北魏孝文帝改革 ………… 275
科学家祖冲之 ………… 280
"菩萨皇帝"梁武帝 ………… 283
陈后主亡国 ………… 287

🌩 隋唐五代时期 🌩

隋唐五代简介 ………… 293
杰出历史名人 ………… 293

重大历史事件 …………… 296
文化艺术成就 …………… 297
杨广篡位 ………………… 301
瓦岗军起义 ……………… 304
李渊晋阳起兵 …………… 308
玄武门之变 ……………… 312
贞观之治 ………………… 317
武则天称帝 ……………… 321
唐明皇与杨贵妃 ………… 326
安史之乱 ………………… 330
黄巢起义 ………………… 335
朱温灭唐 ………………… 339

宋辽金元时期

宋辽金元简介 …………… 343
杰出历史名人 …………… 343
重大历史事件 …………… 345
文化艺术成就 …………… 347

陈桥兵变 ………………… 351
澶渊之盟 ………………… 355
王安石变法 ……………… 358
岳飞抗金 ………………… 361
成吉思汗统一蒙古 ……… 365

明清时期

明清简介 ………………… 370
杰出历史名人 …………… 370
重大历史事件 …………… 373
文化艺术成就 …………… 375
朱元璋建明 ……………… 378
土木之变 ………………… 382
努尔哈赤建后金 ………… 386
清兵入关 ………………… 391
康熙削藩 ………………… 394
平定准噶尔 ……………… 397
鸦片战争 ………………… 401
太平天国运动 …………… 406
武昌起义 ………………… 412

课外讲堂

中国通史

崔钟雷 主编

以铜为鉴，可正衣冠；
以古为鉴，可知兴替；
以人为鉴，可明得失。

哈尔滨出版社

前言

  古人云:开卷有益。阅读,尤其是经典阅读,是一种人生感悟,是一种历史回顾,是一种思想交流,是一种境界提升。经典名著凝结着古今人类的智慧,蕴藏着人类对真善美的追求,是人类思想的精华。作家将自己的人生感悟融入作品之中,而我们在阅读、在与名家大师对话的过程中,把作品还原到现实生活中,融入我们自己对人生、对社会的体验,贮存于我们的生命之中,经过时间的打磨,更加光彩照人,熠熠生辉。

  书籍是人类进步的阶梯,人们需要不断从名著中汲取营养:从喜剧中获得前进的动力,从悲剧中看清社会的现实,从史书中借鉴历史的经验和教训,从寓言中体味人生的哲理和智慧,从诗歌中感悟心灵的丰富和个性的舒张……然而中国文献典籍浩如烟海,一个人穷尽一生的精力也难面面俱到。为此,我们精心编排了本套《课外讲堂》系列丛书。

  本套丛书根据青少年学生的阅读特点,结合教育部颁布的语文课程标准,选取中华五千年以来在小说、散文、诗歌等方面具有代表性的作品、篇章,内容丰富全面,既与课内知识点紧密相连,又适当扩大了阅读范围。同时为了便于学生阅读,在忠实原著精髓的基础上,汲取精华,释疑解难,使之更为简明扼要、通俗易懂,力争为莘莘学子奉上一套编排精美、版本权威的课外读物。

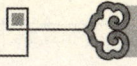

远古时期

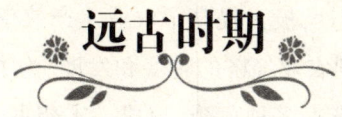

❧ 远古简介 ❧

远古时期是指从人类出现到奴隶制国家形成的历史时期,也就是原始社会。这个时代经历了二三百万年。早期的猿人留下了原始的旧石器文化。六七千年以前,各地开始进入母系氏族社会的繁荣时期,留下了新石器时代的文化。这一时期远古先民有了自己的图腾崇拜和神话传说,彩陶文化出现。到五六千年的时候,各地进入了父系氏族社会时期,有了各种不同内容的神话传说。丰富多彩的石器文明和神话传说,勾画出夏王朝之前中国先民的文明进程。

❧ 杰出历史名人 ❧

Ⅰ 伏羲氏

伏羲氏、神农氏和黄帝被尊称为人类文明的共同始祖。伏羲氏在我国古代传说中的帝王世系中被奉为"三皇之首",所处时代约为旧石器时代中晚期。相传他根据天地间阴阳变化之理,创造了八卦,用八种看似简单却又意蕴无穷的符号涵盖世间的万事万物,成为中国古文字的发端。此外,他模仿自然界蜘蛛结网捕食而制成了网罟,教人们捕鱼打猎。他还教人们用毛皮缝制衣服,抵御寒冷。他的活动,极大地增强了人类适应自然环境的能力,标志着中华文明的创始。

Ⅱ 神农氏

传说中的农业和医药之神,远古时期杰出的部落首领。他是我国原

中国通史

始农业的发明者,利用天气的变化,对植物进行人工培植,播种五谷。发明了木耒等农业生产工具,极大提高了农业生产效率,从而带动了原始社会后期,由渔猎畜牧到农业经济的转变和发展。为了治疗人们的疾病,他又遍尝百草,发现了三百多种草药,编成一本药书,名为《神农百草》。此外,他还教民制陶纺织及使用火,因功绩显赫,以火得王,故为炎帝。后来,他与黄帝部落联合打败蚩尤部落,成为中华民族的共同始祖,中华民族因而又称为炎黄子孙。

Ⅲ 黄帝

华夏民族始祖,远古时期部落联盟首领。本姓公孙,因生长于姬水之滨,改姓姬。居轩辕之丘,故号轩辕氏。以土德王,土为黄色,故称黄帝。古代文献中记载了黄帝的许多发明创造。在农业生产方面,他充分挖掘土地潜力,率领百姓"时播百谷草木",凿井灌溉,又作杵臼、弓矢等生产捕猎工具;物质生产方面,始制衣冠,建造舟车等;精神生产方面,创造文字,定算数,制音律,创医学等。当然其中有不少都是黄帝之后才出现的发明创造,但也反映出了黄帝为中华文明发展所作出的贡献。他和炎帝联手打败蚩尤,首先统一了华夏各部落。之后,炎黄部族经过夏商周与其他各族的冲突、交往与融合,到战国时期形成了统一的华夏民族。

Ⅳ 尧

中国传说中远古时期的人物,是五帝之一。姓姜,名尧,起初被封于陶,后迁徙到唐,所以又被称为"陶唐氏"。他推崇民主,并能够以身作则,与四岳(尧舜时代四方部落的首领)共同商讨部落大事,并设立谤木,让平民提出自己的意见。他任命羲、和掌管天文,制定历法,使劳动人民能够按照时节耕作,不致耽误农时。年老时,由四岳推举部落联盟继承人,大家一致推荐了舜。在对舜考核三年后,禅位于舜,称为"禅让",体现了古代朴素的民主观和价值观。

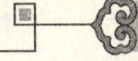 远古时期

重大历史事件

I 禅让制

指以禅让的形式完成政权的更替,即古代君主在位的时候,通过推举,然后多方考察,将统治权让给他人,是一种原始的民主制度。分内禅和外禅两种形式。所谓外禅,指统治者根据自己的意愿,通过选举继承人让更贤能的人来治理国家。通常,外禅是将权力让给异姓,所以会导致朝代的更迭。比如,北周静帝宇文衍禅让给隋朝文帝杨坚,隋朝取代北周等。与外禅不同,内禅指在位的帝王将帝位让给自己的同姓血亲,并不会导致朝代的更迭。比如,唐高祖李渊禅让给唐太宗李世民,国号仍为唐,并没有发生朝代的变更。

II 原始氏族公社制度

原始社会生产力水平低下,人们主要使用石器工具,以采集野果和渔猎为生。因生产力极度低下,必须靠全体成员共同努力才能进行生产和劳动,生产工具等都归集体所有,氏族成员共同分享劳动成果。新石器时代,出现了原始的农业和畜牧业。随着生产力的发展,出现了第一次社会大分工,农业和畜牧业成为社会两大主要生产部门。随着生产工具不断改进,生产效率提高,开始出现剩余产品。原来的集体劳动的生产模式,逐渐被以家庭和个体为单位的生产和生活所取代,氏族公社内部萌生了阶级和私有制。生产力进一步发展,引起了社会生产第二次大分工,手工业从农业中分离出来,商品生产发展迅速,贫富分化加剧,私有制进一步发展,原始氏族公社制度逐渐瓦解。

文化艺术成就

I 彩陶

彩陶是指在橙红色的器壁上绘制图案,烧制成黑色或是褐色,具有

热烈明快格调的陶器。距今已有七千多年的历史,是新石器时代艺术成就的集中体现。彩陶的造型多样,但最常见的还是符合实际用途的罐、碗、盆、壶、瓮、瓶、鬲等日常生活用品。装饰图案也多种多样,主要是当时人们所能接触的事物,如鱼纹、鸟纹、人面纹。也有一些几何纹,如折线纹、三角纹等。彩陶艺术融入了当时人们生活的部分内容和艺术创作的聪明才智,具有重要的历史和艺术价值,是我国不可多得的文化瑰宝。

Ⅱ 岩画

岩画是一种石刻文化,是古代描绘或摹刻在崖壁石块上的图画。主要分布在我国边疆地区。线条简单粗犷,没有细节的刻画,物体的结构简化到不能再简的程度,具有原始艺术创作的特点和稚拙、率真的艺术魅力。描摹虽然简单,但却能描绘出生活中的真实,显示出活跃的生命力。图案多为动物、人物、狩猎、房屋、村落及各种抽象符号,涉及远古先民社会生产、日常生活、精神信仰等方方面面的内容,从总体上反映了当时的社会经济、生产状况和组织形式。岩画是文字出现之前,了解当时社会生活状况的原始"文献",被称为是古代先民记录在石头上的形象史书。

盘古开天辟地

天地是怎样产生的？人类是如何起源的？人们自古以来就对这些问题充满了好奇。世界各个民族都有创世纪的神话，人们想象是一位能够开天辟地、有无穷威力的神创造了万物。这些神话故事，往往表现了人类对自然现象丰富的想象力和对改造自然的向往。在中国的大地上，就流传着盘古开天辟地的神话传说。

传说在久远的上古时代，天地还没有形成，既没有山谷河流，也没有日月星辰，既分不清上下左右，也弄不明东南西北，没有光亮也没有声音，到处是混沌一片，就像是一个浑圆的鸡蛋，而这个浑圆的东西中心便是我们人类的始祖盘古氏。

经过一万八千年的孕育，盘古氏终于从这个浑圆的东西中，像孵化了的小鸡儿一样破壳而出，用他自己制造的一把巨斧，开天辟地，劈开了这混沌的浑圆的东西。

历史探微

盘古开天

"盘古开天"的故事最早见于三国时徐整著的《三五历记》，虽然盘古是中国古代神话中的神，但对整个中华民族的文化影响颇深。至今在河南境内还有盘古山，还保存着"盘古庙会"，据悉每年参加盘古庙会的人员数以万计，盘古庙会就是在盘古神话的基础上形成的富有文化特色的庙会，正因如此我国将河南省桐柏县评为盘古文化的根源地，将每年农历九月初九定为祭祀盘古日。

这浑圆的东西经盘古氏一劈开,就分成了两个部分:一部分轻而清,一部分重而浊。轻而清的那部分不断地往上升,每天升一丈,久而久之,逐渐形成了高高的蓝天;重而浊的那部分不断地往下降,每天降一丈,久而久之,逐渐形成了广阔无垠的大地。

盘古氏自己在天地间也一天长一丈,他越长越高,逐渐长成为一个高大无比的巨人。从盘古氏开天辟地到天地最后形成,中间又经历了一万八千年之久。

盘古氏开天辟地以后,天地间只有他孤孤单单的一个人。他有时欢喜,有时发怒,有时哭泣,有时叹气。因为天地是他开辟的,所以天地也就随着他的喜怒哀乐而发生种种的变化。

盘古氏高兴的时候,天空万里无云;盘古氏生气的时候,天空乌云翻滚;盘古氏哭泣的时候,他的眼泪就是一阵一阵的倾盆大雨,雨水汇合成了江河湖海;盘古氏叹气的时候,就有了风云变幻,嘴里喷出来的气形成阵阵狂风,吹得大地飞沙走石;盘古氏一眨眼,天空就出现一道闪电;盘古氏睡觉的时候发出的鼾声,就是天空中的隆隆雷鸣。

盘古氏的寿命非常长,他在自己开辟的天地之间生活了十分漫长的岁月以后,终于头东脚西平躺在大地上,死去了。

盘古死后,他的双眼分别变成了太阳和月亮,头发变成了星辰,汗毛变成了草木,牙齿和骨头变成金石,他的头部高高隆起,成为气势雄伟的东岳泰山;他的两脚脚趾朝天,成为群峰壁立的西岳华山;他的肚子往上高挺,成为风景秀丽的中岳嵩山;他的左臂在身体的南边,成为重峦叠嶂的南岳衡山;他的右臂在身体的北边,成为气象万千的北岳恒山。

女娲造人补天

盘古开天辟地使世界摆脱了混沌的状态，但天地间一直空荡荡的，一个人也没有。不知过了多少年，世界上出现了名叫女娲氏的另一个人类的始祖。女娲氏一个人生活在天地间，感到太寂寞了，于是她想造出一批人来，跟她一起生活。

女娲取来昆仑山的黄泥按照自己的形象，用心地捏起了泥人，有男有女，有老有少，经过阳光的照射和雨露的滋润，他们一个个都活了起来，女娲氏捏呀捏呀，连续不断地捏了大半天，她感到太疲倦了，想歇一歇。可是，和好的黄泥还剩下很多。她便随手从地上捡起一根粗绳子，对准和好的黄泥抡了起来。那些溅起来的大小不均的黄泥，也都变成了一个个的大大小小的活人。这些被女娲氏造出来的人，大人们在一块儿劳动，一块儿生活，建立了婚姻关系，繁衍着子孙后代；小孩们先是嘻嘻哈哈地打闹玩耍，后来都慢慢地长大成人，也做了父母生儿育女，世世代代地生存下来。

许多年以后，有一位力大无穷的英雄共工与另一个叫颛顼的神为了争夺王位，打得天昏地暗，日月无光。共工在一怒之下一头撞在了不周山上，只听

历史探微

女娲的传说

关于女娲的传说很多，在南方很多民族将她视为本民族的始祖，为了纪念她，人们在很多地方建立女娲庙，世代供奉，至今山东境内天台山上仍然留有女娲补天台，补天剩下的五彩石，还被人称之为太阳神石。另，三皇也有伏羲氏、女娲氏、神农氏之说。

中国通史

"轰"的一声,撑天的柱子被撞断了,天空的一角被撞塌了。从此,东南的天空稍稍倾斜,西北的地面也微微隆起,所以太阳、月亮和星星都向西北移,地上的江河也都往东南流去。

撑天的柱子断了,世界上出现了暴雨狂泻、房屋倒塌、野兽四处逃窜的状况,人民生活更加艰苦。女娲决心拯救遭受苦难的人类,重补苍天。她历尽千辛万苦修炼五色石,用五色石一点一点修补损坏的天空。也不知过了多少年,更不知耗费了多少心血,天终于补好了。

天补好了,暴雨也已经停止了,只剩下洪水的祸患没有平息,于是女娲带领人们把芦苇烧成灰,填平了沟壑,阻止了洪水,又杀死了危害冀州平原的黑龙,砍了它的脚做撑天的四极,天地间又重新恢复了平静,人们又可以安居乐业了。

尧舜禅让

从黄帝以后,中国经过一段由部落联盟向国家演变的时期。传说黄帝以后,先后出现三个很有名的部落联盟首领,分别是尧、舜和禹。他们都是由原来一个部落的首领到被推选为整个部落联盟的首领。

那时候,做部落联盟首领的,有什么大事,不能一个人单独决定,都要找各部落首领一起商量。

据说尧从十六岁开始治理天下,在位七十年。到八十六岁那年,他觉得自己年老力衰,想要找一个人来接替他。他向各地发出公告,号召人们推荐贤能的人。

过了不久，人们推荐虞舜，说这个小伙子人品好，又能干，可以做尧的继承人。

尧听了挺高兴，决定先考察一下舜。他把自己两个女儿娥皇、女英嫁给舜，还替舜筑了粮仓，分给他很多牛羊。可舜的后母和弟弟象见了，又是羡慕，又是妒忌，和舜的父亲瞽叟一起用计，几次三番想暗害舜。

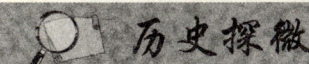

禅让制

"禅"本为佛家语，意为"向祖宗大力推荐非血统的帝位继承者"；"让"指"让出帝位"。"禅让"这一制度起源于我国上古五帝时代，而尧是禅的创始人，相传他生活节俭，性格贤明，是一位谦谦君子，他将帝位让给了舜，尧舜"禅让"反映了当时的社会民主制度。

有一回，瞽叟叫舜修补粮仓的顶。当舜用梯子爬上仓顶的时候，瞽叟就在下面放起火来，想把舜烧死。舜在仓顶上一见起火，想找梯子，梯子已经不知去向。幸好舜随身带着两顶遮太阳用的笠帽。他双手拿着笠帽，像鸟张开翅膀一样滑翔下来。笠帽随风飘荡，舜轻轻地落在地上，一点也没受伤。

瞽叟和象并不甘心，他们又叫舜去淘井。舜跳下井去后，瞽叟和象就在地面上把一块块土石丢下去，把井填没，想把舜活活埋在里面，没想到舜下井后，在井边挖了一个通道，钻了出来，又安全地回家了。

象不知道舜早已脱险，得意扬扬地回到家里，跟瞽叟说："这一回哥哥准死了，这个妙计是我想出来的。现在我们可以把哥哥的财产分一分了。"说完，他就往舜住的屋子走去，哪知道，他一进屋子，舜正坐在床边弹琴呢。象心里暗暗吃惊，很不好意思地说："哎，哥呀！我正在想你。你怎么挖井挖半天也不上来，都快把我想死了呀！"

舜也装作若无其事，说："你来得正好，我的事情多，正需要你帮助我来料理呢。"

中国通史

以后，舜还是像过去一样和和气气对待他的父母和弟弟，瞽叟和象也不敢再暗害舜了。

尧听了大家介绍的舜的事迹，又经过考察，认为舜确是个品德好又挺能干的人，就把首领的位子让给了舜。这种让位，历史上称做"禅让"。在氏族公社时期，部落首领老了，用选举的办法推选新的首领这是当时的惯例，是很正常的事儿。

舜做首领的时候，总是身先士卒，受到大家的信任。过了几年，尧死了，舜还想把部落联盟首领的位子让给尧的儿子丹朱，可是大家都不赞成。舜才正式当上了首领。

舜当上了首领，跟老百姓一起劳动，得到大家一致好评。舜年老之后，依照尧的禅让方法，把首领的位子传给治水有功的禹。

大禹治水

四千多年前，我国的黄河常常决口泛滥，产生水患，大禹吸取以往失败的教训，率领民众疏通河道，拓宽峡口，最终治水获得成功，体现了劳动人民的聪明智慧。而大禹为治理洪水，"三过家门而不入"的故事更让人们广为传颂。

尧在位的时候，黄河流域发生了特大水灾，房子被冲垮了，很多人被无情的洪水淹死。为了解除水患，尧召开部落联盟会议，请众部落首领共商治水大事。群臣和四方部落的首领公推大禹的父亲鲧去治水。

鲧到了治水的地方以后，只是采用了水来土挡的办法。他采用造堤

大禹治水

筑坝的传统办法,但由于洪水异常凶猛,用石块泥土垒成的堤坝很快就被冲破了,水灾反而闹得更凶了。

尧死后,舜接任了部落联盟的首领。舜亲自到水灾地区巡视治水情况。他见鲧对洪水束手无策,误了治水的大事,就把鲧处死了,并让鲧的儿子禹继承父亲的事业,并勉励他一定要把洪水制伏。

禹是个精明能干、吃苦耐劳、大公无私的人。在接受治水任务时,他刚刚和涂山氏的一个姑娘结婚。意志坚强的大禹,想起父亲因为治水失败而被处死就感到十分伤心,同时看到人民数十年来饱受水灾煎熬的痛苦境地,决心一定要战胜洪水。

于是,禹毅然告别妻子,来到治水工地。他虚心听取意见,总结了以前治水失败的经验教训,亲自跋山涉水,翻山越岭,克服了种种困难,终于把水流的源头、上游、下游详细考察了一遍,并在重要的地方堆积石块或树木作为标记,以便治水时作参考。

大禹在治水的时候,亲自参加艰苦的劳动,为群众做出了优秀的榜样。在那些治水的日子里,大禹的脸晒得黑黑的,手上脚上都磨出了厚厚的趼子,脚指甲也因长期泡在水里而脱落,甚至连腿肚子上的汗毛都被碱水腐蚀掉了,百姓们都被他感动了。

靠着这样坚持不懈的精神,大禹指挥人

大禹治水雕像

中国通史

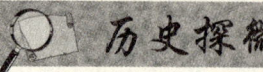

历史探微

父传子，家天下

大禹之前的中国社会一直采取禅让制，尧将帝位传给了舜，而舜将帝位传给了禹。大禹死后，他的儿子"启"继承了帝位，并建立了夏朝，启成为中国历史上"世袭制"第一人，自此开启了父传子、家天下的世袭制度序幕。这种制度的变更预示原始社会氏族公社制度彻底瓦解，国家雏形开始出现。

们花了十年左右的工夫，挖通了一座又一座大山，疏通了一条又一条河渠，把洪水引入大海之中。

大禹第一次路过家门口时，妻子刚刚生下儿子没几天，恰巧从屋子里传来儿子哇哇的哭声，他怕延误治水，没有进去。

第二次路过家门的时候，儿子已经会叫爸爸了，大禹想起工程紧张，治水心切，还是没有进去。

第三次过家门，儿子已经十多岁了，在门口使劲把他往家里拉，大禹深情地抚摸着儿子的头，告诉他治水的任务还没有完成，没有空儿回家。说罢，又急急忙忙地走了，仍然没进家门。

大禹为了治水"三过家门而不入"的故事被传为美谈，至今仍为人们所传颂。

经过十几年坚持不懈的努力，大禹终于取得了治水的成功。他疏通了九条河道，修筑了九个水库，凿通了九座大山，使各处河流畅通无阻，人民也开始安居乐业。

大禹因治水有功，被大家推举为舜的得力助手。舜死后，禹顺理成章地继任了部落联盟首领的位置。

由于禹在治水中的功绩，提高了部落联盟首领的威信。传说禹年老的时候，曾经到东方视察，并且在会稽山(在今浙江绍兴一带)召集许多部落的首领。去朝见禹的人手里都拿着玉帛,仪式十分隆重。有一个叫做防风氏的部落首领,到会最晚。禹认为怠慢了他的命令,把防风氏斩了。由此看来,那时候的禹已经从部落联盟首领变成事实上的国王了。

据说后来为了纪念治水这件事,夏禹用当时九个州出产的铜矿石,铸了九个鼎,代表九个州。这九个鼎后来就成了国家政权的象征。

中国通史

夏商周时期

～夏商周简介～

夏朝,我国第一个奴隶制王朝。夏禹治水有功,禅位为天子,都于阳夏,夏朝建立。禹死后,其子夏启继位,成为"世袭制"第一人。夏朝共传十九王,从约公元前2070年到前1600年,延续近五百年的历史。夏朝最后一个国王桀,为政残暴,奴役百姓。东方商部落的首领汤起兵讨伐,俘获夏桀,夏朝灭亡。

商汤灭夏以后,大会诸侯,建立商王朝,定都于亳。商朝从汤至纣,历十七代三十一王,从约公元前1600年到前1046年,延续近六百年的时间。这一时期,国家机构组织健全,形成了庞大的官僚统治机构和军队。农业、畜牧业和养殖业发展迅速,尤其是手工业,青铜器的冶炼与制作都相当成熟。总之,商代处于奴隶社会的鼎盛时期。周朝是中国历史上的第三个朝代,前后相传三十代三十七王,存在时间从约公元前1046年到前256年,共计存在时间约为七百九十一年。分为西周(约前1046年—前771年)和东周(前770年—前256年)两个时期,其中东周又分为春秋和战国两个部分。

～杰出历史名人～

① 商汤

子姓,名履,又称商汤、成汤等,商朝的建立者。夏朝末年,夏桀残暴无道,引起人民的不满,而商汤领导的商部落却逐渐强大。商汤知人善用,善于收揽人心,且为人仁厚,获得了人民的拥护和支持。后出兵伐夏,一举攻灭了夏桀,建立了中国历史上第二个王朝——商朝。汤建立商朝之后,对内勤俭爱民,减轻征赋,鼓励生产,安抚民心;对外不断扩张商朝的版图,势力扩展至黄河流域,周围诸侯多归附于商,使商朝成为一个强大的奴隶制王朝。

Ⅱ 周文王

姬姓,名昌,周王朝的奠基人。商纣时为西伯,即西方诸侯之长。他是一位很有作为的首领,继承先祖后稷、公刘开创的事业,实行仁政,奉行德治,尊老爱幼,提倡"怀保小民";礼贤下士,广罗人才,很多外部落及商王朝的贤士都来投奔,如伯夷、叔齐、散宜生等人;大力发展农业生产,减免租税,让农民有所积蓄,提高了农民的劳动热情。姬昌自己生活勤俭,兢兢业业治理西岐,国力日渐强大。西岐的强大,引起了商王朝的不安。纣王听信亲信的谗言,将姬昌拘禁在羑里,在囚禁期间,他根据伏羲氏的研究成果继续研究八卦,发明"文王八卦"和"文王六十四卦",流传于世。姬昌出狱后下决心灭商,一面献地于纣王,取得信任,一面访贤任能,拜姜尚为相,问以军计,不断地扩展势力,为灭商做好了充分的准备。

Ⅲ 姜尚

字子牙,姜姓,吕氏,一名望,中国历史上著名的政治家、军事家。年轻时因家境贫寒,从事过多种职业。但人穷志不短,始终勤奋刻苦地学习天文地理、军事计谋、治国方略等方面的知识,期待有朝一日能一展所学,腐朽的商王朝并没能给他这个机会。直到满头白发时,遇到周文王,佐周灭商,才成就一番功业。姜尚辅佐武王伐纣建周,并担任国师辅佐武王、成王、康王,同时也是齐国的创建者,积累了丰富的治国经验。

Ⅳ 周公

姬姓,名旦,因采邑在周,称为周公。西周政治家。周公是周武王的弟

中国通史

弟。武王逝后，年幼的成王继位，周公摄政辅佐。当时刚建立的周朝还很不稳定，周公的弟弟管叔、蔡叔又和纣王的儿子武庚串通一气，煽动东方夷族反叛。周公毅然调动大军亲征，三年后平叛，并将国家势力扩展至东方。并在东面新建了一座都城，名为"洛邑"。将商朝的叛乱贵族迁居于此，派兵监视起来。传说他作《周官》，制定了一套典章制度，是礼乐制度的倡导者以及推行者。到周成王成年之后，周公将政权交给成王管理。周公为周王朝的巩固发展立下了不可磨灭的功劳。

重大历史事件

I 宗法制

按照血缘关系区分亲疏的制度。早期原始社会氏族制度中已有宗法制的萌芽，但真正确立起一整套完整的土地、财产和政治地位的分配和继承制度，则是周朝的事情。宗法制一个重要内容是严嫡庶之别，实行嫡长子继承制。周王为周族之王，自称天子，为"大宗"，由嫡长子继承王位。其余庶子和庶兄弟被封为诸侯，对天子是"小宗"，在本国则是"大宗"，诸侯的职位也是由嫡长子继承。从卿大夫到士，其继承关系亦是如此。如此层层继承，形成了以周天子为核心，由亲疏关系不同的诸侯国竞相拱卫的等级森严的体制。宗法制保证了周贵族在政治上的特权和垄断地位，有利于统治集团内部的团结和稳固。但是，这种人为以血缘关系为基础，人为划分关系远近的制度，又束缚了人的自主发展。

II 分封制

中国古代帝王分封诸侯的制度。起于周朝，周王室把疆域内的土地划分给诸侯，诸侯有为周天子镇守疆土、随从作战、缴纳赋税和朝觐述职的义务，治理诸侯国，保卫国家。诸侯在自己的"封国"内可以继续分封为卿大夫。卿大夫再将自己的土地和人民分封给士。卿大夫和士也要向上一级承担作战、纳税等义务。通过分封制，加强了对地方的控制，开发了

夏商周时期

边远地区，扩大了统治区域，促进了边远地区的经济开发和文化发展。但是，在中央政权衰落时，各个诸侯王各自为政，容易形成地方割据势力，威胁中央政权的统治。到春秋时期，由于周王室衰微，诸侯不断发动兼并战争，分封制崩溃。之后历代王朝也还有分封制度的存在，但性质已经发生改变。

Ⅲ 井田制

我国奴隶社会的土地国有制度，盛行于西周，瓦解于春秋，废除于战国。井田制就是把耕地划分为一定面积的方田，周围有界限，中间有水渠，纵横交错，形状像"井"字，因此称为"井田"。井田属周王所有，分配给领主使用，要缴纳一定的赋税。领主强迫奴隶集体耕种井田。井田不能买卖和转让，只能由同姓依照嫡庶的宗法关系继承。随着生产力的发展，一些领主强迫奴隶开垦井田以外空地，是瞒着公室，不用纳税的私田。而开辟和耕种大量私田，需要大批劳动力。而原来奴隶制的办法已经不能调动生产者的劳动积极性。一些新兴的贵族顺应形势的发展，改变了剥削方式。出现了一批占有少量生产资料，拥有一定人身自由的庶民。井田制逐渐瓦解。

文化艺术成就

Ⅰ 司母戊鼎和四羊方尊

司母戊鼎1939年3月出土于河南安阳，鼎重875公斤，高133厘米，口长110厘米，宽79厘米，是迄今为止最大最重的青铜器。司母戊鼎结构复杂，四周有盘龙纹和饕餮纹，腹内刻有"司母戊"三字，是商王为祭祀其母戊而作。造型厚重典雅，气势宏大，周身的纹饰美观，工艺精巧。四羊方尊1938年出土于湖南宁乡县，高58.3厘米，重近34.5公斤，是现存最大的青铜方尊。四羊方尊造型雄奇，四肩、腹部及足部设计成四只卷角羊，增加了变化，动静结合，四边有精美的纹饰，寓雄奇于秀美之中。司母

中国通史

戊鼎和四羊方尊是青铜器时代的杰出代表,展现了商周时期青铜铸造业的高超技艺。

Ⅱ 甲骨文和金文

甲骨文是我国现存最古老、体系较为完整的一种成熟文字。甲骨文主要是指"殷墟甲骨文",是镌刻在龟甲和牛骨上的向神灵、祖先叩问吉凶、解释疑惑时所记载下来的卜辞。内容涉及当时天文、历法、气象、战争、田猎、灾祸等各方面的内容,是研究中国古代社会特别是殷商时期历史、文化、语言文字的珍贵资料。金文是指铸刻在青铜制造的乐器、兵器、食具、酒器、礼器上的铭文,也叫钟鼎文。所记内容多是颂扬祖先及王侯们的功绩,同时也记录当时的重大历史事件,涉及范围较广,反映了当时的社会生活状况。甲骨文和金文的出现,不仅为研究夏商周三代历史和古文字留下了丰富的资料,而且对后世文化的发展产生了巨大的推动作用。

Ⅲ《夏小正》

夏代的历法是我国最早的历法,而保存在《大戴礼记》中的《夏小正》,就是现存有关"夏历"的重要文献。《夏小正》按照当时十二个月的顺序,分别记述了每个月的星象、气象、物象以及所应从事的农事和政事,形象地反映了上古先民对时令气候的朴素认识。但在长期的流传过程中,原本《夏小正》已经散佚,现存《夏小正》是宋朝人根据当时所存《夏小正》文稿汇集而成,可能混杂有后人或是其他的附会成分,但在一定程度上反映了夏代天文历法发展水平,保存了我国最早的天文历法资料。

夏启家天下

禹死后儿子启成为天子,中国社会禅让制从此夭折,开始了"父传子,家天下"的王位继承制。夏启建立了中国第一个奴隶王朝——夏朝,而现在沿用的农历也称夏历,就是夏朝历法,可见夏王朝对中华民族的影响,是中国历史的又一次进步。

大禹死后,人们推选伯益做了部落联盟的首领。后来大禹的儿子启率领部下攻击伯益,并杀掉了他,成为了部落联盟首领。由于启本人非常贤能,所以各部落首领们也都拥戴他。这样一来,部落联盟任人唯贤的"禅让"制正式被废除,变成父死子继的世袭制了。

但还有一些部落不服。有一个部族首领叫做有扈氏,首先出来指责夏启说:"先王已经指定了伯益为继承人,你应该把王位还给他!"夏启大怒,决定杀鸡吓猴,给有扈氏点颜色。不久,双方在甘泽这个地方发生了战斗。这一仗直打得血流遍地,天昏地暗。因为有扈氏是师出有名,他们的战士越战越勇,夏启的部队被打得七

历史探微

鸣条之战

夏朝共历十七王,历时四百七十二年(依《竹书纪年》),夏朝的最后一个国君名桀,他刚愎自用,每天只知道吃喝玩乐,不顾民间疾苦。桀当政时百姓怨声载道,大约在公元前1600年,商族部落的首领汤联合各方部落讨伐夏桀,汤在鸣条打败夏桀,夏王朝被推翻,史称鸣条之战,自此以后,汤在各国部落的支持下在亳(今河南商丘)称"王",建立商朝。

零八落,几乎全面崩溃。

夏启的臣子建议他赶快补充人员,重整队伍,准备第二次战斗。可是夏启听了摇了摇头。他知道现在很多人还对父死子继的世袭制不服气,所以不肯拥护他,这个时候再打仗,还没有胜利的把握。想要得到胜利,首先要收服人心。于是夏启对自己从严要求,做一个贤明的国君。他生活俭朴,反对铺张浪费,吃饭只吃普通的蔬菜,穿的衣服和睡觉的褥子也只用粗糙的布,除了祭神和祭祖以外,他不许演奏音乐来作为娱乐。他还爱护小孩,尊敬老人,任人唯贤。他把有本领、有武艺的人都请来加以重用,夏启这样收买人心,真的产生了效果,才过了一年,他的声誉就大大提高了。人们常常说:"夏启真不愧是夏禹的好儿子,天下就应当交给像他这样的人来治理。"就这样一传十,十传百,远近的人们都知道夏启是个贤君。

夏启知道自己已是人心所向,就又一次发动了对有扈氏的战争。夏启一声令下,夏军浩浩荡荡向有扈氏的地盘挺进。有扈氏自上次征战得胜以后,一直对夏启掉以轻心,边境有人突然来犯,他才仓促领兵应战。两军在战场相遇,立即摆好阵势,大战一触即发。夏启召集六军,发布战前动员令。夏启慷慨激昂地说:"六军将士们,我向你们发布训令。有扈氏暴虐无道,天怒人怨,现在我奉天之命,前来讨伐。将士们都要听从命令,奋勇杀敌。凡是作战勇敢的,有赏;凡是临阵逃脱的,处死!将士们,前进吧!"夏启话音刚落,将士们发出激昂的呐喊,声震云霄。有扈氏的军队听了不免心惊肉跳,军心开始动摇。夏军像潮水一样儿冲去,有扈氏的军队一触即溃,他本人也做了俘虏。除去了有扈氏,夏启少了一块心病。夏启宣布:将有扈氏放逐到草原地区去做放牧牛羊的奴隶;所有俘获的俘虏,分给夏朝的官兵当奴隶。这一招确实是杀一儆百。纵然还有不少部落首领心里不服,可谁也不敢再说一个"不"字。有扈氏的下场摆在那儿,谁都不想重蹈覆辙。

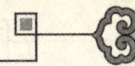

这样,夏启巩固了自己的政权,父子相传,兄终弟及的家天下制度终于形成。这也标志着我国原始社会晚期的氏族公社制度已经被彻底破坏,私有财产制度正式确立,阶级开始出现,我国开始进入奴隶制社会,国家的雏形也开始出现了。

商汤灭夏

夏桀是夏朝最后一位君主,也是中国历史上著名的暴君之一。他继承王位后,整日不思国家大事,只知喝酒淫乐,他下令在洛阳建造一座宫殿。这座宫殿历经七年才完工,动用了成千上万的奴隶,花费了大量的财力物力,劳民伤财,老百姓都怨声载道。

桀整日沉溺于酒色之间,那些陪他喝酒作乐的人便得到了重用,他还经常派许多大臣在全国征选美女。

有一次,桀攻打有施国,有施国中的一个大臣向国王提出一个建议,给桀送一美女,也许可以让其自动退兵。

有施国国王听从他的话,将国中最漂亮的女子妹喜献给桀。桀一见妹喜是一位绝代佳人,当即就带着妹喜回宫,把打仗的事忘到九霄云外了。

桀自得到妹喜之后,整天和她在一起,更加不问国事。他征集全国最优秀的工匠,为妹喜修建一座宫殿,叫倾宫。倾宫的内部用白玉雕成楼栏,以锦绣铺地,用象牙镶嵌在宫殿的走廊里,极其奢华。他每日在倾宫看歌舞、喝酒和妹喜嬉戏游乐,大臣们要进宫报告国事,一律被

挡在宫外。

他派人在倾宫的边上挖了一条河，河里全部注满了酒，称之为酒池。他又在酒池边用肉堆了一座山，称为肉山。

他和妹喜两人常在酒池中泛舟，欣赏两边的湖光山色，听着周围的丝竹管弦，渴了就喝河里的酒，饿了就吃山上的肉，自以为乐似神仙。

为了准备他一个人的膳食，得有成百上千人替他种菜、捕鱼、运输、烹调。而且夏桀喝酒还要求必须喝十分清澈的酒，酒一浑浊，他就要杀厨师，许多厨师就因此断送了性命。夏桀喝醉了酒以后，还要把人当马骑着玩耍。谁要是不肯让他骑或是让他骑得不高兴，就要挨一顿痛打或者被拉出去杀头。

夏桀喜欢阿谀奉承的人，讨厌直言规劝他的人。有个叫于莘的小人，很受夏桀宠爱。于莘经常给夏桀出坏点子。夏桀听了于莘的教唆，更是变本加厉，越变越坏。大臣关龙逄劝说夏桀，告诉他这样下去会丧失人心的，夏桀勃然大怒，把关龙逄杀了。百姓恨透了夏桀，诅咒说："这个太阳什么时候才会灭亡，我们宁愿跟你同归于尽。"

正当夏朝势力日渐衰弱的时候，黄河下游商国的势力强大起来了。商国是夏朝的属国，据说祖先是帝喾的小儿子，名字叫契。契曾经帮助夏禹治水，立了功。夏禹赐他姓子，封他在商地。子契在封地建立了一个小国家，叫做商。夏桀胡作非为的时候，正是子契的第十四代孙子汤掌管商国政权的时候。

商汤看到夏桀十分腐败，决心取而代之。他表面上对桀服从，暗地里却不断扩大自己的势力。

他积极招募人马，网罗人才，训练军队，准备粮草，联络各个诸侯国，形成了一种共同讨伐桀的态势，并且逐步树立自己的威信。其中有个小诸侯国对汤的建议不予理睬，甚至有些敌对，汤就决定先下手对付它。

这个诸侯国叫葛国，它的国君不理朝政，也不祭祀祖先和天地，汤就

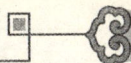

派人去问起这事,葛国国君说:"我们国家小,没有牛羊,无法祭扫。"汤派人给他们送去牛羊,但是葛国的国君却把它们都吃了。汤又派人去询问这件事,葛国国君却把使臣杀了。

这回汤有了攻打葛国的理由,立即率领人马进攻葛国。葛国根本不是商的对手,一交战,就被打败了。

后来,汤又寻找不同的借口,先后灭了豕韦、顾等小国,使汤的国力更加强大了,具备了和夏分庭抗礼的条件。

有莘国有个奴隶伊尹,他很聪明,烹调技术很出色,很得有莘国君的喜欢,就让他专门担任招待各地宾客的厨子。商汤的左相仲虺给夏桀送贡品时,在有莘国住了几天,无意间发现伊尹是个很有才干的人,就想把他带回国去。但是有莘国的国君不同意让伊尹离开。

仲虺回来后,向商汤建议说:"有一个办法可以把伊尹请来,就是向有莘国求婚,这样伊尹可以作为陪嫁奴隶一起来商国。不仅可以请来伊尹,而且也免去了有莘国的疑虑。"商汤连连点头,马上派人到有莘国去求婚。有莘国君答应了商汤的要求,就让伊尹作为陪嫁奴隶到商国去了。

伊尹来到商国,商汤对他礼遇有加,还把他请到朝堂上,与官员们相见。朝堂上官员们交头接耳,议论纷纷。官员们都认为伊尹不过是一个奴隶,因此很轻视他。只见伊尹坦然地拜了一拜,从容不迫地说道:"我是一个奴隶,本来是无权参与政事的,商王既然把我请来,我也不妨说说我对

历史探微

伊 尹

伊尹是我国历史上的传奇人物,虽是奴隶出身,却是商汤心目中的圣人,不仅被任用为相,还当了商朝几个国王的丞相,为商王朝在中国历史上延续六百多年奠定了坚实的政治基础,影响较大。

中国通史

当今天下的看法。现在夏王桀荒淫昏庸,闹得天下大乱,人民已经吃尽了苦头,只盼他早早灭亡。如今天下昏暗无道,商王算是一个很难得的明君了,他伸张正义,仁慈宽厚,民众信任他,都愿意归附于他,已是天下众望所归。要想解救天下的人们,只有灭掉夏国。我这样一个奴隶,商王还这么礼遇我,多次设法让我来商国,我还敢不尽全力吗?"一席话说得商汤的官员们深为佩服,连连点头称是。商汤也感到伊尹果然是个不可多得的人才,于是就当众任命伊尹为商国右相,和仲虺共同处理国家大事。

一天,商汤带随从到城外去玩,看到一个捕鸟的人张着四面网在捕鸟,捕鸟人口里还不断地念叨说:"从天上落下来的,从地面往上飞的,从四面八方来的,都掉进我的网里来!"商汤看了十分不忍心,对捕鸟人说:"你这样做太残忍了,赶快撤掉三面网,留下一面就够了。"捕鸟人说:"一面网怎么捕鸟?"商汤说:"你只张一面网,对鸟喊叫:'鸟儿啊!你们愿意往哪儿飞就往哪儿飞,实在不想活了,就飞进我的网里来吧!'这样才显得你心地善良。"商汤对捕鸟人说的这一番话很快就流传开来,人们都说商汤这个人心地真好,他对禽兽都这样仁慈,我们应当真心拥护他。这个故事,后来就形成一句成语,叫做"网开一面"。

在攻打桀的时候,伊尹献计要汤不再向夏进贡,看看桀到底会怎样反应。桀知道此事后,马上派兵攻打汤。这正给准备灭夏的商汤提供了机会。

汤集齐自己的所有人马攻打桀,出兵前,为鼓舞士兵斗志举行了誓师大会,汤做了一篇《汤誓》,在大会上宣读。商汤说:"我不是想进行叛乱,实在是夏桀作恶多端,上天的意旨要我消灭他,我不敢不听从天命啊!你们如果能在战争中立功,我一定重重地赏赐;如果不努力作战,我一定要重重责罚。"士兵们群情振奋,欢呼不断,汤的大兵就这样浩浩荡荡地向夏都开去。

商汤借上天的意旨来动员将士,再加上将士恨不得夏桀早早灭亡,因此,商军将士作战非常勇敢。夏、商两军在鸣条(今山西运城市盐湖区北)打了一仗,夏朝的军队被打败了。

最后,夏桀和妺喜逃到南巢(今安徽巢湖市西南),汤追到那里,把桀流放在南巢,夏桀和妺喜因为不会劳动,被饿死在南巢山中。

商汤赶走了夏桀,拆毁了夏朝祭祀祖先的太庙,放火焚烧了夏朝的祭器,并且继续肃清夏朝的残余势力。这样,经历了四百多年的夏王朝灭亡了。大约在公元前十七世纪初,即距今约三千七百年以前,商汤建立了商王朝,成为继夏以后我国第二个奴隶制国家。

盘庚迁都

商朝开始定都在亳(今河南商丘),后来由于王族内部叔侄兄弟之间经常争夺王位,发生内乱;再加上黄河下游常常闹水灾,人们不得不搬家,商朝的都城也就几次搬迁。

公元前十四世纪,商朝的君王阳甲去世,阳甲的弟弟盘庚继承王位。

早在盘庚继承王位之前,商朝的政治就已经开始腐败。作为奴隶主的王公贵族们,整天只顾吃喝玩乐,不理国家大事,甚至经常为了争权夺利而大打出手、互相攻击。奴隶主内部的矛盾削弱了商王朝的统治,奴隶们生活在水深火热之中,纷纷起来反抗,社会动荡不安。

中国通史

盘庚是个能干的君主,他知道如果再不进行改革,商朝势必走向衰亡。即位之后,盘庚立即召见官员们商讨大计,最后决定再一次迁都。

盘庚向诸侯和百姓宣布要将都城迁到殷。听到这个消息,许多诸侯不愿从命,百姓也不愿再受迁移之苦,因为在此之前已经迁过五次都了,在迁移之中大家历尽苦难,好不容易安定下来,又要迁都,民众自然怨声载道。

盘庚是个意志坚定的人,他绝不会因为有人反对就改变主意。他把奴隶主贵族召集起来,对他们发表了两篇训诰。第一篇训诰是劝说,告诉大家搬家到殷去的好处。第二篇训诰是威胁,用强硬的口气,警告大家一定要老老实实地服从迁都的命令,否则就要进行严厉的制裁。

盘庚用了软硬兼施的手段,终于把首都迁到了殷,可是生活并没有安定下来。老百姓到了一个新地方,生活不习惯,吵嚷着要回老家。奴隶主贵族就乘机起哄,煽动大家要求搬回老家去。盘庚又发表了一篇训诰,用更强硬的态度制止了奴隶主贵族的行动。盘庚迁都后开始设法改变从前王室的恶习,他以身作则,自己居住在茅草屋中,修善行德,减轻刑罚与剥削,并实现了他当初许下的不再迁都的诺言。经过奴隶们没日没夜的劳动,终于把殷建设成了一个十分繁荣的都市。

那时候,冶炼青铜的技术大大提高,青铜器的制作规模也更加扩大了。殷城附近就有一个很大的青铜器作坊,有上千个奴隶在作坊里劳动。奴隶们用铜、锡、铅三种金属做原料,冶炼铸造了成千上万

历史探微

九世之乱

公元前1411年至公元前1321年商朝连续发生王位纷争,这一动乱历经了九个皇帝,故名"九世之乱"。"九世之乱"使商朝"兄终弟及"与"父死子继"相结合的继承制度遭到极大破坏,商朝统治力量受到严重削弱,无力管理四方诸侯。

件斧、戈、矛、刀等武器；鼎、壶、盘、盂等饮食器皿；斧、凿、钻、铲等工具。许多青铜器造型十分优美，花纹图案十分精巧，达到了高超的艺术水平，形成了后来著称于世的青铜器文化。有一个很著名的"司母戊"大方鼎，高133厘米，长110厘米，宽79厘米，重875公斤，已经被考古学家从殷墟遗址中发掘了出来，完整地保存在中国历史博物馆里，这是世界上迄今为止发掘到的最大的青铜器。

在殷墟遗址中，还发掘到大批乌龟的腹甲和牛的肩胛骨，上面刻着许多文字。这是我国已经发现的最古的文字，叫做甲骨文，一共有三千多个单字，大多已经被古文字学家认出来了。

盘庚迁都后直到商亡，商一直以殷为都城，二百七十三年时间里，商未再迁都，所以自盘庚后，商又称殷商。盘庚迁殷，稳定了商中期一度出现的混乱局面，加强了商王室的统治，为商的发展打下了基础。

姜太公钓鱼

姜太公，即西周初的姜尚，又称姜子牙。商朝末年，周文王决心推翻商纣的暴政。一次他在回家途中，遇到用直钩钓鱼的姜尚，文王觉得他是个奇人，便主动跟他攀谈，发现他是个有用之才，便招入帐下。后来姜子牙帮周文王的儿子周武王推翻商纣统治，建立了周朝。

商朝末年，周国在渭水流域兴起。周的祖先姓姬，夏朝末年，政治腐败，农业衰落，周的祖先就西迁到现在的甘肃东部和陕西西部一带，组成了自己部落。商朝后期，周族由于遭受西北方的戎族和狄族的侵扰，周族

中国通史

的首领古公亶父率领族人从岐山北边迁到岐山南边的周原上居住,并且在那里建立了城市,修筑宫殿,开垦荒地,设置官吏。从那时,周族逐渐形成了奴隶制国家。古公亶父的儿子季历在位时,周的势力强大起来。商王文丁感到周的威胁,就杀害了季历。

季历死后,他的儿子姬昌继位,就是有名的周文王。周文王十分重视农业,把农业视为百姓生存的根本,所以老百姓都很拥护他。周文王特别敬重有本领的人,请他们帮助自己治理国家,因此他手下拥有许多文臣武将。

商朝的最后一个王叫做纣,纣和夏桀一样,只知道自己享乐,根本不管人民的死活。纣的残暴行为,使老百姓怨声载道。周文王是一个很有才能的政治家,他禁止官员喝酒,不准贵族打猎,保护庄稼。他还鼓励人民多养牛羊,多种粮食。不久周文王迅速壮大了自己的力量,准备起兵伐纣。

姜太公,名尚,字子牙。他年轻时,努力求学,精通兵法,熟悉政事,有很高的志向,可惜怀才不遇。他曾当过杀牛的屠户,做过卖酒的小贩,后来在商纣王属下当过小官,因怕遭迫害,弃官逃走了。他在各个诸侯国游历多年,希望能遇到贤明的国君,受到重用,施展自己的才能,但希望屡屡落空,一无所成。晃来晃去,转眼就70多岁了。

西伯周文王姬昌在位的时候,周强大起来,并对商朝构成了很大的

历史探微

周部落

夏朝末年,周部落在现在陕西、甘肃一带活动。后来,因为躲避戎、狄等游牧部落的侵袭,周部落的首领将都城迁移到岐山(今陕西岐山县东北)下的平原定居下来,并在那里开荒种地,建筑城墙,至周文王时期,已经很强大,为消灭商纣,建立西周奠定了坚实的基础。

威胁。商纣王怕周继续强大,威胁自己的统治,曾把文王拘禁了一段时间。商纣王昏庸残暴,早已丧失民心。周文王决定替天行道,讨伐商朝。可是他身边缺少一个有军事才能的人帮他指挥作战。

每年周文王都要到外面打几次猎,其实是以打猎为名,真正的目的是为了深入下层,了解民生疾苦,考察政治得失,同时也是为了寻访贤才。有一次,文王从都城出来打猎,来到渭河北岸,听农民说,这里隐居着一个很有学问的白发老人。文王求贤若渴,怎能错过这个机会呢?他打听好路途,命令猎手们止步,自己带了两名贴身侍从乘车前往。大约走了八九里路,远远望见前面有个人坐在石头上,像是持竿垂钓的样子。文王下了车,不带随从,徒步走去。大约又走了二里路,看清楚了,原来是位白发苍苍的老人,正聚精会神地在钓鱼呢。

文王轻轻走到他的身后,停步观看。不一会儿,只见老人一连钓上来几条大鱼。文王不禁赞叹道:"先生钓鱼的技术可真高明,此中很有乐趣吧?"姜尚听见有人说话,回头看了看,一瞧穿戴,马上明白是个国君,赶紧转身下拜。文王连忙用手扶起姜尚,说:"请起,请起。我是周君姬昌,打扰了先生钓鱼,深感失礼!"姜尚说道:"我是平民姜尚,不知国君驾到,有失远迎,请恕简慢之罪!"文王问:"我看先生钓鱼的技术很高妙,钓鱼也有精深的道理吗?"

姜尚有条有理地回答:"世间一切事物都有一定的道理。拿钓鱼来说,天气的阴晴冷暖,河水的深浅,流速的快慢都影响钓鱼的数量。钓鱼时要确定下钩的时间和方法,还要懂得各种鱼的生活习性和喜欢吃的鱼饵,投其所好。引钩要适时,不要快,也不要慢。一切心领神会,恰到好处,吞钩的鱼才不会跑掉。"

文王听了姜尚的话若有所思:"好啊。今天听你讲钓鱼,我悟出了治国的道理。"两人坐在石上交谈了一番,越说越投机。姜尚有问必答,谈到治军、施政、理财,无不见解精辟,字字珠玑,讲得头头是道。文王十分钦

佩,说:"记得先君太公曾说,将来会有圣人来到周国,会使周国繁荣昌盛。先生莫非就是先君所说的圣人?我们盼望你已经很久了!"文王立即请姜尚上车,一同回到了都城。他拜姜尚为师,称他为"太公望"。后来,人们就把姜尚称呼为姜太公。

武王伐纣

周武王姬发是西周的创建者,他继承父亲遗志,消灭了商朝,建立了西周王朝,死后谥号"武",史称周武王。周王朝是中国历史上最长的一个朝代,共经历了三十七代天子,八百多年,到公元前256年,才被秦国灭掉。

纣王是商朝最后一个国君,他性情残暴,是中国典型的暴君,他的倒行逆施,最终导致了商朝的灭亡。

其实商纣王不仅天资聪明,办事利落,而且力大无穷,能空手与野兽格斗。因此他非常自负,总是向群臣夸耀自己,不听大臣的劝谏,以为天下没有人能比得上他。

商纣王贪图享乐,荒淫无度,喜好喝酒,沉迷于女色之中,常常彻夜嗜酒寻欢。他尤其宠爱妲己,只听从妲己的话,对大臣们的话置若罔闻。

为了满足自己的享乐,商纣王下令从各地搜集各种奇珍异宝,不断扩建宫廷的园林楼台。他在宫廷里举行各种大型宴会,表演各种音乐、舞蹈、游戏。商纣王还让人挖了许多大池子,池中注满了酒,可以供数千人狂饮;他还让人把熟肉悬挂起来,看上去像树林一样,人们可随便伸手摘取食用,这就是著名的"酒池肉林"。

武王伐纣

为满足自己的淫乐，商纣王让成群的男男女女赤身露体在"酒池肉林"中追逐戏耍，彻夜狂欢。后来人们常常用"酒池肉林"来形容君主生活的荒淫无耻。

面对商纣王的荒淫无度，很多大臣都颇有怨言，甚至背叛了他，商纣王于是加重了刑罚。反对他的人，甚至向他提出劝谏的亲信臣僚，都被施以重刑，轻者终生残疾，重者全家丧命。商纣王还设置了名叫"炮烙"的酷刑，就是用青铜铸造一根中间空的柱子，让"罪人"赤脚在烧红的铜柱子上走，很多人因疼痛难忍而掉下火里活活烧死。

商纣王的大臣鬼侯有一个美丽的女儿，鬼侯把她献给了商纣王。后来鬼侯的女儿看不惯商纣王的荒淫无耻，多次劝谏，商纣王一怒之下不但杀了她，还把鬼侯也杀了，然后剁成肉酱，分赏给诸侯们吃。大臣鄂侯来劝阻，商纣王把鄂侯也做成了肉干。

这样再也没有敢来劝谏的大臣了，而商纣王则更加淫乱。这时，商纣王的叔父比干说："做大臣的，如果不能冒死劝谏国君，那还算什么忠臣！"于是，比干冒死劝谏商纣王。商纣王大怒说："你这样做是想当圣人吧？我听说圣人的心脏有七个孔穴，我看看你有没有。"说罢下令剖开比干的胸膛，取出他的心脏来观看。

历史探微

孟津观兵

武王即位后，为了试探纣王对周国的应战反应，将都城由丰（今陕西西安西南沣水西岸）迁至镐（今陕西西安西南沣水东岸），他打着为文王祭奠陵墓的旗号，出动大规模的军队向东进发到孟津。据称自动来参加这个盟会的有八百多诸侯，可见当时人们一心向周。这就是历史上有名的孟津观兵，这次观兵不但锻炼了军队，还让武王得到了更大的信任和民心。

中国通史

商纣王的残暴激起了越来越多大臣和诸侯的不满，很多人都站出来反对纣王。

周文王死了以后，他的儿子姬发即位，就是周武王。周武王拜太公为师，并且要他的兄弟周公旦、召公奭做他的助手，继续整顿内政，扩充兵力，准备讨伐商纣王，以实现先祖遗愿。

武王九年(大约公元前1059年，一说在武王十一年)，周军观兵于孟津。姜尚左仗黄钺(古代兵器，青铜或铁制成，形状像板斧而较大)，右持白旄(古代在旗杆头上用牦牛尾做装饰的旗子)，指挥兵马，驾驶舟楫，沿黄河顺流而下。周军开到孟津，又有八百诸侯齐聚于此。周武王在此举行了誓师仪式，发表了声讨商纣王的檄文。这就是历史上有名的"孟津之誓"。

孟津之会，诸侯们都赞成讨伐商纣王。武王、姜尚却认为，当时商朝统治区虽成土崩瓦解之势，但内部还比较稳固，时机仍未完全成熟。于是，武王果断决定班师回朝。

大约在公元前十一世纪的一年，商纣王与统治集团的核心层产生了激烈冲突和分裂，王叔比干被杀，朝中大臣也都被杀的被杀，出逃的出逃。国人见商纣王无药可救，都采取不理不睬、默不做声的态度，以免惹祸上身。商朝已经到了土崩瓦解的绝境。

武王知道纣王已经到了众叛亲离的地步，认为时机已经成熟，就发兵五万，以姜尚为元帅，渡过黄河东进。周武王又在孟津举行一次誓师大会，宣布了纣王残害人民的罪状，鼓励大家同心协力，开始正式伐纣的战争。

周武王的伐纣大军深得民心，一路上势如破竹，很快就打到离朝歌仅七十里的牧野(今河南淇县西南)。

纣王听到这个消息，立刻调兵遣将，拼凑了七十万人马，由他亲自率领，到牧野迎战。

可是，那七十万人马有一大半是临时武装起来的奴隶和从东夷抓来的俘虏。他们平日受尽纣王的压迫和虐待,积存了极深的怨恨,谁也不想为他卖命。在牧野战场上,当周军勇猛进攻的时候,他们就掉转矛头,纷纷倒戈,大批奴隶配合周军一起攻打商军。七十万商军,一下子就土崩瓦解。太公望指挥周军,趁势追击,一直追到商都朝歌。

纣王逃回朝歌,眼看大势已去,当夜,就躲进鹿台,放了一把火,跳到火堆里自杀了。

周武王灭了商朝,把国都从丰搬到镐京(今陕西西安市西),建立了周王朝。

为了巩固周朝的统治,从周武王起,把自己的亲属和功臣分封各地,建立诸侯国。太公望被封在齐国,他的弟弟周公旦被封在鲁国,召公奭被封在燕国,共封了七十多个诸侯国,周王朝的统治确立了下来。

商纣王虽然死了,但商王朝还有一部分残余势力。为了安抚这些人,武王把纣王的儿子武庚封为殷侯,留在殷都,又派自己的三个兄弟管叔、蔡叔和霍叔以帮助武庚为名义留在身边,实际上是对他实行监视,所以叫做"三监"。

周公摄政

周朝有两座都城,西部是镐京,又叫宗周;东部是洛邑,又叫成周。周武王死后,周成王继位,武王的弟弟周公旦辅助成王掌管国家大事,历史上称周公旦为周公。

周公尽心尽力地辅助成王,管理国事,但他的弟弟管叔、蔡叔却在

中国通史

外面造谣,说周公有野心,想要篡夺王位。

纣王的儿子武庚虽然被封为殷侯,但是他十分希望周朝发生内乱,以恢复他的殷商的王位。不久,武庚就和管叔、蔡叔串通一气,联络了一批殷商的旧贵族和东夷的几个部落,发动了叛乱。

武庚和管叔等人制造的谣言,闹得镐京也沸沸扬扬。成王弄不清真假,对这位辅助他的叔父便有些信不过。

周公心里很难过,向成王坦言,让他不要轻信谣言,二人消除了误会,周公在内部安定之后,亲自率领大军东征。经过三年的战斗,周公最终平定了武庚和管叔、蔡叔的叛乱,把带头叛乱的武庚杀了。管叔一看武庚失败,自己觉得没有面目见他的哥哥和侄儿,便上吊自杀了。周公把霍叔革职,将蔡叔充军。

在周公东征的过程中,一大批商朝的贵族成了俘虏。因为他们反抗周朝,所以叫他们是"殷顽民"。鉴于武庚和管、蔡大规模叛乱的教训,周公把大批"殷顽民"一分为二,一部分分给了商纣王的哥哥微子启,封于商丘,国号宋;另一部分分给了成王的叔父康叔,封于殷商故墟,国号卫。

周公觉得这些"殷顽民"留在原来的地方不大稳定而且镐京在西边,要控制东部的广大中原地区很不方便。于是,周公就在东面新建一座都城,叫做洛邑(今河南洛阳市),把"殷顽民"都迁到那里,并派大军监视他们。

周公为了治理好国家,想尽一切办法网罗人才,帮助他办事。为了接待贤能的人,他废寝忘食。有一次,周公正在洗头发,刚把头发浸湿,外面来人有急事要报告。周公连忙握着湿漉漉的头发,出去接待,办完事回来再接着洗;洗到一半,又有人来报告,他又赶紧握住湿头发出去。一连出去好几次,才把头发洗干净。

还有一次,周公正在吃饭,刚夹起一块肉放进嘴里,外边有客人来访,他马上把肉吐出来起身去迎接客人。一顿饭的工夫,来了三次客人,周公就连吐了三次饭菜。家人在一旁见了忍不住说:"您不能吃完饭再去会客吗?"周公摇摇头说:"这些贵客来访,都有好主意要说。我恨不能马上去听听,怎么能怠慢了人家呢?"

周公不但能礼贤下士,而且还具有仁德之心,有人建议周公把参加武庚叛乱的商朝遗民杀了或者卖为奴隶。周公不同意,认为这种做法是商纣王的行为,于是他想了一个办法,在洛水北岸建周朝的东都洛邑,把商朝的遗民迁进去并派人监视他们,特许他们酿酒经商,赚钱养活父母妻子。中华名城洛阳的辉煌历史就以此作为起点。

周公制定了《周官》,规划了周朝的官制;还制定了礼乐,创造了周朝的文化,为周朝的统治奠定了坚实的基础。

周公辅佐成王执政七年,进一步巩固了周朝的统治地位。当成王长大成人后,周公把国家大政交还给成王,自己恭恭敬敬地退回到大臣的行列。

周　公

周公姓姬名旦,亦称叔旦,他是周文王姬昌第四子。因封地在周(今陕西岐山北),又称周公或周公旦。他被尊为儒学奠基人,深受孔子尊崇。周公对西周的发展有着杰出的贡献,他平定"三监"叛乱,建立典章制度,营建东都,礼贤下士,还政成王。他是儒家礼仪的代表人物。古人对他的评价是"一沐三握发,一饭三吐哺",曹操曾有"周公吐哺,天下归心"的名句。

中国通史

他怕成王不知父辈创业的艰难,特地写了一篇《毋逸》,告诫说:"父母创业,总是历时久长,备尝艰难困苦;子孙骄奢,顷刻间就可以败到亡国杀身。为人子孙,你要谨慎啊!商朝的贤君祖甲,为使他的兄长能够顺利即位,自动远离宫廷,来到民间,和小民朝夕相处,切身体会到小民的痛苦。后来他登上王位,就能够保全小民,照顾孤寡无靠的老小。所以他在位时,商朝能繁荣昌盛。"他用商王祖甲的为君为人事迹,启发周成王爱国爱民,不要愧对艰苦创业的父母。

周公用自身的言行树立起了历代大臣的榜样,道德的楷模。他制定礼乐,传之后世,周公也成了中国儒家文化传统的开创者。

国人暴动

国人暴动发生在公元前841年的西周都城镐京,是一场由平民发起的暴动,这次暴动使周厉王被流放于彘这个地方,又称彘之乱。这次动乱对周王朝影响极大,动摇了西周的统治,使周王室日趋衰微,逐步走向分崩离析。

从周成王到他的儿子周康王两代,前后约50多年,是周朝强盛和统一的时期,历史上叫做"成康之治"。

后来,由于奴隶主贵族的剥削不断加重,奴隶和平民们的反抗情绪高涨起来。周朝统治者为了镇压人民,采用十分严酷的刑罚。

周夷王八年(约公元前878年),周厉王即位。他在位时,对人民的剥削和压迫更重了。虽然犯法的人受到刺字、割鼻、砍脚等重刑,但是刑

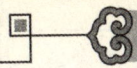

国人暴动

法再严也阻止不了人民的反抗;即使发生了多次灾荒,庄稼歉收,民不聊生,贵族们却依然吃喝玩乐,不管人民的死活。周厉王为了聚敛更多的财富以供享用,任用虢公长父和荣夷公实行"专利":强行宣布山林川泽为王所有,不许平民在里面樵采渔猎。凡是采药、挖矿、捕鱼都必须向国家缴纳高额赋税,此举触犯了社会各阶层的利益,导致广大人民怨声载道。

在西周末期,我国的奴隶社会逐渐瓦解,阶级力量的对比逐渐发生变化,在西周社会中有了"国人"和"野人"之分。那时候,住在野外的农夫叫"野人",住在都城里的平民叫"国人"。周都镐京的国人不满厉王的暴虐措施,怨声四起。

大臣召伯虎听到国人的议论越来越多,进宫劝谏厉王说:"百姓忍受不了啦,大王如果不趁早改变做法,到时出了乱子可就麻烦了。"

周厉王哪里听得进去,对此,他下了一道命令,禁止国人批评朝政,还从卫国找来一个巫师,要他专门刺探批评朝政的人,说:"如果发现有人在背后诽谤我,你就立即报告。"

卫巫为了讨好厉王,派了一批爪牙到处察听刺探。那批人还对国人大肆敲诈勒索,谁不服他们,就随便诬告。厉王听信了卫巫的报告,杀了不少国人。在这种恐怖统治之下,国人不敢在公开场合里议论了。人们在

历史探微

西周"井田制"

西周的土地基本制度被称为"井田制",这种制度是将大块的田地分割成九块,排成"井"字形。九块田地中央的一块田地为公田,是由大家合耕,但收获归国家所有。其余八块地是私田,收获的粮食归私人所有。耕种者不但要向国家缴纳赋税,还有服兵役的义务。这种制度使国人大量开发私田,促进了经济的发展。

路上碰到熟人,也不敢停下来打招呼交谈,只能互相交换一个眼色,就匆匆地走开。

厉王见卫巫报告批评朝政的人渐渐少了下来,十分得意。有一次,召伯虎去见厉王,厉王扬扬得意地说:"你看,这回不是已经没有人议论了吗?"召伯虎叹了一口气说:"大王啊,堵住人的嘴,不让人说话,比堵住河流还要危险啊!治水必须疏通河道,让水流到大海;治理国家也是一样,必须引导百姓说话。堵塞河流,就要决口;堵塞人的嘴,是要闯大祸的呀!"厉王并不理会这些劝告,并粗暴地把召伯虎打发走。

厉王和荣夷公的暴政越来越厉害,过了三年,也就是公元前841年,国人实在忍无可忍,终于举行了一次大规模的暴动,史称"国人暴动"。起义的国人围攻王宫,要杀厉王。厉王得知风声,慌慌忙忙带了一批人逃命,一直逃过黄河,到彘(今山西霍州市东北)才停下来。

国人打进王宫后,没有搜到厉王。有人告诉大家说厉王的太子静逃到召伯虎家躲了起来,于是起义的国人又围住召伯虎家,要召伯虎交出太子。召伯虎没有办法,只好把自己的儿子冒充太子交给暴动的国人,才算把太子保护了下来。

厉王出走后,朝廷里没有国君,经大臣们商议,由召伯虎和另一个大臣周公主持朝政,暂时代替周天子行使职权,历史上称为"共和行政"。从共和元年,也就是公元前841年起,中国历史有了确切的纪年。

"共和行政"实行了十四年之后,周厉王在凄凉中死去,周宣王继位。宣王吸取教训,不再沿用厉王的政策,制定了一些有利于国人的措施,在政治上比较开明,得到诸侯的支持。

但是,经过这一场国人暴动,周朝已经元气大伤,逐渐衰落下去。

烽火戏诸侯

烽火戏诸侯，一笑失天下。西周时周幽王骄奢淫逸，宠爱美女褒姒，为博她一笑多次点燃烽火台戏弄诸侯，渐渐失信于诸侯。后来被犬戎攻破京都镐京，使周朝西边的土地大量被占，周朝只能向东迁都，史称东周。

公元前781年，周宣王死了，他的儿子姬宫湦继承了王位，那就是西周的末代天子周幽王。周幽王不理政务，只知道吃喝玩乐，纵情淫乐之中。

周幽王刚刚即位，国内就灾害不断，先是发生了大旱灾，河流都干涸了，庄稼也枯死了，老百姓背井离乡，苦不堪言。接着又发生了地震，泾水、渭水、洛水流域受灾严重。在这种情况下，周幽王仍不理政务，只知道天天吃喝玩乐，搜罗美女。有个大臣名叫褒珦劝谏幽王，周幽王不但不听，反而把褒珦关进了监狱。

褒珦在监狱里被关了三年，褒家的人千方百计想把褒珦救出来。褒珦的儿子洪德见父亲被关，非常焦急，于是就与母亲商量如何救出褒珦。他们听说幽王非常喜欢美女，就用重金买下一年轻漂亮的少女，取名"褒姒"，教给她宫中礼仪，然后送给幽王，幽王见了大喜，于是下令放了褒珦。他十分宠爱褒姒，所以想废掉太子宜臼，立褒姒生的儿子伯服为太子。可是周朝的规矩是只有王后生的嫡长子才能做太子，有权继承王位，妃子生的儿子是没有这个权利的。因此幽王想杀死自己的亲生儿子宜臼，废掉宜臼的母亲申后，以便封褒姒为王后，立伯服为太子。

有一天，太子宜臼正在花园里玩耍。幽王故意派人把关在笼子里的

中国通史

老虎放出来,想让老虎咬死宜臼。没想到宜臼的胆子很大,当凶恶的老虎张牙舞爪扑过来的时候,宜臼不但不躲避,反而勇敢地迎上前去大吼一声,把老虎吓得后退了好几步,乖乖地趴在地上,不敢动弹了。周幽王这一次的阴谋没有得逞。

太子宜臼知道了父王的阴谋,从此存了戒心,害怕再一次遭到暗算,他便偷偷地逃出王宫,躲到外祖父申侯那里去了。宜臼一走,正好称了幽王的心。周幽王下令废掉申后和宜臼,立褒姒为王后,立伯服为太子。

可褒姒自从进宫以后,一直闷闷不乐,没有露一次笑脸。幽王想尽办法来逗她开心,可是她怎么也笑不出来。周幽王于是悬赏天下:有谁能让王妃娘娘笑一下,就赏他一千两金子。

有个马屁精叫虢石父,见了这个布告后,就来见周幽王。他替周幽王想了一个鬼主意。

虢石父对周幽王说:"现在天下太平,烽火台已经很久没有使用了。我想请大王跟娘娘上骊山去玩几天。到了晚上,咱们把烽火点起来,让附近的诸侯见到警报,以为犬戎打过来了,会立即带兵赶来,上个大当。娘娘见了这么多兵马扑了个空,保管会笑起来。"

周幽王拍手称快,并十分赏识虢石父。

他们上了骊山,就命令士兵把烽火点了起来,

历史探微

烽火台的历史

烽火,也叫烽燧,是古代军情报警的一种措施。据历史考据,中国古代西汉时期才开始用烽火传递战争消息,由此可知烽火戏诸侯并非真实历史。在敦煌等地出土的汉简中有关于烽火台的结构和应用记录,可见大汉朝对烽火台的重视程度。烽火台的建筑应该早于长城,但自长城出现后,烽火台便与长城结为一体。享誉中外的万里长城既是中国古代的军事防御工程,也是世界建筑史上的奇迹。

烽火戏诸侯

然后等着看诸侯急急忙忙赶来的窘迫样子。临近的诸侯得了这个警报，以为犬戎打过来了，赶快带领兵马来救。没想到赶到那儿以后，连一个犬戎兵的影子也没有，只听到山上一阵阵奏乐和唱歌的声音，大伙都愣了。

幽王派人告诉他们说，辛苦了大家，这儿没什么事，不过是大王和妃子放烟火玩，你们回去吧！诸侯知道上了当，憋了一肚子气回去了。

褒姒不知道他们搞什么把戏，看见骊山脚下来了好几路兵马，乱哄哄的样子，就问幽王是怎么回事。幽王一五一十告诉了她。褒姒听见幽王的回答，又看见诸侯狼狈的样子，笑了起来。幽王见褒姒真的笑了，就赏给虢石父一千两金子。这就是"骊山烽火戏诸侯"的故事。

幽王宠着褒姒，不理朝政，申后的父亲对幽王废掉皇后和太子的事十分不满，于是就联合少数民族犬戎进攻镐京。

幽王听到犬戎攻到镐京城下的消息，慌了手脚，连忙下命令把骊山的烽火点起来，征调诸侯解围。各地诸侯因为上次上了当，吸取了教训，认为是幽王又在戏弄他们，所以都按兵不动。

犬戎兵一到，镐京的兵马不多，勉强抵挡了一阵，就被犬戎兵打得落花流水。犬戎的人马像潮水一样涌进城，周幽王只得带着褒姒仓皇出逃。犬戎兵紧追到骊山脚下，把周幽王和褒姒生的伯服都给杀了，抢走了褒姒。

直到这时候，诸侯们才知道犬戎真的打进了镐京，急忙带着大队人马来救。犬戎的首领看到诸侯的大军到了，就命令手下人把周朝的宝贝财物洗劫一空，放了一把火才退走。

中原诸侯打退了犬戎，立曾经被废掉的太子姬宜臼为天子，就是周平王，诸侯也回到各自的封地去了。没想到诸侯带兵一走，犬戎又打回来，周朝西部土地大多都被犬戎占了去，镐京残破不堪直接受到威胁。平王怕镐京保不住，就决定把国都迁到东方的洛邑(今河南洛阳)去。

公元前770年，周平王迁都洛邑。因为镐京在西边，洛邑在东边，所以历史上把周朝以镐京为国都的时期，称为西周；迁都洛邑以后，称为东周。

春秋战国时期

春秋战国简介

公元前770年,周平王迁都洛邑(今河南洛阳),开始了大动荡的东周时代。东周分为春秋和战国两个时期。东周前期称为春秋,时间从公元前770年到公元前476年;后期称为战国,时间从公元前475年到公元前221年。一般以三家分晋、田氏代齐为春秋战国的分界线。春秋战国时期,周王室衰微,名存实亡,只保持一个天下共主的名号,已经没有控制诸侯王的能力。诸侯王利用各种手段谋取政治和经济利益,开始了春秋战国时期的混战。在混战中,一些势力较强的国家不断吞并小国,逐渐发展壮大,齐、宋、晋、秦、楚、吴、越等国相继称霸。到战国时期又形成了齐、楚、燕、赵、韩、魏、秦七个大国混战的政治格局。这一时期,被称为蛮夷之国的少数民族与中原地区交流频繁,促进了民族融合。总之,春秋战国时期的大动荡,为秦朝全国性的统一奠定了基础。

杰出历史名人

① 亚圣孟子

中国古代著名的思想家,儒家的代表人物之一。名轲,字子舆,战国时邹(今山东邹城东南)人。孟子远祖为鲁国的贵族,后家道衰落,由鲁国迁居邹国。幼年丧父,孟母对他管教甚严,"孟母三迁"、"孟母断杼"等故事,称为千古美谈。孟子曾效仿孔子,出游列国,游说诸侯,推行自己的政治主张,但没有得到实行的机会,最后退居讲学。孟子继承和发展了孔子的德治思想,并发展成为仁政学说,成为其政治思想的核心;提出"民贵君轻"的学说,劝告统治者勤政爱民,发展了儒家的重民思想;肯定人的本性是善的,但必须经过自我修养,才能发展成为完美的道德。有《孟子》一书传世。

Ⅱ 老子

老子是我国古代伟大的思想家和哲学家,道家学派的创始人。字伯阳,又称李耳,楚国人。其思想主张主要体现在《道德经》中,以"道"解释宇宙万物的变化。书中包含有大量朴素辩证法的思想,如认为任何事物都有正反两方面,且能由对立而转化,"祸兮福之所倚,福兮祸之所伏"。又认为世间事物都是"有"和"无"的统一,有无相生,而以"无"为基础,"天下万物生于有,有生于无"。此外,书中保留有大量民本思想的内容,"民之饥,以其上食税之多"、"天之道,损有余而补不足;人之道则不然,损不足以奉有余"。其学说开创了我国古代哲学思想的先河,且对我国两千多年来思想文化的发展,产生了深远的影响。

Ⅲ 韩非子

韩非子是先秦时期著名的哲学家、思想家和政论家,法家思想的集大成者。战国时期韩国人,出身于没落的贵族。韩非子师从于荀子,但并没有继承荀子的儒家思想,却"喜刑名法术之学",继承并总结了法家的思想和实践,提出了君主专制中央集权的理论,"事在四方,要在中央;圣人执要,四方来效"。主张改革和实行严刑峻法,以法治国。韩非子的这些主张,反映了新兴地主阶级的利益和要求,为结束诸侯割据,建立统一的中央集权国家奠定了理论基础。韩非子逝世后,后人辑集其文章成《韩非子》一书。

Ⅳ 墨子

战国时期杰出的思想家、教育家、科学家,墨家学派的创始人。名翟,

鲁国人。墨子出身于小生产者,其思想主张也反映了小生产者阶层的要求。墨子思想主张有兼爱、非攻、尚贤、节用、节葬等,他认为,要根据各个国家的具体情况,有针对性地采用合适的方案,如"国家混乱",就采用"兼爱"、"尚贤"等。同时在《墨子》一书中,还保存了不少物理学、几何学、光学等方面的科学知识,比如物理方面,墨子进行了小孔成像的实验,认为光沿直线传播,光线通过小孔能形成倒像;在数学方面,提出了圆、直线、正方形等几何概念的定义;力学方面,提出了力和重量的关系等。

Ⅴ 庄子

先秦时期伟大的哲学家、文学家,道家思想的集大成者。名周,战国中期宋国人。原系楚国贵族,后因避乱至宋国。庄子曾做过漆园吏,生活穷苦困顿,却鄙视荣华富贵,追求逍遥自在的精神自由。庄子思想涉及各个方面,主要思想是"无用无为",所谓"无用",在庄子看来,自然的事物要比人为的好,主张顺其自然;"无为",就是取消一切妄为。此外,他又认为"天人合一",认为一切事物都是相对的,幻想一种"天地与我并生,万物与我为一"的主观精神世界。同时,庄子的文章,想象力丰富,汪洋恣肆,笔触变化万端。善用寓言故事,充满了讽刺意味。庄子和他的门人以及后来学者编有《庄子》一书,在哲学、文学方面有重要的研究价值。

Ⅵ 屈原

名平,字原,战国末期楚国人。出身于楚国贵族,自幼勤奋好学,胸怀大志。早年辅佐楚怀王,任左徒,主张章明法度,任人唯贤,改革政治,联齐抗秦,楚国国力有所增强。后来,楚怀王听信谗言,疏远了屈原。不久,屈原又因反对与秦国联盟,两次被流放边远地区。在屈原多年流亡的同时,楚国的形势日益危急。屈原目睹楚国的颓势,也曾想过要远走他乡,但最终还是留恋故土,于悲愤交加之中,自沉于汨罗江,以身殉国。屈原是"楚辞"文体的创立者和代表作家,代表作品有《离骚》、《九歌》等。屈的作品充满了积极的浪漫主义精神,将自己的理想融入艺术的想象和神奇的情境之中,表现了他在现实中对理想的苦苦探求。

Ⅶ 孙武

字长卿,春秋时期齐国人,著名军事家。孙武出身于贵族家庭,优越的家族条件给他提供了良好的学习环境,得以阅读古代优秀的军事典籍;加上当时战争频繁,而他的祖父、父亲都是英勇善战的将领,拥有丰富的作战经验,他自己也曾目睹过一些战争,这对孙武的军事方面才能的培养是非常重要的。但当时齐国内乱不断,孙武对这种内部斗争极为反感,萌发了远走他乡、另谋出路的想法。当时南方的吴国国势强盛,很有新兴气象。孙武毅然离开齐国,投奔吴国。在吴国,孙武结识了伍子胥,两人志趣相投,结为密友。后来,孙武将自己写好的十三篇兵法呈给吴王阖闾,受任为将,帮助吴王训练军队、制定军事谋略,为之后夫差建立霸业立下了不可抹煞的功劳。孙武军事思想主要体现在《孙子兵法》一书中,他强调战争的胜负主要取决于政治清明、经济繁荣、外交努力、军事实力、自然条件等主客观因素。同时,他又认为这些因素并不是一成不变,而是不断运动变化的,在战争中要积极的创造条件,发挥人的主观能动性,具有朴素的唯物论和辩证法的特点。

重大历史事件

Ⅰ 民族融合

春秋时期,诸侯国的四方,分布着许多民族,东方有夷,南方有蛮,西方有戎,北方有狄。夷经过春秋时期的经济文化交往,到春秋末年已经与华夏民族融为一体。南方的蛮族,也与楚国来往密切。西方戎族也有一部分与华夏民族融合。北方的狄族,在与晋国的交战中,或被灭,或融入其他诸侯国。到战国时,各民族结构发生改变,北方以东胡、匈奴为主体,经

中国通史

常与燕、赵两国发生战争。西方以羌戎为主,与秦国为邻,关系密切。南方以越为主,支系繁多,在与相邻的楚国交往中,部分融入楚国。战国末期,中原地区与少数民族经济文化交流频繁,民族融合的速度加快,为后来秦建立统一的多民族国家奠定了基础。

II 井田制瓦解

春秋战国时期,随着铁器的出现和使用范围的不断扩大,社会生产力水平有了显著的提高。牛耕的使用和推广,是我国农业技术史上农用动力的一次变革,进一步促进了生产力的发展。生产力的发展导致了大量私田的出现,一些开明的私田主人开始改变剥削方式,使庶民拥有一定的生产资料和人身自由,提高庶民的劳动积极性,封建的剥削方式替代了奴隶制的剥削方式。各诸侯国为了在争霸战争中取胜,努力发展经济,实行赋税制度改革,以法律的形式肯定了私田的合法性,促进了土地由国有向私有的转变,井田制土崩瓦解。

III 变法运动

战国时期,随着井田制的瓦解,奴隶主的土地国有制已经被封建的土地私有制所取代。新兴地主的经济实力不断增强,但政治地位仍然不高,因此纷纷要求进行政治改革,废除奴隶主贵族的特权,发展封建经济,建立地主阶级的统治。主要的变法活动有:魏国李悝的变法,楚国吴起的变法,秦国商鞅的变法等,其中变法改革最彻底是秦国商鞅变法。各国通过变法,普遍富强起来,确立和巩固了地主阶级的统治,建立了中央集权的政治体制。

IV 百家争鸣

春秋战国时期,社会政治经济基础和人的关系发生了很大的变化,这种变化在思想文化方面也反映出来。这一时期,代表各阶级、各阶层、各派政治力量的学者或是思想家按照本阶级的利益和要求,对宇宙、社会和万事万物各抒己见,彼此诘难,提出治世的主张。他们著书立说,广收门徒,高谈阔论,出现了百家争鸣的学术局面。所谓"诸子百家",主要是指儒、道、名、法、墨、阴阳、纵横、农、杂和小说家等。百家争鸣促进了这个时期文化的空前繁荣,奠定了整个封建时代文化的基础,同时也促进和加剧了时代的变革。

文化艺术成就

Ⅰ《诗经》

中国第一部诗歌总集,汇集了自西周初年到春秋时期的诗歌三百零五篇。另有六首笙诗,只有题目,没有诗。按内容分为风、雅、颂三部分。风有十五国风,是出自于各地的民间歌谣,文学成就也最高。雅分大雅、小雅,大部分是贵族祭祀的诗歌。颂是周天子和诸侯用于宗庙祭祀之诗歌。雅、颂中的诗歌对于我们了解西周春秋时期的社会、宗教和历史有很大的参考价值。《诗经》的表现手法有赋、比、兴三种。赋,朱熹《诗集传》解释为:"赋者,敷也,敷陈其事而直言之者也",即铺陈叙述之意;比,按朱熹解释,"以彼物比此物",也就是比喻之意;兴,用朱熹的解释,是"先言他物以引起所咏之辞",也就是借助其他事物为所咏之事做铺垫。《诗经》做为中国现实主义文学的主要源头,对我国两千年来的文学发展产生了深远的影响。

Ⅱ 扁鹊和中医

扁鹊,姬姓,秦氏,名越人,又号卢医,春秋战国时期齐国人。因医术精湛,所以当时人们借用上古传说中黄帝时代的名医"扁鹊"的名号来称呼他。扁鹊年轻时虚心好学,刻苦钻研医术,积累了丰富的医疗经验。他采用望、闻、问、切四种诊断方法,奠定了中医临床诊断和治疗方法的基础,并一直沿用至今天。此外,他精于各科医术,应用砭刺、针灸、按摩、热

熨等方法治疗疾病。扁鹊后来周游列国，到各地行医，解除了很多人的疾病痛苦。相传有一次，扁鹊经过虢国，虢国太子已病死半日，扁鹊经诊断发现太子气息尚存，急忙叫弟子进行针灸治疗，竟然起死回生。扁鹊是中医学的开山鼻祖，中医理论的奠基人。

Ⅲ 曾侯乙编钟

　　1978年，湖北随州擂鼓墩出土，系战国时期曾国曾侯乙的随葬品。钟在我国有悠久的历史，新石器时代已经有陶钟发现。夏商时期，随着青铜冶炼技术的发展，钟的制作材料也改为青铜，出现了许多铜钟。钟分为特钟和编钟两种，单个的钟称为特钟；按一定音列关系组合在一起的钟，我们称之为编钟。编钟数量从三件到十余件不等，而曾侯乙编钟则多达六十五件。曾侯乙编钟规模宏大，气势雄伟，其制作之精良、数量之众多、保存之完好均为现代音乐考古之最，全面展示了中华民族灿烂的古代音乐文化。

齐桓公称霸

齐桓公名小白,在位期间他选贤任能,发展生产,尤其是任用管仲为相,君臣同心,励精图治,整顿朝纲,使齐国国力强盛,他曾经九次会盟诸侯,安定周朝的内乱,后成为"春秋五霸"之首。

春秋时期,齐、晋、楚、鲁、卫、燕、宋、陈、蔡、郑、曹、吴、越等十几个大的诸侯国,野心都很大,都想称霸。于是大国称霸成为春秋时期的主要特点,大国你争我夺,斗争的结果是先后出现了五个霸主,即历史上说的"春秋五霸"。

齐桓公是春秋时期第一位真正的霸主。公元前686年,齐襄公被他的两个大夫袭杀,齐国内部的争斗日益激烈。齐襄公的几个弟弟,为了躲避灾祸,都跑到国外去了。其中公子纠在鲁国,有管仲辅佐他;公子小白在一个小诸侯国莒国,有鲍叔牙辅佐他。鲁国和莒国都急于护送他们回国继承王位。

鲁国在派军护送公子纠回国继位的同时,派管仲率兵拦截从莒归国的公子小白。管仲在途中遇上公子小白一行,还没正式交战,就先向公子小白前胸射出一箭。只见公子小白中箭后大叫一声,仰天倒在车中。管仲以为公子小白已被箭射死,立即派人报知公子纠。公子纠得知对手已死,喜出望外,就慢悠悠地回国去了。

其实,管仲那一箭正好射在公子小白腰间的带钩上,小白为了麻痹对方,佯装被射死,以此计躲过一劫。在鲍叔牙的协助下,公子小白抢先回国即位,这就是大名鼎鼎的一代名君齐桓公。

齐桓公即位后六天,公子纠才慢吞吞地到达齐都临淄。鲁国想拥立

公子纠即位不成,不由恼羞成怒,派军攻打齐国。经过激烈的战斗,鲁军最后大败而逃,鲍叔牙率军逼迫鲁国杀死公子纠、交出管仲。

管仲被押送到齐国后,齐桓公开始想杀掉他。这时,他的谋臣鲍叔牙劝阻说:"我非常荣幸能做您的臣子。您要治理齐国,有高傒和我就够了,但您如果想称霸天下,却非得有管仲不可。管仲是一个不可多得的人才,他在哪个国家,哪个国家就一定能强大起来。"

齐桓公听从了鲍叔牙的意见,不计管仲一箭之仇,并对管仲厚礼相待,任用管仲为相,把国家大事都交给他处理。

管仲见齐桓公如此大度,不计前嫌,反而重用他,心存感激,尽心辅佐齐桓公的霸业,对齐国进行了一系列的改革。在政治上,他推行国、野分治的参国伍鄙之制;在经济上,实行租税改革,采取了一些有利于农业、手工业发展的政策;在管理上,他号召礼法并用,认为知礼可以使民众懂得廉耻,明法可以让民众遵守规矩,两者结合起来,便可以使齐国国富力强。管仲这些政策对齐桓公称霸提供了有利的条件。在国内政治经济形势逐渐改善和稳定的基础上,管仲积极促使齐桓公采取尊王攘夷、争取邻国的手段,以建立霸权。

齐国虽然在长勺打了一次败仗,但齐桓公称霸的野心始终没变。在管仲的辅佐下,齐国的政治、军事和经济实力都有了显著的发展和提高。过了十多年,北方的燕国派使者来讨救兵,说燕国被附近的一个部落山戎侵犯,打了败仗。齐桓公觉得这是一个显示大国威望的好时机,于是决定率大军去援救燕国。

公元前663年,齐桓公亲自率领大军,和管仲一起到了燕国。而此时此刻,山戎已经抢了一批百姓和财宝逃回去了。

齐国和燕国的军队联合起来,一直向北追去。没想到山戎十分狡猾,他们把齐军引进了一个叫旱海的地方,而这里是一望无边的戈壁滩。齐军到了这里,才发现上了当,军队迷路了,怎么也找不到原来的路。

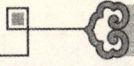 齐桓公称霸

历史探微

管鲍之交

管仲,又名夷吾,历史尊称他为管子,他能拜相和鲍叔牙的引荐分不开。管仲和鲍叔牙是好朋友,初时他和鲍叔牙分别辅佐公子纠和公子小白(齐桓公)。在公子纠和小白争做新君时,小白被管仲射了一箭。后来小白成为国君,本想任用鲍叔牙为相,鲍叔牙将管仲推荐给齐桓公,齐桓公不计前嫌,任用管仲为相,君臣同心,励精图治,成就霸业。管仲曾说:生我者父母,知我者鲍叔牙。后人也用管鲍之交来比喻交情深厚的朋友。

最后,还是管仲计策多,想出了一个好办法。他对齐桓公说:"马也许能认得路,不如找几匹当地的老马,也许能走出这个地方。"

齐桓公叫人挑了几匹老马,让它们领路。这几匹老马慢条斯理地在前面领路,齐军就在后面跟着,齐军果真走出了旱海。

齐桓公帮助燕国打败了山戎,就把山戎方圆几百里的土地全送给燕国。燕庄公说:"那怎么行呢?您帮我赶走敌人,保全国土,我已经感激不尽了,怎么还能要土地呢?"齐桓公说:"您不要推辞了,您守住边疆,不让外敌来犯,我们都受益啊。再说,齐国离这里这么远,怎么管理得了呢?"燕庄公听了这话,对齐桓公更加敬重。

后来,邢国遭到另一个部落狄人的侵犯。齐桓公又带着人马去赶跑了狄人,帮助邢国重筑了城墙。接着,狄人又侵犯卫国,齐桓公帮助卫国在黄河南岸重建国都。邢国和卫国对齐桓公感激不尽,齐桓公的威信又大大提高了。

只有南方的楚国,不仅不服齐国,还要与齐国一比高下。

楚国位于中国南部,占有辽阔的长江中下游地区,气候适宜,物产丰富,不断在南方开垦土地,并收服了周边的一些小部落,后来逐渐强大起

中国通史

来,自称为王,根本不把周天子放在眼里。而且楚国高傲自大,不可一世,素来不和中原诸侯国来往。

公元前656年,齐桓公约会了宋、鲁、陈、卫、郑、曹、许七国军队,联合进攻楚国。

楚成王得知消息,也集合了人马准备抵抗。他派了使者去见齐桓公,说:"楚国在南面,齐国在北面,风马牛不相及。你们的兵马为何要自讨没趣,跑到这儿来呢?"

管仲责问说:"我们两国虽然相隔很远,但都是周天子封的。当初齐国太公受封的时候,曾经接受一个命令:谁要是不服从天子,齐国有权征讨。你们楚国本来每年向天子进贡包茅(用来滤酒的一种青茅),为什么现在不进贡呢?"使者说:"没进贡包茅,这是我们的不对,以后一定进贡。"

使者走后,齐国和诸侯联军又拔营前进,一直到达召陵(今河南郾城东)。

楚成王又派屈完去探问。齐桓公为显示自己强大的实力,请屈完一起坐车观看中原的各路兵马,屈完一看,果然是兵强马壮,军纪严明,军容整齐,不禁暗自佩服。

齐桓公趾高气扬地对屈完说:"你瞧瞧,这样强大的兵马,谁能抵挡得了?"

屈完淡淡地笑了笑,说:"君侯协助天子,讲道义,扶助弱小,人家才佩服你。要是光凭武力的话,那么,咱们国力虽不强,但是用方城做城墙,

用汉水做壕沟。您就是再多带些人马来,也是无计可施的。"

齐桓公听屈完说得如此坚决强硬,估计也未必能轻易打败楚国,而且楚国既然已经认了错,答应进贡包茅,也算有了面子。就这样,中原八国诸侯和楚国一起在召陵订立了盟约,各自回国去了。

后来,周王室发生纠纷,齐桓公又帮助太子姬郑巩固了地位。太子即位后,就是周襄王。周襄王为了报答齐桓公,特地派使者把祭祀太庙的祭肉送给齐桓公,算是一份厚礼。

齐桓公趁此机会,又在宋国的葵丘(今河南兰考东)会合诸侯,招待天子使者,并且订立了一个盟约,即葵丘之盟。主要内容是:修水利,防水患,不准把邻国作为水坑;邻国有灾荒来买粮食,不应该禁止;凡是同盟的诸侯,在订立盟约以后,都要友好相待。

这是齐桓公最后一次会合诸侯。像这样大的会合,在齐桓公执政期间曾有许多次,历史上称作"九合诸侯"。

公元前645年,齐桓公最得力的谋臣管仲病死。过了两年,齐桓公也死去。他的五个儿子争夺王位,钩心斗角,齐国内部非常混乱,公子昭逃到宋国。就这样,齐国随着齐桓公的死去,霸主地位也随之结束了。

晋文公复国图霸

晋文公,名重耳,是晋献公之子。虽初为公子,但后来受迫害离开晋国,游历各诸侯国长达十九年,终于复国。治国期间,他联秦合齐,保宋制郑,经过多项治国举措,开创晋国长达百年的霸业。历史上与齐桓

中国通史

公并称"齐桓晋文"。

晋文公重耳,是春秋时期继齐桓公之后的又一位中原霸主。

重耳是晋献公的儿子,年轻时就喜欢结交有才能的人。晋献公晚年昏庸无能,他的宠妃骊姬为了让自己的儿子奚齐继位,就设毒计谋害太子申生,申生被逼自杀。重耳为了躲避祸害,只好流亡出走。

为斩草除根,晋献公在宠妃怂恿之下,急忙派人去追杀重耳。在狐偃等一批大臣护卫下,重耳逃到自己母亲的国家狄国避难,开始了长期的流亡生活。重耳奔狄的时候,跟从他的人有狐偃、赵衰、魏武子、贾佗、先轸等人,这些人都是当时晋国很有才能的人。

重耳在狄国一避就是十二年。狐偃等人害怕重耳长此以往,会变得全无斗志,于是对重耳说:"当初我们逃到狄国只是为了避难,并非要长期在此,享受生活。我们现在应该振作精神,寻找机会成就大业。应该到齐国或楚国去,寻求帮助,以求大业。"于是,重耳带领随臣们离开狄,投奔齐国去了。

重耳一行在流亡途中,路过卫国时,粮食已经吃完了。这时,重耳看到一个在田野耕作的农夫,于是请求农夫帮忙找点吃的。农夫拾起一个土块递给重耳,表示自己一无所有。

重耳大怒,觉得自己受到了农夫的戏弄,举鞭要打。重耳的随臣子犯连忙拦住他说:"这是天意啊!百姓将土地奉献给了您,您还要期望他们再给些什么呢?几年以后,这块土地必定非您莫属!"

子犯又对着众随臣高喊:"诸位请记住我的话,上天已经给了我们预示,几年之后,我们一定会获得各诸侯的拥戴。"

重耳立刻明白了子犯的良苦用心,他希望自己要牢记身上担负的责任和使命,不要意气用事,冲动急躁,因小失大。于是,重耳郑重接过土块,又向齐国进发了。

重耳到齐国后,受到了齐桓公的热情款待。齐桓公把自己的女儿嫁给重耳,并赏给他八十匹马,让他过上了富足的生活。

不久,齐桓公去世,齐国发生内乱,重耳的随臣们劝他离开这个是非之地,另谋出路。可重耳贪图安逸的生活,不愿意离开齐国。

重耳的妻子姜氏也劝说重耳:"你为避晋国之难而来,自你走后,晋国一直动荡不安。如今你纵欲享乐,能成何大事?当年管仲所以能辅佐先君以成霸业,全在于他顺应民心。如今,齐国已经衰落下去,而晋国之乱,也应该有个平定之时。跟从你的人都忠心耿耿,你一定能够重返晋国,成就大业,还待在这里干什么呢?"

可是重耳根本听不进去,坚决不走。姜氏见劝说无效,于是和子犯合谋将重耳灌醉,然后把重耳抬到车上,拉着他火速离开了齐国。

重耳一行离开齐国,路经曹国、宋国、郑国,前往楚国,楚成王热情地设宴招待了他,并派人把重耳等人护送到了秦国。到秦国后,秦穆公对重耳很尊重,并把自己的女儿嫁给重耳。

公元前636年,在秦国军队的保护下,重耳一行渡过黄河,返回晋国。由于晋国人心思变,重耳一过河,各城邑纷纷表示拥护重耳。晋怀公立刻派军队进行镇压,但众将领们不但不服从指挥,反而和重耳联盟攻入晋都,杀死了晋怀公。重耳就这样登上了晋国国君的宝座,这就是晋文公。

晋国公子重耳流亡的时候,曾投奔过楚国。楚成王对重耳照顾得非常热情周到。

一次,在打猎后举行的宴会上,楚成王问重耳:"公子将来如果回晋国做了国君,打算怎样报答我?"重耳想了想,回答道:"贵国物产富足,金银珠宝、绫罗绸缎数不胜数,我用什么来报答您呢?"楚成王笑了笑,说:"不是指这些。你再想一想,还有什么可报答的?"重耳斟酌了一番,认真地说:"如果能借君王的威望复国,愿同贵国永结百年之好,以使百姓安居乐业。万一两国交战,我将退避三舍,以此作为报答。"楚国大将子玉听说后,觉得重耳将来必定大有作为,或许会成为楚国的后患,就建议楚成

中国通史

历史探微

城濮之战

晋文公流亡时曾受恩惠于楚王，答应如果其回国后两国开战，则主动让晋军退避三舍（古代三十里一舍），也就是主动退九十里地。后来晋楚作战，晋文公主动退了九十里地，驻扎在城濮。楚军十分傲慢，见晋军后退，马上追击。晋军利用楚军骄傲轻敌的弱点，集中兵力，大破楚军，取得了城濮之战的胜利。而成语退避三舍的典故就来源于此。

王趁早把他杀掉，楚成王没有同意。后来，重耳在秦穆公的帮助下回晋国做了国君，就是晋文公。他一心一意治理国家，晋国逐渐强大起来。

楚国当时正在大力扩张，经常侵扰别的国家。公元前633年，楚国借宋国投靠晋国为名，纠集陈、蔡、郑、许等国的军队攻打宋国。宋成公赶紧派人向晋国求援。晋文公召集群臣商议这件事该如何处理。大将军先轸说："现在能和晋国抗衡的只有楚国，主公想要实现称霸诸侯的愿望，就一定要把楚国打败。"狐偃说："楚国不久前刚把曹国拉过去，又和卫国结成儿女亲家，现在他们三国正是关系最好的时候，曹、卫两国跟主公结过仇，我们出兵去攻打这两个国家，楚国一定会来救，这样一来，宋国解了围，我们也报了仇，岂不快哉！"这个意见得到大家的赞同，晋文公决定去攻打曹、卫。

晋文公在公元前632年攻下了曹国和卫国。以前在逃难时，他曾经在这两个国家受过侮辱，现在这口恶气总算出了。

楚成王听说晋国接连打下曹、卫两国，怕领兵在外的大将子玉有个闪失，就叫他班师回去，还告诉他："重耳在外奔波了十九年，也吃了不少苦头，积累了许多经验，我们与他交战，未必能胜他，你先回来吧，我们再另作打算。"子玉不服气，派人向楚成王奏道："宋国早晚能拿下来，请主公再等几天，我一定打了胜仗回来见您。如果遇到晋国军队，愿决一死战。倘若打败,我甘愿受军法处置。"晋文公为了称霸中原,又耍了些手腕。他一面打发人联络秦国和齐国,请他们一起来帮助中原的诸侯抵御"楚蛮";一面逼迫曹、卫两国国君与楚绝交。曹、卫两国迫于无奈,遵命给子玉写了一封绝交信。子玉本来打算为这两国向晋国求情,没想到他们来信与楚国绝交,他跺着双脚大嚷:"老贼!老贼!我要与你拼个你死我活!马上撤军,找重耳老贼算账去。"他带领兵马,撤了对宋国的包围,气势汹汹地向晋军扑来。

两军相遇,晋军中军大将先轸打算立即开战。狐偃阻拦说:"当初主公在楚王面前许过愿:要是两国交战,晋国将要退避三舍。主公既然不失信于中原,也不能失信于楚国。"众将士全部反对:"这不行,晋国的国君怎么能在楚国的臣子面前退避呢?"狐偃说:"咱们不能忘记当初楚王对主公的好处。退避三舍是向楚王表示友好,不是向子玉退缩。出兵打仗,理直才能气壮,理亏士气就会低落。只有这样,才对我们有利。"将士们无话可说了。晋文公传令:"三军俱退!"

晋军退后九十里,恰好是三舍之远,安营扎寨在城濮,秦国、齐国、宋国的兵马也先后到这里会合。然而,晋军的后退,被子玉误认为是害怕楚军。子玉手下一位大将劝他说:"晋国国君躲避我们这些楚国的大臣,咱们已经很有面子了。不如见好就收,班师回去吧!"子玉回答道:"现在回师已晚,不如打个胜仗,还可以将功折罪。"于是,楚军紧逼而来,一直追到城濮,两军在城濮相接,先轸诈败。子玉一向不把晋军放在眼里,不顾一切地追了过去。

先轸把楚军引诱到设有埋伏的地方,伏兵齐出,切断了他们的后路。先轸回兵,杀得楚军七零八落。晋文公叫先轸吩咐将士们只要把楚国人赶跑就行了,不许追赶滥杀,免得辜负了楚王先前的情义。这叫作留有余地,日后双方还可以友好相处。

晋军联合秦、齐、宋国的军队打败了楚军,楚将子玉羞愧得无地自

中国通史

容,自杀了。

晋文公大胜楚军,周天子特地派使臣重重犒赏诸国军队。晋文公借着招待使臣之际,在践土(今河南原阳)与十来个诸侯签订盟约,晋文公正式做了霸主。

秦穆公称霸西戎

秦穆公能称霸西戎,对外他不同于其他诸侯国一味向周王室索取,而是尽量匡扶、尊重周王室,注意处理与诸侯各国的关系;对内善待士卒部下,爱惜民众,得到很多百姓拥戴和支持。秦穆公的治国方略,在当今时代仍有启示作用。

西周灭亡以后,秦国和楚国曾帮助平王建立东周,所以两国都被正式册封为诸侯国。

春秋时期,各诸侯国互相残酷地进行争战。当时晋国是中原的大国,势力十分强大,很多小诸侯国都被晋国灭掉了。

晋国灭掉了一个小诸侯国虞国时,俘虏了虞国国君和他的大臣百里傒。后来,晋国太子申生的姐姐嫁给了秦穆公,百里傒被当做陪嫁的奴仆也来到了秦国。后来,百里傒设法从秦国逃到了楚国,被楚国边境的士兵抓住了。

秦穆公听说百里傒非常有才能,于是想用重金把他赎回来,但又怕这样一来,楚国人发现了百里傒的价值,因而不肯交出百里傒。于是,秦穆公就佯装很不在意的样子派人去对楚国人说:"我的奴仆百里傒逃到

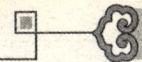

你们那儿去了,我想用五张黑羊皮把他给赎回来。"楚国人很乐意作这样的交换,就把百里傒交还给了秦国。

当时,百里傒已经是个年过七旬的老头了。秦穆公亲自去迎接他,并且和他谈论国家大事,准备重用他。百里傒推辞说:"我这个亡国奴怎有资格谈论国家大事呢?"

秦穆公说:"虞国的君王没有听从你的建议,因而虞国灭亡了。但这与你又有何相干呢?"

最后,秦穆公的诚意感动了百里傒,两人推心置腹地谈了许久。秦穆公特别高兴,他十分信任百里傒,把国家的主要事务都托付给了他,并且尊称他为"五羖大夫"。所以,后人也就一直称百里傒为"五羖大夫"。

百里傒得到重用后,又向秦穆公推荐他的朋友蹇叔。秦穆公于是又派人用重礼去请蹇叔出山,也让他做了大夫。这两个贤臣的到来,使秦穆公如虎添翼。

在百里傒和蹇叔的辅助下,秦国日益强大起来,秦穆公扩张的野心也随之膨胀。

郑国是晋国附近的一个小国。有人向秦国出卖郑国说:"我主管郑国国都的城门,只要秦国去攻打郑国,我可以从里边接应。"

秦穆公听了非常动心,征求蹇叔和百里傒的意见。他们都说:"我们

历史探微

秦晋五次大战

秦穆公当政前,秦国还只是个小国。秦穆公继位就开始扩张疆土。虽然当时晋国已成春秋五霸之首,但秦穆公当政时却和晋国发生过五次大战:韩原之战俘虏晋惠公,护送晋文公回国继位之战、崤之战、彭衙之战、王官之战。这五次大战,除了最后一次是晋国有意避让,只有崤之战和彭衙之战秦国战败,可见当时秦国国势的强大。

离郑国十分遥远,这样远距离作战取胜的几率实在是太小了。再说,既然郑国有内奸,您怎么知道秦国就没有奸细呢?也许郑国早有防备了,所以还是不发兵为好。"

秦穆公说:"看来你们实在是太胆小了,我已经决定了。"于是派百里傒的儿子孟明视、蹇叔的儿子西乞术和白乞丙率领大军,准备攻打郑国。

蹇叔知道秦穆公抵挡不住诱惑,劝阻也没有用了。大军出发那天,蹇叔对着大军号啕大哭。

秦穆公很生气,发怒说:"今天是我发兵的好日子,你为什么要败坏我的士气?"

蹇叔连忙说:"我只是因为和我的儿子离别很伤心,所以才哭起来。我年事已高,也不知道还能不能活到他们回来的时候。"

其实,蹇叔是在为秦军即将面临的失败而难过。他私下里对儿子说:"你们一定要小心。大军如果失败的话,一定会败在崤山的险要处。"崤山在今秦岭东段一带,是秦国和晋国之间的重要关口。

秦军到达晋国边境的一个小城滑邑时,碰见了郑国商人弦高,他正带着十二头牛想赶到周朝的都城去卖。弦高发现秦军,非常害怕。于是把牛献给了秦军,并且撒谎说:"听说贵国将要来惩罚郑国,郑君早已做好了防备,并派我用十二头牛慰劳贵国的士兵。"

秦军将领听后不禁面面相觑,他们想:"糟了,郑国已经做好防御的准备了,失去了多好的一次偷袭机会啊。"于是,他们决定带兵返回,顺路灭掉了滑邑。

秦军灭掉滑邑的消息传到晋国后,晋国人十分愤怒。恰逢晋文公重耳刚刚去世,晋军把丧服染成黑色,表示要同仇敌忾。晋军在崤山伏击秦军,秦军被彻底打垮,三个将军也都被俘虏。

晋文公的夫人是秦国王室的女儿,闻听此事后,急忙赶来替秦国的三个将军求情。她说:"现在穆公肯定十分痛恨他们,请大王放他们回去,让穆公亲自把他们用水煮死。"晋襄公答应了她的请求,放了孟明视等三人。孟明视等三个人回到秦国后,秦穆公穿着白衣服到郊外去迎接。

孟明视等三个人跪在地上向穆公请罪。秦穆公急忙把他们扶起来说:"这是我的不是,没有听你们父亲的劝告,才有今天这样如此惨败的下场,岂能是你们的错呢?再说,我也不能因为一个人犯了一点小过失,就抹杀他的大功啊。"

三个人感激得泪流满面,从此以后,他们认真操练兵马,发誓要为秦国报仇。

公元前625年,孟明视要求秦穆公发兵去报崤山大败之仇,秦穆公答应了。孟明视等三员大将率领四百辆兵车打到晋国。不料晋襄公早有防备,孟明视又战败而归,秦穆公仍旧没有治他的罪,但孟明视心里非常难受,好像对国家欠下一大笔债。他把自己的财产和俸禄全拿出来,送给在战争中死亡将士的家属。他跟兵士同甘共苦,兵士吃粗粮,他也吃粗粮;兵士啃菜根,他也啃菜根,天天苦练兵马,一心要报仇雪耻。

这年冬天,晋国联合了宋、陈、郑三国进攻秦国,一举打到秦国的边界上来了。孟明视十分沉着,他十分清楚晋军士气正高,而自己还没有充分准备好,不能轻易应战,便下令,不许出战,继续披星戴月地加紧操练兵马。很多人都讥讽他:有的说他输怕了,变成胆小鬼了;有的说,像他这样的常败将军怎配率军指挥作战,太晦气。只有秦穆公对孟明视深信不疑,他对大臣们说:"孟明视一定能够战胜晋军,好戏在后头,你们等着瞧吧!"

公元前624年,也就是崤山交战以后第三年的夏天,孟明视准备就绪,挑选了国内精兵强将,出动了五百辆兵车。秦穆公拿出大量的粮食和财帛,把将士的家属安顿好。将士们斗志旺盛,整装出发。

大军渡黄河的时候,孟明视对将士们说:"咱们这回出来,主公对我们抱了很大的期望,如果再吃了败仗,我们有何颜面去见主公,又怎去见

中国通史

秦国的老百姓呢?不如把船烧了吧!有进无退,拼死一搏吧!大家觉得怎么样?"大伙振臂高呼:"烧吧!打胜了还怕没有船吗?打败了,又怎么有脸面回来呢!"孟明视的兵士们憋了几年的闷气和仇恨,全在这时候迸发出来。没有几天工夫,就一举夺回了上次丢了的两座城,接着又攻下晋国的几座大城。

晋国这才尝到秦国攻势的厉害,上上下下都急得如热锅上的蚂蚁。晋襄公跟大臣商量以后,下了命令:只许守城,不准与秦兵交锋。秦国的大军在晋国的地面上来回挑战,没有一个晋国人敢出来迎战。

于是有人对秦穆公说:"晋国已经认输了,他们不敢出来交战。主公不如埋了崤山的尸骨回去,也可以一洗当年的耻辱。"

秦穆公就率领大军到崤山,把三年前作战死亡的将士留下的尸骨收拾起来,埋在山坡里。

秦穆公带领孟明视等将士,祭奠了一番,才班师回国。

那些根本不把秦国看在眼里的西戎各部族,这次一见秦国打了胜仗,又都争先恐后地向秦国朝贡,归附了秦国。他们共同尊奉秦国为西戎霸主,此时秦国又大力向东发展,疆域进一步扩大,在诸侯国中已经有了举足轻重的地位,就连周襄王也派使者赏赐铜鼓十二面,表示祝贺,正式承认了秦穆公西方的霸主地位。

楚庄王一鸣惊人

楚庄王为判别臣子的能力,用三年时间分辨忠奸,看到大臣们富国强兵的心情非常迫切，才开始整顿朝纲，终于一雪前耻，重振国威。这告诉我们：滔滔不绝不一定能显示自己的本事，注意长远观察，蓄积力量，更能够掌握时机。

楚国自从在城濮吃了败仗之后，便暂时停止了北上的行动，将全部的精力集中在东部的扩大发展上。

秦国和晋国连年交战以后，综合国力大大不如以前，受到了不同程度的削弱，于是，两国各自集中精力发展生产，中原地区一连十几年没再发生大的战争。

安定的社会环境，使楚国得以一天天强大起来。

公元前613年，楚成王的孙子楚庄王即位，做了楚君。晋国趁这个机会，把几个一向归附楚国的诸侯拉拢过来，订立盟约。楚国的大臣们很不服气，都向楚庄王提出要他出兵讨伐晋国。

偏偏楚庄王不听这一套，他白天打猎，晚上喝酒，国家大事都不放在心上。楚庄王就这样窝窝囊囊地过了三年。他知道大臣们对他很不满，就下了一道命令：谁要是敢劝谏，就定谁的死罪。

有个叫伍举的大臣，实在看不过去，决心冒死去见楚庄王。这一天，楚庄王正在后宫饮酒作乐。听到伍举要见他，就把伍举召来问："你来干什么？"

伍举说："有人给我出个谜语，我猜不出来。大王您是个聪明人，请您猜猜吧。"

楚庄王听说要他猜谜，就笑着说："你不妨说出来听听。"

中国通史

伍举说:"楚国山上,有一只大鸟,身披五彩羽毛,样子特别神气。可是一停三年,不飞也不叫,您猜猜这是什么鸟?"

楚庄王心里明白伍举要说的意思。他说:"这可不是普通的鸟。这种鸟,不飞则已,一飞冲天;不鸣则已,一鸣惊人。"伍举听后连声叫道:"大王英明! 大王英明!"

过了一段时期,另一个大臣苏从看楚庄王没有动静,又去劝说楚庄王。

他一进宫门,就伤心地大哭起来。楚庄王说:"先生,什么事让您如此伤心啊?"苏从回答说:"我为自己就要死去伤心,也为楚国即将灭亡伤心。"楚庄王很疑惑,便问:"你怎么会死呢?楚国又怎么会灭亡呢?"苏从说:"我想劝谏您,您不听,一定要将我处死不可。您整天沉迷于酒色之中,不理朝政,楚国的灭亡还会远吗?"楚庄王听了大怒,问他:"你难道不知道我下的禁令吗?"

苏从说:"我知道。只要大王能够听我的意见,我就是触犯了禁令,砍了脑袋,也是心甘情愿的。"

楚庄王高兴地说:"你们都是真心为了国家好,我又怎会不明白呢?"

从此以后,楚庄王下决心治理朝政。他把一批只会阿谀奉承的人撤了职,把敢于进谏的伍举、苏从提拔起来,帮助他处理国家大事。当时楚国的令尹斗越椒野心勃勃,想要篡权。楚庄王便任命了三个大臣协助令尹工作,削弱了令尹的权力,以防止斗越椒叛乱。

楚庄王一面改革政治,一面制造武器、操练兵马。当年,他就令南方许多部落臣服。第六年,他打败了宋国。第八年,又打败了陆浑的戎族,一直打到周都洛邑附近。

为了显示楚国的军威,楚庄王在洛邑的郊外举行了一次大检阅。

这一来,可把那个徒有虚名的周天子吓坏了。他派一个大臣王孙满到郊外去慰劳楚军。

楚庄王一鸣惊人

楚王和王孙满交谈的时候,楚庄王趾高气扬地问起周王宫里藏着的九鼎大小轻重怎么样。九鼎是象征周王室权威的礼器,楚庄王问起九鼎,就表示他有夺取周天子权力的野心。

王孙满劝说楚庄王:国家的强盛,主要靠以德服人,不必去打听鼎的轻重。楚庄王听了这番话,也知道当时要灭掉周朝,条件尚未成熟,于是就带兵回国了。

没几年工夫,楚国国力更加强盛,先后平定了郑国和陈国的两次内乱,终于和中原霸主晋国冲突起来。

公元前597年,楚庄王率领大军攻打郑国,陈、郑是晋国的属国,晋国当然不能坐观成败,于是派出军队救援郑国。

这一年的夏天,晋景公派荀林父为大将,先轸的孙子先縠为副将,率领六百辆兵车,火速开往郑国进行援助。大队人马到了黄河边上,听到郑国已被楚国消灭的消息,荀林父心中知道如果晋军再向前行进,想必结果难料,于是他立刻决定退兵。先縠坚决不同意退兵,先縠仗着先人有大功,自己是将门之子,根本不把荀林父看在眼里,任性地带着自己兵马,渡过黄河追击楚军去了。赵同、赵括(两人

历史探微

南橘北枳

晏子名婴,字平仲,史称"晏平仲",是春秋时齐国的大夫,春秋时期著名的政治家和外交家。曾被齐王派去出使楚国,晏子出使楚国时,楚人刻意侮辱他,让公差绑着一个犯了偷窃罪的齐国人,到楚王面前去,以此讽刺齐国人善于偷东西。而晏子却说橘生长在淮南就是橘子,生长在淮河以北就变成枳了,虽然形状相似,但味道却不同。这个齐国人在齐国不偷东西,到了楚国就偷东西,是楚国的百姓善于偷窃吗?这就是著名的南橘北枳理论,所以外交无小事,尤其涉及到国格时,丝毫不可侵犯。

中国通史

都是赵衰的儿子、晋国现任相国赵盾的兄弟)也认为自己父兄劳苦功高,也不听荀林父的命令,带上队伍跟着先縠过河去了。荀林父见此情形,实在没有办法了,只好下令全军过河。先縠更加得意忘形,更不把荀林父当一回事儿。

楚庄王听说晋军已经渡过黄河,便召集部将们商量对策。令尹孙叔敖认为打仗已多时,主张同晋军和解,然后退兵,以后有机会再战。而一批年轻的将士都主张出战,楚庄王一时不知如何是好。有一个叫伍参的小臣说:"晋军主将荀林父刚掌大权,没有威信;副将先縠倚仗先人的功劳,瞧不起荀林父,三军的将领想要主动出击,又没有权力;士兵们不知道听谁的,晋军不能同心协力,我看非败不可。再说,您是国君,却躲避晋国的臣子,恐怕有伤我们楚国的尊严吧?"楚庄王听伍参分析得合理,便下令楚军摆开阵势,将战车一律朝向北方,准备出击。

孙叔敖见晋军实力雄厚,有六百辆兵车,总是不放心,他对楚庄王说:"我认为应该先派人去讲和,他们如果不同意和,非要打,我们再迎战也不迟。"楚庄王接受了这个建议,派蔡鸠居出使晋军。荀林父派人接待蔡鸠居,表示同意讲和,并且提出双方同时退兵。蔡鸠居准备返回楚营之际,先縠把他拦住道:"刚才接待你的人没有说清楚,你回去告诉你们国君,我们这次来,不把你们杀个落花流水,决不收兵!即使我们主将肯和,我先縠也不答应!"蔡鸠居对先縠的无理恼怒不已,没有搭理先縠。走到军营门口,又碰上了赵同、赵括。这两个人拿弓点着蔡鸠居的脑袋骂道:"当心你的小命,回去告诉你们那个蛮子头,害怕就赶快滚回去!"

蔡鸠居跑回楚营,把他受侮辱的情况向楚庄王讲了一遍。楚庄王非常生气,问底下的人:"谁敢打头阵,给晋军点儿颜色瞧瞧?"大将乐伯挺身而出,跨上战车,直奔晋军大营,到了晋军军营,乐伯一箭一个,一连射倒三个,又下车活捉一人,然后跳上车,扭头便走。晋军看到楚将杀人,分三路追来,只见乐伯左一箭,右一箭地射起来,真是箭无虚发,吓得晋军谁也不敢再追,眼睁睁地看着乐伯跑回楚军大营。

荀林父见楚军来挑战,急忙又派魏锜去讲和。谁料想这个魏锜想当大夫,没有当上,一直心中有怨气,恨不得晋军失败。荀林父派他去讲和,他却下了战书。回来后对荀林父说:"楚王坚决不同意和解,非要拼个你死我活!"晋将赵旃认为自己的能耐大,武艺高强,总想露一手给主将看看。到晚上,他乘着天黑带领部下去偷袭楚营却被楚兵发觉。楚兵大喊抓刺客,他吓得上车就跑。楚庄王弄清状况之后驾车就追,楚军将领见楚庄王亲自出击,士气高涨,纷纷跟了上去。孙叔敖对楚庄王说:"兵法上讲'宁可我追人,别让人追我',晋军欺人太甚,我们决不能轻饶他们,不如趁其不备,狠狠地杀过去!"这时候,天还不亮,楚庄王下令出击。霎时间,鼓声如雷,车马飞驰,楚军将士争先恐后地向晋国军营冲去。晋军将士睡得正酣,一点防备也没有。荀林父听到鼓声,急忙下令抵抗。两国军队在邲城(郑地,今河南省郑州市东)郊外大战起来。晋兵刚从梦中惊醒,一时之间摸不清头绪,乱哄哄的,士气不振,指挥不灵,抵抗不力。而楚军一鼓作气,往来冲杀,没多大工夫,就把晋军打得溃不成军。

荀林父带着残兵败将,仓皇逃走。只见先縠头上中了一箭,满脸鲜血,用战袍裹着。荀林父恨恨地说:"你也会落到如此下场吗?真是天大的笑话啊!"正说着,晋军残兵都跟上来了,荀林父下令赶快渡河。

由于船少人多,士兵争着渡河,许多人被挤到水里。掉到水里的人往船上爬,船上的怕翻船,无奈之下,十分残忍地将往船上爬的人的手指头都砍了下来。

有人劝楚庄王追上去,把晋军斩尽杀绝。楚庄王说:"楚国自从城濮之战失败以来,一直没有恢复元气。这回咱们打了个胜仗,总算洗刷了以前的耻辱,又何必多杀人呢!"说着,立即下令收兵,让晋国的残兵逃了回去。风水轮流转,霸主的头衔又落到楚庄王头上来了。

楚庄王一鸣惊人,邲城一战,取得了重大的胜利,使晋国的大军,一

中国通史

夜之间,近乎全军覆没。晋军的惨败,使楚军一洗耻辱,同时使楚国威名大噪,而楚庄王也成为继齐桓公、晋文公、秦穆公之后的另一位霸主!

吴国崛起

春秋时代烽烟四起,战火连天。诸侯国之间的大小战争多达数百次,春秋初期诸侯列国一百四十多个,经连年兼并,后来只剩较大的几个。这些大国互相攻伐,争夺霸权,而吴王阖闾在春秋后期纵横江淮,成为霸主。

在公元前546年,晋、楚等几个国家,齐聚宋国,举行了"弭兵会议"(弭兵就是停止战争)。会议上,最具有发言权的晋、楚两国的官员代表南北两个集团,签订了盟约。盟约规定除齐、秦两个大国外,其他各小国都必须向晋、楚朝贡。晋楚两国平分霸权,互不干涉,友好相处。就这样,在以后五十多年里,没发生大的战争,大家相安无事。

到楚庄王的孙子楚平王即位之后,楚国国力就渐渐衰落了。

周景王十八年(公元前527年),楚平王在他执政的第二年,派大夫费无极去秦国为太子建求婚。

秦哀公把自己的妹妹孟嬴许给了太子建。孟嬴长得花容月貌,姣美动人,楚平王见了暗暗心动。费无极看出平王的心思,就说:"大王既然喜欢她,为什么不自己娶过来呢?"这话正合楚平王的心意。费无极便把孟嬴送到了楚平王的宫里,而把孟嬴的侍女嫁给了太子建。

可谓"好事不出门,坏事传千里",时间一长,楚平王娶自己儿媳妇

的丑事就传开了。费无极担心太子建得知事情真相后,会怀恨在心,对自己不利,于是就鼓动楚平王把太子建送出郢都,去镇守城父(今河南省宝丰县)。

可费无极还是不放心,他惟恐楚平王死后,太子建掌了政权,找他算账,就千方百计要害死太子建。他在楚平王面前挑拨说:"太子对您娶了他媳妇很不满意,听说他在城父招兵买马,让他的老师伍奢日夜操练,要打回郢都报仇呢!"

楚平王经不住费无极的一再挑拨离间,便把太子建的老师伍奢召来责问。伍奢就是伍举的后代,他为人耿直,看不惯楚平王的行为,恨透了费无极的卑鄙无耻行径,便说:"您娶太子的媳妇,已经不对了,怎么又听信小人的谗言怀疑自己的亲骨肉呢?"楚平王又羞又恼,下令把伍奢抓起来,关进了大牢。

费无极进一步挑唆说:"您抓了太子的老师,太子能甘心吗?他要是联合齐晋等国闹起事来,那可是不好对付啊!"楚平王喜欢孟嬴,早就有意废掉太子建,立孟嬴的儿子做太子,听了费无极的话更是坚定了自己的想法,下决心要除掉太子建。

太子建得知消息,立即逃到宋国去了。费无极又给楚平王出了个馊主意,说:"伍奢有两个儿子,老大叫伍尚,老二叫伍员(即伍子胥),都是有谋略、有胆识的人才,如果让他们跑了,可是后患无穷啊!斩草要除根,主公把他们哥俩也叫来,和伍奢一起除掉算了。"楚平王说:"已经抓了他们的父亲,他们还会来吗?"费无极说:"您让伍奢给他们写信,就说如果他们来,就赦免他们的父亲;如果不来,立即就把伍奢处死。"

这一招真够阴狠毒辣!伍尚和伍子胥接到信,心急如焚,可又进退两难。伍子胥说:"这信准是他们逼父亲写的,如果我们不去,他们对我们有所顾忌,父亲还不至于死;我们要是去了,父亲一定被杀,我们也会落入他们的陷阱,难逃一死啊!"

中国通史

伍尚说:"如果我们不去,万一父亲真的被害怎么办?即便是假的,见父亲一面,死了也甘心。"伍子胥说:"如果父亲被害,那就应该想办法替父亲报仇。否则,父亲也死不瞑目啊!哥哥一定要去,弟弟只好从此永别了。"

果然,伍尚一到郢都,楚平王便把他和伍奢一起杀了。接着又下了一道命令,通告全国,悬赏捉拿伍子胥。伍子胥得知父兄被害的消息,万分悲痛,发誓道:"大仇不报,誓不为人!"连夜跑了。

在路上,伍子胥碰到了老朋友申包胥,便把父兄怎样被害,楚王怎样悬赏捉拿自己,前前后后讲了一遍。申包胥很同情他,便问:"老兄,今后有何打算呢?"

伍子胥说:"杀父之仇,不共戴天!我一定要报仇!我不生嚼楚王肉,刀劈费无极,推翻楚国,枉为男子汉!"申包胥说:"楚国是我们的父母之邦,你怎么可以那么干呢?从朋友的情分上说,我一定不泄露你的去向。但是,如果你要是推翻了楚国,我一定要想办法复兴它!"说完两人便分道扬镳了。

伍子胥到宋国找到了太子建。不巧宋国内乱,楚国派兵来干涉,太子

历史探微

吴楚之争

吴国本是楚的附属国,春秋时期处在长江下游。晋国为与楚国争霸,采取联吴制楚之策,晋国派使者教吴人乘车、御射、列阵,使吴军学会车战。此外,这时吴国的经济、文化也得到发展,国力逐渐强大,开始与楚国叫板。公元前584年,吴军一举攻下楚国淮河重镇州来。此后近七十年间,双方先后发生过十次大规模的战争,几成世仇。在这十次战争中,吴军全胜六次,楚军全胜一次,互有胜负三次。公元前515年,阖闾即位后,立志称霸天下。

建和伍子胥赶快逃往郑国。郑定公很热情地招待他们,没想到太子建恩将仇报,暗中勾结晋国,想要篡夺郑国大权,再借此机会利用郑国的力量,攻打楚国。郑定公及时发觉了这一阴谋,就把太子建杀了。

伍子胥没有办法,又带着太子建的儿子公子胜逃向吴国。他们一路上担惊受怕,既怕郑国人来追,又怕楚国人来追,只好白天藏在深山里,夜晚抓紧时间赶路。走了十几天,来到了楚国和吴国交界处——昭关。伍子胥来到关前,不由得倒吸一口冷气。原来,楚平王估计伍子胥一定要逃到吴国去,特地增派兵马来昭关把守,还在关前挂上伍子胥的画像,谁要过关,士兵对过关的人都要和画像对照一下,以免伍子胥混了过去。真是天罗地网,插翅难飞。伍子胥和公子胜在昭关附近停了好几天,心急火燎,眼望着昭关,就是过不去。

真是天无绝人之路。一天,伍子胥发现关前突然挤满了人,乱哄哄的,守关的士兵都检查不过来了,他急忙化了装,带着公子胜混在人群当中,趁机蒙混过关,投靠吴国去了。

吴王僚觉得伍子胥谈吐高雅,气宇不凡,就重用了他,封他为大夫。

其后几年,吴国和楚国之间爆发了一次大规模的战争。吴国边境有一个小镇叫卑梁,这里和楚国的边境小镇钟离接壤,有一天,吴国的一个小孩子取桑叶,和楚国的小孩子吵架,最后发展到双方发生争斗,楚国这个镇子里的许多人打进了吴国的卑梁,杀了卑梁不少人。

这事传到了楚平王那里,他大发雷霆,就派大兵去灭了卑梁。吴王僚听到这事觉得楚国欺人太甚,也派兵去攻打楚军。

吴王派公子光率领大军浩浩荡荡开赴前线,一举攻占了钟离和居巢(今安徽省巢湖市一带),直逼楚国的腹地,楚军害怕,急忙撤军。

伍子胥在吴国,感到吴国的宫廷之中充满了险恶,公子光野心极大,一心想当国王,到处招兵买马,想有朝一日取代吴王僚的位置。在攻下居巢的时候,伍子胥曾经劝公子光乘胜追击。但是公子光私下里对吴王说:

"我看不可再向前进发,伍子胥的父兄都被楚王杀害,他是想借机报仇,这对我们吴国一点好处也没有,弄不好损失还会很大。"吴王就听从了他的话。

伍子胥觉得留在公子光这种人的身边,不但报不了仇,还要惹来杀身之祸,就请求离开朝廷,到山间去种地。而公子光一直把他当做夺取王位的重要帮手,当然不会同意。伍子胥心生一计,就向公子光推荐了自己的好朋友专诸,公子光觉得专诸非常合自己的心意,便同意了。

伍子胥此举可谓是一箭双雕,一方面使得自己可以脱身,另一方面又可以通过自己的朋友来监视朝廷里的举动,做到心中有数。他在山间种地是假,他日思夜想的是要寻找机会替父兄报仇。

公元前516年,楚平王去世,吴国感到机会来了,吴王僚就派大将盖馀、烛庸领兵去攻打楚国,而后又派了他的叔父季札到晋国去观察诸侯的反应。吴军进攻非常不顺利,被困在战场。

正是螳螂捕蝉,黄雀在后。公子光见吴王僚的亲信都不在京都,夺取王位的时机已到,就和专诸商量大事,公子光决定马上动手。

四月的一天,公子光的行动开始了,他先在地下室里埋伏了大量的勇士,随即邀请吴王僚饮酒。吴王最近就觉得公子光的行动有些异常,对他存有戒心,就带了许多士兵去参加宴会。公子光住宅的前前后后都站立着吴王僚的士兵,这些士兵都手执兵器,虎视眈眈,使得公子光不敢轻易下手。

公子光一看大事不妙,误以为有人向吴王透露了情况,就临时心生一计,他从容镇定,一边给吴王进酒,一边笑谈着。

席间,他忽然说自己的脚根疼,要出去治疗一下,马上就回来。他来到了地下室,见到了他的勇士们。而吴王做梦也想不到公子光的住宅有地下室,而且地下室里还有这么多勇猛的士兵。

公子光让自己的一个士兵化装成厨师,向桌上送红烧鱼,在一条大

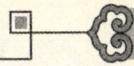

鱼中藏着一把锋利的尖刀。一会儿,红烧鱼被端了上来,吴王还在夸这条鱼怎么这么大,坐在一旁的专诸眼疾手快,从鱼中拔出刀子,向吴王猛地刺去,正中他的胸膛,吴王僚防不胜防,当即一命呜呼了。吴王带来的士兵见吴王被杀,就在宫中拼杀起来,专诸也被乱刀刺死,厅堂上一片混乱。此时,伍子胥带领军队也杀来了,他歼灭了吴王僚的卫队,随后占领了王宫,宣布公子光即位,就是吴王阖庐(又叫阖闾)。

就这样阖闾当上了国王,他是春秋后期一位著名的历史人物。为了感谢专诸的相助,他封专诸的儿子为他的国卿。

伍子胥在这场政变中也发挥了十分重要的作用,阖闾的许多谋士都是伍子胥推荐的,所以阖闾也封他做了大官,让他专门负责吴国的外交,并且参与谋划国家大事。阖闾当了王以后,让伍子胥协助他治理吴国。他首先把政治整顿好,然后发展生产力,奖励耕种,又组织人力加紧修筑城墙,打造兵器。经过吴王阖闾和伍子胥这一番治理,吴国逐渐强大繁荣起来。

公元前506年,阖闾采纳了伍子胥和孙武的建议,联合唐国和蔡国,大举进攻楚国,攻破了楚国的都城郢。这时,楚平王早已死去,伍子胥没有找到楚平王的儿子楚昭王,只找到了楚平王的坟墓。

想起父兄的死和自己逃亡在外所经受的苦难,伍子胥就怒火中烧。他挖开楚平王的坟墓,拖出他的尸骨,狠狠地抽了三百鞭子。伍子胥终于报了杀父杀兄之仇。

伍子胥鞭尸复仇这件事很快传开了。伍子胥的老朋友申包胥听说以后,给他写了一封信,信的大意说:你太过分了,凭着武力,只可能取得一时的胜利,但是由于你太残暴,终究是要失败的。希望你赶快离开楚国吧,否则,我说过的话也是算数的。伍子胥看了申包胥的信,想了许久。申包胥当初曾向伍子胥表示过,你要灭楚,我一定复楚。申包胥为了拯救楚国,便到秦国去求救兵。秦哀公看到吴国强盛,不肯得罪吴国,不愿出兵。

申包胥看到自己的祖国就要灭亡了,伤心极了,他站在秦国宫廷外大哭不止,一连哭了七天七夜。听到哭声的人,没有一个不被他的爱国心所感动。秦哀公说:"没想到昏庸的楚昭王却有这样好的部下,真难得啊!"于是派五百辆兵车去援救楚国。

秦军刚开到楚国边界,就和吴军交起手来。这时候,阖闾的弟弟吴军先锋夫概偷偷地跑回了吴国。他欺骗国内的人说:"阖闾被秦国打败了,死活不知。"随后宣布自己继承王位。阖闾在前方正准备打仗,闻听此事,非常气愤,无心恋战,急忙派人去和秦军讲和。等到秦军一撤退,他马上下令,火速赶回吴国,讨伐夫概。

夫概本来威望就不高,都城里的将士一听说阖闾率领大军回来了,纷纷投奔过来。夫概见大势已去,便慌忙逃跑了。一场叛乱平息下去了,阖闾仍旧做王。

公元前496年,吴国的近邻越国国君去世,阖闾认为时机已到,不顾伍子胥的反对,便趁着越国办丧事的时机,信心十足地亲率大军去攻打越国。

越王勾践看到吴军阵容整齐,就派敢死队冲上去,可是敢死队的士兵两次都给吴军俘虏了,吴军阵地依然坚固。他又想出一个计策:强令一批被判处死刑的囚犯,排成三行,各人把剑架在自己脖子上,一齐自刎了。吴军从来没见过这种场面,一时之间,都惊呆了,看傻了,不知道该怎么办,吴军的阵脚自然也就乱了。而与此同时,越国趁此机会攻打过来了,只听越军营中鼓声如雷,喊声震天,军队士气高涨,斗志昂扬,勾践指挥越军以排山倒海之势直向吴军杀来。吴军被打得措手不及,互相践踏,全线崩溃,阖闾的脚上挨了一戈,鞋和大脚趾也被砍掉,险些丧命。越国取得了一次大胜利,吴王阖闾惨败而归。

经过这一次吴越之战,吴王阖闾经受了战败的沉重打击后,精神大不如以前,再加上他年老体衰,又受了重伤,已是力不从心了,没过多久就死了。

勾践卧薪尝胆

公元前494年,吴王夫差围困越王勾践于会稽(今浙江绍兴),迫使越国屈服,争得霸权。越王勾践卧薪尝胆,立志报仇,经过几十年努力,终于转弱为强,消灭吴国。后来勾践与齐、晋等诸侯会盟,成为春秋时期的最后一个霸主。

吴越两国同是春秋时期长江中下游的国家。在群雄争霸称王的年代,两国为了争夺土地和人口,频繁打仗,由此导致两国矛盾激烈,互相仇视。

周敬王二十四年(公元前496年),吴王阖闾听闻越王允常死,便举兵伐越。越国新君勾践率兵抵御,在檇李(今浙江嘉兴市南)摆开阵势,展开了大战,吴王阖闾受重伤,不久就死去了。

夫差即位后,发誓要为父报仇雪恨。他派人站在宫门,只要自己出入,那人就对他大喊:"夫差!你忘记越国杀父之仇了吗?"

夫差就大声回答:"没有,我万万不敢忘!"夫差奋发图强,在安排好丧事后,就等待时机与越国决一死战。

公元前494年,吴王夫差迫不及待地要报仇雪恨,于是率领大军攻打越国。经过激烈的战斗,越王勾践只带着残兵五千人退守到会稽山上,被吴军团团包围。这下,吴王夫差肯定要杀死越王勾践,以报杀父之仇了。

越王勾践在会稽山上看着自己手下的残兵败将,心里万分惊慌惆

中国通史

怅。这时,他的谋臣范蠡对他说:"国君要能屈能伸。现在我们不妨低声下气,送厚礼给吴国,请求吴王与我们和解。如果他坚决不答应,就只好委屈您自己到吴国去侍奉吴王,越国或许才有望东山再起。"

勾践于是派大臣文种到吴国去求和。文种去拜见吴王时,跪在地上用膝盖往前走,一边磕头一边恳切地说:"无比崇敬的大王,您的亡国之臣勾践派小臣来告诉您,勾践请求做您的奴仆,他的妻子甘愿做您的侍妾。"

吴王夫差听了非常高兴,早已把杀父之仇忘脑后了,正准备答应,大臣伍子胥劝他说:"现在正是上天赐予的灭掉越国的好机会,千万不要错过良机啊!"吴王碍于面子,没有答应文种的请求。

文种回去后,对勾践说:"吴国的大臣伯嚭非常贪婪,可以用财物去贿赂他,让他帮忙。"

于是,勾践就派文种带了一大批美女和宝物去献给伯嚭。伯嚭接受后,带文种去见吴王。

文种给吴王磕头说:"请大王赦免勾践的罪过,他会把他的贵重稀有的宝贝全都送过来。假如大王不能宽恕他,勾践就要杀尽自己的一家老小,烧光他的财宝,率领他仅剩的五千人马与吴国决一死战,到时吴国恐怕也会付出相当大的代价。"

伯嚭也在一旁劝说吴王:"越王已经是瓮中之鳖,走投无路了,既然他答应做您的臣子,您就赦免他吧,这样既能避免两国交战,给咱们造成不必要的损失,也可以让天下人知道您宽大的胸襟。"

夫差一心想称霸中原,根本不把弱小的越国看在眼里,加之这次越国从此将一蹶不振,不足为患,就答应了越国和解的请求。于是,越王勾践带领300人进入吴国称臣。

越王勾践在吴国忍辱负重,卑躬屈膝,为吴宫驾车养马,勾践的夫人也粗衣淡饭,为吴宫打扫宫室,越国群臣个个都安分守己,惟命是从。

有一次，夫差患病，勾践为了讨夫差的信任与欢心，就亲自舔尝他的大便。这一举措，令夫差十分感动。夫差见勾践很顺从，就把他放回了越国。

这时，伍子胥却说："大王，要斩草必须除根。吴越两国同处三江之地，势不两立，如今攻下越国而不消灭，那无异于放虎归山，到时候恐怕后悔就晚了。更何况勾践并不是平庸之辈，还有文种、范蠡这班良臣呢！现在正是上天赐予的灭掉越国的好机会，千万不要错过啊。"

但夫差认为越国弱小，不足为患。

伍子胥无奈，心中无比凄凉，于是仰天长叹："这真是养虎遗患啊！二十年后，吴国的宫殿就要成为越国的池沼了。"

勾践经过三年艰苦生活回到越国，为了不忘三年前被围困在会稽山上的奇耻大辱，他把国都迁到会稽。

勾践怕自己贪图眼前的安逸，消磨报仇雪耻的意志，特意给自己安排最艰苦的生活环境，撤去了锦缎雕床，在地上铺上稻草睡觉。他在铺前放了一个苦胆，每逢吃饭的时候，都要细细尝一口，然后问自己："你忘记会稽山的耻辱了吗？"这就是"卧薪尝胆"典故的由来。

勾践为了使国家早点富强兴盛起来，他亲自下田耕种，让夫人纺麻织布，目的是带动百姓发展生产力的积极性，从而增加国家的财富。他规定七年不收赋税，这样一来增加了百姓的积蓄，使大家更能够安心生产。

为了繁殖人口，增加劳动力，补充兵源，他规定青年男子不许娶老年妇女，老年男人不许娶年轻女子；女子十七岁不出嫁，她的母亲有罪；男子二十岁不娶媳妇，他的父亲有罪。妇女将要分娩时应及时向政府报告，官家就会立刻派医生去看护她生产。生男孩子，给两壶酒，一只狗；生女孩子，给两壶酒，一头小猪；一胎生三个孩子的，官家给他乳母；一胎生两个孩子的，官家给他粮食。嫡子死了，免除他们家三年的赋役；庶子死了，免除他们家三个月的赋役。并且一定要像对待自己的亲儿子一样哭泣埋

葬他们。规定寡妇、患病的人、贫困的人,把他们的儿子送入官府(由国家抚养)。对于那些明智达礼的贤士,把他们住的地方打扫干净,给他们华丽的衣服穿,给他们美味的饮食,和他们切磋事物的道理。对到越国来的有名之士,一定要在庙堂上以隆重的礼节迎接他们。对越国出游的年轻人,没有不供给饮食的,没有不给水喝的,一定要询问他们的姓名以备将来选拔录用。而勾践则只吃自己耕种所得的粮食,只穿他夫人亲自织布做的衣服。

就这样,越国君民齐心协力,艰苦奋斗,发愤图强,几年的工夫,国家转弱为强,实力比较雄厚了。

为了不使吴王夫差心生疑虑,勾践仍旧像往常一样派使者到吴国去朝见进贡,而且贡品有增无减,品种多样,稀奇珍贵。夫差对勾践的"忠诚"相当满意。

勾践听说夫差要改建姑苏台,趁机派文种送去优质的木料。夫差一见这些木料,非常高兴,立刻下令按照这些木料的尺寸,重新设计宫殿的样式,增派民工服劳役。这项浩大的工程,一直干了八年,姑苏台总算建成,可浪费了许多人力、物力、财力,真是劳民伤财。

吴王夫差自从当上了霸主以后,一味贪图享乐。越王勾践派人专门物色美艳动人、倾城倾国的女子,结果在苎萝山上找到一个美人,名叫西施。为讨吴王欢心,勾践就派范蠡把西施献给夫差。

夫差一见西施,果然容貌姣美,超凡脱俗,把她当做仙女下凡一样,宠爱得不得了。

有一回,越国派文种去跟吴王说,越国收成不好,闹了饥荒,恳请吴王借一万石粮,并保证年后一定归还。夫差看在西施的面上,爽快地答应了。

转过年来,越国喜获丰收,文种把一万石粮亲自送还给吴国。

夫差就把这一万石粮卖给老百姓做种子。伯嚭把这些粮食分给农

勾践卧薪尝胆

民,命令大家去耕种。到了春天,种子种下去了,等了十几天,还没有发芽。大家想,好种子也许出得慢,就耐心地等着。没想到,过了几天,那撒下去的种子全烂了,他们想再撒自己的种子,已经来不及了。

这一年,吴国闹了大饥荒,吴国的百姓痛恨夫差。但他们哪里会想到,这是文种的计策,那还给吴国的一万石粮,原来是经过蒸熟了又晒干的粮食,怎么还能抽芽呢?

公元前484年,吴王夫差决定去打齐国。伍子胥急忙去见夫差,说:"我听说勾践卧薪尝胆,跟百姓同甘共苦,举国上下齐心协力,看样子一定是想报吴国的仇。不消灭他,总是个后患。希望大王先去灭了越国,再另作谋算。"

吴王夫差哪里肯听伍子胥的话,照样举兵攻打齐国,结果打了胜仗回来。文武百官全都道贺,只有伍子胥反倒批评说:"打败齐国,只是占点小便宜;越国来灭吴国,才是大祸患。"

这样一来,夫差越来越讨厌伍子胥,再加上伯嚭在夫差面前进谗言,到处诋毁伍子胥。夫差便派使者给伍子胥送去一口宝剑,逼他自杀。伍子胥临死的时候,气愤地对使者说:"把我的眼珠挖下来,放在吴国东门,让我看看勾践是怎样打进来的。"

夫差杀了伍子胥,让伯嚭继任相国。公元前482年,夫差和晋、鲁等国诸侯在黄池(今河南省封丘县西南)会盟,勾践利用这次机会统帅五万大

历史探微

文 种

春秋末期楚之郢(今湖北江陵附近)人,后定居越国,是春秋末期著名的谋略家,越王勾践的谋臣,和范蠡一起为勾践打败夫差立下战功。灭吴后,范蠡曾告诫文种"飞鸟尽,良弓藏;狡兔死,走狗烹",但文种自觉功高,继续留下为臣,却被勾践不容,最后被赐剑而死。

085

军直捣吴国。经过三天激烈的战斗,越军攻下了吴国都城,活捉了吴国太子。夫差在黄池听到这个坏消息,急忙带兵回国,派人去向越国讲和。这时吴国还有一定实力,一时很难灭掉它,勾践便答应讲和,并且从吴国退了兵。

四年之后,越王勾践再次发兵攻打吴国。吴王在笠泽迎战,双方军队隔着一条河摆开阵势。越王兵分两路,趁着黑夜,左右轮番进攻,擂鼓呐喊前进,士兵们都勇猛无比。吴军只能被动地进行抵抗。不久,勾践指挥越军偷偷地渡过河,向吴军大本营发动猛烈的进攻。吴军全线溃败,被打得落花流水,仓皇而逃。

越军乘胜追击,接连向吴军发起进攻。夫差被围困在阳山(今江苏省苏州市吴中区和相城区),走投无路,无可奈何之下,派使者向勾践求和。伯嚭早已投降了,夫差派大夫公孙雄下山求和。公孙雄比当初文种表现得更加"诚恳",他全裸着身子,背着荆棘,跪在地下向前爬行,一直爬到勾践的面前,说:"无路可走的夫差派我来给您赔罪了。他以前得罪了您,他给您赔不是,您智勇双全,威猛无比,要是能高抬贵手放我们回去,他说他心甘情愿做您的臣民,一定听从您的任何吩咐。当初在会稽,夫差对您还是不错的,夫差愿意您对他也能像那时他对您一样。"

勾践听他这么一说,心软了下来。范蠡似乎觉察到勾践的心思,就说:"难道大王您忘记了您十多年来日日夜夜盼望的事了吗?难道您忘记为了复仇,千千万万人民所付出的血汗了吗?今天要是您放了他,将来想必会重蹈覆辙,您将成为另一个夫差。"

勾践被他说得哑口无言,只能逼夫差自杀。

夫差这时候才后悔当初不听伍子胥的忠告,不禁羞愧难言,自杀了。临死之前还吩咐:"我死了以后,你们用布把我的脸遮住,本王实在没脸去见伍子胥啊!"

周敬王四十四年(公元前476年),越王勾践消灭了吴国,洗刷了耻辱,威震四方。勾践在徐地(今山东省滕州市南)约齐、晋、鲁等诸侯国前来会盟,周元王派使者给勾践送来祭庙用的肉,承认他的诸侯领袖地位。这样,越王勾践称霸,他是春秋时代最后的霸主。

孔子周游列国

孔子出生于公元前551年。他的家乡在鲁国昌平乡邹邑,也就是今山东曲阜东南。孔子博学多才,勤学好问,是我国历史上伟大的教育家、思想家和政治家。

孔子的先祖本来是宋国的贵族,后因得罪了宋国的宰相而遭到了杀害。他的曾祖孔防叔被逼无奈逃到了鲁国,家道也因此败落了。到了孔子的父亲叔梁纥时,由于在战斗中立了大功,才被封为贵族中最低的一等——武士,做了一个小县城的县长。

叔梁纥的妻子一连生了九个女儿,他的小妾好不容易生了个儿子,还是个跛子。叔梁纥不愿让残疾儿子做继承人,于是又向颜家求婚。颜家把不到二十岁的小女儿颜氏嫁给了叔梁纥,当时叔梁纥已经六十六岁了,这在古代被认为是不合礼仪的"野合"。

不久,颜氏生下了一个儿子,他就是孔子。孔子生下来时,头顶中间向下凹下去,而四周高,像邹邑附近的尼丘山的形状,于是起名叫丘,字仲尼。所以后人常常称孔子为孔丘。

孔子三岁左右,父亲叔梁纥就去世了。当时颜氏还很年轻,丈夫死后,颜氏带着孔子迁到了鲁国国都曲阜。

曲阜的文化氛围浓厚,这对孔子的成长产生了非常重要的影响。鲁国是周朝初年周公的封地,周公的儿子伯禽到鲁国时,带去了很多典章文物。直到春秋末年,人们还认为周朝的典章制度都保存在鲁国。

幼年的孔子在这种优秀的文化氛围的熏陶下,对礼仪制度极其感兴趣。他和小伙伴做游戏时,经常把玩具当做祭器摆设起来,模仿大人们祭祖时的各种礼仪动作。到了十六七岁,孔子已经成为一个学识丰富,具有较高文化修养的少年了。

长大之后,他曾在鲁国贵族季孙氏家里当管理仓库的小官,也做过管理牲口的小官。此后鲁国多次发生内乱,孔子的才能一直没有得以施展,后来孔子来到了齐国。

齐景公向孔子请教如何执政,孔子说:"身担其职,应负其责。即国君的所作所为要像国君;臣子的所作所为要像臣子;父亲的所作所为要像父亲;儿子的所作所为要像儿子。"

齐景公一听,连声叫好,说:"妙哉!您说得太好了。如果国君不像国君;臣子不像臣子;父亲不像父亲;儿子不像儿子。即使有粮食,我也吃不到口,这个国家岂不是乱了套,没有规矩了吗?"于是对孔子万分敬重。

齐国的一些大夫妒贤忌能,常常在齐景公面前进谗言,诋毁孔子的名誉。孔子也都知道这些事情。后来,齐景公对孔子说:"我老了,不能重用您啊!"孔子于是离开了齐国,回鲁国去了。

鲁国的政局稍稍稳定之后,五十一岁的孔子被国君任命为中都县县令。在任期间,他推行礼制教化民众,短短一年时间内,中都县的社会风气有了明显的转变。孔子因施政有方,不断得到提拔,得以重用。后来,五十五岁的孔子被鲁国国君任命为宰相。

孔子上任后,大刀阔斧地进行改革,推行礼制。经过孔子尽心竭力的治理,鲁国的社会秩序有条不紊,甚至出现了路不拾遗的景象。

从别国来到鲁国的客人,用不着求见官府,老百姓见了都会热情地帮他们找好住处,使他们感到如同回到家一样亲切温暖。于是,四面八方的贤人志士全都仰慕孔子的大名,前来投奔鲁国。

鲁国的强盛兴旺,引起了齐国的极度恐惧,因为齐、鲁两国是邻国,齐国害怕鲁国的强大会威胁到齐国的安全。于是,齐国的大臣们想出了一条妙计:从国内挑选了八十名能歌善舞的美女,让她们身穿华丽优雅的衣服;又挑了一百二十匹骏马,配上耀眼的锦绣绸缎,一起送给鲁国君臣。

鲁定公和贵族大臣十分高兴地接受了这些美丽的礼物,整日沉迷于酒色之中,早把国家大事全都抛到了脑后,自然也就疏远了孔子。齐国的目的达到了。

孔子想劝说国君,但国君躲在宫里尽情享乐,根本不愿见他。孔子心知振兴鲁国是无望了,于是只好带着弟子失望地离开了鲁国,开始周游列国,希望找到机会实行他的政治主张。

孔子首先来到卫国。卫灵公热情周到地接见了孔子,并给他在鲁国一样的待遇。孔子非常高兴,踌躇满志地想在卫国实施他"仁政德治"的主张。但谁料想平庸的卫灵公对孔子的政治主张丝毫不感兴趣,他给孔子优厚的待遇只是想借孔子的威望,炫耀他"招贤纳才"的好名声罢了。

孔子在卫国住了十个多月,从没参与过卫国的政事。这时有人又在卫灵公面前诬陷孔子是鲁国为图谋霸占卫国而派来的奸细。于是卫灵公派人监视孔子的一举一动,孔子担心早晚要受到小人的迫害,于是匆匆离开了卫国、

此后孔子又带着学生经过曹国、宋国、郑国,到了陈国。孔子在陈国住了三年,不巧又赶上了晋楚争霸,陈国夹在中间,不是遭到楚军袭击,

中国通史

历史探微

孔庙

孔子的庙宇、墓地和府邸位于今山东省曲阜市。孔庙是公元前478年为纪念孔子而兴建,历经千年屡毁屡建,到今天已经成为超过一百座殿堂的建筑群。这里不仅容纳了孔夫子的坟墓,而且有超过十万的孔子后裔葬在这里,整个宅院包括了一百五十二座殿堂,是我国三大古建筑群之一,在世界建筑史上占有重要地位。

就是受到晋军的侵犯,加上吴国强大后,也常常骚扰陈国。国无宁日,社会动荡,到处人心惶惶。孔子不得不离开陈国,又来到卫国。

有一天,卫灵公正在和孔子谈话,天上忽然飞过一群大雁。卫灵公只顾仰头看飞雁,便不理孔子了。孔子知道卫灵公没有把自己放在眼里,根本不会重用自己,于是又回到陈国。不久,孔子又来到了蔡国。

孔子不断地向各国宣扬他"仁政德治"的政治主张,结果四处碰壁,有几次甚至因为得罪了贵族大臣,差点没了性命,但孔子的意志非但没有消沉下去,反而更加坚定。

孔子到了蔡国的第三年,吴国攻打陈国,楚国派兵援救陈国。楚昭王听说孔子住在陈国和蔡国之间,就急忙派人去请孔子。孔子十分乐意,打算去楚国大干一场。

陈、蔡两国的贵族得知消息,议论纷纷,怕孔子到了楚国,对他们不利,就发兵把孔子和他的弟子围困在陈、蔡两国之间的荒郊野地里。孔子和他的弟子无法逃脱,随身带的粮食也吃光了,处境十分危险。后来,楚国派兵前来,他们才得救。

孔子到了楚国后,楚昭王准备封给他七百里的土地。楚国的令尹子西问楚昭王:"大王出使诸侯的使者有像子贡这样的人吗?"

楚昭王想了想,回答说:"没有。"

子西又问："大王的臣子有像颜回的吗？"

"没有。"

"大王的将帅有像子路的吗？"

"没有。"

子西停顿了一下，说："当时周天子分给楚只有五十里土地，现在楚国却成为拥有数千里土地的大国。现在孔子遵循三皇五帝的法规，宣扬周公、召公的业绩，大王如果真的任用孔子，楚国还能世世代代保有数千里土地吗？"

子西见昭王不回答，又接着说："当年周文王和周武王都只占有一百里土地，最终还是统一了整个天下。孔丘如果能占据一片土地，再加上那些德才兼备的弟子做帮手，那对楚国来说，肯定会后患无穷。"

昭王听了子西的一番话，不但不封土地给孔子，而且也不敢重用他了。

一天，孔子坐车在楚国都城的大街上闲逛，只见一个神采飞扬、气宇轩昂的人飘飘然一路唱歌而来。听他唱的是：

凤凰凤凰哪里来？流落至今真可哀？

过去的事过去吧，未来的事还可追。

算了算了，一心从政又何为？

孔子被歌词深深打动了。孔子目不转睛地看着那个人的背影，若有所思。直到那个人走得很远，方才回过神问路人："刚才的那人是谁呀？"路人回答："他是我们楚国的大学者接舆先生！"孔子懊悔得直跺脚，说："我怎么没想到下车来向他求教，白错过了一位贤能、博学的好先生！"

孔子把见到接舆先生的事告诉了学生，并说："我在接舆先生的歌词里，领悟到一些道理，我们该回去了。"

孔子在列国辛苦奔波了七八年，后来，他的年纪也大了，还是回到鲁国，把精力放到整理古代文化典籍和教育学生上面。

孔子总结了我国古代教育史上许多有益的经验,成为他教育思想中的精华。

在学习上,孔子主张读书要"温故而知新",同时还必须要思考,而且要坚持到底,才能有所收获。他还强调应向一切有长处的人学习,认为"三人行,必有我师焉。择其善者而从之,其不善者而改之"。

在教育方面,孔子提出"有教无类"的主张,对教育的对象主张打破阶级和等级的限制。他开创私人学堂,广收门徒,打破了"学在官府"的局面,把贵族垄断的文化知识,传播到社会的各个阶层。他提出"学也,禄在其中矣",即学习好的人就可以当官。在当时的那种时代,便是对西周时代世官世禄、亲亲贵贵的世袭制度的否定,一些出身低层的知识分子参与政治活动和成为官员,在当时是有进步意义的。

在教育方法上,孔子对学生注重启发、引导,因材施教。他要求学生把独立思考后实在不能解决的问题再提出来。他对学生提出来的问题,回答都很简单,而且根据不同的对象,根据问话者思考所达到的程度来回答,并注意引导学生自己去思考问题,解决问题。这些方法在今天仍然是有重要意义的。

孔子在晚年还编撰整理了几部重要的古代文化典籍,如《诗经》、《尚书》、《春秋》等。《诗经》是我国最早的一部诗歌总集,共三百零五篇,其中有不少是反映古代社会生活的民间歌谣,它在我国文学史上占有很重要的地位。《尚书》是一部我国上古历史文献的汇编。《春秋》是根据鲁国史料编成的一部历史书,记载了公元前722年到公元前481年期间的大事。这些古代文化典籍倾注了孔子的心血和精力,他严谨的态度,令人敬佩。

孔子是儒家学派的创始人,他的学术思想,对后世影响非常深远。他博学多才,善于思考,为人谦虚和善,有关他的许多典故至今仍广为传诵。孔子不愧是我国古代历史上一位伟大的学者!

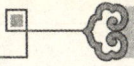

三家分晋

"三家分晋"是指中国春秋末年,晋国被韩、赵、魏三家瓜分的事件。据《资治通鉴》记载:"周威烈王二十三年,初命晋大夫魏斯、赵籍、韩虔为诸侯……",史学界以此作为东周时期春秋与战国的分界点。

经过春秋时期长期的争霸战争,许多小国被大国吞并了。有的国家内部发生了重大变革,国家大权渐渐落在几个大夫手里。这些大夫原本是奴隶主贵族,后来他们转变为地主阶级,势力就越来越大,实力也越来越雄厚了。

一向称为中原霸主的晋国,国君的权力也衰落了,实权由六家大夫把持。他们都有各自的地盘和武装,争斗频繁。后来有两家被打散了,只剩下智、赵、韩、魏等四家。这四家中,属智家的势力最大。

智家的大夫智瑶野心颇大,他一心想废掉晋国的国君哀公,自己称王。可是他又担心另外三家也要来争当国君,就想出一条可以削弱三家的良策。

智瑶对三家大夫赵襄子、魏桓子、韩康子说:"诸位都知道,晋国本来是中原霸主,后来却被吴、越夺去了霸主地位。为了使晋国强大起来,恢复霸权,重新成为霸主,我主张每家都拿出一百里土地和一万家户口来献给大王,增加国家的实力。"

由于哀公实际上被控制在智瑶手里,所以三家如果从命,智瑶就可以轻而易举地得到三百里的地方,他的势力就更强了;如果哪家不听话,他就以违抗君命问罪。

三家大夫都知道智瑶存心不良,想以晋王的名义来逼迫他们,从而

中国通史

削弱他们的实力。可是三家心不齐,韩康子首先把土地和一万家户口割让给智家。魏桓子也不愿得罪智瑶,也把土地、户口让给了他。

智瑶又向赵襄子要土地,赵襄子不从,怨恨地说:"土地是上代祖宗留下来的产业,岂能随便送人。"

智瑶气得火冒三丈,马上命令韩、魏两家一起发兵攻打赵家,并许诺,胜利以后,赵家的土地由三家平分。

公元前455年,智瑶亲率中军,韩家军担任右路,魏家的军队担任左路,三队人马直奔赵家。赵襄子自知寡不敌众,不可硬拼,就带着赵家兵马退守晋阳。

晋阳的百姓拥戴赵襄子,同仇敌忾,士气旺盛,粮草储备充足,可以长期支撑,只是武器简陋,须要赶制。正当赵襄子发愁时,家臣张孟谈建议他,拆了城内的公房,用拆下的材料连夜赶制武器。赵襄子采纳了他的建议。

三家大军气势汹汹,迅速将晋阳团团围住。智瑶下令奋力攻打,但因晋阳防守严密,攻城的士兵无法登上城墙,赵军又顽强抵抗,三家军一次次的猛攻都被赵军击退。

战旗在晋阳城头招展,赵家军严阵以待,狂妄的智瑶不禁皱起了眉头。当时正值雨季,道路泥泞,给行军和攻城都带来了极大的麻烦,要攻下晋阳城,不知要等到何年何月。突然间,他看到奔流不息的汾河水,一下子豁然开朗了。智瑶立即传令:"筑坝拦住汾河水,开渠通往晋阳城。"等到汾水的水位快要漫过拦河坝时,他下令挖开河堤,滔滔的汾河水向晋阳灌去。

洪水像猛兽一样,滚滚向晋阳城下冲去。城下的洪水越漫越高,迅速淹没了一半的城墙。智瑶向远张望,心中得意扬扬:等到洪水漫过城头,满城的人都得淹死,到了那时候,看你赵襄子还能撑多久!

事出智瑶预料,到了离城头还差三块木板高度的时候,水位不再上升了。智瑶气得直跺脚,晋阳军民总算躲过了灭顶之灾!

洪水虽没淹过城头,晋阳城还是难逃此劫。城外渗进的河水,使城内成了一片汪洋,晋阳城内粮食多被洪水浸坏,居民的锅灶纷纷倒塌。时间一长,有些窟窿里居然长出了蝌蚪,蝌蚪又变成了青蛙。长此以往,就是三家军只围不打,晋阳城的老百姓早晚也会因此被困死。赵襄子心急如焚,派人找足智多谋的张孟谈前来商议此事。

张孟谈知道韩、魏两家是被胁迫而来,愿意偷偷出城说服他们两家倒戈,共同诛杀智瑶。

他于夜半时分坐着用绳索吊着的箩筐出了城,找到了魏桓子和韩康子。便开门见山地对二人说:"赵氏要是灭亡了,韩氏、魏氏不久也要步赵氏的后尘,唇亡则齿寒,你们应当懂得这道理。"张孟谈一语中的,他们俩表示愿意阵前倒戈。三个人细细密谋了一番,商定了起事日期。

到了约定起事的那天夜间,赵襄子派精兵锐卒出城,直向汾河堤扑

历史探微

晋国公族

周武王建周时实行宗法分封制。这种制度就是周朝的嫡长子继承王位,其他子嗣各占有一方土地,组成公国。周王朝通过这种方式巩固势力。晋国却与之相反,没有自己公族。晋穆侯有两个儿子,都生于战乱,他去世后,太子即位,为晋文侯。文侯死后,他的儿子对叔叔成师戒心极大,把他封到曲沃。这个城市比都城还要大,后来成师和他的子孙一直为争夺国君之位而斗争,这种内战长达六十七年,非常损耗国力。而赫赫有名的晋文公重耳,在外流亡十九年,靠的就是狐偃、赵衰、胥臣等异姓臣子,即位后大大重用他们。晋文公逝世时,大部分权利掌握在异性臣子手中。到了春秋末期,只剩下韩、赵、魏、范、中行、智六卿掌握大权,为三家分晋打下基础。

去。河堤上的智家守军万万没有想到赵家军会突然杀来,防不胜防,在睡梦中被杀个干净。赵家军机智灵敏,他们迅速在上游的河堤上又挖开个缺口,让滚滚汾河水向智家军大营泻去,以其人之道还治其人之身。

智家军被咆哮而来的洪水惊醒,顿时军营里乱成一团。赵襄子亲自领兵从正面进攻,韩、魏两军从侧翼夹击,智家军成了一群乱飞乱闯的无头苍蝇。智瑶知道败局已定,只想趁乱冲出去,他急忙爬上一只木筏,企图寻找缺口突围。这时三家军队已经会合,将智家军大营围得严严实实,密不透风,智瑶只得乖乖地束手被擒。

兵士们将五花大绑的智瑶推到赵襄子面前,智瑶垂头丧气地耷拉着脑袋,狼狈不堪,昔日的威风荡然无存。赵襄子一一历数了他的罪状,然后将他处死。

灭掉了智瑶以后,赵、魏、韩三家不仅平分了智氏封地,连晋君仅存的一点儿土地也瓜分了,这就是历史上有名的"三家分晋"。

三家分晋后,公元前403年,周天子在赵、魏、韩三国的威逼下,无奈之下只得封他们为诸侯。从此以后,赵、魏、韩和秦、楚、齐、燕形成"战国七雄"。

赵武灵王胡服骑射

赵国是"战国七雄"之一,但到了赵武灵王即位的时候,已经日渐衰败了。秦国还有北方的匈奴等都经常来侵犯,赵武灵王看在眼里,急在心头,下决心一定要改变这种受人欺辱、贫穷落后的面貌。

赵武灵王胡服骑射

当时,北方的胡人经常来骚扰边境,他们擅长骑马射箭,来去迅疾,而赵军穿的是宽袍长袖,驾着笨重的战车,与胡人打仗,非常吃亏!

赵武灵王有感而发,就对大臣肥义和楼缓说:"我看,我们要想增强部队的机动性和战斗力,就得改穿短衣,学习骑马射箭。"肥义、楼缓都很赞同他的看法。于是赵武灵王决定先改革服装,一律改穿胡服,并且带头起示范作用,君臣三人首先穿戴起来。

没想到,当他们三个人穿着胡服在群臣面前出现的时候,朝廷上下议论纷纷,一片混乱。有的说:"中原国君竟然穿起胡服来了,真是太不适宜了!"有的埋怨肥义和楼缓,为什么不制止国君的非礼行为,反而推波助澜,自己也穿戴起来?赵武灵王的叔父公子成更是气得脸色发白,干脆托病不上朝了。

肥义提醒赵武灵王,公子成这样的老臣,思想观念虽然比较守旧,但还是很有威望的,他在朝廷中很有影响,如果能先说服他,再做其他大臣的工作就不难了。赵武灵王点点头,说:"对,我准备找他谈谈,相信他是能识大体的。"

这一天,公子成正在家里生闷气,赵武灵王来了。公子成一看他那身打扮,就憋了一肚子火,冷冰冰地说:"我赵家迎候华夏的国君、中原的使节,不接待夷狄。请您换去胡服,我再拜见。"赵武灵王脸一沉,说:"一家要听老子的,一国要听君主的,这规矩您不是不懂。我穿胡服,您作为臣子应该积极效法,以便在全国推广,为什么带头作对?"公子成没被唬住,反而倚老卖老地说:"国家大事固然要听您的。在家里,我是您叔叔,您应

中国通史

该听我的话才对呀！想我中原国家，是文化起源之地、礼仪之邦，那些未开化的夷狄正待我们去开化他们。可您却本末倒置，反而向他们学习起来，把祖训、传统置于不顾，我身为老臣，怎么能跟您一样胡来呢？"赵武灵王并没有懊恼，把学习胡服骑射的好处和必要性细细地说了一遍，最后说："我提倡胡服骑射，就是要提高军队战斗力，使国家强盛起来，防备来犯的敌人。我身为国君，就要一心一意地为我的国家、臣民着想，可是您这样陈腐偏见，反对改革，忘掉了国家的危难！这种态度，难道就是您给我们晚辈做出的榜样吗？"一席话，使得公子成羞愧不已，终于信服了。

大臣们一见公子成也穿起胡服来了，都无话可说了，只好跟着改了。

赵武灵王看到时机成熟，就正式下了一道改革服装的命令。不久，赵国人不分贫富贵贱，都穿起胡服来了。有的人开始觉得有点不习惯，后来却觉得穿了胡服，走路做事确实方便多了。

当胡服在赵国军队中装备齐全后，赵武灵王就开始训练将士，让他们效仿胡人，骑马射箭，驰骋疆场，还经常举行军事演习。

不到一年，一支强大的骑兵队伍出现在赵国的军队中。公元前305年，赵武灵王亲自率领骑兵打败邻近的中山，又征服了东胡和临近几个部落。到了实行胡服骑射的第七年，中山、林胡、楼烦都被征服了，赵国还扩张了很多土地。

赵武灵王经常带兵在外打仗，把国内的事交给儿子管理。公元前299年，他正式传位给儿子，就是赵惠文王。赵武灵王自己改称主父(意思是国君的父亲)。

赵主父为了要打败秦国，把国内的事安排妥当后，决心亲自到秦国去实地考察一番，并且想打探一下秦昭襄王的为人。

他打扮成赵国的一名使臣赵招，带着几个手下人，到秦国去。

一路上他叫人详细描绘了秦国的山川地形。到了咸阳，觐见秦王，秦王问他："贵国国君年纪并不是很老呀！"赵招回答说："是啊，还不到四十岁,正在壮年。"

"为什么就要传位给儿子呢?"秦王又问。

"我们大王认为,各国继位的君主,长期当太子,大多不懂政事,缺少执政的经验,大王想让太子早点上来锻炼锻炼。我们大王虽然退了位,可还是主父,国家大事还是得由他来定夺的。"赵招回答道。秦王又问:"贵国也怕我们秦国吗?"回答说:"要是不怕秦国,也就不提倡胡服骑射了。不过,如今经过改革,兵强马壮,已经今非昔比了。或许跟贵国可以平起平坐,互相交好了吧?""那当然,当然。"秦王勉强应付几句,然后送走了这位使者。

秦昭襄王接见了那个假"使臣"后,觉得那个"使臣"的态度举止,既大方又威严,怎么看也不像个普通的使者,心里有点犯疑。过了几天,秦昭襄王又派人去请他,发现那个"使臣"已经不辞而别了。客馆里只留下一个赵国来的手下人,秦昭襄王把他找来问道:"你是谁?""赵招。""你是赵招?那么上次来的人是谁?""那是我们的主父。实不相瞒,主父想了解一下大王的为人,所以冒我的名,充当赵使。跟大王谈过话以后,他就走了,特地留下我来向您道歉。"

历史探微

赵武灵王与长城

春秋战国时期狼烟四起,战事频繁,诸侯各国先后修筑长城进行防卫,尤以"赵长城"为最。据《史记·匈奴列传》和《史记·赵世家》记载,赵武灵王修筑的长城东起于代(今河北张家口境内),经云中、九原(今内蒙古包头市境内),西北折入阴山,至高阙(今内蒙古乌拉山与狼山之间的缺口),长约一千三百里。现在在大青山、乌拉山、狼山之间还有赵长城的遗址。后来秦始皇修筑万里长城的时候,也利用了这一段赵长城的部分做为基础。

中国通史

　　秦昭襄王大吃一惊,立刻叫大将白起带领精兵,连夜追赶。追兵赶到函谷关的时候,赵主父已经出关三天了。秦王追悔莫及,心里十分明白,主父是摸底来了,就下令严守边境,提防赵国前来侵犯。

　　赵武灵王深知自己现在的实力,还不是秦国的对手。于是他决定向西北方向发展。他先后灭了楼烦、中山。这时他的实力,在原来的"三晋"中,是最强的了。他敢于摒弃偏见,推行了一系列有利于发展的措施,造福了后世百姓,是一位令人尊敬的贤君!

苏秦合纵

　　战国时期,各国之间经常发生战争,为了能在这种局面之下保存自己、富国强兵,各国都不拘一格地任用贤才。当时,士是社会上一个十分活跃的阶层,他们奔走于各国之间,游说君主,以求仕禄。他们的主张,大致可分为两类,一类是"合纵",一类是"连横",历史上把这些人称为"纵横家"。苏秦和张仪就是纵横家中最著名的两位。

　　苏秦,字季子,洛阳人,虽然出身贫寒,却怀有大志。他和张仪跟随鬼谷子学习游说术多年后,看到自己的同窗庞涓、孙膑等都相继下山求取功名,于是也和张仪告别老师下山。张仪去了魏国,而苏秦在列国游历了好几年,但都未被任用,只得狼狈不堪地回到家里。

　　苏秦回到家中,他的家人见他如此落魄,都不理他,讥笑他不务正业,游手好闲。但苏秦一直想谋取功名,于是请求母亲变卖家产换取盘缠,好去周游列国。

苏秦合纵

苏秦的母亲劝阻说:"你不像咱当地人种庄稼去养家糊口,怎么只想出去耍嘴皮子求富贵呢?那不是把实实在在的工作扔掉,去追求根本没有希望的东西吗?如果到头来生计还是没有着落,你不后悔吗?"苏秦的哥哥、嫂嫂们更是嘲笑他死性不改。

苏秦知道自己这么多年来很对不起家人,既惭愧又伤心。但苏秦并未灰心,而是闭门不出,取出师父临下山时赠送给他的礼物——姜子牙的《阴符》,昼夜伏案攻读起来,废寝忘食。

苏秦经常自勉说:"读书人已经决定走读书求取功名这条路,如果不能凭所学知识获取高贵荣耀的地位,读得再多又有什么用呢!"

为了抓紧时间学习,苏秦还想出了一个好办法。他读书时,把头发用绳子扎起来,悬在梁上,一打瞌睡,头发就把自己揪醒。夜深的时候,如果觉得自己困了,就拿锥子刺自己的大腿,这样就能保持清醒。这就是成语"头悬梁,锥刺股"的由来。

苏秦在家里经过一年的伏案苦读后,不顾家人的竭力反对,决定再次出游列国,游说天下。此时的苏秦,经过一番苦学,掌握了丰富的知识,医药、军事、古今法令及各国概况均了然于胸。

苏秦首先求见近在洛阳的周显王,向他游说强国之术。周显王左右的大臣知道苏秦的出身,很看不起他,都怀疑他夸夸其谈而没有真才实学,根本不相信他所说的那一套。

苏秦无奈,又向西到了秦国,想游说秦惠王。此时秦

历史探微

悬梁刺股

悬梁刺股由两个故事组成。"刺股"指苏秦,"悬梁"说的却是东汉时期的孙敬。据《汉书》记载,孙敬到洛阳太学求学,废寝忘食,时间久了打瞌睡,他便找了一根绳子,一头绑在房梁上,一头束在头发上,打盹时绳子就会扯住头发,弄疼头皮。经过苦学,后来他终于成为当世大儒。

中国通史

国刚刚杀了商鞅,很讨厌辩士,根本不用苏秦之言。

公元前334年,苏秦向北到了燕国,受到燕文公礼遇。他对燕文公说:"燕国之所以不被诸侯列国侵扰,是因为赵国在燕国的南边作为燕国的屏障。秦国如果想攻打燕国,则必须战于千里之外;而赵国如果想攻打燕国,只须战于百里之内。所以,大王如果和赵国结盟,则燕国必无后患,更不用顾虑千里之外的秦国了!"

燕文公听后十分高兴,便采纳了苏秦的意见,并为苏秦备好全套车马,拿出大批布帛,让他到其他国家去游说合纵之事。

来到赵国后,苏秦面见新即位的赵肃侯,说:"秦国虽然是天下最强大的诸侯国,但是从地图上可以看到崤山以东的各国疆土合起来比秦国大五倍多,兵力更是秦国的十倍,只要六国彼此联合,合力向西攻打秦国,秦国肯定被打败,那么各个国家就安全了。但是现在各国都只考虑自己,纷纷投靠秦国,甘愿做秦国的属国,就容易被秦国一个一个击败。"苏秦建议赵肃侯联合五国,只要东方六国南北联合起来与秦国抗衡,秦军便不敢出函谷关危害崤山以东各国,这样赵国就有机会成就霸业了。

当时秦国在西方,其他六国国土南北相连,因此六国联合被称为合纵,苏秦的这个策略也就被称为"合纵"。

赵肃侯十分赞赏苏秦的计谋,当下拜他为相国,让他掌管国家的外交,还给了他一百辆装饰一新的车子、一千两黄金、一百双玉璧、一千匹锦绣,让他约请各国诸侯加盟。

随后,苏秦去了韩国、魏国、齐国、楚国,游说各国国君,宣传他的"合纵"之计,苏秦凭借自己出色的口才与智慧,圆满地完成了任务。国君们都表示同意,联合起来歃血为盟,封他为"纵约长",挂六国相印。

苏秦北上向赵王汇报合纵成功的情况,一路上各国护送的使者非常多,再加上无数的车马器具,整个队伍浩浩荡荡,气派极了。路过洛阳时,周显王早早就派人把道路清扫干净,还派人到郊外慰劳迎接。

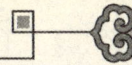

苏秦路过家门口时,兄弟妻嫂全都诚惶诚恐,不敢抬头正眼瞧他,恭恭敬敬地请他吃饭。他的嫂子也跪地磕头不止。苏秦笑着问他的嫂子说:"以前你对我十分傲慢,为什么今天如此恭敬呢?"嫂子赶紧伏下身子,脸紧紧贴在地上说:"那是因为小叔你现在做了大官,有很多钱啊!"

苏秦深有感触地说:"同样是我苏秦,以前贫贱时受到轻视,现在富贵起来了别人就会巴结,连亲人都是这个样子,更何况是一般老百姓呢!假如当初我在洛阳城边有二百亩好地,今天还能当上六国的宰相吗?"于是他把金银全都分给了同乡和亲友。

苏秦与六国约定互相和睦相处、合纵抗秦之后,回到了赵国,赵肃侯封他为武安君。苏秦把六国合纵的协约送给了秦王,秦王大惊,在十五年内没敢派兵东出函谷关。东方六国合纵了十五年,对抗击强秦起到了巨大的作用,但最终因六国意见不合而宣告失败,苏秦也遭人暗算被刺身亡。

张仪连横

战国时期诸侯争霸,战争频繁。诸侯国在外交和军事上,纷纷采取"合纵连横"的策略。张仪曾经扮演了很重要的角色,以纵横家身份出现在战国的政治舞台上,对战争形势变化产生了较大的影响。

张仪是魏国贵族的后代,与苏秦是同学,早年投身战国第一奇人鬼谷子门下学习纵横捭阖之术。学成后,周游列国,起先在楚国宰相门下做门客。

有一次,楚国宰相大宴宾客。散席后,宰相发现身上佩带的玉璧不见

中国通史

了，相府里的宾客们都一口咬定是张仪偷的。于是大家七手八脚地捉住张仪，把他打得遍体鳞伤。相府里的宾客们没有在张仪身上搜到玉璧，只得放了他。

张仪回到家中，妻子看见了，心疼地叹着气说道："唉，你如果不去读书游说，会遭到这种侮辱吗？"

张仪却张开嘴巴，对妻子说："快看看我的舌头还在不在？"

妻子忍不住笑着回答："舌头当然还在，不然你怎么还能说话？"

张仪高兴地说："只要舌头还在，总能谋取官职的，这可是我游说天下的本钱。"

苏秦成功促成六国的合纵联盟后，仍然担心各国在秦国的进攻下违背盟约。他左思右想，认为张仪能够为他到秦国去游说。

苏秦先派人悄悄劝说张仪："以前你和苏秦一起学习，现在他功成名就，当了大官，你为什么不去他那里施展自己的抱负与才华呢？"

张仪于是来到赵国请求拜见苏秦。此时苏秦早已安排门人不替张仪禀报，但找了个地方让张仪住了下来。

第二天，苏秦来到张仪住的地方，接见了他。但是，苏秦对张仪十分冷淡，让他坐在屋外，递给他仆人、侍女吃的东西，还一再羞辱他说："像你这么有才能的人，竟然沦落到这么穷困潦倒的地步。我当然能够向大王推荐你，让你拥有荣华富贵，只是怕你做不来啊！"

张仪本以为自己是苏秦的老朋友，哪里想到竟然受到这种侮辱，一气之下发誓要报复赵国。此时诸侯国中秦国最为强大，最能威胁赵国，张仪于是动身去了秦国。

张仪离开之后，苏秦对自己的门客说："张仪的才学天下无双，比我强多了。现在我侥幸先受到重用，但说起谁能担当秦国宰相这一重任，那非张仪莫属啊！眼下他正处在贫困之中，没有施展才华的机会，我是怕他满足于现状而不再进取，所以才故意侮辱他，以激发他的斗志啊！如今，

张仪连横

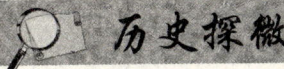

纵横家

纵横即合纵连横。纵横家出现于战国至秦汉之际,多为策辩之士,设局划谋大多从政治要求出发,堪称是中国历史上最早的外交政治家,他们大多出身贫贱,以布衣之身游说诸侯,巧舌如簧,是诸子百家之一,创始人鬼谷子。合纵派的主要代表是苏秦,连横派的主要代表是张仪。

你去替我帮他一把。"

之后,这个门客暗中跟随张仪,一路上为张仪支付一切费用,才使得张仪得以见到秦惠文王。果然,张仪很快成为秦惠文王的宠臣和座上宾。

苏秦的门客见此于是向张仪告辞,张仪连忙劝阻说:"我是全靠您的帮助才有今天这么显赫的地位,我正准备报答您的恩德,您怎么现在就要走了呢?"

门客回答说:"帮助你的不是我,而是苏秦先生啊!苏先生担心秦国会攻打赵国而破坏他促成的合纵联盟,而只有你才能掌握秦国的大权,所以故意激怒你,让你一怒之下来到秦国,然后派我在路上暗中帮助你。现在你已经得到秦王的重用,我也该回到苏先生那儿去了。"

张仪听后,十分感激苏秦,对门客说:"请你替我多谢苏先生,只要苏先生在赵国当政,我就不会去攻打赵国。再说,赵国有了苏先生,我哪有能力攻打它呀!"

后来,张仪出使大梁,游说魏王献出上郡,得到秦王的信任。公元前328年,张仪当上秦国的相国。

商鞅变法之后,秦国日益强盛,给其他各国造成了很大的压力。在苏秦的活动下,其他六国结成合纵联盟,联合起来对抗秦国。

面对这种局面,张仪向秦惠文王提出连横战略,他上书说:"大王如

中国通史

果要成就霸王之业,必须破坏六国的合纵联盟。首先要使魏国、楚国臣服,然后消灭韩国,攻打赵国,使齐国、燕国不敢和秦国对抗,最后再逐个消灭他们。"秦惠文王对张仪提出的策略十分赞赏。

公元前322年,秦惠文王派张仪到魏国游说,魏国拜张仪为相。

张仪游说魏王说:"诸侯之所以结成合纵联盟,是为了安定国家,提高国君的地位,增强军队的实力。可是亲兄弟中还有互相争夺钱财的,各诸侯国只是依靠苏秦狡诈虚伪、反复无常的游说才结成联盟,这显然是不可能永远团结的。大王您想想,如果魏国和秦国交好,楚国、韩国必定不敢进攻魏国。没有了这一祸患的威胁,大王您就可以高枕无忧了啊!"

魏王不知是计,觉得张仪讲得很有道理,加之畏于秦国的压力,于是退出合纵联盟而与秦国交好。

秦、魏结盟对东方各国构成很大的威胁。公元前319年,齐、楚、赵、韩、燕五国支持张仪的政敌公孙衍合纵的策略。魏国后来发现张仪是为秦国谋利益的,便赶走了张仪用公孙衍为相。张仪被迫回到秦国,又成为秦国的相国。公元前318年,公孙衍说服魏、赵、韩、燕、楚五国伐秦,推举楚怀王为纵约长。楚燕两国并不热心,五国联军到函谷关与秦军刚一交手就溃败了。

公元前317年,秦军在修鱼(今河南原阳)打败韩、赵、魏三国联军。公元前316年,秦王趁蜀国内乱,灭了巴、蜀两国。随后频频向东进攻三晋,使韩、魏屈服,于是齐、楚又联合在了一起。当时的楚国十分强大,几乎与秦、齐形成鼎足三分之势,所以楚国的向背直接左右着张仪的连横战略是否会成功。

在六国之中,齐、楚两国是大国。张仪认为关键是要把齐国和楚国的联盟拆散。他向秦惠文王献计,并要求去楚国游说,于是秦惠文王就派他到楚国去了。

张仪到了楚国,先用重金贿赂楚怀王手下的宠臣靳尚,求见楚怀王。

张仪连横

楚怀王听到名噪天下的张仪来了,于是很隆重地接待他,并且向张仪请教。

张仪说:"秦国最想和楚国结盟,最憎恨的是齐国,但大王现在和齐国交好,使得我们大王不能和贵国交好,大王如果能和齐国断交,我国愿意把商、於(商在今陕西商县东南,於在今河南西峡)一带方圆六百里的土地献给楚国。"

楚怀王是个糊涂虫,经张仪这么一说,就高兴地同意了。

楚国的大臣们听说有这样的便宜事,都向楚怀王庆贺,只有陈轸提出反对意见。他对怀王说:"秦国把商、於六百里地送给大王还不是因为大王跟齐国订了盟约吗?楚国有了齐国做自己的盟国,秦国才不敢来欺负咱们。秦国如果真的愿意把商、於的土地让给咱们,大王不妨打发人先去接收,等商、於六百里土地到手以后,再跟齐国绝交也不算晚。"

楚怀王听信张仪的话,拒绝陈轸的忠告,一面跟齐国断绝外交关系,一面派人跟着张仪到秦国去接收商、於。张仪回到咸阳,假装途中坠车受重伤,一连三个月不上朝。楚怀王以为张仪拖延是因为与齐国绝交不够彻底,于是派人到楚齐边境大骂齐宣王。

齐宣王大怒,当即断绝齐楚之交,马上打发使臣去见秦惠文王,约他一同进攻楚国。

楚国的使者到咸阳去接收商、於,见到了张仪,想不到张仪翻脸不认账,说:"大概是你们大王听错了吧。秦国的土地哪儿能轻易送人呢?我说的是六里,不是六百里,而且是我自己的封地,不是秦国的土地。"

使者回来一报,楚怀王大呼上当,发兵十万攻打秦国。秦惠文王也发兵十万迎战,同时还约了齐国助战。秦楚大战于丹阳,楚国一败涂地,十万人马只剩了三万,不但商、於六百里地没到手,连楚国汉中六百里的土地也给秦国夺了去。楚怀王大怒,又调集全国军队攻打秦国,两军交战于蓝田,楚军又被打败,韩、魏乘机攻打楚国,楚怀王被逼割地求和,从此楚

国元气大伤。

秦惠文王死后,他的儿子武王继位。武王做太子时,便非常讨厌泼皮无赖出身的张仪。周围的群臣又纷纷对他说:"张仪这人言而无信,习惯说谎,又惯于献媚,谁有势力就投靠谁,是个卖主求荣的无耻之徒。由他做我们的相国,恐为天下人耻笑。"诸侯听说张仪在秦失了势,又纷纷背叛了他们的"连横"而转入"合纵"。

秦武王元年(公元前310年),张仪害怕得祸,便对武王说:"齐国最恨张仪,张仪在哪国做官,齐就攻伐哪国。因此张仪恳求到魏国去,当齐、魏征战之间,大王借机伐魏,经魏入周,挟天子以令诸侯,如何?"秦王答应了,放张仪去了魏。齐王果然伐魏,张仪前去对齐王讲了与武王的攻魏挟周的约定,齐国才退了兵。

张仪后来在魏国当相国,一年后老死在了那里。张仪一生达到了古代纵横家的最高成就。

乐毅伐齐

乐毅,战国后期杰出的军事家,拜燕上将军,曾经受封为昌国君,辅佐燕昭王振兴燕国,报了强齐伐燕之仇,是一名文武兼备、智勇双全的大将。

战国时期的齐国,是一个比较强大的国家,到齐湣王当政后,齐国的国力更是达到了顶峰。齐国打败了楚国的军队,又击败了赵、魏两国的联军,齐又联合赵、魏进攻秦国,使自己疆土又增加千里之余。

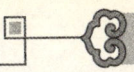

乐毅伐齐

此时燕国国力非常弱小。公元前四世纪末,齐国乘燕国内乱之机,出兵攻打燕国,仅仅用了五十天时间就攻占了燕国都城。燕昭王即位后,决心复兴燕国,以报仇雪恨。

乐毅很有军事才能,最初在赵国做官,赵武灵王被围困饿死沙丘之后,他就离开赵国到魏国去了。后来他作为魏的使者来到燕国,燕昭王盛情接待他。乐毅看到燕昭王对他非常尊重,感到燕昭王诚心招纳贤士。乐毅于是留在燕国,帮助燕昭王进行政治军事改革,他主张任人唯贤,乐毅还帮助燕国训练军队,使燕国的军事力量日益强大起来。

历史探微

乐毅

乐毅是名将后代,深受燕昭王和赵王信任,他指挥燕赵联军,曾创下连克齐国七十余城的不凡业绩,可见他是一位具有杰出才能的军事家。而他对莒城、即墨采取围而不攻的方针,对已攻占的地区实行减赋税、废苛政的政策,起到了瓦解齐国的作用。

燕昭王常向乐毅请教讨伐齐国的方法,乐毅分析了各国的形势后说:"齐国仍然保持着霸主的余威,地广人多,单靠我们一个燕国去攻打是不行的。您如果一定要伐齐,最好和赵国、楚国、魏国联合起来。"于是燕昭王派乐毅去联合赵惠文王,又派其他使臣分别去楚国和魏国,并请赵国向秦国陈述伐齐的好处。

当时各国都难以忍受齐国的骄横暴虐,所以迅速地和燕国联合起来。乐毅向燕昭王报告情况之后。燕昭王立即动员了全国的军队,任命乐毅为上将军,率领诸国军队在济水西岸一举击溃了齐军主力,其他几个

中国通史

诸侯国纷纷撤兵,乐毅继续率领军队乘胜深入齐境,一鼓作气,在六个月中攻陷齐国七十多座城,连齐国的京都临淄(今山东淄博东南)都被燕军攻占了。齐湣王仓皇出逃。强大的齐国此时只有莒城(今山东莒县)和即墨(今山东省平度市)还在齐国人手里。攻破临淄后,乐毅把齐国的珍宝财物和齐国的礼器全都大车小车地运回燕国。燕昭王非常高兴,亲自到济水边慰劳军队,把昌邑国(今天山东淄博附近)封给乐毅,然后带着战利品回国。乐毅留下来继续攻打齐国境内还未攻取的县城。

齐军大败后,齐湣王四处逃跑。由于他傲慢无礼,没有一个国家肯收留他,最后来到莒县,被楚国大将淖齿所杀。

将相和

《将相和》出自司马迁《史记·廉颇蔺相如列传》。主要讲蔺相如以国家为重,处处忍让廉颇,后来廉颇终于顿悟,将相和好,共同辅国的故事。由"完璧归赵"、"渑池之会"和"负荆请罪"三个小故事组成。

周赧王三十二年(公元前283年),赵惠文王得到了一块玉璧,叫"和氏璧"。

关于"和氏璧"的来历,还有一个卞和哭玉的故事呢!据说从前有个叫卞和的楚国人,在荆山(今湖北省南漳县西)得到了一块玉矿石,献给楚厉王,厉王命令玉工检验,玉工说是石头,楚厉王认为卞和欺骗他,判处他刖刑,砍掉了他的左脚。楚厉王死后,楚武王继位,卞和又去献璧,武王令玉工鉴定,玉工又说是一块石头,武王又砍掉了他的右脚。武王死,楚文王继位,卞和不敢再献,抱着玉矿石在荆山脚下痛哭了整整三天三夜，眼泪淌尽了，就流出了鲜血。文王听到这个消息，派人去询问他痛哭的原因，卞和回答："我不是因为被砍掉脚悲伤。我悲伤的是：明明是块珍奇的玉，却说它是石头；明明是忠诚的人，却说他是骗子，这是我悲伤的原因啊。"于是文王把玉矿石交给玉工雕琢，果然是一块宝璧，它颜色圆润，纯洁无瑕，夜间生光；冬季温暖，近旁不用生火炉；夏季凉爽，百步内不近蚊蝇。为了纪念卞和的功劳，这块璧就称为"和氏璧"。

后来，这块和氏璧几经辗转，到战国时传到了赵国。秦昭襄王听说后，派人送信给赵惠文王，说秦国愿意用十五座城与赵国交换和氏璧。赵王和大将军廉颇等大臣商议说："如果把和氏璧给了秦国，恐怕得不到秦国的十五座城；如果不给的话，又怕秦国攻打赵国。如果能有一位合适的人出使秦国就好了！"

一个叫缪贤的宦官说："我有个名叫蔺相如的门客，智勇双全，可以胜任。"

赵王一听，赶紧召见蔺相如，问他说："秦王拿十五座城换我的和氏璧，你看能不能与他交换呢？"

蔺相如说："秦国强大，赵国弱小，不给不行。"

赵王说："如果秦王拿走了和氏璧而不交出城池，我们该怎么办呢？"

蔺相如说："秦王要拿十五座城换大王的和氏璧，如果您不答应，那就是您理亏；如果大王给了和氏璧而他们不给我们城，理亏的就是秦国了。我愿意带着和氏璧出使秦国，如果秦国把十五座城交给赵国，我就把和氏璧交给秦王；如果他们不给我们城，我保证把和氏璧完好无损地带回来。"

于是，赵王就拜蔺相如为大夫，派他带着和氏璧到秦国去了。

蔺相如见到秦王后，双手捧着和氏璧献给秦王。秦王非常高兴，自己反复抚摸观赏，赞叹不已。看完之后，又传给他的妃子和左右亲信们观赏，大家高呼万岁，向他祝贺。蔺相如被冷落在一边，看秦王没有用城换璧的诚意，就走上前去对秦王说："大王，这块玉璧上有一个斑点，让我指

给您看。"秦王信以为真,把璧递给了蔺相如。

蔺相如接过璧,后退几步,靠着一根柱子站住了,怒发冲冠地对秦王说:"您写信给赵王,说是想换我们的和氏璧,赵王召集大臣们商量是给还是不给。大家都说:'秦国倚仗着自己的强大,想用空话来骗我们的璧,不能把和氏璧给秦国。'但是我觉得,平民百姓之间打交道都要讲信用,更何况一个大国呢?可是我看大王您根本没有诚意来交换,所以我就把璧拿了回来。您要是再逼我,我就连头带璧一起撞碎在这根柱子上!"说着,他举起璧,眼睛斜瞅着柱子,就要往柱子上撞。

秦王怕他撞碎了玉璧,连忙命人拿出地图,指着地图上的一片地区说:"就把这里的十五座城划给赵国。"

蔺相如知道秦王只是做个样子,为了稳住秦王,于是对秦王说:"和氏璧是无价之宝,赵王害怕秦国,不敢不答应秦国的要求,所以把玉璧献给秦国。赵王在把玉送来之前,斋戒了五天。大王若有诚意换玉,也应斋戒五天,在王宫的正殿上安排隆重的典礼,那时我才能把璧献给您。"

秦王知道不能硬来,于是就答应斋戒五天,并安排蔺相如住了下来。蔺相如知道秦王虽然答应了斋戒,但最后是不会给赵国城池的,于是就派遣他的随从换了粗布衣服,打扮成老百姓的模样,带着和氏璧从小路回到赵国。

秦王斋戒了五天以后,召集大臣和各国使节在宫殿上安排了隆重的

历史探微

廉 颇

战国后期赵国名将,杰出的军事家。多次战胜齐、魏等国,为赵国立了大功;长平之战时曾坚壁秦军固守三年城池;秦军最后用反间计,使赵孝成王用赵括代替廉颇为将,遭致惨败,廉颇在赵国一直不得志,后来投奔魏国;魏国也不受重用,最后老死在魏国。

仪式，借此炫耀自己，派人带领蔺相如走上大殿。蔺相如两手空空进殿后，对秦王说："我已经派人带着和氏璧先回赵国了，估计现在已经到了。秦国自穆公以来，二十多位君主，没有一个是讲信义的。如今秦国强大，赵国弱小，只要你们先把十五座城划给赵国，赵国敢不给您璧而得罪您吗？我知道我欺骗了大王，我甘愿被扔到烧开水的大锅里受极刑！"

秦王知道，即使杀掉了蔺相如也得不到和氏璧，反倒会被人耻笑，于是只好以礼相待，然后又把他平安送回赵国。

蔺相如完璧归赵，为赵国立了大功，赵王任命他为上大夫。最后秦国一直没割给赵国十五座城，赵国也没有给秦国和氏璧。

秦昭襄王在和氏璧上没有占到便宜，就想报复赵国。公元前279年，不怀好意的秦昭襄王约赵惠文王到渑池(今河南渑池县南)会盟。赵惠文王害怕秦王暗算，召来几位重臣，进行商议。

多数大臣不同意去，但蔺相如却奏道：

"禀大王，前因和氏璧，我已和秦王打过交道。他虽然恶如虎狼，但吃人也不容易。我愿意陪大王一起赴会，保护大王的安全。"

一听说蔺相如愿保驾前往，左右为难的赵惠文王顿时也来了勇气，当场决定，要赴渑池会盟。他让廉颇留在本国辅助太子留守。

平原君赵胜说："应当带上五千精兵作为随从，再把大队人马驻扎在三十里外，作为接应。"赵惠文王派大将李牧带上五千精兵跟随，叫平原君带上几十万大军随后接应。

廉颇还觉得不放心，就向赵惠文王请求说："这次赴会，吉凶难料，去渑池来回不过二十多天，加上两三天的会议，也不过三十天。若是超过三十天不回来，我请大王允许我立太子为国君，以免秦国挟制大王。"赵惠文王也同意了。接着，廉颇又在边界上作了严密的布置。

渑池之会上赵惠文王与秦昭襄王摆酒设宴，谈论天下大事，似乎很投机。秦昭襄王喝了几盅酒，带着醉意对赵惠文王说："听说赵王喜欢音

乐,弹得一手好瑟。我这儿有瑟,请赵王演奏一段以助酒兴。"说罢,真的吩咐左右把瑟拿上来。

赵惠文王不好推辞,只好勉强弹了一段。

秦国的史官立即把这事记了下来,并且念着说:"秦昭襄王二十八年,秦王和赵王在渑池相会,秦王令赵王鼓瑟。"

赵惠文王气得面红耳赤。赵国还未灭亡,秦国就把赵国当做属国看待,居然还把弹瑟的事记入史册,实在是奇耻大辱。可虽非常气恼,又一时想不出报复的办法。大臣们也面面相觑。

这时,就见蔺相如不慌不忙站起来,端着一个瓦盆,走到秦王面前说:"我听说大王善于击缶,请为我们赵王击一次缶与大家同乐。"秦昭襄王勃然变色,不去理他。

蔺相如的眼睛射出愤怒的目光,说:"大王未免太欺负人了。秦国的兵力虽然强大,可是在这五步之内,我可以把我的血溅到大王身上去!"

秦昭襄王见蔺相如气势咄咄逼人,只好在缶上胡乱敲了几下。蔺相如立即命赵国史官记下:"赵惠文王二十年,秦王为赵王击缶。"

秦昭襄王伤了颜面,群臣就挑衅说:"请赵王割十五座城献给秦王祝寿。"蔺相如也针锋相对地说:"请秦王割咸阳城为赵王祝寿。"

秦昭襄王眼看这个局面十分紧张,他事先已探知赵国派大军驻扎在临近地方,真的动起武来,恐怕也得不到便宜,就喝住秦国大臣,说:"今天是两国国君欢会的日子,诸位不必多说。"

秦王不敢轻举妄动,只好与赵国签订友好协定,与赵王结为兄弟。这样,两国渑池之会总算圆满结束。

蔺相如不惜生命在秦、赵两次重大的外交斗争中,保全了赵国的尊严,立了大功,赵王拜他为上卿,地位在廉颇之上。

廉颇是赵国的一员名将。赵武灵王在位时,南征北战,为赵国立下汗马功劳。赵惠文王当政后,他更是为赵国屡建新功。他是赵国举足轻重的功臣。

廉颇看不起蔺相如,到处对人说:"我身为赵将,有攻城掠地之大功,蔺相如只凭口舌之利,而位居我上,况且蔺相如出身卑贱,我怎么忍得了在他之下。"并扬言如果碰见了他,必要当面羞辱他。这句话传到蔺相如耳朵里,蔺相如就装病不去上朝。

一天,蔺相如带着门客坐车出门,真是冤家路窄,老远就看见廉颇的车马迎面而来。蔺相如赶忙叫赶车的退到旁边的小巷里去躲一躲,让廉颇的车马先过去。

可是,刚走了几步,没想到廉颇命他的车夫调转车头,又迎面走了过来。蔺相如只好命他的车夫再次将车子避到大街旁的巷子里,等廉颇的车子过后再走。

时间一久,蔺相如的门客都觉得太窝囊,忍受不了。他们对蔺相如说:"我们背井离乡,不远千里投奔您,是因为您的品德高尚,如今,您的官位比廉颇要高,反倒这样惧怕他,是出于什么原因?您这样懦弱胆小,连我们都感到羞耻,还不如让我们回家算了。"

蔺相如一点也不生气,对他们说:"你们看廉将军跟秦王比,哪一个厉害?"

他们说:"当然是秦王了。"

蔺相如说:"这就对了。试想秦王那么厉害,各国诸侯都畏之如虎,我却敢在大庭广众之下责骂他。我虽然没有什么大本领,但不至于如此惧怕廉将军。因为我想过,强大的秦国不敢来侵犯赵国,不过是由于有我和廉将军两人在罢了,要是我们两人不和,秦国知道了,就会趁机来侵犯赵国。我所以这样做,都是以国家的安危为重,哪里是怕廉将军呢?"

这些话传到了廉颇的耳朵里。廉颇听后幡然醒悟,既感动又惭愧。廉颇是个正直坦诚的人,一旦悔悟,就真诚地改过。为了表示自己的诚意,就按照古人的仪式,脱光上身,光着脊梁,背着荆杖,跪在蔺相如的

门前向他请罪,说:"我是一个心胸狭窄的人,只考虑自己,不知道您竟如此宽宏大量。我对不起您,更对不起国家,请您责罚我吧。"

蔺相如也很感动,亲自扶他起来,说:"咱们两个人都是国家的大臣,同为国家出力。将军能体谅我,我已经万分感激了,哪儿敢要您给我赔礼呢?"从此,两人互相扶助,成了生死之交。

他们俩一个是武将的首领,一个是文官的首领,后人总结他们和好的事迹,称之为"将相和"。

荆轲刺秦王

"风萧萧兮易水寒,壮士一去兮不复还",荆轲刺秦王的壮举虽然失败,却永垂千古。司马迁在《史记·刺客列传》对荆轲不吝文字,还得到王昌龄、柳宗元、陆游等很多文人墨客的吟咏。至今我们仍能感受到易水河边的悲壮气氛。

秦王政十九年(公元前228年),秦国出兵,活捉了赵王,这样就直接威胁到了燕国。燕国举国上下,无不惊惶。

燕太子丹知道燕国根本不是秦国的对手,就想出奇制胜,采用刺杀秦王的办法阻挡秦国统一六国的脚步。这时候,有人向他推荐了勇士荆轲。

荆轲是卫国人,喜好读书和击剑,曾立志用自身的才能去做番成绩,不料,卫国被秦灭掉。

祖国灭亡了,荆轲四处漫游。荆轲到燕国之后,和燕国街市上一位宰

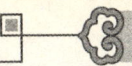

荆轲刺秦王

狗的屠户，还有一位擅长击筑(一种古代的弦乐器)的乐师高渐离混得很熟。他非常喜欢喝酒，常和朋友们在燕国大街上聚在一起喝几口。另外，他在诸侯国之间游历的时候，经常和所到之处的贤人豪客们结交。

荆轲到燕国后不久，在秦国当人质的燕太子丹逃回了燕国。荆轲做了太子丹的门客。太子丹先前曾经在赵国当人质，和秦王嬴政从小时候就认识，还是好朋友。后来嬴政回国做了国王，太子丹又到秦国来当人质了，秦王却不念旧情，对他这位老朋友很冷淡，所以太子丹找机会逃了回来。回国后，他就琢磨着该如何报复秦王，后来又收留了得罪秦王的秦国将军樊於期。这一年，秦国将领王翦攻破赵国，俘虏了赵王，占领全部赵国土地，又向北进兵，直到燕国南部边界。

燕太子丹见此形势十分慌张，就向荆轲请求说："秦兵早晚要渡过易水了，该如何是好呢？"荆轲说："就是您不跟我说，我也想向您请求赴秦。不过现在到秦国去，却没有使秦王相信的信物，那还是无法接近秦王。如今对樊将军，秦王正用一千斤金子和一万户的封地悬赏抓他。如果真能得到樊将军的头颅，和燕国督亢的地图献给秦王，秦王就一定会高兴地见我，那时我就找机会刺杀他，来报答您。"太子丹说："樊将军因为走投无路才来投奔我，我不忍心为了自己的私事，而伤害一个忠厚之人的心，希望您再考虑其他的办法吧。"

荆轲知道太子丹不忍心，就私自去见樊於期，说："将军的父母以及宗族，都被杀死或被收入官府当奴婢了。如今又听说秦王悬赏将军的头颅，愿意拿出金子一千斤和封地一万户作奖赏，您打算怎么办呢？"樊将军仰天长叹流着眼泪说："我每想到这些，常常痛恨到骨髓里，只是想不出什么计策罢了。"荆轲说："现在有一个办法，可以用它解救燕国的祸患，并报将军的大仇，您看怎么样呢？"樊於期就走上前说："是什么办法呢？"荆轲说："我想得到将军的头颅用来献给秦王，秦王一定会很高兴，因而定会愿意接见我，到那时我左手抓住他的衣袖，而用右手将匕首刺

中国通史

进他的胸膛。这样，不但将军您的仇得报了，而且燕国被欺侮的耻辱也就解除了。"樊於期于是就裸露出臂膀，抓住一只手腕走上前说："这正是我日夜咬牙捶胸所想的事啊，只是今天才听到您的指教！"说完就自杀了。

太子丹听说这件事，驾车前往，伏在尸体上痛哭，非常悲伤。事情既已至此，太子丹也没有别的办法了。于是收敛了樊於期的头，用匣子封好。

在这时，太子丹又去搜寻世上最锋利的匕首，打听到赵国徐夫人有这样的匕首，就用百金把它买下，让工匠用毒药浸过它，准备行装派遣荆轲去秦国。

燕国有个勇士秦武阳，十二岁时就杀过人，太子丹于是让秦武阳做荆轲的助手。

荆轲还要等待一个朋友，打算跟他一块儿去，那个人住在远处没来，荆轲就为此留下来等他。过了些日子，还没动身，太子丹怀疑他改变主意，反悔了，于是又请求他说："日子已经没有多少了，荆卿难道没有去的意思了吗？请让我先派秦武阳去吧！"荆轲生气了，斥责太子丹说："现在如果去了却无功而返，就是无能之辈！我停留的原因，是要等候我的朋友一块儿去。既然太子嫌我动身晚了，那我就此告别吧！"于是荆轲动身了。

太子丹和知道这件事的宾客，都穿上白衣戴上白帽来送荆轲。来到易水河边，这时高渐离敲打着筑，荆轲应和着唱歌，道："风萧萧啊易水寒，壮士一去啊永不再还！"接着又奏出悲壮激昂的羽调，送行的人都怒目圆睁，怒发冲冠。就在这时，荆轲坐上车走了，始终没有回过头来。

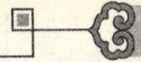
荆轲刺秦王

到了秦国以后，荆轲拿出价值千金的财礼，赠给秦王的宠臣中庶子蒙嘉。蒙嘉对秦王说："燕王害怕大王的威势，不敢发兵来抵抗大王，甘愿全国上下都当秦国的臣民，排在朝秦诸侯的行列里，交纳贡赋和听任差遣，只要能侍奉守护祖先的宗庙就行了。燕王恐惧，不敢亲自来陈说，特地砍下樊於期的头，并献上燕国督亢一带的地图，用匣子封存好，派了使者来向大王报告，只想得到大王的吩咐。"

秦王听了这番话，十分高兴，于是穿上朝服，布置大礼，在咸阳宫接见燕国的使者。

荆轲捧着装有樊於期头颅的匣子，秦武阳捧着装有地图的匣子，依照次序入宫。到了殿前的台阶下，秦武阳脸色忽然变了，害怕起来，秦国的大臣对此感到很奇怪。荆轲上前解释说："北方边远地区的粗俗人，不曾见过天子，所以害怕，希望大王稍微宽容他一下，让他在您面前完成自己的使命。"秦王对荆轲说："将秦武阳拿的地图送上来。"

荆轲取来了地图捧着，打开地图，地图完全展开后，匕首露了出来。荆轲乘势用左手抓住秦王的衣袖，右手拿起匕首向秦王刺去。但匕首没刺到秦王身上，秦王大为惊骇，自己挣扎着站起来，秦王想要拔剑，但剑太长，未能拔出。

荆轲追赶秦王，秦王绕着柱子跑。大臣们都被吓呆了，事情发生的太

历史探微

燕国灭亡

燕王一直以为只要依附秦国就可以生存，于是在秦国攻打赵国时，还曾经趁火打劫。赵国当时也是大国，虽抵抗不过秦国，对付燕国却轻而易举。后来赵国首都邯郸失陷，赵王被俘，燕人这才着了慌，于是策划了荆轲刺秦王的闹剧，失败后秦王政立即对燕加紧进攻。燕王喜虽然杀了太子丹，但也没有逃脱被吞并的命运。

突然，都乱了方寸。秦王正在危急之中，来不及宣召殿下的士兵，因此荆轲得以追刺秦王，而群臣仓促之间又怕又急，没有武器来抗击荆轲，于是就用手一起和荆轲搏斗。

这个时候，秦王的随从医生夏无且用他捧着的药袋投击荆轲。秦王正绕着柱子走，左右的人就喊道："大王把剑推到背后拔！大王把剑推到背后拔！"于是秦王拔出了剑，用剑迎战荆轲，砍断了他的左腿。荆轲不能再走，就举起他的匕首掷击秦王，没有击中，投在柱子上。秦王趁机又砍荆轲，荆轲受了八处创伤。

荆轲自知事情不能成功，靠着柱子大笑，大骂秦王："事情不能成功的原因，是我想活捉你，强迫你订立条约来报答燕国的太子啊。"左右的臣子们立即上前，杀死了荆轲。

秦王大怒，当即下令，发兵伐燕，很快就占了燕国的大半国土。燕王喜和太子丹逃到辽东。秦王不肯罢休，非要活捉太子丹不可。燕王喜被逼无奈，只好杀了太子丹向秦国请罪求和。

秦灭六国

战国末年，秦国在秦王嬴政的领导下，最终消灭六国、一统天下，建立起中国第一个大一统的君主制王朝——秦朝。秦王政改号称皇帝，即赫赫有名的秦始皇，中国历史从此翻开了崭新的一页。

公元前238年，年满二十二岁的秦王嬴政亲自执政，便采取了相应的对策，以此来统一六国。

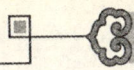 秦灭六国

首先是广泛招纳人才。与秦国邻近的韩国,迫于秦军的威胁,十分恐慌,昏庸无能的韩王听说秦国特别喜欢大兴土木工程,就派一个名叫郑国的人入秦,劝说秦国修筑水渠,企图以此来消耗秦国的经济实力,使其无力东进。当这个工程正在进行之际,韩国的"弱秦之计"被秦王发觉了,秦王便下令"逐客"。当时的长史李斯是由楚入秦的,也在被驱逐之列,于是他就向秦王历数了秦国用外人而使秦富国强兵的事实。秦王听了李斯的进谏,就决定废除"逐客令",并重用李斯。诸侯各国的一些谋士和人才,也都纷纷投奔秦国,从而壮大了秦国的力量。

其次,秦王听从尉缭的建议,用重金拆散六国的联合。尉缭向秦王进言:当前,以秦国力量之强,是东方诸侯各国所不能比拟的,但若各诸侯国联合起来,合纵抗击秦国,结果就很难预料了。因此,他主张秦王用重金买通各国掌权的大臣,离间六国之间的关系,以拆散他们的联盟。秦王采纳了尉缭的意见,并把他升为国尉,掌管全国的军队。

第三,在离间六国联盟的基础上,秦王还制定了"远交近攻"的战略方针,采取对六国实施各个击破的政策。具体方法是:先拉拢收买与秦国相距较远的楚、燕、齐三国,从而使与秦国相邻的韩、赵、魏三国腹背受敌,且处于孤立无援之地。在攻占韩、赵、魏三国之后,随着战线的东移,再逐个吞并楚、燕、齐三国。

根据上述的具体对策,秦王开始逐一实施,公元前230年,天下形势突变,秦内史腾率军攻克韩都新郑(今河南新郑),生擒韩王安,韩国灭亡,从此以后,其他各国相继成为秦国的口中之食。

赵国经过长平之战,兵力大损,但是名将李牧尚在,屡屡击败秦国的进攻。但昏聩的赵王中了秦人的奸计,听信了奸佞郭开的谗言,竟然杀了李牧,为秦国扫除了灭赵的唯一障碍。公元前228年,秦将王翦大破赵军,俘虏了赵王迁。赵公子嘉出奔代(今河北蔚县东北),自立为代王。公元前222年,公子嘉被秦将王贲活捉,赵国余脉从此断绝。

中国通史

公元前225年，秦王派大将王贲攻打魏国。秦军攻入魏国后，如入无人之境，连下数十城，不消多日，直抵魏都大梁(今河南开封)。魏王连忙派出使者，向齐王求救，齐王自顾不暇，拒绝了魏王的要求。魏王求救无望，于是命令将士死守大梁。

大梁城墙高大，护城河又宽又深，秦军要想攻城，必须先越过护城河。王贲下令搭浮桥，城头魏军万弩齐发，秦军伤亡惨重，连忙退回。王贲下令弓箭手放箭掩护，士兵再搭浮桥。魏军躲在女墙(城墙上有凹凸的矮墙)后放箭。秦军的飞矢射不到魏军，秦军却纷纷中箭毙命，浮桥还是搭不成。王贲怒火中烧，心急如焚，只好暂且收兵，思量对策。

望着又宽又深的护城河，他忽然想，大梁地势低洼，西北有黄河，西边有汴河，引水灌大梁是条万全之计。

当时连日阴雨，黄河水滔滔，汴河水滚滚，王贲命令一部分士卒在黄河、汴河筑拦河坝，一部分士卒开挖通往大梁的水渠。秦军官兵闻知无须正面强攻改为水攻，一个个欣喜万分，干得分外卖力。魏王闻报秦军筑坝挖渠，惶惶不可终日，却又无计可施。十多天后，水渠一直挖到大梁城下，拦河坝也将筑成，只要王贲一声令下，立即将拦河坝合龙，扒开河堤，滚滚河水便可直泻大梁。

王贲见时机已到，下令决堤放水。刹那间，滔滔河水咆哮着直冲大梁，大梁顿时成为一片汪洋。魏王大惊，在众将的簇拥下急急奔上城楼躲避。城中的积水迅速没过屋顶，大部分居民被淹死。时隔不久，一段城墙被洪水冲塌，魏王知道再也无计可施，只好投降。

灭魏以后，王贲下令扒开拦河坝，堵住大堤的缺口，水势渐止。大梁城中的积水三个月后才退尽，昔日繁华的大梁城成为一片废墟。

稍后不久，秦王决定灭楚。秦王问众将：灭楚需要多少军队？年轻气盛的李信说要二十万，老将王翦认为非要六十万不可。秦王听了王翦的话产生了戒心，王翦、王贲父子俩重兵在握，现在又要六十万大军，莫非有心造反？

秦王考虑再三，决定让李信、蒙恬领兵二十万攻楚。王翦察觉到秦王对自己有所疑忌，于是请求告老还乡，秦王同意了王翦的请求。

秦军进攻楚国，起初打得十分顺利。后来楚王得知前线危急，忙令大将项燕率领二十万大军御敌。秦、楚两军兵力相当，但楚军熟悉地形，占了不少便宜。项燕分兵七路，在秦军必经之路设下层层埋伏，等到秦军进入埋伏圈，立即发起猛烈攻击。秦军连日行军，疲惫不堪，遭到突然袭击，抵挡不住，大败而逃。楚军紧紧追杀了三天，将秦军赶出国境。

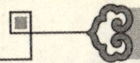

千古一帝——秦始皇

秦始皇对中国影响非常深远，他统一六国，结束多年的封建割据状态，在位期间将全国分为三十六郡，每郡又设若干县；统一文字、法律和货币；尽管秦朝持续了短短十五年，但他确立的统治模式却一直延续二千余年，影响之深广，其他帝王不可比拟，是中国历史上的"千古一帝"。

秦王闻报李信兵败，这才明白王翦当初的意见有道理。他亲自请王翦回朝，命他率领六十万大军再次攻楚。

出兵那天，秦王为王翦送行。临行前，王翦向秦王求取良田美宅，秦王满口答应。行军至半途，王翦按兵不动，再次向秦王请赏，以供儿孙享用。众将对此十分不解，王翦向他们解释道："大将在外打仗，心里还牵挂着子孙，怎么会反叛？我向大王请赏，就是要大王放心。"众将听了他的话，方才明白他的用心。

王翦的战术与李信不同。他步步为营，缓缓推进，到了天中山一带，扎下营寨不再前进。楚将项燕得到消息，顿生疑虑，于是派兵挑战，进行试探。王翦命令官兵固守营寨，不许出战，任凭楚军骂阵，一概不予理睬。项燕以为王翦老了，胆小惧战，命挑战的楚军回营休息。

中国通史

　　王翦命令少数官兵守营,大部分放假休息。军卒无所事事,有的洗澡,有的找乐子。他又下令宰牛杀羊,犒劳将士,自己与官兵同食共饮。

　　楚将项燕求胜心切,命令楚军开拔,准备绕到秦军背后发起突然攻击。王翦闻报楚军已经离营,立即命令秦军追击,项燕万万没有想到秦军会从后面杀来,丝毫未作防备,等到秦军追到,才匆匆指挥大军掉头应战。秦军养精蓄锐已久,斗志旺盛,楚军还没摆好阵势,就被秦军冲得乱作一团。项燕见势不妙,急忙领兵逃跑,王翦指挥大军紧紧追赶,在蕲南(今安徽宿州)将楚军包围。

　　第二天,两军进行决战。楚军兵少,又是新败,敌不过训练有素的秦军。经过一整天的厮杀,楚军伤亡殆尽。项燕企图率领残兵败将突围,被王翦截住。项燕已多处受伤,体力不支,被迫自杀。

　　公元前227年,秦军攻燕,在易水以西大败燕军。第二年,秦军再度攻燕,力克燕都蓟城,燕王出逃,奔至辽东(今辽宁辽阳)苟延残喘。公元前222年,秦将王贲率军攻打辽东,活捉燕王,燕国终于灭亡。

　　五国已灭,只剩下齐国。秦、齐力量悬殊,齐国危在旦夕。公元前221年,秦将王贲从燕南攻齐,直抵齐都临淄。齐军未作抵抗,齐王被俘,齐国随之灭亡。秦王嬴政花了十年时间,消灭了东方六国,结束了春秋战国以来诸侯割据、混战的局面,建立了我国历史上第一个中央集权的封建国家。在我国历史上留下了光辉的一页。

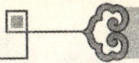

秦汉简介

秦汉时期是中国秦汉两代大一统时期的合称。秦国以秋风扫落叶之势，先后灭掉东方六国，于公元前221年统一了全国，实现了真正意义上的全国统一。秦王嬴政改号称皇帝，建立起中国历史上第一个中央集权的封建国家。秦始皇废除分封制，代之以郡县制，加强了对地方的控制。此外，秦始皇还北伐匈奴，修建万里长城以维护边疆的稳定，还统一了文字、货币和度量衡，做出了许多开创性的贡献。然而，由于秦朝处于开创时期，缺乏历史经验，过分强调严刑峻法，秦朝二世而亡。在经过短期的农民起义战争之后，汉朝建立。汉朝建立之初，基本沿袭秦朝的制度，史称"汉袭秦制"。汉朝时期，封建制度基本确立，政治、经济、文化等都有了很大的发展。总之，秦汉时期是我国第一个大一统时期，也是我国多民族国家奠基时期。

杰出历史名人

1 李斯（公元前280年—公元前208年）

战国末年楚国人。早年做过掌管文书的小吏，后从荀子学习治理国家的学问，学成入秦。秦王采纳他的计谋，遣谋士持金玉游说关中六国君臣，离间六国间的关系，在秦统一六国的事业中起了较大作用。秦统一六国之后，与王绾等人议定尊秦王嬴政为皇帝，并制定相应的礼仪制度。他建议秦始皇废除分封制，实行郡县制，铲除封建割据的祸根，维护了国家

的统一。为了打击儒生以古非今、诽谤朝政的行为,主张焚烧民间收藏的《诗》、《书》及诸子百家著作,禁止私学,加强中央集权。在这件事的推动下,秦始皇对儒生又进行迫害,下令将咸阳的儒生四百多人活埋,即历史上的"坑儒"事件。李斯还参与了统一度量衡、车轨、文字的工作。秦始皇死后,伪造遗诏,立胡亥为帝。后为赵高所忌,于秦二世二年(公元前208年)被腰斩于市。

Ⅱ 董仲舒(公元前179年—公元前104年)

汉代思想家、哲学家、政治家。汉景帝时,立为博士。汉武帝即位后,多次下诏征求治国方略,令各地推举贤良和文学的人才到朝廷参加对策。董仲舒作为贤良先后三次被推举参加策问,这三次策问的文字,就是后来著名的《举贤良对策》。文中系统地论述了"天人感应"、"大一统"和"罢黜百家,独尊儒术"的主张。此外,在《春秋繁露》一书中,他还将儒家的伦理道德思想概括为"三纲五常"。这是董仲舒以《春秋公羊传》为基础,融合周代以来的宗教观、天命观和阴阳五行学说,所形成的一套新的儒家哲学体系,并为汉王室所采纳,成为汉代的官方统治哲学。董仲舒的儒家思想有利于封建统治者维护中央集权的统治,对社会经济和文化的稳定发展也做出了一定的贡献。

Ⅲ 司马迁

字子长,中国古代伟大的史学家、思想家、文学家。司马迁自幼开始读古书,学习十分刻苦。二十岁的时候,从长安出发开始了全国漫游,到各地采访,获得了许多第一手的资料。之后,他又多次追随汉武帝出外巡游,到过很多地方。汉武帝还派他出使西南的云贵川地区,了解到当地的风土人情。公元前99年,司马迁因卷入李陵案,触怒了汉武帝,被处以腐刑。为了完成父亲的遗愿,他含垢忍辱,出狱后发愤著书,以其"究天人之际,通古今之变,成一家之言"的史识,完成了《史记》的撰写和修改工作。《史记》是我国第一部纪传体通史。共一百三十篇,包括十二本纪、三十世家、七十列传、十表、八书。在漫长的封建社会里,许多史学家修史,都采用司马迁所创立的纪传体的体例。《史记》对后世产生了深远影响,被鲁迅先生誉为"史家之绝唱,无韵之离骚"。

Ⅳ 班固(公元32年—公元92年)

字孟坚,东汉史学家班彪之子。班固少时聪明好学,加上儒学世家良好的教育和熏陶,九岁时,即可诵诗作文。十六岁时,进入洛阳太学,博览群书,融会贯通,穷究诸子百家之言,学业大有长进。班固的父亲班彪有意续写《史记》为《史记后传》,没有完成就去世了。班固即在父亲的基础上,开始了《汉书》的编撰工作。潜心二十余年,但直到班固去世,《汉书》也未编成,由班固的妹妹班昭及其门人马续续写完成。《汉书》共一百篇,八十多万字,记录了从汉高祖刘邦到王莽篡汉二百多年的历史,是我国第一部纪传体断代史。此外,班固善写辞赋,是东汉前期最著名的辞赋家,有《两都赋》等作品传世。

Ⅴ 王充(公元27年—约公元97年)

字仲任,会稽上虞(今属浙江)人。幼年好学,后到洛阳太学求学,得以与当时的大学者桓谭、贾逵、班彪等人有所往来,并拜班彪为师,学问大有长进。在洛阳除了从名师、交胜友外,还广泛涉猎,博览群书,成为大学问家。王充学成之后,也曾抱着为国效力的想法,走"学而优则仕"的道路,但仕途坎坷。后返回家乡,专心著述,著有《论衡》一书,以"实"为根据,解释世俗之疑,疾虚妄之言,对汉以前的各种学说加以衡量,评定是非,并针对东汉时期盛行的带有神秘主义色彩的儒学及谶纬学说进行了批判,是我国古代著名的唯物主义的哲学文献。

重大历史事件

Ⅰ 郡县制

我国古代中央集权体制下的地方行政制度。形成于战国时期,盛行

中国通史

于秦汉。郡是中央政府辖下地方最高行政单位,组织机构与中央相似,设郡守、郡尉、郡监。郡守是郡的最高行政长官,由皇帝直接任免。郡尉负责掌管全郡的军事事务。郡监掌管监察工作。县或道是郡的下级行政单位,内地设县,边疆少数民族地区设道。人口满万户以上的设县令,不满万户的设县长、令、长为县的最高长官,由中央直接任免,并受郡守节制,掌管本县财政、司法、兵役等事务。县以下设有乡、里和亭。郡县制确立了从中央到地方一整套完整的政权体制,地方政权职权明确,分工合作又互相牵制,统治权掌管在皇帝一人手中,加强了中央对地方的管理,有利于维护国家的统一。

Ⅱ 三公九卿制

三公九卿的说法在先秦文献已有记载,但作为行政制度,则是在秦朝逐渐建立完备的。秦始皇嬴政接受李斯的建议,以皇帝为尊,下设丞相,辅佐皇帝处理全国的政务;太尉,协助皇帝掌管全国的军事;御史大夫,负责管理图籍奏章,监察文武百官。三公互不统属,直接对皇帝负责。九卿,并不一定是九个人,只是极言其官制完备。九卿直接对丞相负责,根据各自职权,行使权力。三公九卿制的基本结构从秦朝一直沿用到两晋,直至隋文帝时,三省六部制确立。三公九卿制,确立了封建社会中央政府官制的雏形,对历代封建王朝中央官制的建立,有着重要的影响。

Ⅲ 察举制

我国古代选拔官吏的一种制度。正式确立于汉武帝时期。察举是一种自下而上的选官制度,地方长官随时考察、推举本辖区内品德高尚、学识才干出众的能人贤士给上级或中央。被推举者经过考试后,政府量才录用。察举制将选拔与考试相结合,为被推举者提供了一个相对公平的竞争舞台,使许多有真才实学的人得以脱颖而出,有利于中央集权的进一步巩固和发展。

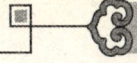

Ⅳ 抗击匈奴

匈奴是古代蒙古戈壁草原的游牧民族,后建立国家,开始威胁中原政权。秦始皇统一中国后,命蒙恬率30万大军北征匈奴,收复河套地区,屯兵上郡。修建万里长城,构成北方漫长的防御线。蒙恬屯兵十余年,匈奴人慑于其威力,再不敢进犯。后冒顿单于统一匈奴,逐渐强盛,开始对外扩张。时汉初建,汉高祖刘邦亲率大军围剿,被围于白登,用计才得以逃脱。此后,汉朝开始对匈奴实行和亲政策。至汉武帝时,经过长时间的休养生息,国力增强,对匈奴的政策开始由战略防御转为主动进攻。先后派卫青、霍去病等人出征匈奴,取得胜利,匈奴退居漠北地区。东汉时期,匈奴分裂为南北匈奴两部,南匈奴南下对汉称臣,被安置在河套地区。北匈奴则不断侵扰东汉北部边塞,东汉政府派窦固、窦宪征战北匈奴,北匈奴战败西迁。秦汉时期,匈奴和中原王朝战战和和,互有胜负。在这个过程中,匈奴与中原地区往来频繁,促进了民族融合。

文化艺术成就

Ⅰ 张衡和地动仪

张衡(公元78年—公元139年),字平子,南阳(今河南南阳)人。少时善写文,后入洛阳太学,接受传统的儒学教育,但他最感兴趣的是研究机械、天文、历法、数学等自然科学。曾制造名为"浑天仪"的天文仪器,用来确定节气、观察气象和其他天文现象。接着,张衡又发明了用来观测地震的地动仪。东汉时地震时有发生,当时人们对地震还不了解,认为是上天发怒显灵。张衡是科学家,当然不相信这些迷信思想。在他看来,地震是一种自然灾害,有一定的规律,地动仪就是为预测地震而发明的。地动仪形状如酒樽,中间有立柱,用机械连着八个方向,樽外有龙头八个,口内各衔着铜珠,每龙头下放置有一口朝上张的铜蟾蜍。何方发生地震,地动仪上何方的龙口内的铜珠就会落入蟾蜍口中。这一仪器比欧洲发明的

中国通史

地震仪要早一千七百余年。

Ⅱ 乐府诗和《古诗十九首》

"乐府"是掌管音乐的机构，始于秦。汉武帝时曾派人到各地大规模地收集民歌，集中于乐府。这些民歌虽然经过文人加工，但基本上保持了民歌的特色，是我国文学宝库中的瑰宝。《古诗十九首》是乐府古诗文人化的显著标志，最早见于《文选》，是南朝梁萧统根据传世古诗选录的十九首组诗。作者已无从考证，根据《古诗十九首》所折射的社会现实及其所运用的创作技巧，一般认为它并非一时一人之作，创作年代大约在东汉顺帝末到献帝时代。大都为游子思妇之辞，也有表现士人的彷徨失意、人生无常之作。语言朴素自然、形象鲜明，具有浑然天成的艺术风格。

Ⅲ 秦始皇陵兵马俑

1974年出土于陕西临潼。秦始皇即位之初，就开始着手修建陵墓，由丞相李斯负责，修筑时间长达三十八年，兵马俑即为秦始皇陵陪葬品。共出土武士俑七千余个、战马俑一百多匹。兵马俑的车兵、步兵、骑兵排成各种阵势，且形象各异，身高均在1.75米~1.80米左右，体形、神态、动作及服饰都刻画得惟妙惟肖，马俑也与真马大小无异，塑出了勇猛警觉的临阵状态，堪称古代雕塑艺术的杰作。整体风格雄壮、浑厚。秦始皇陵兵马俑显示了秦王朝的雄厚国力和秦国军队的威武强大，集中体现了我国古代劳动人民制陶技术的高超和聪明智慧，为后人研究秦朝的历史提供了丰富的史料。

Ⅳ 许慎和《说文解字》

许慎（约公元58年—约公元147年），字叔重，汝南召陵（今河南郾城）人，汉代著名经学家、文字学家，中国文字学的开拓者。师从于贾逵，博学经籍，精于文字训诂之学。历经二十一年的时间，编著《说文解字》十五卷。许慎根据字的形体，分为五百四十部，又据字形的联系，划分为十四大类，系统总结了汉字造字和用字的规律——六书。《说文解字》保存了大量先秦的字体和汉代及汉以前的训诂材料，是我们研究古文字和训诂必不可少的材料。

秦王嬴政从公元前230年到公元前221年，用十年左右的时间，结束了诸侯争雄局面，统一了六国，建立了中国第一个统一的多民族的专制主义中央集权的封建王朝，为封建社会的经济发展奠定了稳定的政治基础。

嬴政认为自己德迈三皇，功过五帝，继续称"王"不足以证明自己的丰功伟绩，于是命令臣下商议帝号。

丞相王绾、御史大夫冯劫、廷尉李斯等提议说："古时候的五帝只掌握一千里左右的地方，现在陛下已经消灭六国、统一天下，这是五帝不能与陛下相比的。我们听说古时候有天皇、地皇、泰皇，数泰皇最尊贵。所以我们认为陛下称泰皇最恰当。"嬴政听了以后，对此并不满意，他思考后决定去掉"泰"字，保留"皇"字，再加上"帝"字，号称"皇帝"。皇帝名号的采用，意味着功过三皇，德超五帝。自称"始皇帝"，以后称二世、三世，乃至千万世。

秦始皇统一了六国，并没有沉浸在荣耀之中，而是想怎样治理国家。有一次在早朝上，丞相王绾对秦始皇说："诸侯刚刚被消灭不久，原先的燕国、齐国、楚国，离咱们的京城都很远，如果不在那里分封王侯，恐怕那些地方很难控制得住，您不如把几个皇子分封到那些地方去做王，协助陛下统治天下。"

廷尉李斯反对王绾分封的建议，他说："当年周武王得到天下以后，曾经大封子弟功臣为诸侯，后来诸侯之间关系越来越疏远，互相混战，像仇敌一样，周天子也无力加以禁止。如今陛下统一了天下，可以在全国设

中国通史

置郡县。子弟功臣多多赏赐些赋税钱财,不要分封为诸侯,这样就容易控制他们啦!"

秦始皇认为李斯说得有道理,决定废除分封的办法,改用郡县制,秦始皇把全国分为三十六个郡,郡下面再分县。郡的长官都由朝廷直接任命。国家的政事,不论大小,都由皇帝决定。郡县制的确立,限制了地方割据势力发展,加强了中央与地方经济文化联系。

秦始皇建立的这一套封建专制的政治体制,对后世的影响极大。后来各个封建王朝所实行的政治体制,大体上是在秦制的基础上逐步演变的。

秦始皇统一六国之前,因为各国的官、民都有铸造货币的权利,以致货币种类繁多,形状各异,其轻重大小都不一致。特别是货币计算单位的差异,使得货币的流通、赋税的征收、商品的交换等都受到很大的妨碍。

于是,秦始皇下令废除原来在秦以外流通的六国货币,在全国范围内,一律只准使用秦国的货币。秦始皇规定:重新铸造新版圆钱,使货币的种类、形状、轻重、大小以及换算方法都有一个统一规范的标准。秦始皇还规定货币的铸造权为国家所有,私人不得铸币,地方政府铸币,必须按国家规定的标准设计铸造。

秦始皇的这一改革措施,实现了货币的第一次统一,为经济发展开

历史探微

《吕氏春秋》

《吕氏春秋》是战国末年秦国丞相吕不韦让属下门客集体编撰的杂家著作,又名《吕览》。全书共分为十二纪、八览、六论,共二十六卷,一百六十篇,二十余万字。《吕氏春秋》融合道、儒、墨、法等众家长处,形成了包括政治、经济、道德、军事各方面的理论体系,为秦国的统治和发展提供了长久的治国方略。

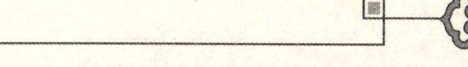

辟了道路,在中国历史上是一个伟大的创举。

秦统一六国之前,各国度(长度单位)、量(体积单位)、衡(重量单位)的情况也和货币一样,有各种不同的计数单位和各种不同的计算进制。这种复杂多样的度、量、衡只能适应春秋战国那种割据分裂社会的需要。如今,大一统的封建中央集权的出现,迫切需要度、量、衡的统一,以促进秦王朝的经济交流和发展。

于是,秦始皇下令废除六国旧制,把商鞅变法时所规定的度、量、衡标准向全国范围内推广,使得度、量、衡从混乱不清的状况明确统一起来。

秦始皇统一度、量、衡,不仅促进了秦王朝的经济发展,而且影响了以后几千年的计量制度。

春秋战国时期,由于长期的诸侯争霸,社会秩序遭到严重破坏,文字也缺乏管理,各诸侯国的文字产生了很大分歧。文字的混乱和分歧,不但严重妨碍了秦王朝政令的执行,而且不利于经济、文化的交流和发展。

秦始皇接受了李斯的建议,全国禁用各诸侯国留下的古文字,而一律以秦篆为统一书体,并命李斯等人编写,作为推行秦篆的典范。

秦始皇在推行小篆的同时,还极力提倡另一种书体"隶书"。隶书也是从篆书中演化出来的,它改篆书的曲笔为直笔,结构平稳,书写方便,为民间所乐用。由于隶书所特有的优点,很快就在全国广泛使用了,甚至官方所使用的文字也是以它为主,一般的公文都使用隶书来写。

秦始皇统一了文字,对中国的文化、政治、经济发展,都产生了深远的影响。

中国通史

焚书坑儒

秦始皇统一六国后,在政治、经济上采取种种措施巩固政权。随着封建国家的统一,专制主义中央集权制成了当时社会的政治统治形式。但是,经济和政治上的统一并不能巩固中国历史上庞大的封建专制帝国,还必须实行思想上的统一。

秦始皇称帝不久,便从六国的宫廷和民间搜集了大量的古典文献,还征聘七十多位老学者,授予他们博士官职,召集了二千多名学生,把他们置于博士官之下,称做诸生。秦始皇让他们对古典文化进行清理,以政府的力量禁止不利于封建专制政权的书,传播那些对秦政权有利的书籍。

博士和诸生满脑子都是旧文化和复古思想,认为复古周礼的儒家思想都是好的。他们不但对加强专制统治思想没有给予肯定,反过来对秦始皇的所为有诸多不满,大加指责。而秦始皇受法家集大成者韩非的影响,认为加强思想控制才是富国强兵、超越三皇五帝的唯一妙法,所以对博士、诸生的表现十分不满。

公元前213年的一天,秦始皇在皇宫摆席庆贺去年打败匈奴的大捷。文武官员全都在场,众多学者也参加了这次盛会。

宴会进行当中,名士周青臣举酒颂扬秦始皇,他说:"早先秦国的疆域方圆不到一千里,依赖陛下的英明,消灭了六国,赶走了蛮人和夷人,现在全都服从陛下的统治了,陛下废除了分封,设立了郡县,从此免除了战争的隐患,使得老百姓都过着安乐的日子。这样的太平盛世,必定能千秋万世。"

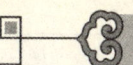

焚书坑儒

秦始皇心里十分得意,可是这一番颂词却触怒了淳于越。

淳于越赶紧走上前去说:"商朝和周朝所以能国运长久,原因在于能广封子弟功臣作为辅助,正如同大树的根一样,向各方向蔓延,占地广阔,树自然不容易被风吹倒,也经得起干旱。今陛下拥有海内,而自己的子弟们全都没有尺土之封,如果权臣中有人心生异志,外有何人能救?"

秦始皇听到有人反对他,很生气。丞相李斯站起来反对:"五帝都各有各的制度和行事法则,夏、商、周也吸取各国的治国要领,并非代代相袭一成不变,时代环境变了,制度和治国法则就得随着时势变化。任何事情都不应当固守不变,要随着客观情况的变化而改变,这些老学究根据书本的记载来攻击现实,太不实际,应该把私藏的各种言论和不是秦史的书全部焚毁,免得人们思想混乱。"

秦始皇觉得李斯说得有理。如果听任那些有旧思想的人到处宣扬,的确会妨碍法制。于是他决定接受李斯的建议,下令焚书。方法是:除了那些讲农医林牧类的书以外,凡不是秦国历史的书,且不是官家收藏的,而是民间所藏的不同版本,如《诗经》、《尚书》和诸子百家的书籍,在此命令下达的三十天之内,都要由地方官集中焚毁。以后还有谈论这些古书内容的,处死刑;借古讽今者,全家都要处死。官吏明知不告发的,判处

历史探微

中国第一相——李斯

李斯生于战国末年,是楚国上蔡(今河南上蔡县西南)人,年轻时做过掌管文书的小吏。后来因秦始皇下令驱逐六国客卿,李斯写了著名的《谏逐客书》,被秦始皇所采纳,并受到重用,不久官为廷尉,在秦始皇统一六国时充分发挥自己的才智。秦统一天下后,被任命为丞相,他是中国历史上的第一位丞相,为巩固秦朝政权,维护国家统一,促进文化发展做出了突出贡献。

中国通史

同样的罪行。法令到达后三十天仍不烧毁书籍的,在脸上刺字后罚去做苦役,修四年长城。

发出焚书令之后,各级官吏立刻去各家各户查抄书籍,到处是焚书的炎炎烈火,这次焚书是中国古文化事业上的一次浩劫,秦以前的许多史事记载和学术论著就此失传。

秦始皇下令焚书,使得许多读书人非常反感,不仅那些旧思想的人反对秦始皇的暴行,连一些在朝廷里享受着高官厚禄的博士,也都在暗地里议论。

焚书的第二年,即公元前212年,有两个替秦始皇求不死药的方士侯生和卢生,偷偷地议论说:"秦始皇这个人,十分残暴、自信。他在灭亡六国统一中原以后,自以为是从古以来最了不起的一个君主了。他专靠残酷的刑罚来统治天下,大臣们谁也不敢对他说真话,他对谁也不信任,大大小小的事情都得由他亲自来决定。像他这样贪图权势的人,我们还是不要为他求仙药的好。"两个人偷偷地带着从秦始皇那里领来的钱财,逃走了。

秦始皇听说读书人在背后说他的坏话,侯生、卢生还居然逃走了,十分恼怒。

于是秦始皇下令,查办那些在背后诽谤他的读书人。被抓去审问的人,受不了残酷的刑罚,为了给自己开脱,就一个一个地攀连其他的人,攀来攀去,一下子查出来有四百六十多个方士和儒生有嫌疑。秦始皇一怒之下,也不详细审问、查证核实,就叫人在咸阳城外挖个大

136

坑,把他们全都活埋了。

秦始皇焚书坑儒,钳制了人们的自由思想,对文化的传承造成难以估量的损失。

指鹿为马

指鹿为马一词出自《史记·秦始皇本纪》,这个故事流传至今,后人便用指鹿为马形容一个人故意混淆是非,颠倒黑白。

公元前210年,秦始皇在东南一带巡游途中病倒,不久病死在沙丘(今河北广宗)。宦官赵高出于个人野心,串通李斯篡改了秦始皇的遗嘱,逼死秦始皇的长子扶苏,使胡亥继承了皇位,这就是历史上的"沙丘之变"。

当时,秦始皇去东南巡视,随行的除了赵高以外,还有丞相李斯和秦始皇的小儿子胡亥。走到山东平原津的时候,正是大伏天,再加上旅途劳累,秦始皇中暑病倒了,病情很快恶化。秦始皇知道自己已经不行了,就叫赵高代笔,给大儿子扶苏写了一封遗嘱,叫扶苏赶快从驻防地长城回到咸阳,替他办理丧事,并且继承皇位。信写好了还没来得及交使者送出,秦始皇就在沙丘去世了。

秦始皇病逝的消息只有李斯、赵高、胡亥等几个人知道,李斯怕这消息传出后引起混乱,决定先秘不发丧,等他们回到咸阳后再公布。

赵高把秦始皇写给扶苏的信藏了起来。赵高认为如果扶苏当了皇帝后肯定会重用蒙恬,蒙恬是自己的仇人,如果他受到重用一定会对自

中国通史

己不利,而胡亥是自己的学生,学生当了皇帝,老师一定会享受荣华富贵。于是便生出一套计策来,赵高偷偷地找胡亥商量。他对胡亥说:"始皇帝去世,遗书传位于长子扶苏,如果扶苏回来当了皇帝,公子您的地位就要受到大大的威胁了!"胡亥经不住赵高的反复劝说,同意了,但心里还有顾忌,怕李斯传出去。赵高猜到了胡亥的心思,于是说:"我负责去说服丞相,不用您费心!"胡亥当然求之不得,完全同意。

赵高找到李斯,说:"现在皇帝的遗诏和玉玺都在胡亥手里,谁能接替皇位,全在我俩口中一句话,不知你是怎么想的?"

李斯一听,大惊失色说:"皇帝留下的遗书中已经说得明明白白,你怎么却说出全凭我俩一句话的话来?这不是犯罪吗!"

赵高笑着说:"你别急,我问你几件事,你想想,你的才能,能不能比得上蒙恬?你的功劳,有没有蒙恬大?你的智慧有没有蒙恬多?你的人缘关系有没有蒙恬好?你和长子扶苏的关系有没有蒙恬深?"

赵高一口气问了五个问题,李斯沉默了半天,这才回答说:"没有。"赵高说:"一朝天子一朝臣,扶苏当了皇帝,还不得让蒙恬做丞相?到那时候,你就会受到排挤和压制?公子胡亥为人坦诚,待人厚道,如果我们把胡亥扶上皇位,我们一辈子会享用不尽荣华富贵,而且不是还可以世代相传了吗?只要你我保守秘密,同心协力,这还不是易如反掌的事。轻轻松松地长保富贵,我们何乐而不为呢?"

李斯还在犹豫之际,赵高把脸色一沉,警告李斯说,现在,公子胡亥已经掌握了主动权,如果你顺从,就飞黄腾达,你要是逆着来,惹得胡亥动怒,后果你应该清楚是什么。说完,赵高站起来要走,李斯早已浑身冒出汗来,在赵高的怂恿和威胁利诱下,李斯终于屈服了。

第二天,发布了秦始皇的诏书,立公子胡亥为太子,又假造一封书信,信中责怪公子扶苏和大将蒙恬不忠,命他们自杀。信由胡亥的心腹送出。这一系列的事情,李斯都是眼睁睁地看着赵高办出来的,但他也只是不做声，默默地给予支持。

一切妥当之后，赵高传诏说，皇帝的车驾继续返回。这时候，秦始皇已死，赵高把秦始皇放在一辆大车中，赵高自己也乘车跟随左右，一路上不断发出命令，大家不见皇帝，只见赵高发布命令，都知道皇帝性情古怪，谁也不敢问。一路上，经过各州县，官吏们都来问候，回报办事情况，都见不到皇帝的面，但是回报的事情样样都被批准，官员们个个高兴，谁也没怀疑到秦始皇已经去世好多天了。

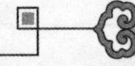

百家争鸣

百家争鸣是指春秋（公元前770年—公元前476年）到战国（公元前475年—公元前221年）时期，这时的社会处于大变革时期，知识分子产生了很多学派。儒、法、兵、墨家各种学派都开始著书立说，互相论战，思想和学术得到空前的开放。先秦诸子在思想领域的百家争鸣奠定了整个封建时代文化的基础，对古代文化有着非常深刻的影响。

这时候，正是夏末秋初，天气相当热，秦始皇的尸体不几天便开始腐烂，发出一种臭味来，赵高怕人们怀疑，便派人去买了一大批咸鱼，叫大臣每辆车子上都放一筐，车子周围散发着咸鱼的气味，大家被臭得捂着鼻子走路，但都知道皇帝脾气古怪，谁也不敢吱声。就这样，一路臭到了咸阳，谁也没发现秦始皇已死。

他们到了咸阳后，公布了秦始皇逝世的消息，由太子胡亥继承皇位，称为二世皇帝，历史上把胡亥称为秦二世。胡亥对赵高十分感激，更加信任赵高，封赵高做郎中令的大官，随时在自己身边帮着出主意。

赵高并不满足已获得的官爵俸禄，他还要一步步地窃取朝政大权。他觉得丞相李斯碍着他的手脚，就想出毒计来谋害李斯。赵高造谣说，李斯的儿子李由与当时的农民起义军有联系，又说李斯想谋篡皇位，用这两条罪名把李斯和他的全家满门抄斩。李斯一世英名，到最后却助纣为

中国通史

虐，落得如此下场。

　　李斯一死，二世皇帝胡亥就拜赵高为丞相，国家大事全都交给他去处理。赵高窃取了朝政大权以后，生怕还有一些大臣不服，便想出一个主意以便试试人心。有一天，他特地牵着一只鹿到朝堂上来，当着许多大臣的面，指着鹿对二世皇帝说："我找到了一匹好马，特地牵来献给陛下。"二世皇帝一看，认得那是一只鹿，他就笑着对赵高说："丞相真会开玩笑，这明明是一只鹿，怎么说是马呢？"赵高装着很不高兴的样子说："这是我花了很大气力搜罗来的一匹好马，怎么会是鹿呢？各位大臣都在这里，陛下叫他们说说，这到底是鹿还是马？"

　　大臣们一听，心中都知道赵高又在搞什么名堂了。那些胆小怕事不敢得罪赵高的人，赶快争着回答说："是马！是马！还是一匹好马！"一些不肯昧着良心说话但又怕死的人，只能装聋作哑，一言不发。少数几个大胆而又正直的人则说："这是鹿，不是马。"心狠手辣的赵高暗暗地记下了说是鹿的那几个人，没过几天，就假借罪名，把他们都给杀了。

　　从此以后，朝廷上的大小官员都很害怕赵高，赵高说东，他们就不敢说西；赵高说是黑的，他们就不敢说是白的。这就是历史上著名的"指鹿为马"的故事。胡亥看到大臣们都很害怕赵高，再想想赵高对付李斯等人的残酷手段，也十分惧怕起赵高来了。

　　不久，反对秦朝统治的农民起义爆发了，秦朝的统治摇摇欲坠。赵高找个机会，派自己的心腹杀了二世皇帝。可是他怕大臣们不服，说他欺君罔上，阴谋作乱，篡夺王位，终于没有敢自己即位做皇帝，而是把二世皇帝的侄儿子婴抬出来继承了皇位。子婴即位以后，不甘心做傀儡，他找自己的心腹太监韩谈商量，把赵高骗进宫去杀了，并且灭了他的三族。

大泽乡起义

陈胜、吴广起义是中国历史上第一次大规模的农民起义。这次起义从根本上动摇了秦王朝统治,为项羽、刘邦灭秦创造了有利条件,在中国农民战争史上占有重要地位。

公元前209年七月,即胡亥夺得皇位的第一年,在我国历史上,第一次爆发了由陈胜、吴广领导的农民起义,史称大泽乡起义。

陈胜又叫陈涉,是阳城(今河南省登封市东南)人。吴广又叫吴叔,是阳夏(今河南省太康县)人。陈胜出身贫贱,给地主家做雇农,艰苦的生活造就了他吃苦耐劳、坚韧不拔的品德,年轻时他就怀有大志,不甘平凡。有一天,陈胜和伙伴们在地头歇晌,他感慨地对大伙儿说:"咱们将来谁要是得了富贵,可别忘了今天的穷朋友啊!"大伙儿听他这么说,禁不住都笑起来说:"陈胜啊,你给人家当雇农,连锄头犁耙都不是你自己的,哪儿来的富贵呀?"陈胜长长地叹一口气说:"嗟乎,燕雀安知鸿鹄之志哉!"

陈胜对自己的遭遇一直愤愤不平,可更不幸的事情落到了他的身上。他和吴广以及其他的穷苦农民一共九百个人,被秦二世征发去渔阳驻防。渔阳在遥远的北方,离陈胜、吴广的家乡有上千里路。这九百人被征集到一起以后,陈胜、吴广被指定为屯长,由两名军官押送,没日没夜地向渔阳方向赶路,生怕误了规定的日期。那时候正是夏天,雨水很多,道路泥泞。他们走到蕲县大泽乡的时候,大水淹了道路,冲

毁了桥梁，无法通行，无论如何也不能按期到达渔阳，已经犯下了杀头之罪。

陈胜、吴广商量怎么办。陈胜说："如今要是逃走，给抓回去也是死；起来造反，夺不到天下，顶多也是死。同样是死，还不如为争夺天下而死呢！"吴广问："造反怎么个造法呢？"陈胜说："造反要争取天下老百姓的支持才行。秦始皇的公子扶苏和楚将项燕威信都很高，他们虽然已经死了，可很多百姓还不知道，咱们以他俩的名义号召天下，反对秦二世，准定会有许多人起来响应我们，这样一来，大事可成。"

吴广非常赞成陈胜的想法，两个人商量了一阵子。因为当时人们迷信鬼神，想要号召群众起来造反，除了假借扶苏和项燕的名义以外，他们还利用装神弄鬼一类的办法，取得了群众的信任。他们拿了块白绸条，用朱砂在上面写着"陈胜王"三个大字，把它塞在人家网起来的一条鱼的肚子里。

第二天，伙夫上街买鱼回来，剖开一条大鱼的时候，在鱼肚子里发现一块绸子，绸子上用朱砂写着"陈胜王"三个大字。这可是一件新鲜事儿，大伙儿一下子就传开了，都认为这是老天爷的旨意，原来陈胜是个真命天子呀！到了晚上，忽然有人看到破庙那边的草木丛中，闪烁着忽明忽灭的鬼火，并且还隐隐约约地听到了狐狸的叫声，"大楚兴，陈胜王"，"大楚兴，陈胜王"。这事也一下子传开了。大伙儿又害怕，又奇怪。

第三天清早起来，大伙儿都指指点点地来看陈胜，越看越觉得他的确长得与众不同，是个真命天子的相貌。陈胜、吴广利用迷信，居然在众人中造成了成为领袖人物的舆论。吴广平日的人缘最好，大伙儿都能跟他合得来，愿意为他奔走效劳。他和陈胜带领了一大帮人，趁押送他们的军官喝醉了酒，故意跑去要求军官放他们回家。军官一听，又急又气，先打了吴广几鞭子，接着又拔出剑来要杀吴广。大伙儿一拥而上，帮助吴广抵抗军官。吴广倚仗人多势众，一个箭步蹿上前去，夺过军官手中的剑，一剑把军官刺死了。陈胜乘机把另一个军官打翻在地，也一剑结果了他的性命。

陈胜、吴广杀死了军官,大伙儿扬眉吐气,感到十分痛快。陈胜把大伙儿召集起来,大声地说:"弟兄们!咱们遇上了大雨,已经不能如期赶到渔阳了。按照法律,误期的就要杀头。即使能够饶了咱们的命,可是屯驻边防的人,到头来十有六七都是要死。反正是个死,男子汉大丈夫不死则已,死就得有个名堂。那些骑在咱们脖子上的王侯将相,难道都是天生的贵种吗?难道我们天生就是贱命吗?我想领大家造反,去讨伐那昏庸的皇帝,推翻那腐朽的朝廷!"大伙儿听了陈胜慷慨激昂的话,都大声说:"你说得好!我们听你的!"

陈胜、吴广看到大伙儿都很齐心,就决定立即起义。他们派一部分人上山砍伐树木、竹竿作为武器;派一部分人用泥土垒个平台,作为起义誓师的地方;还做了一面大旗,旗上绣了一个大大的"楚"字。一切都准备好了,陈胜、吴广领着大伙儿脱下一只衣袖,露出右臂宣誓。他们俩顺应广大老百姓拥护公子扶苏和楚将项燕的心情,假称奉了扶苏、项燕的号令起兵。大伙儿公推陈胜、吴广做首领。陈胜叫人把两个军官的脑袋割下来祭旗,他宣布自己的称号是将军,封吴广为都尉。九百人的起义队伍一下

历史探微

从秦法看秦国的暴政

秦国暴政颇多,刑法严苛,赋税沉重,徭役繁多,再加上焚书坑儒,百姓整天提心吊胆。大泽乡起义中的陈胜、吴广不能及时赶到,十日当斩的律法,是秦国商鞅变法时期沿用的旧法,极为苛刻,这种旧法已经沿用一百多年,商鞅变法时,秦国还是地小人稀的边陲小国。百余年后,秦国已经一统天下,旧法早已不适应社会的发展,族诛、连坐等酷刑让百姓受尽苦楚,"楚虽三户,亡秦必楚!"所以秦朝的灭亡是历史的必然。

中国通史

子就攻占了大泽乡。

陈胜、吴广在大泽乡揭竿而起的消息很快传开,附近穷苦的老百姓扛着锄头、铁耙、扁担,纷纷赶来加入起义军,起义军一下就壮大了好几倍。陈胜、吴广带着起义军从大泽乡出发,一举攻克蕲县。接着,陈胜派葛婴带领一支队伍,攻下了蕲县以东的五座县城。打到陈县的时候,起义军已经发展到拥有六七百辆战车、一千多名骑兵、几万名步兵的大部队。起义军很快就占领了陈县。陈胜在陈县建号称王,国号"张楚",就是要张大楚国的意思。

秦朝本来就积弊甚多,民不聊生,陈胜首举义旗之后,各地纷纷响应,反秦烈火燃遍各地。

陈胜称王后,遭受秦朝残暴统治的群众,纷纷起来杀死郡县的官吏,来响应陈胜的起义。同时,有一部分在秦朝统治下不得志的贵族和六国的旧贵族,也乘机起兵反秦。他们有的投到陈胜名下,有的自立旗号,使得反秦的烈火越烧越旺,战争形势也越来越复杂了。

陈胜派周文去攻打咸阳。周文虽懂得点军事,作战也勇敢,但最终还是寡不敌众,最后被迫自杀。吴广率领队伍去进攻荥阳,竟然被自己的部下田臧假借陈胜命令杀害了。这支队伍最后也被秦军打败了。而陈胜,因为身边的兵马不多,在秦军强大的攻势面前,只好向东南退却。万万没料到,却被自己的车夫庄贾所暗杀。

大泽乡起义虽然失败了,但是却掀起了全国各地人民反抗秦王朝统治的浪潮,各地起义风起云涌,动摇瓦解了秦的统治。

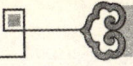

巨鹿之战

巨鹿之战是中国历史上著名的以少胜多的战役之一。项羽破釜沉舟,大败二十万秦军。经此一战,秦朝名存实亡,项羽确立了在各路义军中的领导地位。

陈胜起义时假托的楚国名将项燕,早已在秦灭楚的战争中兵败自杀,但他的儿子项梁和孙子项羽却在蓄积力量,寻机报仇。

项羽从小就和他的叔父项梁一块儿生活。项梁不仅武艺高强,而且熟知兵法,他希望项羽能和他一样文武双全,于是让项羽好好学习书法,习练剑术。

但是项羽对书法、剑术都不感兴趣。他还说:"学书法,只不过是用来记住人的名字;学剑术,也只不过是去和别人单打独斗。这都不值得我学。我要学就学带领千军万马去冲锋陷阵的本领。"

项梁一听,认为项羽必成大器,就开始教项羽学习兵法。但没过几天,项羽略知了一些兵法的大意后,又没有兴趣了。项梁不禁对侄儿失望起来。

有一年,秦始皇巡游路过项羽他们住的地方,大家都纷纷跑去一睹秦始皇的风采。项羽看着秦始皇前呼后拥、威风至极的样子,说:"他没有什么特别的地方,我完全可以取而代之!"

项梁听见非常害怕,急忙捂住项羽的嘴,呵斥道:"傻小子,你胡说什么?要是让别人听见,我们全家就没命了。"

但从此,项梁开始对这个不争气的侄儿刮目相看,觉得他有远大志向,将来的前途肯定不可估量。后来项梁因躲避仇家带着项羽到了吴县,

中国通史

历史探微

棘原之战

巨鹿之战后,项羽抓住时机,亲率大军大败秦军于汉水,秦军首领章邯不得不固守棘原与项羽对峙。后来章邯派部将司马欣向朝廷求援,而赵高猜忌将相,欲杀司马欣。司马欣不得不劝章邯投降,这时项羽派兵断秦军归路,在项羽的沉重打击下,章邯进退无路,率其部众二十万投降项羽,史称棘原之战。可惜项羽害怕秦朝降军生变,不久在新安城南(今河南义马内)将二十万降兵全部坑杀,对他成就霸业产生了极为不良的影响。

成为当地士大夫领袖,经常主办一些地方公益活动,项羽长大后,身高八尺多,"力能扛鼎,才气过人",在当地青年中很有威望。

陈胜、吴广发动起义后,天下响应,秦王朝的各级官员,也看出秦朝的灭亡不可挽救,便纷纷寻找出路。秦二世元年(公元前209年)九月,项梁认为起兵反秦的时机已经到来了。一日,他和项羽来到太守府中,趁太守不备,杀死了太守。项羽提着太守血淋淋的人头出现时,太守府一片混乱,项羽趁乱一气杀死一百来人,吓得太守府的人都跪伏在地,不敢抬头仰视。项梁召集当地的官员,表明了自己诛除暴秦的志向,大家听后都表示愿意跟随项梁干一番大事。

项梁在当地极有威望。项梁起义的事传出后,许多地方上的英雄率领队伍投到了他的旗下。不久,项梁手下的士兵达到六七万人。

项梁的队伍正在胜利进军,却传来了陈胜被害的消息。在这个紧急关头,项梁在薛城召开各路起义军的会议,商量要公推一个起义军的首领。

安徽人范增,年事已高,却是一个一辈子喜欢出谋划策的奇人,他对项梁说:"秦灭六国,楚国最冤枉,楚怀王受骗去秦国,一去不复返,死在

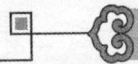

秦国,楚国人至今还怀念着他,楚国的老百姓一直对楚国的王室念念不忘。您从江东起兵,短时间内会有很多人带兵前来会合,这就是因为人们看到您家世世代代做楚国的大将,认为您能够恢复楚国。范增向项梁建议应当尊奉楚王后裔作为号召,才能充分获得楚人支持。

为了扩大号召和影响,项梁听取了范增的意见,把流落在民间的楚怀王的孙子(名心)找了来,并将他立为楚怀王。消息传开以后,果然又有很多人赶来参加项梁的队伍。

项梁把楚怀王安置在盱台,自己继续带兵西进。这时候,原先齐、赵、燕、魏等国的旧贵族,也都在自己的土地上立了王,恢复了自己国家的名称,不再服从秦朝的统治。

后来,项梁领兵北上,与秦将章邯展开大战,在定陶(今山东定陶)兵败被杀。项羽、刘邦、吕臣等将领只好后撤到彭城(今江苏徐州)一带,采取守势。

章邯杀死项梁以后,认为楚军元气大伤,暂时撇开了黄河以南这一头,带领秦军渡过黄河,去进攻当时自称赵王的赵歇。赵王和他的谋臣张耳、陈余没有防备秦军的进攻,一战即溃,只好退到巨鹿(今河北省平乡县)固守。章邯派部将王离等人领兵包围巨鹿,他自己驻扎在巨鹿南边,接济王离的军粮。

赵王被围困得有些顶不住了,赶快派人向楚怀王和其他几个称王的六国旧贵族求救。楚怀王派宋义和项羽北上救赵。

宋义带兵进到安阳(今山东省曹县东)后,听说秦军势力强大,就驻扎下来不再往前走了。一停就是四十多天,急得项羽直跺脚,他跑去对宋义说:"如今秦军围困巨鹿,赵王的处境十分危急。我们应当赶快渡河向秦军发动攻势,跟赵王来个内外夹攻。这样,秦军一定很快就会被我们打败,请您赶快下命令吧!宋义慢吞吞地回答道:"你不懂得用兵的道理。我们的目标是要消灭秦军,如今秦军正在攻打赵军,如果它打赢了,一定打

中国通史

得精疲力竭,我们就能很容易地消灭它;如果它打不赢,我们正好乘机西进,一举推翻秦朝,所以我们不如看看再说。"接着,宋义还特地下了一道命令说:"将士中如果有不服从指挥的,就砍头。"这明明就是警告像项羽这样的人,叫他们只能乖乖地服从命令。

项羽十分气愤,无法忍受宋义的作战方法。一天早上,他冲进宋义住的营帐,一剑砍死了宋义,然后向全体将士宣布说:"宋义按兵不动,想要谋反,我奉怀王密令,已经把他杀了。"将士们大多是项梁的老部下,宋义在将士中本来没有什么威望,大家见项羽把他杀了,都表示愿意听从指挥,于是项羽就派遣英布、蒲将军担任先锋,率领两万人渡过漳河,抢占对岸阵地。接着,他自己率领全部兵马渡过河去,解救巨鹿之围。

楚军全部渡过漳河以后,项羽命令每个士兵准备好三天的干粮,叫大家把渡河用的船全都凿沉了,把做饭用的釜全都砸破了,然后率领人马向秦军阵地挺进。项羽用这种破釜沉舟的办法,来显示他有进无退、誓必夺取胜利的信心,项羽的决心和勇气,对将士起了很大的鼓舞作用。

项羽指挥楚军很快包围了王离的军队,同秦军展开了九次激烈的战斗。楚军人人奋勇,个个争先,以一当十,终于把秦军打得大败,杀死了秦将苏角,俘虏了王离。章邯带着残兵败将急忙后撤。巨鹿大战以楚军胜利、秦军失败而结束。那些旧贵族派来的援军,看到项羽大获全胜,又是佩服,又是害怕。从此项羽就做了上将军,诸侯的军队都归他统率。从那时起,项羽实际上成了各路反秦义军的首领。

章邯率领残兵败将后退了几十里,派人到咸阳去讨救兵。当时,赵高正忙着篡权,故意避而不见,一个救兵也没有给。赵王的谋臣陈余看到章邯的狼狈相,乘机写信给章邯,劝他投降,章邯也愿意。楚军由于缺少粮草,不便与秦军长期相持下去,项羽就接受了章邯的投降。

巨鹿一战,项羽率领的楚军击溃了秦军的主力,扭转了整个反秦战争的局势。

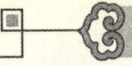

鸿门宴

鸿门宴虽然只是一次宴会，但却对楚汉之争发生了重大的影响，项羽桀骜不驯，犹豫不绝，让他错过刺杀刘邦的绝好机会，间接促成项羽败亡和刘邦建汉。后人也常用"鸿门宴"一词形容不怀好意的宴会。

当初，赵国受到攻击，派人向楚国求救，楚怀王在彭城召开会议商量如何救赵，楚怀王曾下诏对部下说南征北战，胜负不知，谁先占领咸阳，就立谁为王。后来，刘邦乘虚抢先攻下咸阳。但是，项羽认为是他歼灭了秦军主力，刘邦只是捡了个便宜。于是，项羽立即率领四十万兵马，号称一百万，直奔咸阳杀来。

项羽率军来到咸阳后，把部队驻扎在鸿门。当时刘邦只有十万人，驻在霸上。两地之间的距离只有四十里。

刘邦驻扎在霸上，没能同项羽相见。刘邦的左司马曹无伤想投靠项羽，就派人对项羽说："刘邦打算在关中称王，已经任用子婴为国相，秦宫珍宝都被他占有了。"项羽大怒，准备第二天率军击破刘邦军队。

在这个时候，项羽的谋士范增劝告项羽说："刘邦在函谷关以东时，贪图钱财，喜爱美女。现在进了函谷关，却一点儿财物都没有拿，美女一个也不宠爱，由此看来他的志向不在这些小的方面。您赶快攻打他，不要失去机会！"

项羽的叔父项伯是张良的老朋友。张良这时跟随刘邦，项伯于是连夜骑马赶到刘邦军营，私下里会见张良，把项羽要攻打刘邦的事全部告诉了他，想叫张良和他一起离开，并对张良说："你若不跟我一起走，就会和刘邦一起死了。"

张良说:"刘邦现在遇到急难的事,我逃走是不守信义的,不能不告诉他。"

于是张良进去,把情况详细告诉了刘邦。刘邦大吃一惊,说:"这怎么办呢?"

张良说:"谁替大王定下这条计策的呢?"

刘邦说:"有个鄙陋的小人劝我说:'守住函谷关口,不让诸侯的军队进来,秦国就可以全归大王您了。'所以我听了他的话。"

张良说:"大王估计您的军队足以抵挡项羽的军队吗?"

刘邦沉默了一会儿,说:"本来就不如他的呀。这该怎么办呢?"

于是刘邦在张良的陪同下会见项伯,再三表白没有反对项羽的意思,请项伯帮忙,在项羽面前多说好话。

项伯连夜回到军营中,详细把刘邦的话报告给项羽。

第二天刘邦带一百多人马来拜见项羽,到了鸿门,向项羽谢罪说:"我和将军协力攻打秦国,您在黄河以北作战,我在黄河以南作战,但是我自己也没料到能先攻入函谷关消灭秦国,能在这里再见到将军。现在由于小人的谗言,让将军和我之间产生隔阂……我进入函谷关后,一丝一毫的财物也不敢据为己有,给官吏百姓编造名册,封存官府仓库的财产,来等待大王的到来。我之所以派遣军队守住函谷关,是为了防备其他盗贼进入和意外事故的发生啊!我日夜盼望大王到来,怎么能够反叛您呢!"

项羽见刘邦低声下气向他说话,本来还想要数落刘邦的"罪状",但见刘邦说的句句在理,项羽便如实说:"这都是你的部下曹无伤来说的。要不然,我也不会这样。"说完后,觉得不好意思,就摆下酒宴加以款待。

席上项羽、项伯面向东坐;亚父面向南坐(亚父是范增);刘邦面向北坐;张良面向西陪侍着。范增多次向项羽使眼色,并举起他所佩带的玉玦多次暗示项羽下决心杀刘邦,项羽却只当没看见。

鸿门宴

范增见项羽不忍心下手,就借个因由走出营门,叫来项庄,对他说:"大王为人心肠太软。你进去上前为他们敬酒,敬酒后,请求用舞剑助兴,趁机在座位上袭击刘邦,杀掉他。否则,你们这些人都将被他俘虏!"

项庄就依计进去为刘邦敬酒。敬酒后,说:"大王和沛公饮酒,军营中没有什么可娱乐的,请允许我来舞剑助兴吧。"项羽说:"好呀。"项庄便拔出剑舞起来,项庄舞着舞着便走到刘邦面前。项伯也拔出剑舞起来,并常常用身体掩护刘邦,使项庄刺不到刘邦。

张良一看形势非常紧张,到军营门口见樊哙。樊哙问道:"现在的情况怎么样?"张良说:"非常危急!现在项庄拔剑起舞,他的用意是在对沛公下手。"樊哙说:"这情况太紧迫了!我请求进去,跟项庄拼命。"樊哙就带着宝剑持着盾牌进入营门。持戟交叉着守门的卫兵想阻止他不让他进入。樊哙则拿着他的盾牌撞过去,卫士被撞倒在地上。樊哙趁机进去,掀开营帐面向西站立,瞪着眼怒视项羽,头发向上立起来,眼眶都要瞪裂了。项羽手握宝剑挺直身子问道:"你是干什么的?"张良答道:"这是刘邦的侍卫,名叫樊哙。"项羽夸赞:"壮士!——赏他一杯酒。"侍从们就给他一大杯酒。樊哙跪拜道谢,起来,站着喝了酒。项王说:"赏他一条猪腿。"樊哙把他的盾牌朝下放在地上,把猪腿放在盾牌上

历史探微

一诺千金

秦朝末年有一个叫季布的人,他这个人个性耿直,而且非常讲信用,只要他答应的事,就一定会努力做到。司马迁曾在《史记·季布栾布列传》中写道"得黄金百,不如得季布诺。"因此他受到许多人的称赞,他曾在项羽帐下当过将领,还多次打败刘邦,刘邦立汉以后便下令捉拿季布。季布为人正直仗义,所以大家都想保护他。后来他的朋友向刘邦说情,刘邦非常钦佩季布一诺千金的性格,不但原谅了他,还给了他官职。

中国通史

面,拔出剑来切着吃。

项羽说:"壮士!能再喝点酒吗?"樊哙说:"我死都不怕,一杯酒还值得推辞吗?"樊哙一边喝酒一边气愤地说道:"秦王有虎狼一样的心肠,杀人惟恐不能杀完,对人用刑好像惟恐不够,天下都反叛他。怀王和众将领约定说:'最先打败秦王进入咸阳的人可称王。'现在沛公率先打败秦军进入咸阳,财物一点儿都没有拿,查封关闭宫室,退兵霸上,等待大王到来。特意派将士守住关口,是防备其他盗贼进入与意外事故的发生。像这样劳苦功高,都没有得到封侯的奖赏,您却听信小人的谗言,要杀有功的人,这是要走秦王的老路呀!我私下认为大王不该采取这种做法呀!"项羽没有什么话来回答他,只好说:"坐。"樊哙挨着张良坐下了。坐了一会儿,刘邦起来上厕所,趁机招呼樊哙出去。

刘邦出来后说:"现在出来了,没有告辞,这该怎么办呢?"樊哙说:"干大事不必顾及细小的地方,讲大礼不必讲究小的谦让。现在人家正是刀和案板,我们是鱼肉,还告辞什么呢?"刘邦于是就离开项营,只让张良留下辞谢。张良问刘邦说:"大王来时带什么东西?"刘邦说:"我带了白璧一双,打算献给项王,玉斗一双打算送给亚父。正好碰上他们发怒,没敢献上,你替我献给他们吧。"张良说:"遵命。"于是,刘邦就丢下车马随从,脱身独自骑马,带着樊哙、夏侯婴、靳强、纪信等四个人拿着宝剑、盾牌,快步离去,取道芷阳从小路逃到霸上。

刘邦走后,张良估计他们已到军营后,便入内谢罪,说:"沛公禁不住酒力,不能亲自告辞。特派我将这一双白璧敬献给大王您,玉斗一双敬献给范大将军。"

项羽接过白璧,放在坐席上。范增却非常生气,把玉斗摔在地上,拔出剑来,砸得粉碎,说:"小子真是不可教也!将来夺取天下的,一定是刘邦,我们等着做俘虏吧!"

一场剑拔弩张的宴会,总算暂时缓和了下来。刘邦回到了军营,立即杀了曹无伤。这就是历史上著名的"鸿门宴"故事,其中"项庄舞剑,意在沛公",也成为人们经常使用的典故。

刘邦创汉

"大风起兮云飞扬,威加海内兮归故乡,安得猛士兮守四方!"刘邦以布衣之身战胜权贵世家项羽,建立大汉,结束了连年杀伐的征战局面,建立了我国封建社会第一个强盛富饶的王朝。西汉王朝被历史学家视为中国历史第一个黄金时期。

鸿门宴中,刘邦躲过了一场杀身之祸,但是他知道自己实力比不上项羽,现在还不是和他对抗的时候,只得把咸阳城拱手让出。项羽带兵进入咸阳后,杀掉秦王子婴,将秦宫财宝掠夺一空,强占秦宫中的美女,然后放火焚烧阿房宫,大火三个月不灭。

项羽本来想称王称帝,但又担心招人非议,决定先分封各位将领。

大家商议后,推选出了一些功绩卓越的将领为王,项羽功劳最大,被封为西楚霸王,有九郡之地,以彭城为都,其他的各王都受他的管辖和节制。

项羽担心刘邦会因先入关却未能称王,而有取天下之心,于是封刘邦为汉王,把道路险阻的巴蜀之地划给他。项羽又把关中之地一分为三,封秦朝的三个降将为王,以牵制刘邦。刘邦被封为汉王,虽然不满,但是总比被项羽消灭要好得多,只好委屈地带着人马回到封国的都城南郑去,伺机与项羽争夺天下。

从此,项羽认为天下已定,自己天下无敌,可以长做西楚霸王了,于是就带着从咸阳宫中掠来的财宝、美女,回到彭城享受荣华富贵去了。

西楚霸王的目光没有放在励志图强上,而是纵情于享乐之中。受封的诸王回到领地后,私下里拓展自己的封地。不久,齐将田荣起兵反楚,自立为齐王。彭越在梁地有一千多名士兵,却没分到封地,对项羽也极为怨恨,于是联合田荣起兵反楚。陈余对张耳被封为常山王不服,联合田荣赶走张耳。诸侯混战爆发了。

然而,令项羽最为头疼的是,被他逼处巴蜀汉中一隅的刘邦,却乘机在汉中广招贤才,治理巴蜀,并逐步强大起来。正当他陷入诸侯混战中,汉王刘邦拜韩信为大将、萧何为丞相,整顿后方,训练人马,于公元前206年8月率领汉军攻打关中。从此,中国历史上有名的楚汉之争开始了。

战争开始后,由于关中的百姓对"约法三章"的汉军本来就有好感。所以,汉军每到一处,士兵、百姓都不愿意抵抗,因此不到三个月,刘邦就消灭了秦国降将章邯的兵力,牢固控制了关中地区。

刘邦趁项羽和齐国相对峙的时候,率军东进,攻下了西楚的重镇彭城。项羽不得不放弃攻打齐国,赶回来和汉军在睢水展开了一场激战。这场战斗,刀光剑影,双方打得血肉横飞。最后,汉军大败,很多汉军被俘,刘邦的父亲太公和妻子吕氏也被楚军俘虏了。

汉王退到荥阳、成皋一带,一面用少数兵力拖住项羽的军队;一面派韩信带领兵马,向北边收服魏国、燕国和赵国。

项羽的谋士范增劝项羽把荥阳迅速攻下来,汉王十分着急。陈平献了一条计策,离间项羽和范增的关系。

项羽猜忌心很重,他中了反间计,真的对范增怀疑起来。范增十分气愤,对项羽说:"天下的大事已经定了,大王自己好好干吧,我年老体衰,该回老家了。"

范增离开荥阳,一路上又气又伤心,就害了病,没有回到彭城,脊梁

刘邦创汉

上就长了毒疮死去了。

范增死后,楚营里再没有人替霸王项羽出主意。汉军受的压力也减轻了。

公元前203年,项羽决定亲自带兵去攻打彭越。临走前,项羽再次叮嘱成皋守将曹咎无论如何要守住城池。后来由于曹咎受不住刘邦士兵的辱骂,渡江作战而大败。最后曹咎自觉无颜见项羽,自刎而死。

项羽在东边正打了胜仗,听说成皋失守,曹咎自杀,急忙又赶回来。楚汉两军在广武(今河南荥阳市东北)又对峙起来,双方就这样对峙了两

历史探微

汉初三杰

汉初三杰指的是大汉功臣张良、萧何、韩信。汉高祖刘邦曾这样评价他们:运筹帷幄之中,决胜千里之外,吾不如张良;镇守国家,安抚百姓,不断供给军粮,吾不如萧何;率百万之众,战必胜,攻必取,吾不如韩信。

张良:秦末汉初谋士、大臣,足智多谋。楚汉之争他联结英布、彭越,重用韩信等策略,为刘邦完成统一大业奠定坚实基础。汉朝建立时封留侯,后功成身退,千古流芳。

萧何:秦末辅佐刘邦起义,楚汉战争时,他留守关中,不断向前方输送士卒粮饷,为刘邦战胜项羽起了重要作用,后来成为大汉的丞相。萧何死后,曹参继任丞相,一切公务悉照旧章,照例而行,就这样,曹参位相三年,极力主张清静无为,不扰民,遵照萧何制定好的法规治理国家,使西汉政治稳定、经济发展,人民生活水平日渐提高。这就是成语"萧规曹随"的来历。

韩信:西汉初年军事家、开国功臣。为汉朝立下汗马功劳,潍水之战、垓下之战等经典战役都出自他的指挥。军事上的才能使他功高震主,引起猜忌,死于非命。

年多。

　　由于战争旷日持久，楚军的粮食接应不上。项羽就把刘邦的父亲绑了起来，放在宰猪的案子上搁着，派人大声辱骂：

　　"刘邦还不快投降，就把你父亲宰了。"

　　汉王知道项羽吓唬他，也大声回答说：

　　"我跟你曾经结为兄弟，我的父亲也就是你的父亲。你要是把父亲杀了煮成肉羹，请分给我一碗尝尝。"

　　项羽恼怒，真的想把太公杀了，又是项伯劝住了他。

　　汉王当面数落项羽的十大罪状，说他不讲信义，杀害义帝，屠杀百姓等等。项羽听得发火了，用戟一指，弓箭手一齐放起箭来。汉王赶快回马，但胸口已经中了一箭，受了重伤。

　　刘邦忍住疼，故意弓着腰摸摸脚，骂着说："贼人射中了我的脚趾。"

　　左右把汉王扶进了营帐，汉军听说汉王受伤，都着了慌。张良恐怕军心动摇，劝汉王勉强起来，到各军营巡视了一遍，大家才安定下来。

　　项羽听说刘邦没有死，感到很失望，接着韩信又在齐地大败楚军，楚军的粮道又被彭越截断，粮草越来越少，项羽一时间感到进退两难。

　　刘邦重伤在身，张良赶忙献计说："现在的形势对我们有利，我们应抓住机会与项羽讲和，把太公换回。"刘邦听从了张良的建议。

　　双方最后定下协议，楚汉双方以荥阳东南的鸿沟为界，鸿沟以东属楚，鸿沟以西归汉，双方各守疆土，互不侵犯，停止战争。项羽认为这个协议很合理，便放了太公、吕后。其实，汉王这次讲和，只是一个缓兵之计。汉王采用了张良、陈平的计策，不到两个月，韩信、彭越、英布三路人马一齐会合，由韩信统领，进攻项羽。楚、汉双方最后一场决战就开始了。

　　公元前202年，韩信布置十面埋伏，把项羽围困在垓下。项羽的人马少，粮食又吃紧，他想带领一支人马冲杀出去。但是汉军和诸侯的人马再次把楚军重重包围。

刘邦创汉

这时候,项羽兵力已大大折损,整个楚军陷入消极畏战状态,大家都忧心忡忡,悲观绝望。而汉军兵多粮足,士气旺盛。

一个夜晚,汉军把俘虏的楚军抓来,在楚营四周唱起楚国将士们家乡的歌曲,楚营笼罩着悲凉的气氛,楚军士兵们此时此境,听见家乡的歌曲,又想起现在的处境,莫不伤感。当项羽听到四面的楚歌时,非常震惊,叹道:"难道汉军已经攻破了我们楚营吗?怎么到处是楚人哭泣的声音呢?"于是,半夜,项羽再也睡不着了,就起来在营帐中饮酒。

项羽身边有一位美丽的爱妾,名字叫虞姬,经常陪伴在项王身边,项羽还有一匹宝马,取名为乌骓(一种苍白两色相杂的马),项羽十分喜爱。这两件宝贝,是项羽一生最为看重的。曾经威风一时、叱咤风云的西楚霸王,最后被原本不怎么起眼的刘邦逼到绝路,兵少地窄,眼看大势已去,就连一生的最爱——虞姬和乌骓马都保不住。项羽想到此,不禁悲伤起来。

西楚霸王,一时间感慨颇多,便唱起一曲悲凉的歌来:"力拔山兮气盖世,时不利兮骓不逝。骓不逝兮可奈何,虞兮虞兮奈若何!"这首歌的意思是:想我项羽啊,是一个力能拔山、顶天立地的英雄!时运不济啊,天要亡我,即便骑乌骓马也追悔不及了,追悔不及啊怎么办?虞姬啊,我该怎么办?

项羽一连唱了几遍。美人虞姬说:"汉兵已略地,四方楚歌声。大王意气尽,贱妾何聊生!"项羽痛哭流涕,左右人等都跟着哭泣,谁也不敢仰视项羽。一股苍凉悲恸之气,回荡帐中。虞姬乘项羽不备,拔剑自杀了。

项羽跨上乌骓马,率领八百多名壮士组成的骑兵队向南突围。当夜汉军才发现项羽已经突围,汉王赶紧命令骑兵将领灌婴带五千骑兵火速追击。

项羽一路奔跑,到达淮河,跟着他的只剩下了百余人。项羽到达阴陵之后,迷了路,遇一位田里的老翁,老翁知道他是霸王项羽,不愿指路。老翁骗他说:"向左边走。"于是项羽和他的一百多人便向左跑,陷入了一片大沼泽地,被汉军追上了。一番苦战,只剩下二十八骑。

项羽估计今天凶多吉少,就对身边的骑兵们说:"我自从起兵到现在,已经八年了,亲身经历的战斗有七十多次,从没打过败仗。可如今却困在这里。我要给大家作个证明,奋力拼杀一次,让各位知道,是上天要亡我项羽,非战之罪也。"说完,他把骑兵分成四队,分别向四个方向突围,然后再到东山会合。

汉军层层包围了他们,项羽大声呼喊,冲向敌阵,汉军抵挡不住。其他人见项羽英勇,也都奋力冲杀。项羽一个人就杀了近百名汉军,而他的二十八骑也只损失了两名。骑士们都由衷地叹服说:"果真像大王说的那样!"

项羽他们边战边退,来到了乌江(在今安徽和县)。项羽面对波涛汹涌的乌江水,仰天长叹,乌江亭长把船划到江边,等候项羽,并开导他说:"江东地方虽小,但毕竟也有千里土地,几十万民众,希望大王马上渡江。"

项羽大笑道:"我项羽曾带八千子弟渡江,现在只有我一个人生还,还有什么脸面去见江东父老?"他对亭长说:"我这匹宝马跟随我五年了,就把它送给你吧!"

说完,项羽命令骑士全都下马步行,与汉军交战。项羽身先士卒,杀死敌人上百人。经过一番血战,跟随项羽的士兵,全部战死,项羽也身受重伤,最后在乌江边拔剑自刎了。

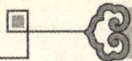

项羽死后,四年的楚汉战争结束,刘邦陆续地消灭了其他一些诸侯。刘邦登基当上了皇帝,揭开了汉王朝四百年统治的序幕。

公元前202年刘邦称帝,建都长安。刘邦当上皇帝后,天下相对太平下来。有一天,刘邦在皇宫里大宴群臣。正当大家酒兴正浓之际,刘邦举起一杯酒一饮而尽,高声对大臣说:"今天我们欢聚一堂,说话不要有所顾忌。你们说说看,我为什么会得到天下?项羽为什么会失去天下?"

大臣们听了,纷纷挑最好听的说,有的说刘邦英明神武,有的说刘邦是真命天子,刘邦边听边摇头,对这些解答并不满意。

一位大臣说:"皇上知人善任,重奖有功的将士,所以大家都乐意为皇上效命;项羽妒贤嫉能,不但不对有功之士封赏,还时时对他们进行压制打击,弄得上下离心。这就是他失去天下的原因。"

这时,刘邦说:"你们说的有些道理,坐在大帐里出谋划策,决胜千里,我比不上张良;治理国家,安抚百姓,筹集粮草,我比不上萧何;率领百万大军,战必胜,攻必取,我比不上韩信。我能够重用他们,这就是我得天下的原因。项羽迷信武力,军纪败坏,处处树敌,在用人方面不能知人善任,连个范增都不能用,这就是他失败的原因。"刘邦一番话说得大臣们心服口服。

文景之治

据《汉书·食货志》记载,文景之治使人民的生活水平得到提升,物质基础大大增强,是中国皇权专制社会的第一个盛世,为后来汉武帝征伐

匈奴奠定了坚实的物质基础。

秦末以来的连年战争,使广大平民百姓处在水深火热之中,加上长达五年之久的楚汉之争,更是生灵涂炭。刘邦建立西汉初期,社会经济是一片凋敝。

面对这样民不聊生的局面,汉高祖刘邦采取休养生息的政策,致力于农业生产,大大减轻农民的负担,稳定封建统治秩序。文景两帝相继即位后,在汉高祖的基础上进一步采取了轻徭薄赋、与民休息的措施,促进了汉初社会经济的发展。

休养生息政策的贯彻,使生产得到发展,阶级矛盾得到缓和,汉朝进入了国泰民安时期。这一时期历史上称之为"文景之治"。

汉文帝刘恒八岁的时候被封为代王,二十四岁做了皇帝。他的母亲是汉高祖的妃子薄姬。薄姬因为害怕吕后,长期和儿子住在封地上,不参与汉朝中央政府里的事情,所以他们母子俩没有引起吕后的注意,没有受到吕后集团的陷害。

吕后死后,大臣们铲除了吕氏集团,决定迎立刘邦的儿子刘恒即位,这就是汉文帝。

汉文帝时期,西汉社会经济、政治、文化各方面都得到迅速发展。

即使经济繁荣了,文帝也推崇俭以养德。文帝在位期间,宫室苑囿、车骑服御之物都很少增添。他多次下令禁止郡国贡献奇

历史探微

黄老之术与汉初社会

黄老之术是战国时的哲学、政治思想流派。遵从黄帝和老子,故名黄老之术。汉初统治者尤其是文景二帝特别推崇黄老之术,他们不搞一朝天子一朝臣,而是注意和老臣搞好关系,同时又使年轻力量进入统治集团,这样既融洽了君臣关系,又保证了政治高层的团结一致。这种无为而治、与民休息的政策,有力地促进了汉初社会经济的繁荣。

珍异物，他所宠爱的慎夫人，也衣不曳地，帷帐不施文绣。他曾想建筑露台，找工匠一核计，需要花费百金，等于十个中等人家的全部家产，便立即停止。文帝不但崇尚节俭，还反对厚葬。他死后，以山为陵，随葬物品都是瓦器之类，没有金银铜锡等贵重的东西。由于文帝的身体力行，以身作则，使臣下也不敢随意搜刮、奢侈无度。

汉文帝即位不久，看到受战争破坏的农业还没有恢复起来，老百姓都很穷苦，导致国库空虚，因此，他积极恢复农业生产。春耕时节，他亲自带着文武百官到首都长安的郊外去耕地、下种。他还叫皇后在皇宫的园地里种桑养蚕，为广大农民做出榜样。

文帝多次下诏书强调农业的重要性。他认为农业是天下的根本，老年人生产经验比较丰富，而小孩子长大了就是搞生产和当兵的人力，应当敬老抚幼。他叫政府多关心无儿无女的老公公老婆婆，关心没有父母的孤儿。政府借钱给这些可怜的人，解决他们生活上的困难。后来他又从政府的仓库里拨出一部分麻布、绸缎和丝绵来，分发给他们做衣服穿。对于那些有儿有女而岁数特别大的老年人，汉文帝也特别尊敬他们，规定家里有八十岁以上老人的，可以减轻徭役赋税。

为了让农民安心务农，文帝奖励农耕，准许农民以粮买爵、赎罪。为了让农民休养生息，文帝一再减轻田赋以激发农民生产积极性。汉初规定十五税一，文帝规定三十税一，即把收入的三十分之一作为租税。公元前167年，又再次下诏免除全年田租，从此直到他去世没有再收过田租。

文帝还减免其他赋税和徭役。汉朝劳动人民除田租外，还有人头税，即口赋和算赋。口赋是七岁至十四岁儿童的人头税，每人每年四十钱。算赋是成年男子的人头税，每人每年一百二十钱。文帝将算赋一度减为四十钱，即减少三分之二。为了使农民有充足的时间进行劳动，汉初规定成年男子每年要为政府服役一个月，叫做更卒。这项负担相当重，文帝把更卒改为三年一次，实际上也把徭役负担减轻了三分之二。文帝轻徭薄赋，

有力地调动了劳动人民的生产积极性。

汉文帝还下诏,开放原来归国家所有的山林川泽,从而促进了农副业生产,同时还鼓励盐铁生产事业的发展。汉景帝还下诏,允许农民自由迁徙到地广人稀的地区去从事垦殖,并大力兴办水利事业,以促进农业生产。

文景两帝不仅在经济上鼓励生产发展,而且在政治上也进行大刀阔斧的改革,汉文帝改革秦朝严酷的刑法,他下令废除"连坐"、"肉刑"、终生服役制等。汉文帝还下令重新制定法律,根据犯罪情节轻重,规定服刑期限,罪人服刑期满,贬为庶人。

汉文帝对刑法改革后,许多官吏断案从轻,持政务在宽厚,每年天下断重罪者仅四百人。

文、景两帝时还实行"纳谏"政策,鼓励臣民发表意见。大小群臣提出的意见都能认真听取,讲得对的就嘉奖,讲得不对不采纳就是了,也不追究责任。

文、景两帝时期,对周边少数民族采取安抚友好的政策。西汉初年,北方的匈奴军事力量日益强大起来,文、景两帝继续推行对匈奴的和亲政策,以争取时间休养生息,增强国力。

经过文、景两帝四十年左右的治理,西汉的社会经济得到了恢复和发展,国家积累了大量财富,人民安居乐业,生活水平得到了大大提高。京城府库的散钱无法点清,太仓的粮食旧的未用完,新的又储进来。文景两帝的统治,为汉武帝时期西汉的全面兴盛奠定了物质基础。

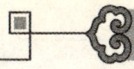

七国之乱

七国之乱在三个月内得以平息,巩固了削藩政策的成果,在很大程度上解决了汉高祖分封子弟为诸侯王所引起的矛盾,并为汉武帝推行"推恩策"创造了必要的条件。

汉高祖刘邦在铲除韩信、彭越、英布等异姓王的过程中分封刘姓子弟为王。到了汉景帝的时候,这些诸侯的势力很大,土地又多。随着诸侯势力的强大,有些诸侯开始不受朝廷的约束,特别是吴王刘濞,更是骄横。他的封地靠海,还有铜矿,自己煮盐采铜,跟汉皇帝一样富有。他自己从来不到长安朝见皇帝,简直不把皇上放在眼里。

吴王刘濞对汉景帝本来就有怨恨,这怨恨还是汉景帝刘启当太子时结下的。早在七国之乱以前,汉文帝三年(公元前177年)和六年(公元前174年),济北王刘兴居和淮南王刘长已经发动过叛乱,因为叛乱的规模比较小,很快就被镇压下去了,影响不大。在这之前,吴王刘濞也已经在准备叛乱了。刘濞是汉高祖刘邦的侄子,被刘邦封为吴王,掌管东南地区三郡的封地。他私自开铜山铸钱,煮海水产盐,招兵买马,准备叛乱。

汉文帝立自己的儿子刘启为太子。不久,吴王刘濞把他的儿子送到长安来,名义上是陪伴太子一块儿学习、玩耍,实际上是送个儿子到皇宫里作抵押,迷惑一下汉文帝,表示他并没有谋反的野心。

太子刘启和刘濞的儿子都很喜欢赌博,两个年轻人赌钱经常吵架。有一次,两人赌博发生口角。太子刘启顺手抄起赌博用的木盘,扔了过去,一下子就把刘濞的儿子给打死了。太子刘启派人把死者的遗体送回吴国去安葬。

中国通史

吴王刘濞看到儿子的遗体,非常伤心,接着怒气冲冲地说:"我和当今皇上是同一个爷爷的孙子。我的儿子既然死在长安,就应当在长安的皇陵里安葬,为什么要送回来?"他派人把儿子的遗体又送往长安,硬要在皇陵里安葬,用这种要挟的手段向汉文帝示威。并且从此以后,他就假装有病,不再到京城里朝见皇帝,更积极地准备造反了。

面对山雨欲来的危机,一些拥护中央集权制度的大臣和官吏,都主张尽快解决诸侯拥兵自重问题。有个叫做贾谊的大臣,曾经给汉文帝上书,指出当时诸侯势力过于强大,犹如一个人犯了肿病,一条腿肿得像腰那么粗,一个指头肿得像一条腿,应当赶快医治才好。贾谊认为医治的办法最好是分割诸侯的王国,削弱他们的力量,力量小了,也就不会造反了。太子刘启的管家晁错,也建议汉文帝削减王国的领地,分散他们的力量。

汉文帝觉得时机还没有成熟,没有采纳他们的建议。

汉文帝去世后,太子刘启做了皇帝,就是汉景帝。汉景帝任命自己的管家晁错为御史大夫。晁错再一次建议削夺王国的领地。他对汉景帝说:"吴王因为儿子被打死,假装有病不来朝见天子,按理早应该查办。现在他不改过自新,反而更加骄横,应当趁早削夺他的领地。"

汉景帝有些犹豫,怕这样做会引起诸侯王造反。

晁错说:"削夺他的领地,他早一点反,危害小一些;不削夺他的地,他晚一点反,实力雄厚了,祸患就更大了。"

汉景帝认为晁错说的有道理,决心削减诸侯封地。他先从其他几个王国下手,先把楚国的一个郡、赵国的一个郡和胶西国的六个县削减下来归汉朝中央政府直接管辖。

汉景帝采纳晁错的建议开始削藩后,引起了诸王的强烈不满。晁错的父亲担心儿子惹祸上身,赶紧从颖川老家来到长安,劝告他说:"皇上刚即位不久,国家还不安定,你一直主张削藩,以致天下的诸侯都怨恨你,你这样做究竟为的是什么?"

晁错说:"只有这样做,皇上才能行使权力,国家才能安定。"

他父亲说:"刘家的天下安定了,晁家就要大难临头了。"

晁错的父亲回家后,知道将来晁错肯定会连累自己,于是趁早服毒药自杀了。

公元前154年,吴、楚等七国联合起来,起兵反叛。吴王刘濞是这次叛乱的主谋。这就是西汉历史上的"七国之乱"。

七国联军打着"清君侧、诛晁错"的名义,浩浩荡荡直奔长安而来。面对叛军的强大声势,汉景帝有点怕了。他想起汉文帝临终的嘱咐,拜善于治军的周亚夫为太尉,统率三十六名将军去讨伐叛军。那时候,朝廷上有个妒忌晁错的人就说七国发兵完全是晁错引起的。他劝汉景帝说:"七国兵变,完全是晁错引起的,如果杀了晁错,七国就会退兵。"汉景帝听信了这番话,说:"如果他们真能够撤兵,我又何必舍不得晁错一个人呢。"接着,就有一批大臣上奏章弹劾晁错,说他大逆不道,应该腰斩。汉景帝为了保住自己的皇位,竟昧着良心,批准了这个奏章。

历史探微

周亚夫细柳阅兵

周亚夫,汉朝名将,以细柳阅兵名闻天下。汉文帝时期匈奴进犯,派周亚夫守卫细柳。为鼓舞士气,文帝亲自去犒劳慰问军队。其他的兵营见到皇帝的车马,都主动放行,迎接时慌慌张张。到了周亚夫的营寨,必须派使者进去通报,周亚夫才命令打开寨门迎接,并且告诫车夫"军营之中不许车马急驰。"到了军营,周亚夫一身戎装,出来迎接,军队更是纪律严明。文帝非常感动,好长时间里,文帝对周亚夫都赞叹不已,并告诫他的儿子,关键时刻可用周亚夫。文帝去世后,景帝就让周亚夫做了骠骑将军,为平七国之乱立下大功。

中国通史

　　这个一心想维护汉家天下的晁错，竟这样莫名其妙地被腰斩了。汉景帝杀了晁错，派人下诏书要七国退兵。这时候吴王刘濞已经打了几个胜仗，夺得了不少地盘。他听说要他拜受汉景帝的诏书，冷笑说："现在我也是个皇帝，为什么要下拜？"汉军营里有个官员名叫邓公，到长安向景帝报告军事情况。汉景帝问他说："你从军营里来，知不知道晁错已经死了？吴楚愿不愿意退兵？"邓公说："吴王为了造反已经准备了几十年了。这次借削地发兵，哪里是为了晁错呢？陛下把晁错错杀了，恐怕以后谁也不敢替朝廷出主意了。"

　　汉景帝这才知道自己做错了事，但后悔已来不及。亏得周亚夫很能用兵。他提出暂时放弃梁国的部分地区，不和吴楚联军正面交战，而是引敌深入。周亚夫率军由长安出发，迅速经南阳抵达洛阳，抢占荥阳要地，然后，周亚夫率军三十余万进抵淮阳。针对吴、楚锐气正盛，难与正面交锋的情况，引兵驻扎在昌邑（今山东金乡西北），让梁王坚守梁地，同时派兵奇袭吴军粮道，使他们陷入困境。

　　叛乱的吴、楚联军向梁进攻，梁王数次派人求援，周亚夫仍按兵不动，吴、楚军求战不得，士气开始低落。周亚夫这时把主力绕到吴军背后，袭扰吴军。战事在淮北平地进行，吴军处于不利地位。吴军到周亚夫军营求战想以此摆脱困境。但是周亚夫深挖沟，高筑墙，扼制吴兵北进。

　　吴、楚军进退维谷，加上粮道被切断，粮草供给不上。在粮尽兵疲、士卒叛逃、士气低落的情况下，吴、楚军不得不撤兵。周亚夫命令其精锐部队全面出击，大破吴、楚联军，吴王刘濞被诱杀，楚王兵败自杀。

　　吴、楚两国是带头叛乱的，两国一败，其余五个国家很快也垮了。在齐地，朝廷军队步步进逼，胶西、胶东、淄川、济南诸王有的自杀，有的被处决。在赵地，赵王龟缩邯郸，凭城固守，汉军围攻七次攻不下。匈奴人知道吴楚兵败，也不肯助赵。朝廷军队引水灌邯郸城，邯郸城破，赵王遂自杀。七国叛乱从起兵到平定，只用了三个月。

166

汉景帝平定了叛乱,吸取了经验教训。虽然仍旧封了七国的后代继承王位,但那以后,诸侯王只能在自己的封国里征收租税,不许干预地方的行政,权力大大削弱。平定吴楚七国之乱,是统一的中央集权制度战胜了地方封建割据势力。从此,汉朝才真正成为一个统一的封建帝国,社会进一步得到安定,经济和文化的发展有了可靠的保障,汉朝逐步走向了繁荣富强。

雄才大略汉武帝

《汉书》对刘彻的评语为"雄才大略",他开创了西汉王朝最鼎盛繁荣的时期。他的雄才大略、文治武功,使汉朝成为当时世界上最强大的国家,他也成为中国历史上伟大的皇帝之一。

汉武帝刘彻,是一位非常有作为的封建君主,也是我国历史上一位杰出的政治家。公元前141年,汉武帝即位时才十六岁,到公元前87年他逝世为止,总共做了五十四年皇帝。

汉武帝在位期间,西汉的社会经济在文景之治的基础之上继续发展,国力更加强盛,达到了鼎盛时期。汉武帝所实行的许多

中国通史

政策和措施,对于以后历史的发展都有很大的影响。

汉武帝实施了一些加强中央集权的政治制度,巩固了西汉王朝的统一,促进了发展。

汉武帝刚继位时,朝中大权由祖母窦太后掌握,窦太后死后,汉武帝便把朝中大权掌握到自己手中,以施展自己的政治抱负。他首先打击了外戚丞相田蚡,然后加强了他身边收转文书的尚书、中书的地位,使丞相成为有名无实的职位。自此,中书和尚书成了中央发号施令的机构。

为了加强中央集权,彻底解决藩国问题,他命令藩王们不能把封地仅仅传给继承王位的长子,还必须划出一部分来分封给其他几个儿子,并且互不统属。这样一来,诸侯不但管辖地缩小,而且又没有机会参与政治,同姓诸侯王对中央的威胁从此消除了。

汉武帝还加强了原有的监察制度,并建立了一套选用官吏的新制度。他采纳了董仲舒的建议,命令各郡国每年举孝、廉各一人,并用"公车上书"的办法,使官吏及人民都可以上奏章给皇帝建议国事,意见合乎治国要求的,就根据上书人的特长授给官职。

在文化上,汉武帝为了加强和巩固自己的统治,采纳了董仲舒的"罢黜百家,独尊儒术"建议,巩固了国家的统一和中央集权,对后来的历史产生了长久的影响。

董仲舒认为,皇帝是奉上天的意旨来管理人民的,上天给了他统治人民的权力,绝对不能违反。汉武帝认为董仲舒的建议非常适合封建统治的需要,便采取这种思想作为统治思想和维护封建制度的工具。在选拔人才的时候,汉武帝对持其他各派学说的人一概不取,独取儒生。于是,要想做官就得接受儒家学说,士人都变成了儒生。

在对外交往方面,汉武帝出兵抗击匈奴,使西汉王朝的政权更加巩固,国家更加统一,为西汉经济文化的发展创造了极为有利的条件。

从公元前133年到公元前119年,汉武帝派兵和匈奴进行了多次大规

雄才大略汉武帝

历史探微

缇萦救父

公元前167年,临淄有个医生淳于意被人告了一状,当地的官吏判他"肉刑"(脸上刺字或砍足、割鼻子),他最小的女儿缇萦陪父亲一起到了长安,并写了一封奏章。缇萦在奏章中表示愿意做奴婢替父亲赎罪,后来汉文帝接到奏章,十分同情她,就正式下令废除肉刑,千古传说"百男何愦愦,不如一缇萦"。

模的作战,最后取得了抗击匈奴的全面胜利,充分体现了他的雄才大略和卓越的军事指挥才能。

汉武帝派遣张骞两次出使西域,加强了汉朝和西域的经济文化交流。

公元前138年,我国历史上著名的大探险家张骞奉汉武帝之命出使西域,目的是想联合大月氏共同防御并打击匈奴势力。公元前119年,张骞奉命第二次出使西域。随后,中亚、西域各国以朝贡为名,经常到长安访问和进行贸易。中国和西域各国之间的人员和贸易往来,从西汉开始,历经东汉、魏晋南北朝,直到唐代,延续了一千多年。

汉武帝开拓了南方和西南疆域,使越族以及西南各少数民族和汉族更好地融合在一起,促进了民族大融合。

汉武帝使越族三个部落归附汉室后,把他们迁移到长江、淮河、南海等地,与汉族人民长期共居。汉武帝在开拓西南地区的过程中,把铁制生产工具和先进的汉族文化传到这些地区,破除了这些地区的闭塞性,推动了当地经济和文化的发展。

汉武帝大力兴修水利,发展农业生产。汉武帝在位时修建了漕渠、白渠、龙首渠,还在秦朝开成的郑国渠旁边开了6条辅渠,灌溉高地。公元前109年,汉武帝征发数万士兵堵住了黄河决口。经过这次治理,黄河下游

大约有八十年没有闹过大水灾。

汉武帝还大力推行屯围、屯垦等有利于农业生产发展的措施。他还大力推行代田法和新农具,大大促进了农业的发展。

总之,汉武帝在位期间,充分施展了他的雄才大略,把西汉王朝推向了极盛阶段。

卫青和霍去病

在汉武帝统治时期抗击匈奴的侵扰中,卫青和霍去病是战功最卓著的统帅。他们的部队多次打败匈奴,解除了匈奴对汉朝北方的威胁,巩固了西汉的统治,为汉武帝统治的兴盛,创造了外部环境。

卫青出身低微,母亲是平阳公主家的女奴,自己二十岁时在平阳公主家做骑奴。后来姐姐卫子夫进宫,受到汉武帝的宠幸,卫青成了汉武帝身边的侍卫。

西汉初年,北方的匈奴经常前来骚扰,闹得边境上的百姓不得安宁。汉武帝在位的时候,国家已经很强大,于是汉武帝决心好好训练军队,选拔一批得力的将领,击败匈奴。汉武帝看到卫青勇敢坚强,忠诚可靠,就交给他一支军队,让他做将军。不久,匈奴骑兵又来侵犯边境,烧杀抢掠,无恶不作。汉武帝派出四路兵马抗击匈奴,其中一路由卫青指挥。卫青全身披挂,好不威风。他第一次上阵,就单独指挥军队跟匈奴人作战。

卫青见匈奴人来势凶猛,又不能立刻打败他们,汉军将士都不免有

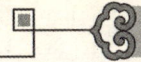

些担心。卫青一边分析敌情,一边鼓励大家说:"匈奴人仗着能骑善射,占了不少便宜。但是他们千里奔波,肯定人困马乏。只要咱们抓住时机,趁他们不备时冲杀过去,就一定能打败他们。"

卫青率领三万精锐的骑兵,迅速插入敌人大营,一场激战展开了。广阔的草原上到处都是喊杀声和兵器的撞击声。渐渐地,匈奴人招架不住,丢下几千具尸体,狼狈地向北逃窜了。卫青乘胜追击,一直打到了龙城(匈奴祭天的地方,在今天蒙古境内),取得了反击战的胜利。

卫青带着部队凯旋而归,汉武帝高兴地连连夸奖说:"第一次打仗就能旗开得胜,真是好样的!"

卫青在第一次战斗中就崭露头角,在军中的威望大大提高了,成为了朝中年轻有为、举足轻重的大将。

公元前124年,匈奴又派右贤王率领大队骑兵,到汉朝边境烧杀抢掠。汉武帝任命卫青为车骑将军,率领十万大军出征。

汉军向匈奴右贤王的驻地挺进。右贤王很狂妄,以为汉军不敢深入匈奴腹地进行决战。下面的人向他汇报汉军军情,他还满不在乎、不屑一顾,以为汉军离得很远,一点也没有防备。

一天深夜,右贤王在帐幕里,正在饮酒作乐,欣赏歌舞。

卫青在夜色的掩护下,快速行军六七百里,包围了右贤王的营地,汉军向营地发起猛攻,战鼓声和呐喊声响成一片。右贤王也被惊醒了,但已经来不及组织人马抵抗,只带着几个亲信脱身逃走。

卫青不顾长途跋涉的劳累,率军奋勇追击。他们追杀了几百里,把匈奴的乱军杀得尸横遍野,俘虏了一万五千多敌人,这一仗,卫青的人马还夺得了几十万头牲畜。

胜利的消息传到长安,汉武帝欣喜万分,立刻派使者带上大将军的印,赶到前线,当场封卫青为大将军。

第二年,匈奴又来进攻。汉武帝又派卫青率领六名将军和大队人马

中国通史

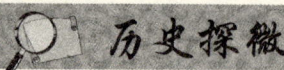

霍去病封狼居胥

元狩四年(公元前119年),汉武帝任用霍去病发动了"漠北大战"。这场战役使霍去病的军事事业达到顶峰。他深入漠北寻找匈奴主力一共奔袭两千多里,以一万五千人的损失歼敌七万多人,俘虏匈奴王爷三人,并且一路追杀,来到了今蒙古肯特山一带。在这里,霍去病在狼居胥山进行了祭天典礼,史称封狼居胥。在这之后霍去病深入追击匈奴,一直打到瀚海(今俄罗斯贝加尔湖),经此一役,"匈奴远遁,而漠南无王庭"。元狩六年(公元前117年),霍去病病卒,年仅二十三岁。汉武帝深感悲痛,他下令将霍去病的墓修成祁连山的模样,彰显他力克匈奴的奇功。霍去病和他的"封狼居胥",从此成为中国历代兵家人生的最高追求。

去对付匈奴。

卫青有一个外甥,叫霍去病,那时候才十八岁,非常勇敢,又会骑马射箭,这次也跟着卫青一道去攻打匈奴。

匈奴听到汉军大批人马来进攻,立即往回逃走。卫青派四路人马分头去追赶匈奴部队,誓要消灭匈奴主力。卫青自己坐镇大营,等候消息。到了晚上,四路兵马都没有找到匈奴主力,空手而归。

霍去病还是第一次出来打仗的小伙子,官衔也只是校尉。他带领着八百名壮士,组成一个小队,去找匈奴部队。他们向北一直赶了几百里路,才远远望见匈奴兵的营帐。

他们偷偷地绕道抄过去,瞅准一个最大的帐篷,猛然冲了进去。霍去病眼明手快,一刀杀了一个匈奴贵族。他手下的壮士又活捉了一个。

匈奴见主将已死,四处逃命,八百个壮士追上去又杀了二千多匈奴兵,才赶回大营。

卫青和霍去病

卫青在大营正等得着急,只见霍去病提了一个人头回来,后面的兵士还押了两个俘虏。经过审问,才知道这两个俘虏,一个是单于的叔叔,一个是单于的相国,那个被霍去病杀了的还是单于爷爷一辈的王。

霍去病初战告捷,显示出杰出的指挥才能,被汉武帝封为冠军侯。

霍去病多次大破匈奴浑邪王的兵马,消灭了数万人,单于非常恼怒,便想杀掉浑邪王。

浑邪王便暗地里谋求投降汉朝。他先派使臣向汉武帝通报,汉武帝接到了消息,但却疑心他是诈降,借以偷袭边境,为安全起见,便派霍去病率大军去接应。

霍去病率军来见浑邪王,和浑邪王的兵马遥遥相望。浑邪王的兵将见汉军人多,也惟恐有变,不愿投降而逃跑的人有很多。

霍去病见匈奴兵马混乱,不顾个人安危,亲自率兵奔入浑邪王大营,和浑邪王谈判,使他安心。霍去病下令斩杀了那些逃跑的匈奴兵将,多达八千人,他统领着降卒近十万人,安全回到长安,浑邪王受到汉武帝的封赏,霍去病也因招降有功而受到嘉奖。经过这次事件,匈奴的力量大大削弱。

公元前121年,汉武帝又封霍去病为骠骑将军,率领一万骑兵,从陇西出发,进攻匈奴。霍去病的兵马跟匈奴接连打了六天,匈奴兵抵挡不住,向后败退。霍去病率精兵追击了一千多里,连败匈奴,斩杀匈奴数万人,这次战役使汉朝控制了河西地区,切断了匈奴与羌人的联系,打开了通往西域的道路。

汉武帝为了慰劳霍去病,要替他盖一座住宅。霍去病推辞了,他说:"匈奴未灭,何以家为?"霍去病这种以国家利益为上的精神,为后人树立了良好的榜样,千百年来一直鼓舞着人们。

为了根除匈奴的侵犯,到了公元前119年,汉武帝经过充分准备之后,再次派卫青、霍去病各带五万精兵,又一次奉命深入大漠北部,出征

中国通史

匈奴，这次战斗，霍去病打败了左贤王，夺得了敌人粮草，歼灭敌人七万多人，这次战役汉军再次大获全胜，匈奴左部几乎全军覆没。

这是汉朝规模最大、进军最远的一次追击。打那儿以后，匈奴撤退到大沙漠以北，沙漠南面就没有匈奴了。

公元前117年，年仅二十三岁的霍去病不幸病逝。霍去病死后，汉武帝十分悲痛，下令发动边界上五个郡的匈奴移民，穿了黑甲，护送霍去病的灵柩，从长安到茂陵墓地安葬。并且为他修建了一座仿照祁连山模样的宏伟坟墓，来纪念这位建立了赫赫战功的青年英雄。

霍光辅政

霍光字子孟，是骠骑将军霍去病的异母弟弟。霍光十多岁时候，霍去病提拔他，让他做了汉武帝的侍从。汉武帝看霍光为人本分，又有办事能力，就让他做了侍从官的首领。霍去病去世以后，汉武帝又把霍光提拔为奉车都尉、光禄大夫，掌管皇帝的车马和宫殿的守卫。

汉武帝在位期间攻打匈奴，出使西域，连年大兴土木，耗费了大量的人力、物力，造成国库空虚。

为了充实国库和自己所用的钱财，他买卖官爵，各地方发生了大批农民起来反抗官府的运动。

面对统治危机，汉武帝决心停止用兵，并且提倡改良农具，改进耕种技术。他还亲自参与农耕生产，吩咐全国官吏鼓励农民增加生产。这样，国内才逐渐稳定下来。

霍光辅政

公元前87年,汉武帝去世,国家大事由司马大将军霍光主持。

霍光辅政以后,继续采取休养生息政策,减少税收,使得经济繁荣发展,但是朝廷的政治斗争反而更加激烈了。

上官桀为了谋取汉朝的最高权力,和昭帝的姐姐盖长公主等人结成死党,想取代霍光的地位。而燕王刘旦因为自己比昭帝年纪大却没有当上皇帝,心里一直充满怨恨。辅政大臣桑弘羊不甘心居于霍光之下也心存不满。

于是盖长公主、上官桀、燕王刘旦、桑弘羊等勾结起来,准备发动政变,除掉汉昭帝和霍光。

汉昭帝十四岁那年,有一次,霍光检阅羽林军。于是燕王刘旦命人上书昭帝说:"霍光正擅自调动皇上的禁卫军,国都附近道路已经戒严。霍光还将被匈奴扣留十九年的苏武召还国都,任为高官,他这是想借取匈奴的兵力发动叛乱。"

上官桀企图等到霍光外出时,将这封奏章送到昭帝手中,而后再由他按照奏章内容来宣布霍光的"罪状",由桑弘羊组织朝臣共同胁迫霍光下台。可是他们万万没有想到,燕王刘旦的上书到了汉昭帝手中后,就被他扣压下来,根本不予理睬。

第二天早朝时,霍光已经得知上官桀的举动,就站在张贴那张汉武帝时所绘的"周公负成王图"的画室之中,不敢去朝见昭帝,汉昭帝见朝中没有霍光,就向朝臣打听,上官桀乘机回答说:"因为燕王告发他的罪

历史探微

霍 光

汉武帝连年出兵攻打匈奴,且个人生活作风腐化,国家国库连年亏空,百姓叫苦连连,并时有农民起义反抗。汉武帝病逝后,由大将军霍光来辅助汉昭帝,虽然也曾废立皇帝,但不改刘氏宗庙,而他立的汉宣帝是位杰出的皇帝,传统史家将他比作商朝名臣伊尹。

中国通史

状,他不敢来上朝。"汉昭帝立即吩咐内侍召霍光进见。

霍光一来,就脱下帽子,伏在地上请罪。

昭帝十分平静地说:"大将军尽管戴好帽子,我知道那封书信是在造谣诽谤,有人存心陷害你。"

霍光磕了个头说:"陛下是怎么知道的?"

汉昭帝说:"这不是很清楚吗?大将军检阅羽林军是在长安附近,调用校尉也是最近的事,到今天还不到十天。燕王在北方,怎么可能就知道这些事?就算知道了,马上写奏章送来,还来不及赶到这儿。况且,你如果真的要发动叛乱也不用调动校尉!这明明是有人想陷害大将军。所以,燕王的奏章肯定是假造的。"

上官桀等人的阴谋被揭穿之后,就准备发动政变。而霍光先发制人,将上官桀、桑弘羊等主谋政变的大臣统统逮捕,诛灭了他们的家族。盖长公主、燕王刘旦自知不得赦免,先后自杀身亡。

这场政变平定后,霍光的辅政地位从此也得到了稳固。

霍光辅佐汉昭帝,把国家治理得井井有条,但汉昭帝在二十一岁那年得病去世了。昭帝没有儿子,霍光和皇太后商量,决定迎立汉武帝的孙子昌邑王刘贺做皇帝。但刘贺荒淫无道,昏庸无能,因此,霍光跟丞相杨敞、车骑将军张安世、御史大夫蔡谊等文武大臣商量,奏请皇太后批准,废了昌邑王刘贺,另立汉武帝的曾孙刘询为皇帝,就是汉宣帝。

汉宣帝即位的时候,也很年轻,霍光又忠心耿耿辅佐他六七年,直到宣帝亲政。

王莽改制

汉成帝即位以后，整日吃喝玩乐，不理政务，朝中大权逐渐落在外戚王氏家族手里。王莽是汉元帝的皇后王政君的侄子，王政君的父亲和兄弟在汉元帝时都先后被封为侯，只有王莽的父亲死得早，没有能封侯。所以王莽的兄弟们都是骄横奢侈，互相攀比，而王莽没有父亲的庇护，身处贫困境地，坚持刻苦读书，待人接物也都十分恭敬谦逊，受到了王氏家族上上下下的好评。

公元前21年，大将军王凤病重，王莽去服侍王凤，每次都亲自尝药，然后再给王凤服用。为了尽力侍候王凤，王莽忙得数月不解衣带，使王凤大为感动。临死时，王凤将王莽托付给太后和汉成帝，汉成帝任王莽为带兵的射声校尉。

王莽任校尉时做事谨慎，一丝不苟，而且生活比较节俭，汉成帝认为王莽是个德才兼备的贤臣，于是在公元前16年，封王莽为新都侯，后来又升为骑都尉光禄大夫侍中。

王莽更加注重节操，言行举止谦虚谨慎。王莽非常注意招揽人才，并广纳贤士，他把自己家中车马衣裘等财物都用来接济帮助宾客和供养的名士，同时还广泛结交将、相、卿、大夫等文武上层官员。因此，满朝文武大臣在成帝面前称颂他。王莽从此声名大噪。

然而王莽的真正目的，则是通过这些，来为自己的政治野心作宣传，当王莽的羽翼丰满后，便开始了他的篡权活动。王莽暗中调查比他位高权重的淳于长的罪过，并通过大司马王根上告皇上。淳于长被杀后，汉成帝也就擢升王莽为主管全国军事的大司马。

后来，汉成帝、汉哀帝先后逝世，年仅九岁的汉平帝即位。孝元皇后

上朝执政，国家大事都交给大司马王莽处理。从此，凡归顺服从王莽的大臣，都得到升迁；凡顶撞触怒王莽的大臣，都遭到诛杀。

王莽位高权重，引起了汉平帝的不满，汉平帝暗地说了些抱怨王莽的话，王莽便毒死了年幼的汉平帝。汉平帝死后，因为没有留下后代，王莽于是选了广戚侯——年仅两岁的孺子婴即位为帝。

有些朝中大臣为了做开国元勋，便极力劝说王莽称帝，王莽觉得时机不成熟，便布置亲信为自己登基制造舆论，不久，有人上奏说："武功县（今属陕西）一口井里发现了一块白石，上面写有'告安汉公莽为皇帝'八个红字。"王莽急忙派大臣们前去告诉孝元皇后。孝元皇后说："这是欺骗天下的鬼话，不用理睬！"

但是，太保王舜对太后说："王莽并不敢有夺取帝位的想法，只是想暂居皇帝之位以加重他的权威，借以威摄天下民众罢了。"孝元皇后无奈，下诏命安汉公暂居皇帝之位，即日登基。王莽代天子管理朝政，被人称为"假皇帝"。

但是，王莽并不甘心。公元8年，王莽推翻了汉朝皇帝，自己登上皇帝的宝座。

历史探微

西汉帝国与外戚之祸

西汉历史上共发生了四次重大政变，第一次是众所周知的吕后专权，大肆分封吕氏族人，诸吕为王使吕氏产生了代刘自立的野心；第二、第三次就是在霍光辅政时期，上官桀、上官安父子因争权失败发动叛乱；第四次是王莽改制。这四次重大政变都有一个不可忽视的因素，外戚专权。西汉时期，外戚虽然多次发动政变，但他们还是依附于皇权的，吕后虽强，死后他的族人也难逃一死。这种隐患到东汉时期造成了更加严重的祸患，是东汉外戚之祸的胚胎。

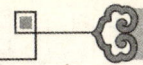

为了言正名顺,王莽先让人做了一个铜柜,装进了一幅图、一封信,信上说王莽为真龙天子,要求王莽赶到刘邦的祭殿拜受铜柜。王莽立即戴上皇冠,进入皇宫,坐在未央宫前殿上颁布诏书说:"皇天上帝将天下臣民交给我治理,我是很敬畏皇天上帝的,怎敢不恭恭敬敬地接受这个重任!从现在起,我就是真皇帝了,天下从此改'汉'为'新'。"

王莽做了皇帝,打着复古改制的幌子,下令变法。第一,把全国土地改为"王田",不准买卖;第二,把奴婢称为"私属",不准买卖;第三,评定物价,改革币制。

王莽的改革不合时宜,人们不但不感激他,反而对他很怨恨。

比如王莽规定土地全部国有,不得私自买卖,用意是要防止有钱人兼并土地。但是许多有土地的人如遇到家里有急用,想卖掉一块土地来应急,由于王莽的改革,人们真不知道怎么办。又有人赚了一笔钱,想买块土地做家产,却买不到,这使百姓怨声极大。

土地改制,奴婢私属,在贵族和豪强地主的反对下,开始就没有实行,贵族和豪强也利用改革币制的机会,投机倒把,人民的财产日益流失,财富都集中在少数王公贵族手里,百姓生活苦不堪言。

王莽还想借对外发动侵略战争来缓和国内日益激化的矛盾,对外战争的发动,使得各种捐税多如牛毛,腐败滋生,百姓不得不起来反抗。王莽政权在农民起义中土崩瓦解,自己也落了个身败名裂的下场。

光武中兴

昆阳大战后,绿林、赤眉两支起义大军各立天子,相互混战,刘秀却

乘机壮大自己的势力,最终统一了中国,重建了汉室天下。

刘秀,南阳蔡阳(今湖北枣阳市西南)人,是汉高祖的嫡系血脉。他身长七尺三寸,但天生爱干农活。而他的哥哥生性侠义,喜爱结纳文武之士,常耻笑他专心务农。

刘秀加入绿林军后,很快就显露出了他敏锐的政治才能和丰富的军事韬略,特别是在昆阳一战中,刘秀的杰出指挥,为起义军赢得决战胜利起到了关键的作用。

绿林军攻占长安后,刘秀率军离开长安,在河北(黄河以北)以复兴汉室为口号,不断壮大自身的势力。刘秀每到一个郡县,都宣布废除王莽当政时期的苛捐杂税和严酷的刑罚,赢得了当地大小官吏、平民百姓的欢迎和支持。

后来,刘秀又采用军事打击和政治争取相结合的方法,先后收编了铜马军三十万人,军事实力大大增强,这为刘秀建立政权奠定了基础。公元25年6月,刘秀在群臣的拥戴下称帝,仍沿用汉的国号,年号建武,刘秀就是光武帝。

公元23年,绿林军各路将士拥立刘玄为皇帝,年号"更始",刘玄称更始帝。更始帝先建都洛阳,后来又迁到长安。他到了长安以后,认为自己的江山已经坐定,开始腐败起来。他滥封官爵,自己不管政事,成天在皇宫里喝酒作乐,军纪涣散。更始帝的所作所为,引起了一些赤眉军将领的不满。

赤眉军决定推翻更始帝,但樊崇他们由于受汉朝旧贵族正统观念的影响,便找了个十五岁的放牛娃刘盆子,把刘盆子立为皇帝。

历史探微

度田事件

度田,就是清丈土地,核实户口。刘秀建立东汉后,知道王莽末年农民频繁起义,很多农民通过战争夺得了大量土地,他需要把土地和人口数字详细核实登记,以便收租征役。度田主要是增加政府租税和赋役的收入,但度田过程中,地方官吏与豪强势力勾结,胡乱丈量,汉武帝便以"度田"不实的罪名诛杀十几个郡太守,加紧度田。度田期间使田园经济在东汉迅速发展起来。

赤眉军打进长安,更始帝逃到城外,樊崇派使者限令更始帝在二十天内投降。更始帝没法,只好带着玉玺向赤眉军投降。

汉光武帝趁着赤眉军进攻长安的时候,占领了洛阳。他们一听到赤眉军向东转移,就带领二十万大军分两路埋伏在那里。

汉光武帝派大将冯异到华阴,把赤眉军引向东边来。冯异用计把一队赤眉军包围在崤山下。樊崇领导的赤眉军看见汉兵人少,就全军出击。没想到冯异的伏兵上来了,打扮得和赤眉军一模一样,双方混战在一起,分不出谁是赤眉军,谁是汉兵。

赤眉军正在为难的时候,打扮成赤眉军的汉兵高声叫嚷着"投降!投降!"赤眉军士兵一看有那么多人喊投降,没了主意。军心一乱,这一支赤眉军就被缴了武器。

公元27年1月,樊崇带着剩下的赤眉军向宜阳(今河南宜阳县)方向转移。冯异火速派人报告汉光武帝。汉光武帝亲自率领预先布置好的两路人马截击,把赤眉军围困起来。赤眉军无路可走,樊崇只好派人向光武帝讲和。赤眉军首领刘盆子终于投降,表示愿意归顺光武帝。刘秀对于刘盆子能够主动投降,并且在位期间没有实行残暴统治,给予表扬,并把他留在洛阳封了侯。

中国通史

　　至此,刘秀终于将持续了十年多的赤眉农民起义军镇压下去,取得了关中地区,于是开始了下一步的战略:西图陇、蜀,统一全国。刘秀根据形势,制定了由近及远、各个击破的战略方针。到公元36年底,刘秀彻底平定巴蜀,取得了统一战争的最后胜利。

　　刘秀完成了统一大业,恢复了汉室的统治。由于连年征战,使光武帝对战争对经济发展的破坏性有了更深的认识,他深知天下百姓劳作之苦。因此,在陇中蜀地平定之后,光武帝决定致力于发展社会经济,安抚周边少数民族。

　　光武帝采取"与民休息"的政策,恢复经济。他下诏把公田借给农民耕种,提倡垦荒,实行屯田,安置流民,赈济贫民。东汉初年的封建租赋徭役负担,比西汉后期和战争期间都大大减轻。农民安居乐业,生产得到极大恢复。

　　光武帝统治期间,东汉的农业、手工业都得到了很大发展。铁制农具的改进,牛耕的普及,水利工程的广泛修建,使生产技术大大提高;冶铁技术的改进,使铁的产量大为增加;精美的铜器、漆器、丝织品反映出高超的手工业工艺;通都大邑商业繁荣,商人的足迹远至西域和国外。

　　在刘秀统治时期,国家统一,社会比较安定,社会经济得到恢复和发展,历史上把这段时期称作"光武中兴"。

班超出使西域

　　班超字仲升,是东汉著名军事家和外交家。出生在一个书香世家,班

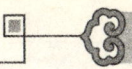 班超出使西域

历史探微

投笔从戎

东汉时期的班超从小学习很用功。公元62年（汉明帝永平五年），他的哥哥班固被召到洛阳做了校书郎，班超便找了个抄书的差事挣钱养家。有一天，他正在抄写文件的时候，写着写着，突然丢下笔说："大丈夫应该像傅介子、张骞那样，在战场上立下功劳"，毅然投笔从戎。后来，班超出使西域，终于立了功被封了侯。

超却表现出与他们不同的志趣。他仪表堂堂，为人不拘小节，而且非常能吃苦耐劳。他虽然饱览群书，但并不满足于书本知识的获得，总是想把所学的东西用来建立真正的功业。

永平五年(公元62年)班超随哥哥班固替官府抄书，班超不愿意经常伏在案头写东西，有一次他放下笔慨然叹息道："大丈夫应当向张骞一样到塞外立功，以取封侯，怎能久事笔砚间？"于是班超决定投笔从戎。

公元73年，窦固奉命讨伐匈奴，任命班超为代理司马，领兵出击匈奴，班超大胜而归。窦固认为他很有才能，便把他留在身边。

窦固为了抵抗匈奴，决定联络西域各国共同对付匈奴，便派他出使西域。班超一行人到了鄯善国(今新疆若羌县境)，国王盛情款待，礼节周全。没多久，鄯善国王对班超一行人忽然变得疏远、怠慢起来。见此情形，班超对他的部下说："你们感觉出国王对我们有些怠慢了吗？我想这一定是匈奴派了使者到鄯善国来威胁国王，所以国王才这样冷淡我们。"

于是，班超叫来侍候他的当地人，询问说："匈奴使者已经来了几天了，现在在什么地方？"侍者一听，立刻惊慌失措，只好把事情的原委一五一十地交代出来。

班超听后，把这名侍者关了起来，然后召集三十六名随从一起饮酒。等大家酒兴正浓时，班超说："大家和我同处在这极其边远的地方，为的

中国通史

是想建功立业报效国家。现在匈奴的使者才来几天,而鄯善国王对我们便怠慢起来。如果现在国王把我们抓起来送到匈奴,我们只会落得个尸抛荒野的下场。各位,我们该怎样做?"

大家齐声说:"我们身处危亡之地,不论是死是活,都愿意听从您的指挥!"

班超说:"不入虎穴,焉得虎子?今夜我们主动出击,全部消灭这些匈奴使者,鄯善国人必定会闻风丧胆,便可以和我们结盟了。"

当天深夜,匈奴使者正在熟睡,突然听到喊声震天,四处火光冲天,都吓得惊慌失措。班超率领众人一拥而上,把使者及三十多名随从的头砍了下来,其余一百多人都被班超纵火烧死。

第二天,班超拜见鄯善国王,把斩杀匈奴使者的事情告诉他,举国为之震动。鄯善国王无奈,将自己的儿子送到汉朝做人质,表示愿与汉结盟。

班超回到汉朝,汉明帝提拔班超做军司马,又派他到于阗去。明帝叫他多带点人马,班超说:"于阗国家大,路程又远,就是多带几百人去,也不顶事。如果遇到什么意外,人多反而添麻烦。"结果,班超还是带了原来的三十六个人到于阗去。

于阗王见班超带的人少,在礼数方面对他们非常怠慢。班超劝于阗王脱离匈奴,跟汉朝交好。他犹豫不决,拿不定主意,便找巫师向神请示。

那个巫师本来反对于阗王跟汉朝友好,他装神弄鬼,对于阗王说:"神责怪你结交汉朝!汉朝使者那匹浅黑色马,赶快拿来给我。"

于阗王派国相向班超去讨马,班超则让巫师亲自来取。

巫师得意洋洋地到班超那儿取马,班超冲上去立刻拔出刀把他斩杀。于是班超提着巫师的头去见于阗王,威胁说:"你要是再勾结匈奴,这便是你的下场。"

于阗王早就听说班超的威名,看到这个场面,非常害怕,赶紧表示愿意跟汉朝和好。

班超又继续西行,来到疏勒,得知疏勒王兜题并不是疏勒人,而是龟兹人,疏勒人对他恨之入骨。班超同几个伙伴来见兜题,出其不意,突然动手把他抓了起来,宣布了他的罪状。疏勒国人人欢庆,推出了自己人当国王。班超帮助疏勒人建立自己的政权,又帮助疏勒人以少数兵力一次次打败龟兹人的进攻。

在班超出使的第三年,西域的通道已经打通,但西域北面还在匈奴控制之下。这时,东汉朝廷命令班超从西域撤回。疏勒人知道后,举国忧恐,挽留他不要离去。班超路过于阗,从国王到百姓,都泪流满面。班超见此情景,也不忍离去,上书朝廷,愿继续留在西域,朝廷批准了他的请求。

班超在西域,联合弱小民族,团结抗暴,先后打败莎车、龟兹、焉耆等国,匈奴北单于在西域北道上的势力也被驱逐出去,西域五十多个国家同东汉王朝建立起友好的关系。

班超出使西域后,恢复了张骞通使西域时期的局面,双方又经常有使者和商人交往。他在西域经营整整三十年,年老怀念故国,上书请求回归故里。班超持杖至洛阳,时年七十一岁高龄,一个月后,班超就与世长辞了。

班超在西域的活动,增进了汉族与西域各族人民的友谊,加强了中原和西域经济文化联系,为维护多民族国家统一奠定了基础。

蔡伦造纸

在蔡伦发明造纸术以前,世界上最早的植物纤维纸就已经出现了,

中国通史

历史探微

四大发明

四大发明是指中国古代对世界具有很大影响的四种发明,即造纸术、指南针、火药、活字印刷术,是中国成为文明古国的标志之一。这四种发明对中国古代的政治、经济、文化产生了巨大的推动作用,在人类文明史上占有重要地位。

那便是西汉时期(公元前二世纪)的"灞桥纸"。这种纸主要由大麻和少量苎麻的纤维所制成。这种麻纸质料比较粗糙,不便书写。

西汉时期的劳动人民,从纺织废料中用化学和机械加工方法使纤维原料更生,又制成植物纤维纸。

东汉时期,蔡伦改进了造纸术,称为"蔡侯纸"。

蔡伦,字敬仲,东汉桂阳郡耒阳(今湖南耒阳)人。他从小随父辈种田,但他聪明伶俐,很讨人喜欢。公元75年,蔡伦被选入洛阳宫内做太监,当时他十五岁。

在宫里,他被任命为小黄门(宦官中职务较低的人)。此后做黄门侍郎,负责宫内外公事,参与机要大事谋划。

蔡伦一生在内廷为官,先后侍奉四个幼帝,投靠两个皇后,屡次提升,身居列侯,位尊九卿,他在兼管尚方时,推动了手工业工艺的发展。

蔡伦在审阅内务事宜过程中,他深深感到无纸的不方便。竹简、木简、缣帛、丝绵纸等文字记载材料,不是很笨重,就是非常昂贵。蔡伦打算找一种新的书写材料,来代替沉重的竹简、木简。

有一件事给蔡伦的启发很大。当时,人们把上好的蚕茧用来抽丝织绸,次等的蚕茧则用来做丝绵。做丝绵的工序是,先把蚕茧煮熟,再铺到席子上浸到河里去,然后用棍子把蚕茧捣烂成为丝绵。丝绵取下后,席子上还留有一层薄薄的纤维,把它轻轻剥下来晒干,就是造丝绵的副产品——可以写字的丝绵纸。

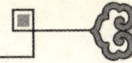
蔡伦造纸

蔡伦认为这可能是一种造纸的好方法,于是他想找一种廉价材料来代替蚕丝,于是他把破布和废鱼网这类人们丢弃的东西收集起来用来造纸。后来,他又由布想到了麻,又由麻想到了树皮……

蔡伦把自己的想法告诉了手下工匠,巧匠们按照他的设想开始了纤维纸的研制。他们把破布、树皮、麻头等东西收集起来,先泡在水里,洗去污垢,再放在石臼里捣烂成浆,然后压成片,这样就做成了纸。但是,有一些捣不烂的纤维混在里面,做成的纸不够光洁,还不太适宜写字。

为了把纤维捣得更烂,使造出来的纸更加细腻光洁,蔡伦又在原料中掺进了带腐蚀性的石灰等东西,一起放在石臼中捣。结果,不但原料捣得更烂了,而且还意外地出现了漂白的效果。捣成的纸浆变成了白色。可是用这样的纸浆直接压制的纸,仍然不能除掉那些粗纤维,并且由于放了石灰等东西,做成的纸又出现了许多细小的颗粒。

蔡伦和他手下工匠们又把捣烂了的纸浆兑上水调稀,放在一个大木槽里,然后用细帘子去捞那浮在上面的较细的纸浆。等细帘子结了一层薄薄而又均匀的纸浆后,把它晾干,揭下来就成了一张洁白细腻的纸。

后来人们不断改进蔡伦造纸技术,使造纸技术不断提高。

蔡伦造纸术的成功改进,对于中国的书法艺术、绘画艺术以及文化发展等都产生了极大的促进作用。从此人们可以在纸上写诗作画,许多历史资料也可以用纸保存下来了。

蔡伦发明造纸术,大大降低了造纸成本,因而造纸术在全国得到迅速地推广,并很快向东传到朝鲜、日本。大约在唐朝,造纸术通过西域传往欧洲。造纸术是中华民族对世界文明做出的重大贡献之一,它大大促进了世界科学文化的传播和交流,深刻地影响着世界历史的进程。

中国通史

党锢之祸

　　东汉末年,宦官和外戚把持朝政,卖官鬻爵,并把自己的亲信和势力遍布全国,政治腐败黑暗。党锢之祸就是宦官和外戚争权的结果。在桓、灵二帝时期,反对宦官的官僚士大夫被称为党人。党锢之祸的结果就是在反对宦官的斗争中,使得失败的官僚士大夫受到惩罚,本人及亲属、门生终身都不得做官。

　　公元159年,汉桓帝与宦官单超、徐璜等五人联合,将飞扬跋扈的大将军梁冀一家,不分男女老幼,斩尽杀绝,朝廷中的外戚高官也几乎被罢黜一空。

　　梁氏外戚虽然被铲灭,但政权并没有回到汉桓帝的手中。单超等五位宦官因诛杀外戚有功,汉桓帝被迫封他们为列侯,号称"宦官五侯"。这样,很快又形成了宦官独霸朝政的局面。

　　宦官专权乱政,横行不法,激起了士大夫和广大读书人的强烈不满。特别是洛阳城里的太学,简直成了抨击宦官、指点朝政、品评人物的场所。那里多数都是忧国忧民的热血青年。反对宦官集团的外戚、宗室、士大夫联合起来,互相标榜,互相赞誉,逐渐形成了一个有统一斗争目标的党派。

　　一个与宦官有勾结的术士张成听说朝廷将要大赦,故意叫儿子杀人。不料这件杀人案子落到了河南尹李膺手里。李膺知道张成跟宦官有勾结,下令把张成的儿子抓来,公布了他的罪状后,立即斩首示众。张成见儿子被杀,自然恨透了李膺,他在宦官的唆使下,给桓帝写了一封诬告信,信上说:"李膺等人在太学里结交各地来的太学生,组织秘密党派,诽谤朝廷,败坏风俗,有谋反的嫌疑。"桓帝接到诬告信以后,也不调查了解,立刻下令逮捕李膺等二百多个党人,把他们送进监狱。有些党人闻风逃往外地,桓帝就派人四处查找,悬赏追捕。太尉陈蕃上书替李膺等人辩护,请皇帝停止捕人,也被免了职。

李膺等人虽然被捕,斗争并没有结束。在审讯这件案子的时候,李膺慷慨激昂地当众揭发宦官集团的种种罪恶,使得宦官集团非常害怕。这时候,窦皇后的父亲窦武站在李膺等党人这一边,他想利用党人打击宦官,把朝政大权抢到自己手里来。太学生贾彪了解到窦武的政治态度以后,冒着有可能被捕的危险,化了装,在夜里偷偷地回到洛阳,去见窦武,请他在桓帝面前替李膺等党人申诉。窦武答应了贾彪的请求,给桓帝上书,请求赦免李膺等党人。桓帝觉得一方面是自己的岳父来说情,另一方面对于宦官他又不敢得罪,就来个折衷的办法。他下令赦免李膺等二百多个党人,但把他们驱逐回乡,禁锢终身,永远不许再做官。这就是第一次的"党锢之祸"。

李膺等人虽然被驱逐、禁锢,但是他们由于反对宦官而出了名,受到了社会上广大群众的拥护。桓帝的岳父窦武也在政治上捞了一把,获得了正直的声誉,受到了反对宦官的党人和广大群众的拥护。以太学生为

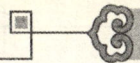

东林党争

东林党争发生在明末时期,是反对宦官魏忠贤引起的党争,这次党争就是受到东汉党人斗争精神的鼓舞和影响。明朝末年以江南士大夫顾宪成与高攀龙为代表的政治集团,在东林书院讲学,针砭时弊,指责朝政奸臣,触怒魏忠贤,致使东林书院被拆毁。东林党人遭到严酷迫害,左光斗等人惨遭杀害。后来崇祯皇帝即位后,下令为东林党人恢复名誉,史称东林党争。

代表的中小地主,跟以外戚为代表的世家豪族,在反宦官专权的口号下联成一气,展开了声势更加壮大的反宦官斗争。

在第一次"党锢之祸"以后的第二年,汉桓帝就死了。他没有儿子,窦皇后跟父亲窦武商量以后,把桓帝的侄子、十二岁的刘宏迎来,立为皇帝,就是汉灵帝。窦武被封为大将军,陈蕃被拜为太傅,由他们两人共同掌管朝政。窦武、陈蕃掌握了朝中大权,便立刻下令免除对党人的禁锢令,把李膺等几个为首的党人请出来做官,并且暗地里密谋诛杀宦官。

李膺等党人一回到京城里做官,宦官集团看到自己的死对头回来了,也立刻紧张地活动起来。他们探听到窦武、陈蕃、李膺等正在密谋诛杀宦官,就先下手为强,由宦官曹节、王甫等去要挟汉灵帝,迫使他下令逮捕窦武。窦武不甘心屈服,利用大将军的职权,发动驻守京城的北军起兵讨伐宦官,宦官指挥防卫宫廷的虎贲军和羽林军抵抗,一场武装争夺权力的斗争展开了。

窦武名义上是个大将军,却不会带兵打仗。虎贲军和羽林军打败了窦武军队,窦武被包围后自杀,陈蕃被宦官杀害。

宦官集团取得胜利之后,由宦官头子侯览指使他的爪牙朱并上书控告党人张俭,说他和同郡的二十四个人结党谋反。灵帝下令逮捕张俭。张俭逃出京城,依靠百姓接待和掩护,最后辗转逃往塞外。宦官曹节又乘机奏请灵帝逮捕李膺等一百多人,把他们关进监狱,没几天又把他们偷偷地杀害了。宦官集团还在全国各地大肆搜捕和杀害党人,

几天工夫,被杀、被流放、被监禁的党人就有六七百人。接着,又把一千多个太学生全都关押了起来。凡是有替党人喊冤的,也都或杀或捕。所有党人和党人学生、父子、兄弟,凡是做官的,都一律免职,驱逐回乡,禁锢终身,永远不许再做官。这就是第二次的"党锢之祸"。

两次"党锢之祸"都是东汉统治阶级内部争权夺利的斗争。宦官们骄奢残暴,作恶多端,太学生发动的反宦官斗争,并没有改变政治黑暗的面貌。反宦斗争失败后,东汉的政权又一次完全被宦官集团所控制,政治越来越腐败,对党人的禁锢直到黄巾起义后才解除。

黄巾大起义

东汉末年,外戚与宦官轮流把持朝政,他们残酷地剥削、压榨广大贫苦农民,弄得民不聊生,社会危机日益加重。随着阶级矛盾的日益激化,广大贫苦农民纷纷起来反抗朝廷黑暗统治。据统计,从公元107年到公元184年,农民武装起义就有近百次,其中规模最大、最著名的是黄巾起义。

冀州巨鹿(今河北平乡西南)人张角,目睹了广大贫苦农民在东汉王朝腐朽统治下的悲惨境况,创立了太平道,宣传和组织活动,成为东汉末年农民大起义的领袖人物。

张角一家兄弟三人,另外两个一个叫张宝,一个叫张梁。张角懂得医道,给病人治病从来不要钱,穷人都很支持他。

相传,有一天,张角上山采药,遇到一个白发老人。这老人医术精湛

之极，令张角叹服不已，于是跟随他学习医术。老人临终的时候，赠送给张角一本书叫《太平要术》，并语重心长地告诉张角说："你得到这本书下山以后，应当替上天宣传其中的道义，普救世人。如果你萌发异心，必然会遭到恶报。"

张角得到《太平要术》这本书后，日夜攻读，深刻地领略到了其中的要义，后来居然能呼风唤雨。东汉末年，瘟疫流行，张角于是自称"大贤良师"，散施符水，为人治病。病人们喝了张角的符水后，病情很快好转起来，人们把张角的事迹传得越来越神，张角赢得了百姓的信任。于是，张角创立太平道，收了很多徒弟，并派他们云游四方，用神道符水为人治病。

在给人治病的同时，张角让徒弟们在贫苦农民中宣传原始道教中"人无贵贱，皆天之所生"的平等思想，鼓动民众起来反抗东汉的腐朽统治，建立起一个财产公有的"太平"世界。广大贫苦农民纷纷响应，有的甚至变卖家产，十余年间张角的徒众发展到数十万人，遍布于青、徐、幽、冀、荆、扬、兖、豫八州。

张角又派遣骨干信徒到各地聚集力量，他把信徒按地域划分为三十六方，大方一百多人，小方六七十人，由张角统一节制，为起义做好了必要的组织准备工作。

组织工作准备就绪后，张角亲自到京师洛阳观察政局，并不断地派人秘密搜集情报，寻找最有利的起义时机。最后，他决定在"甲子"年，即公元184年三月初五在全国各地同时发动起义。

为了保证起义顺利发动，张角派遣大方首领马元义往来于洛阳和各州之间，调集了荆、扬两州的道徒数万人潜赴都城，并积极联络洛阳皇宫中的宦官信徒充当内应。同时，张角又提出了"苍天(指东汉王朝)已死，黄天(指太平道)当立，岁在甲子，天下大吉"的口号，让部下在信徒和贫苦农民中广泛宣传。

黄巾大起义

张角还特别派人在京师洛阳的寺庙以及各州、郡官府的门上,用白土写上"甲子"两个大字,作为起义的信号和打击的目标。这样,一场在宗教形式掩护下的农民大起义已经是呼之欲出了。

在离起义日期还有一个月的紧要关头,起义军中出了叛徒,向政府告密。起义的消息泄露了,东汉政府逮捕了马元义,在洛阳当众把他杀害,受牵连被害的人达一千之多。

由于形势突然变化,张角当机立断,决定提前一个月起义。张角自称天公将军,称张宝为地公将军,张梁为人公将军。三十六方的起义农民,一接到张角的命令,同时起义。所有起义的农民头上都裹着黄巾,作为标志,所以称做"黄巾军"。

各地起义军攻打郡县,火烧官府,打开监狱,释放囚犯,没收官家的财物,开放粮仓,惩办官吏、地主豪强。不到十天,全国都响应起来了,各地起义军从四面八方向洛阳涌来,朝野震惊。

汉灵帝慌忙召集大臣,商量镇压措施。

东汉政府派大将军皇甫嵩、朱儁、卢植率领几路军队镇压黄巾军。

黄巾军把皇甫嵩带领的军队围困在长社(今河南省长葛市东)。皇甫嵩看出了黄巾军缺乏作战经验的弱点,他便和部下商量打算用火攻偷袭黄巾军。

历史探微

黄巾起义的影响

黄巾起义时间持续了二十多年,是我国历史上持续时间较长的一次农民起义,这次起义对东汉政局产生深远影响。为了尽快平定战事,东汉统治者将军权下放至地方,这种措施虽然使黄巾之乱无法快速的蔓延,却使得有野心的将领或官员割据地方,为东汉末年军阀混战揭开序幕,更为三国鼎立种下远因。

中国通史

在一个刮风的夜晚,皇甫嵩命令官军偷袭黄巾军,放火焚烧黄巾军的军营,黄巾军大乱。皇甫嵩、朱儁和骑兵都尉曹操率领官军,乘乱砍杀了几万的黄巾军,黄巾军大败,只好退往阳翟。

北方由张角兄弟亲自率领的黄巾军打败了北中郎将卢植和东中郎将董卓率领的军队。

汉灵帝见皇甫嵩打了胜仗,急忙命令皇甫嵩从河南北上,夹击黄巾军。张角派张梁迎战皇甫嵩,两军在广宗(今河北省威县东)地方大战,张角不幸战死。张梁作战很英勇,他率领黄巾军奋勇冲杀,打得皇甫嵩招架不住,只好紧闭营门,躲藏起来,坚壁不出以松懈起义军斗志。

皇甫嵩乘张梁料理哥哥后事之机向黄巾军反扑,他命令官军连夜准备,天刚蒙蒙亮就发动进攻,打破了黄巾军的大营。张梁率领部下奋勇抵抗,他和三万多名黄巾军战士英勇战死,另外五万多名黄巾军战败以后不愿投降,投河壮烈牺牲。

皇甫嵩居然劈开张角的棺材,砍下他的脑袋,送到京城里去请功。接着,皇甫嵩又去进攻张宝率领的黄巾军。张宝势孤力单,在下曲阳(今河北省晋州市西)战死。

黄巾起义虽然失败了,但是东汉黑暗腐朽的统治,在农民起义中土崩瓦解。东汉政权名存实亡,造成了东汉末年诸侯争雄割据的局面。

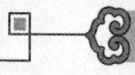

三国时期

三国简介

东汉末年,宦官、外戚专政,横征暴敛,爆发了黄巾起义。在起义军的打击下,东汉名存实亡。魏、蜀、吴先后建立,中国进入三国鼎立的分裂时代。这一时期,三国征战不断,给人民造成极大的灾难。但是三国统治者为了增强各自实力以便在战争中获胜,大力发展经济,使得这一时期的农业、手工业有了很大的进步。同时,三国时代也是中国民族大融合的时期,汉族人民为了躲避战乱,逃到边疆少数民族地区,带去了先进的生产技术和生产工具,促进了边地的开发建设。一些少数民族向汉族聚居地大量迁徙,与汉族人民逐渐融合,各民族间的经济文化交流进一步加强。

杰出历史名人

1 曹操(155年—220年)

字孟德,小字阿瞒,沛国谯(今安徽亳州)人,东汉末年的政治家、军事家、文学家,三国时代的主要缔造者之一。曹操一生征战,为了实现国家的统一,采取了多方面的措施。在内政方面,创立屯田制,命令不打仗的士兵开垦土地,下田耕作,保障了粮食供应,减轻了农民的负担;在军事上,善用兵法,战术战法灵活多变;在用人方面,任人唯贤,广泛吸纳贤才,打破世家大族的门第观念。此外,曹操还善作诗,大都为乐府歌辞,用乐府旧题,却又别出新意,内容多表现其一统天下的抱负及征伐途中的

所见所感,风格苍凉悲壮,开创了建安文学的新风气。

Ⅱ 诸葛亮(181年—234年)

字孔明,琅邪阳都(今山东沂南南)人,三国杰出的政治家、军事家。东汉末,隐居隆中(今湖北襄阳),关心世事,被称为"卧龙"。公元207年,刘备三顾茅庐,诸葛亮为刘备分析了天下形势,提出了先取荆州(今湖南、湖北)以为根据地,再取益州(今四川、重庆)成鼎足之势,进而图取中原的构想。之后,诸葛亮出任蜀国丞相,成为刘备的主要谋士。刘备在诸葛亮的辅佐下,联合孙权攻打曹操,取得了赤壁之战的胜利,确定了魏、蜀、吴三国鼎立的局面。223年,刘禅即位,封诸葛亮为武乡侯,大小政事皆托付于他。当政期间,励精图治,赏罚分明,政治清明,兴修水利,开垦农田,发展生产,并改善与西南少数民族的关系。225年,南征,深入不毛之地,七擒孟获,奠定了北伐的基础。曾五次出兵,北伐曹魏,争夺中原。234年,再次北伐,与魏司马懿相拒于渭南,因积劳成疾,病逝于五丈原(今陕西岐山南),葬定军山(今陕西勉县),谥忠武侯。

Ⅲ 魏文帝曹丕(187年—226年)

字子桓,沛国谯人。曹操的嫡长子,公元220年—226年在位。曹操死后,他袭位为魏王。为调解曹氏政权与士族之间的矛盾,采纳吏部尚书陈群的建议,确立九品中正制的选官制度,赢得了士族的支持和拥护。220年十月,逼迫汉献帝禅位,曹丕代汉称帝,国号为魏,定都洛阳。设立中书省,负责起草诏令,机要之权由原来的尚书省转移到中书省,并采取一些措施限制宦官的权力,加强了中央集权。曹丕爱好文学,是三国时期一位杰出的诗人、文学批评家。其诗多受乐府民歌的影响,语言通俗易懂,描写细致。《燕歌行》是我国现存最早的文人七言诗。所著《典论·论文》是我国古代文学批评史上重要的著作。

三国时期

重大历史事件

I 屯田制

中国古代土地制度。西汉时期,已经派军队戍边屯田,开拓和驻守边疆。至曹魏时,曹操采纳部下枣祗、韩浩的建议采取屯田的土地制度。首先将荒芜无主的土地集中起来,然后招募大量的流民按照军队的编制分组,由国家提供种子、耕牛、生产工具,劳动所得由国家和耕种屯田的农民按比例分配。屯田制分为军屯和民屯两种。军屯是由不用打仗的军士耕种屯田,要求士兵能够自行耕种提供行军打仗所需的粮食;民屯则是由农民耕种屯田,田地所有权归政府,收成扣除佃租后,归耕种者所有。屯田制的推行,恢复了由于战争而遭到破坏的农业生产,维护了社会的稳定。

II 九品中正制

魏晋南北朝时期中央政府重要的选官制度。两汉推行的察举制,因为缺乏一定的标准,长期为权门势家所把持,贿赂成风。220年,曹丕接受吏部尚书陈群的建议,定九品中正制选拔官吏。主要内容:选择"贤有识见"的中央官员回原籍地州、郡、县担任大、小中正,中正负责考察散处在本州、郡、县有能力的人,按照家世门第、才干、道德的标准定出品和状,供中央选拔官吏之用。所谓的品,就是综合家世门第、才干、道德等标准评定的等级,共分成上上、上中、上下、中上、中中、中下、下上、下中、下下九等,但在评定品级时,通常主要依据家世门第评定。所谓的状,指中正官所作的评语,一般只有简单的一两句话,如"德优能少"、"天材英博,亮拔不群"等。九品中正制改变了东汉末年察举制的弊端,但中正制重家世,轻贤愚,造成魏晋南北朝时期讲求门阀等风气。

文化艺术成就

I 建安风骨

汉魏之际,以曹氏父子(曹操、曹丕、曹植)、建安七子(孔融、陈琳、王粲、徐幹、阮瑀、应玚、刘桢)为代表的遒劲刚健的诗歌风格。"建安"是汉献帝的年号(公元196年—公元220年)。风骨一词,在魏晋南北朝时期常用来评论人物,后逐渐引入到诗论和书画评论中来。就诗歌评论来讲,风,指诗歌内在的表现力和感染力;骨,指诗歌外在的表现力。建安时期,以曹氏父子为首的建安文人集团以汉乐府和"古诗"为基础,继承了汉乐府的现实主义的创作传统,多反映当时的社会现实,普遍采用五言形式,诗歌内容充实,感情充沛,以风骨遒劲著称,并具有慷慨悲凉的阳刚之气,形成"建安风骨"的独特风格。风骨是中国文学批评史上的重要概念,成为很长一段时期文学品评的主要标准。

II 华佗

字元化,沛国谯人,我国古代著名医学家。华佗自幼刻苦攻读钻研前代医学典籍,在诊疗实践中不断地研究、进取。他医术全面,精通内科、外科、妇科、小儿科各科,尤擅长外科,精于手术,并创制"麻沸散"应用于剖腹手术,极大地减轻了病人的痛苦,提高了手术成功率,是世界上应用全身麻醉进行手术治疗的最早记载。此外,他还仿照虎、鹿、熊、猿、鸟等禽兽的动作创作了名为"五禽戏"的体操,教导人们进行体育锻炼,强身健体。后世常以"华佗再世"、"元化重世"代指医术高超之人,足见华佗影响之深远。

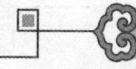

董卓乱政

董卓乱政时间虽短,只有三年,但却引起各地诸侯发起讨董号令。很多诸侯是借着讨董之名扩大领地,如袁术杀掉南阳太守割据南阳。诸侯讨董基本决定了历史的走向,成为三国乱世的开端。

经过黄巾军起义的冲击,东汉王朝岌岌可危,汉灵帝死后,外戚和宦官两个集团残酷斗争,加速了它的崩溃。

公元189年,才十四岁的皇子刘辩即位,史称汉少帝。何太后临朝,外戚大将军何进掌握了朝中大权。

何进的势力引起了宦官的不满和反对。当时宦官蹇硕担任上军校尉,即皇宫禁卫军的统帅。他想谋杀何进,不料走漏了消息。何进先下手为强,将蹇硕杀了。

蹇硕被杀以后,袁绍劝何进把宦官势力彻底除掉。他说:"以前窦武想消灭宦官,由于泄漏了机密,反被宦官杀了。现在将军执掌兵权,应该替天下除害,可别错过了机会。"

袁绍又替何进出谋划策,劝何进秘密召集各地的兵马进京,迫使太后同意除宦官。

各州人马中,董卓的兵力雄厚,何进就派人给董卓送了一封信,叫他迅速带兵进洛阳。

由于消息走漏,传到宦官的耳朵里。几个宦官商量先下手为强。

他们就在皇宫里埋伏了几十个武士,假传太后的命令,召何进进宫。

何进一进宫,就被宦官围住斩杀了。

袁绍得知何进被杀的消息,立刻派他弟弟袁术攻打皇宫。一大批士

中国通史

兵冲进宫里,不分青红皂白,见了宦官就杀。

经过这场火并,外戚和宦官两败俱伤。何进召来的董卓却带兵进了洛阳。

董卓进了洛阳,就想掌握控制朝廷。可是他只带了三千人马进入洛阳,怕压不住洛阳的官兵。为了虚张声势,他就在夜深人静的时候,把人马悄悄地开到城外去。到了第二天白天,再让这支人马大张旗鼓地开进来。这样一连几次进出,洛阳的人都搞不清董卓到底调来多少兵马。原来属于何进手下的将士看到董卓势力大,也纷纷投靠董卓。这样一来,洛阳的兵权就全落到了董卓手里。

丁原看出了董卓的野心,对董卓的行为深表不满。董卓也知道不除掉丁原就不能专权。他知道丁原的部将吕布是个反复无常的人,就用金钱财物去收买吕布。吕布接受了董卓的贿赂,不久便把丁原杀掉,替董卓独掌朝中大权扫除了障碍。

为了独揽大权,董卓决定废掉汉少帝,另立少帝的弟弟陈留王刘协。公元189年,董卓就召集文武百官,宣布废帝的决定。刘协即位,这就是东汉的末代皇帝汉献帝。董卓因此自己当了相国,独揽朝政大权。

董卓专权后混乱朝纲,滥施淫威,任用亲信,打击异己,放纵士兵奸

历史探微

李傕郭汜占长安

李傕,字稚然,董卓部下将领。董卓被杀后,他联合郭汜、张济等人大败吕布,占领长安,把持朝廷大权。后来他们发生内讧,开始自相残杀。李傕劫持了汉献帝,郭汜挟持了朝廷公卿,他们开始大打出手。张济听到这个消息赶来和解,二人罢兵。后来李傕、郭汜、张济联合起来追击汉献帝,汉献帝一路逃亡,狼狈不堪,直到被曹操迎往许都(许昌)生活才安定了些,李傕也被曹操灭了三族。

董卓乱政

淫抢掠，并命人打开汉灵帝的陵墓，掠夺墓中的珍宝等等。这些暴行激起了文武百官和地方州郡的强烈反对和愤怒，大司徒王允忍无可忍，决定铲除董卓为天下苍生除一大害。

杀掉董卓不是一件容易的事。董卓权大势大，出入都有士兵保护，想要除掉他，非用计不行，否则稍有不慎就会落得满门抄斩的下场。

大司徒王允日夜寻思着除掉董卓的办法，终于和义女貂蝉想出了一条"美女连环计"。

董卓手下有一员大将叫吕布，骁勇善战，无人能敌，深得董卓重用。但此人有贪财好色的毛病，王允决定先从吕布身上下手，便经常把府内的珍奇宝物赠送给他，吕布十分感激。

一天，王允把一顶镶嵌着明珠的金冠，派人秘密送给吕布，吕布受宠若惊，便亲自到王允府中致谢。王允利用这个机会，一面故意奉承吕布，一面设宴款待，并让聪明美丽的貂蝉给吕布斟酒。

吕布深深地被貂蝉的美色所吸引，王允看到这种情况便对吕布说："将军，如果不嫌弃，我愿将小女貂蝉许配给您，不知您是否同意？"吕布一听这话，心花怒放，忙起身拜谢，王允说："我就选个好日子，把貂蝉送到将军府中。"吕布喜形于色，连连看着貂蝉，貂蝉也故作高兴状，把含情脉脉的目光投向吕布。王允又说："我本来想留将军在我这里过夜，恐怕董太师会疑心的。"吕布只好起身告辞。

过了几天，王允又把董卓请到府中。王允早就看出董卓有想当皇帝的野心，便故意对董卓说："我从小善于观天象，汉朝的气数已经到头了，太师您若是像舜接替尧、禹继承舜一样，将是顺应天意，合乎民心。"

董卓听了眉开眼笑，当场表示当了皇帝后重用王允。王允也不推辞，随即便令貂蝉给董卓歌舞助兴。董卓一看到貂蝉，眼睛都直了。虽说自己府中有数百美女，但没有一个比得上貂蝉的。王允表面上却很恭敬地对董卓说："我想把她送给太师，不知您肯收下吗？"董卓非常高兴，立即起

中国通史

身带着貂蝉回到太师府。

貂蝉进太师府的消息很快传到吕布耳朵里,他气急败坏,立刻找到王允,大声责骂。王允急忙解释说:"昨天太师在朝堂中对我说:'听说你有一个女儿叫貂蝉,已经许配给吕布,能否让我见见?'我只好答应。今日太师来到我家里,见到貂蝉后,说今日就是好日子,要立即接回府中与将军成婚,将军还是赶快回府准备成亲吧!"吕布听后怒气全没了,急忙回府等候。

吕布回府后,等了一夜,也没见动静。第二天一早,就赶快到相府后堂打听,侍女说:"太师娶了一位新人,现在还没起床呢!"吕布气急败坏,偷偷走到董卓卧室的后窗,正巧见到貂蝉刚刚起床,正在梳头。

貂蝉也看到吕布了,故意紧锁双眉,不断地用手帕擦泪。吕布看了好半天,也没办法接近貂蝉。直等到董卓吃早饭时,他来到董卓身边当护卫,才接近貂蝉,貂蝉含情脉脉地望着吕布,董卓无意中发现吕布的神情不对,便起了疑心,把吕布打发走了。

从这以后,吕布一个多月也见不到貂蝉,如坐针毡,恰好,有一次董卓生了病,吕布借请安的机会进入董卓卧室。董卓睡着了,貂蝉静静地坐在床后。见吕布进来,用手指指自己的心又指指董卓,竟流下泪来,吕布见后,又气又心疼。这时董卓忽然醒来,见吕布和貂蝉的样子,马上发怒,立刻叫卫士把吕布赶出去,从此不再让吕布做贴身侍卫。

从此,吕布很难再见到貂蝉了,但他并不甘心,想尽一切办法来接近貂蝉。一次,在皇宫里,吕布见董卓和汉献帝交谈,就偷偷溜出来,赶回相府找到貂蝉,貂蝉说:"这里不是说话的地方,你快到后园中的凤仪亭等我。"吕布在亭边等了半天,才见貂蝉从花丛中间走出来,那神态真像是下凡的仙女。貂蝉对吕布说:"我现在是度日如年,希望您可怜我的处境,早些救我!"吕布说:"我是偷空跑回来看你的,董卓那老贼可能会起疑心,我得赶紧回去。"貂蝉甩开吕布的手,生气地说:"我很早就听说您是

202

一位了不起的英雄,想不到竟这样怕那老贼,我恐怕没有出头之日了。"吕布听了这话,满面羞愧,急忙道歉。

董卓在宫中和皇帝说话,忽然发现不见了吕布,立刻起了疑心,急忙回府,果然见吕布和貂蝉正在凤仪亭一起交谈,他怒火中烧,大喝一声,冲上前去,吕布吓得慌忙逃跑,董卓也没有追上吕布。

貂蝉见董卓回来,哭着向董卓诉说:"刚才,我来到凤仪亭看花,不想吕布突然从后面把我抱住。我想喊,他便说要把我扔进池里淹死。幸亏太师及时赶回救了我的性命。"董卓听了,恨不得一刀把吕布杀了,只是因为吕布是大将,还需要他为自己出力,只好强咽下这口气,命令士兵将貂蝉严加看管起来,不准见任何人。

董卓的所作所为正中王允下怀,王允便找到吕布,请他来到自己家中,说:"貂蝉一心想和将军结为夫妻,无奈董卓从中作梗,才使将军落得如此下场。"吕布气得直跺脚。王允又说:"将军跟随董卓,南征北战,立下赫赫战功,却想不到董卓为了不让你和貂蝉在一起,竟然狠下心来想将你杀死。这样下去,恐怕将军会有不测。"就这样,王允用激将法气得吕布咬牙切齿,表示与董卓誓不两立。王允见时机已到,便把皇帝命令杀董卓的秘密诏书给吕布看,说:"将军若能弃暗投明,杀死老贼,必然得到皇帝重用,又可和貂蝉永远在一起。"吕布当即表示同意,便和王允定下了杀董卓的计划。

初平三年(公元193年)四月的一天,献帝病后初愈,朝官前往未央宫祝贺。董卓在侍卫的前呼后拥下也来上朝。吕布命令自己的心腹将领带十多个伪装的士兵守候在皇宫北掖门内,作为内应。吕布则紧紧跟随董卓。董卓到了宫门,马突然受惊不走。董卓有些害怕,便想返回。在吕布的催促下,才勉强进了宫门。李肃等人早已作好准备,他冲上前去,刺向董卓,但没刺中要害,董卓大惊,喊道:"吕布在哪里,快来保护老夫!"吕布应声道:"有皇帝诏书讨杀董卓。"董卓这时才明白过来,怒骂:"狗奴

才,你敢对我怎么样?"吕布拿起画戟便把董卓杀死了。

董卓死后,人们把他那肥大的尸首扔到大街上暴尸。百姓们气愤得又敲他的脑袋,又踩他的尸体,来发泄心中的仇恨,看尸的士兵将他肚脐引火点着当灯,肥膏流了一地,燃了几天才灭。吕布杀了董卓后便立即赶回太师府,先夺取了貂蝉,又杀死了董卓的家属。

董卓死后,他的余党又杀入长安,王允被害,吕布出逃,全国陷入一片战乱之中。东汉分裂割据局面正式开始。

官渡之战

官渡之战,曹操慧眼识珍,听从刘晔、荀攸、许攸、荀彧四大谋士的智谋,奇袭袁绍粮草基地乌巢,以两万左右的兵力大败袁绍十万军队,两年后袁绍因兵败忧郁而死,曹操彻底击灭袁氏集团,北方终于实现了统一。

曹操,字孟德,小名阿瞒,沛国(封国,相当于郡)谯县(今安徽亳州)人。他的父亲曹嵩本来姓夏侯,叫夏侯嵩,后来过继给大宦官、中常侍曹腾做养子,才改姓曹。

曹操自幼读书,喜欢骑马射箭、舞枪弄棒,他不受旧礼教的约束,从小就爱写诗,以诗来表达自己想治理国家的志向和敢于奋争的气魄。他看了许多书,尤其爱读兵书。曹操年纪轻轻便闻名于世,就连汉末大名士乔玄也当面赞扬他是"可以安定天下的能人"。

曹操在东汉末年军阀混战的时代,励精图治,知人善任,发展经济,使北方地区出现了社会安定、经济繁荣的局面。曹操在用人方面提出了

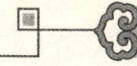官渡之战

"唯才是举"的思想,把一大批"经"不明、"行"不修但善于带兵打仗的人吸收到他的周围,成为他的重要将领和僚属。

东汉末年的割据势力中,以袁绍的势力最为强大。公元196年,曹操奉迎汉献帝迁都许昌,控制了朝政,取得了"挟天子以令诸侯"的有利条件,并先后击败吕布、袁术等,夺取了徐州和青州的大部分地区,从而与袁绍形成沿黄河下游南北对峙的局面。

公元199年6月,袁绍自恃兵多粮足,挑选精兵十万,战马万匹,计划麾师南下,消灭曹操。袁绍的谋士沮授建议要做好长期作战的准备,主张暂时休兵,发展农业生产,等后方稳固后,再南下消灭曹操。而袁绍根本没把曹操放在眼里,决定用速战速决的策略,一举攻取许昌,统一中原。

曹操根据他对袁绍的了解,认为袁绍志大才疏,胆略不足,刻薄寡恩,刚愎自用,兵多而指挥不明,将骄而政令不一,于是决定以自身所能集中的数万兵力抗击袁绍的进攻。为争取战略上的主动,曹操派精兵牵制袁绍,防止袁军从东面袭击许昌;曹操率兵进据冀州黎阳(今河南浚县东,黄河北岸),同时以主力在官渡(今河南中牟东北)一带筑垒固守,以阻挡袁绍从正面进攻。曹操所采取的战略方针是集中兵力,扼守要隘,重点设防,以逸待劳,后发制人。

公元200年,袁绍发布了讨伐曹操的檄文,率领精兵十万,出师伐曹。袁绍派大将颜良过黄河围困白马(今河南滑县),而此时的曹操对袁绍的进攻也做了充分的准备,带领四万军队集结官渡,与袁绍隔河对峙。

听到白马被围,曹操准备亲自北上解围,他的谋士荀攸劝他说:"袁军兵多势众,不能跟他硬拼。不如声东击西,分散其兵力,分一部分人马往西假装渡河,把敌军主力引到西边。我们就派一支轻骑兵到白马,打他个措手不及。"

曹操采纳了这一建议,袁绍果然分兵。曹操于是乘机率轻骑,急趋白马。颜良仓促应战被斩杀,袁军溃散。曹操解了白马之围后,迁徙白马的

205

中国通史

百姓沿黄河向西撤退。

不多久袁绍就听到报告说白马失守，颜良战死。袁绍听了后，暴跳如雷，不顾监军沮授的劝谏，毅然下令全军渡河追击曹军，派大将文丑率五千骑兵攻打曹操。

曹操当时只有骑兵六百，而袁军达五六千骑，尚有步兵在后跟进。曹操了解到文丑喜贪小便宜，于是在延津南坡布局，叫士兵解下马鞍，让马在山坡下溜达，武器扔满地。当文丑赶来时，看见这个样子，忙下令捡武器，士兵还在全心捡东西，哪想到会有人偷袭呢？正在这时，曹操一声令下，伏兵一齐冲杀过来，袁军还没回过神来，就被杀得一塌糊涂，文丑也糊里糊涂地丢了脑袋。

袁绍见损失两员大将，气急败坏。袁军将士被打得垂头丧气，但是袁绍不肯罢休，一定要追击曹军。监军沮授说："我们人尽管多，可没像曹军那么勇猛；曹军虽然勇猛，但是粮食没有我们多。所以我们还是坚守在这里，等曹军粮草用完了，他们自然会退兵。"

袁绍又不听沮授劝告，命令将士继续进军，一直赶到官渡，才扎下营寨。曹操的人马也早已回到官渡，布置好阵势，坚守营垒。

袁绍看到曹军守住营垒，就吩咐士兵在曹营外面堆起土山，筑起高台，让士兵们在高台上居高临下向曹营射箭。

曹军只得用盾牌遮住身子，在军营里走动。

曹操跟谋士们一商量，设计了一种霹雳车，这种车上安装着机关。士兵们扳动机关，把十几斤重的石头发出去，打坍了袁军的高台，许多袁军士兵被打得头破血流。

袁绍吃了亏，又想出一个办法。他叫士兵在深夜里偷偷地挖地道，打算从地道里钻到曹营去偷袭，但是他们的行动早被曹军发现。曹操吩咐士兵在兵营前挖了一条又长又深的壕沟，切断地道的出口，袁绍的偷袭计划又失败了。

双方在官渡对峙数月，曹操见粮草日益减少，将士疲惫不堪，写信到许都告诉荀彧，打算退兵。荀彧回信说：双方已达相持阶段，胜负难以预料，如果谁先退后一步必将大败，劝曹操无论如何要坚持下去。

这时候，袁绍方面的军粮却从邺城源源不断地运来。袁绍派大将淳于琼带领一万人马运送军粮，并把大批军粮囤积在离官渡四十里的乌巢。

袁绍的谋士许攸探听到曹操缺粮的情报，向袁绍献计，劝袁绍派出一小队人马，绕过官渡，偷袭许都。袁绍对此不屑一顾。

许攸还想劝他，正好有人从邺城送给袁绍一封信，说许攸家里的人在那里犯法，已经被当地官员抓了起来。袁绍看了信，把许攸狠狠地责骂了一通。

许攸又气又恨，觉得袁绍刚愎自用，将来成不了大业，就连夜逃出袁营，投奔曹操。

历史探微

望梅止渴

东汉末年，曹操攻打张绣，盛夏时节，军队走了很多天都没有水源。曹操心里非常焦急，知道如果找不到水，不但贻误战机，人马也要有不小的损失，于是他指向前方大喊："前面不远有一大片梅林，结满又酸又甜的梅子，走到那里吃到梅子就能解渴了！"战士们听了曹操的话，就好像吃到了梅子一样，鼓足力气加紧向前赶去。就这样，曹操利用人们对梅子酸味的条件反射，率领军队走到了有水的地方，成功地克服困难。

中国通史

曹操在大营里刚脱下鞋想睡,听说许攸来投奔他,高兴得来不及穿鞋,光着脚跑出来迎接许攸。

许攸对曹操说:"袁绍来势很猛,您打算怎么对付他?现在你们的粮食还有多少?"

曹操只好实说:"军营里的粮食,只能维持一个月,您看该怎么办?"

许攸说:"我知道您的情况很危急,特地来给您出个主意。现在袁绍有一万多车粮食、军械,全都放在乌巢。淳于琼的防备很松,您只要带一支轻骑兵去袭击,把他的粮草全部烧光,不出三天,他就不战自败。"

曹操得到这个重要情报,亲自带领五千精兵,伪装成袁军,打着袁军旗号连夜向乌巢进发。沿路遇到袁军的岗哨查问,就说是袁绍派去增援乌巢的,袁军的岗哨没有怀疑,就放他们过去了。

曹军破晓时分到达乌巢后,立即冲入乌巢粮营,放起一把火,把一万车粮草烧得一干二净。乌巢的守将淳于琼匆忙应战,也被曹军杀了。

正在官渡的袁军将士听说乌巢起火,顿时大乱。袁绍手下的两员大将张郃、高览因与袁绍不和,带兵投降曹操。曹军乘势猛攻,袁军四下逃散。袁绍和他的儿子袁谭,连盔甲也来不及穿戴,带着剩下的八百多骑兵逃回北方。

官渡之战,曹操以少胜多,为统一北方奠定了坚实的基础。

刘备三顾茅庐

三顾茅庐出自陈寿的《三国志·蜀志·诸葛亮传·出师表》:"先帝不以

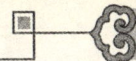

刘备三顾茅庐

臣卑鄙,猥自枉屈,三顾臣于草庐之中。""三顾茅庐"成就了诸葛亮,给了他一展抱负的舞台;也成就了刘备,为他完成统一天下的大业求得贤才,诸葛亮与刘备的三顾茅庐也因此成为千古佳话。

官渡之战袁绍失败以后,原来投靠袁绍的刘备,只得带着亲信张飞、关羽,去投靠荆州牧刘表。刘表对刘备很客气,拨给他一些兵马,叫他屯驻在偏僻的新野县城。

刘备的祖上是汉朝的宗室,只是后来家族衰败了。东汉末年,天下大乱,刘备也趁机起事,想有所作为,扶助汉室。可是二十多年过去了,他虽然名声很大,却一直寄人篱下,没有形成太大的势力。他经常感叹身边缺少能出谋划策指挥千军万马的人才。

刘备屯驻在新野以后,有不少的人从各地来投奔他,他自己也四处访求人才。

刘备打听到襄阳人司马徽(字德操),以善于识别人才、谙于时事知名于荆州。刘备亲自拜访,向他请教天下大事。

司马徽说:"像我这样的人,怎么能看透天下大势?谈论天下大事得靠有才能的人,我们这里的卧龙、凤雏,可谓这样的人才。"

刘备向司马徽道了谢,回到新野。

正好,徐庶来新野拜见刘备,二人志同道合,在国家大事上有相同看法,刘备把徐庶留在身边当谋士。徐庶向刘备推举诸葛亮,他说:"诸葛孔明,就是卧龙啊,将军难道不想见见吗?"

刘备从徐庶那里了解到,诸葛亮年方二十七,身处异乡,壮志难酬。于是他到襄阳城外的隆中山村,安家落户,耕种自食。诸葛亮在这个山村里,勤耕苦读,他熟读《孙子兵法》,探索诸子百家思想,将治乱兴衰、天文地理,谙熟于胸。在这期间,诸葛亮还走出茅庐,观察社会,了解民情,并寻师访友,不耻下问。

诸葛亮结识了荆州知名人士庞德公、司马徽。庞德公学识渊博,颇有

远见卓识。诸葛亮对庞德公彬彬有礼,敬如师长。庞德公见诸葛亮才德超人,深为器重,谆谆教诲,知无不言。庞德公的侄儿庞统,深通谋略,具有远大抱负,与诸葛亮志同道合,交情甚笃。庞德公对这两位出类拔萃的青年人,百般爱护,大加鼓励,说他们发迹之日,必定如龙飞凤舞。因此,称诸葛亮为"卧龙",庞统为"凤雏"。

刘备同关羽、张飞带着礼物来到隆中。这里山峦起伏,树木葱茏,风景秀丽。刘备等三人继续前行,来到一座山冈脚下,只见几间茅屋,掩映在一片苍松翠竹之中。刘备对关羽、张飞说:"这里可能就是卧龙冈了。"说着,三人在茅屋前下了马。刘备亲自上去敲门,一个小童开门出来问道:"你们找谁?"刘备恭敬地说:"请告诉卧龙先生,刘备前来拜见!"小童迟疑了一会儿,说;"先生不在家,早上就出门去了。"刘备问:"先生到哪里去了?"小童说:"可能找朋友一块儿读书去了。"张飞见刘备还要再问,不耐烦地说:"既然他不在家,我们就回去吧!"关羽也在一旁说:"我们先回去,以后派人打听好了再来。"刘备只得对小童说:"等先生回来,请你告诉他,刘备来拜访了。"说完,失望地离开了卧龙冈。

过了几天,刘备打听到诸葛亮已经回到家里,又带着关羽、张飞去请他。那天天气很冷,走到半路上,天下起大雪来了。张飞有些不耐烦,想要折回新野。刘备却认为冒着风雪去请,正好能表明自己的诚意,坚持要去。他们好不容易到了卧龙冈,一打听,才知道孔明已经在头一天和朋友出去了,又扑了一个空。

第三次,刘备选定了一个好日子,又去请诸葛亮。这次连关羽也有些不耐烦。刘备说:"你们知道周文王访贤遇姜尚的故事吗?文王那样敬重姜尚,姜尚一心辅佐文王和武王,君臣齐心,上下合力,终于完成了灭殷的大业。咱们应该效法古人呢!"说完,带着关羽、张飞,再次来到卧龙冈。

诸葛亮终于被刘备的诚意所打动,才把刘备和关羽、张飞迎接到屋里。刘备一见诸葛亮原来很年轻,大约二十七八岁年纪,眉目清秀,举止儒雅,一表人才。两人坐定,开始谈论起天下大事来。

刘备说:"现在汉室衰颓,奸臣当道,我不自量力,想要出来安定天下。但是,我的智谋短浅,能力薄弱,直到现在还没有什么成就。请先生指教,我应当怎么办才能够获得成功呢?"

诸葛亮见刘备谦虚诚恳,就对当时形势作了精辟的分析,对刘备陈述了自己的见解。他说:"自从董卓进入洛阳以来,天下群雄并起,势力跨州连郡者不可胜数。曹操和袁绍比,名望低,兵力少,但结果竟然打败了袁绍,这是由于曹操有智谋。如今曹操拥有百万之众,挟天子而令诸侯,目前不能用武力和他争雄。

至于孙权,他据有长江天险,老百姓归附他,有才能的人肯为他效力,因此对他只能联合,不能打他的主意。荆州地势险要,北有汉水、沔水,南通南海,东连吴会,西通巴蜀,这是个用兵的地方。可是荆州的主将刘表平庸,将军应当取而代之。益州是个易守难攻的天然要塞,那里土地肥沃,物产丰富,向来有'天府之国'的称号。汉高祖刘邦就是以益州为根据地,终于完成了统一全国的大业。将军如能先占据荆州,站稳脚跟,再

历史探微

桃园三结义

桃园三结义是《三国演义》中的第一个故事。故事发生在东汉末年,当时朝政腐败,诸侯割据,连年征战,百姓易子而食,刘备看到百姓生活困顿,有意拯救百姓。这年恰逢幽州太守刘焉招兵,刘备见榜文长叹自己壮志未酬,张飞看见了质问刘备"大丈夫不与国家出力,何故长叹?"两人经过一番谈论,惺惺相惜。这时关羽也来投军,兄弟三人觉得志趣相投,于是在桃花盛开的桃园对天盟誓,结为异姓兄弟。这个故事千百年来一直被人们所传颂,被人们所效仿,影响深远,现在在一些党会庄重的入会仪式上,也会插上桃枝,象征桃园结义。

取益州,励精图治,充实国力,联合孙权,安抚西南各民族,然后等待时机,再向中原发展。那么,统一天下的大业就能够获得成功。"

刘备听后非常佩服诸葛亮,他对诸葛亮说:"先生这一番话,说得十分透彻。我希望先生能够出山,帮我完成统一天下的大业!"诸葛亮见刘备非常诚恳,激动地说:"既然将军这样看得起我,我只好竭尽微薄的力量来为将军效劳了。"刘备见诸葛亮已经答应请求,非常高兴,第二天,诸葛亮告别了亲友,跟着刘备一起到了新野。后来人们把这件事称为"三顾茅庐",把诸葛亮这番谈话叫隆中对。

从此以后,诸葛亮就全力辅佐刘备,可谓鞠躬尽瘁,死而后已,为西蜀政权的建立立下了汗马功劳。

赤壁之战

公元200年,曹操在官渡之战中大败袁绍,又陆续消灭了袁绍的残余势力,基本统一了北方,形成了独霸中原的局面。既而,曹操想扫平所有的割据势力,实现天下统一。于是他一方面在北方发展生产,一方面积聚力量,加强军队的训练,要南下消灭荆州刘表和江东孙权。

孙权占据土地肥沃、物产丰富的扬州六郡,拥有精兵数万和周瑜、程普、黄盖等著名将领,同时据有长江天险,成为曹操吞并天下的主要障碍。刘表年老多病,懦弱无能,加之他的两个儿子正在为争夺继承权闹得不可开交,政权十分不稳,曹操并没有把他放在眼里。

曹操吞并天下的另外一个障碍是刘备。刘备原来依附袁绍,官渡之战后投奔刘表，没有自己固定的地盘。刘表对他并不友好，让他在新野、樊城一带屯兵，以阻止曹操南下。

但是刘备志在匡扶汉室，他趁曹操忙于统一北方之际，千方百计地招揽天下英才，在他手下集聚了关羽、张飞、赵云等众多猛将，还有神机妙算的诸葛亮出谋划策。

> **历史探微**
>
> **东汉末年三大战役**
>
> 　　东汉末年三大战役是指官渡之战、赤壁之战和夷陵之战。官渡之战奠定了曹操统一中国北方的基础。赤壁之战指孙权、刘备联军在长江赤壁一带大胜曹操军队，确立天下三分的历史格局。夷陵之战又称彝陵之战、猇亭之战，刘备称帝三个月以替大将关羽报仇为由，挥兵东吴，东吴陆逊用以逸待劳的方法，在夷陵一带大败蜀军。223年6月，刘备亡故白帝城。

　　公元208年，割据荆州的刘表病死，他的儿子刘琮继任荆州牧。

　　曹操趁机麾师南下。刘琮见自己不是曹操对手，带荆州守军投降。依附于刘表的刘备屯兵樊城，得到刘琮降曹的消息，率军撤向江陵。

　　曹操为了争取战争的有利条件，亲自率领五千轻骑疾驰三百里，打败刘备带来的军队，占据江陵。曹操号称拥有大军八十万临江陈兵，虎视江东，觊觎巴蜀，大有吞并孙权刘备，一统天下之势。

　　曹操占领了江陵，继续沿江向东进军，很快就要到夏口了。诸葛亮对刘备说："形势紧急，我们只有联合孙权才能打败曹操。"

　　正好孙权怕荆州被曹操占领，派鲁肃来找刘备，劝说他和孙权联合抵抗曹军。诸葛亮就跟鲁肃一起到柴桑(今江西九江西南)去见孙权。

　　诸葛亮在柴桑拜见了孙权。他说："海内兵起，天下大乱，将军您兴兵大江之东，刘备召集人马在汉水之南，共同跟曹操争夺天下。如今，曹操已经削平了吕布、袁绍、袁术等北方割据势力，消除了大患，进而又攻下

了荆州,声威震动天下。"

接着,诸葛亮又分析形势,劝说孙权跟曹操断绝关系:"目前,将军您表面上服从曹操,而心里头举棋不定,当断不断,大祸不日就要临头了!"他还激将说:"拥有江东沃土肥田、长江天险,不能以吴越之众同曹操抗衡,那就干脆让将士们脱下战袍、盔甲,束手向曹操投降算了!"

孙权说:"刘将军为什么还不向曹操投降称臣?"

"刘备是汉室皇家后代,英才无双,即使大事不能成功,也不能再做曹操的下属!"诸葛亮激昂地说道。

孙权忿忿地说:"我不能拿着东吴的土地和十万部众,让别人束缚控制我,我已拿定主意!"

诸葛亮见孙权已作出决断,只是对破曹信心不足,就进一步分析道:"刘备虽然一战失利,但现有余众和关羽水军不下万人,刘备集结收拢的江夏郡的兵士也有万人之多。而曹军远道而来,精疲力竭。"

诸葛亮又为孙权逐一摆出了曹军的劣势:一是北方的战士,不习惯水上作战;二是荆州民众归依曹操,那是被兵势所逼迫,并非自愿。"因此,如果孙将军能派遣一员猛将率几万人马,与刘备共同谋划方略,并力击曹,大败曹军必定无疑!曹操失败,肯定撤军。这样,荆州、东吴势力就强大了,三分天下、鼎足而立的局势何虑不成!成败的关键,就在于将军您啊。"

这一席话,让孙权心中豁然开朗。

正巧,曹操发给孙权的一封书信送到了。曹操信中说:"近来,我奉天子之命,讨伐叛逆之徒,大军南下,刘琮投降。现在,我训练了八十万水兵,正想跟孙将军在吴地合兵一处打打猎。"

曹操的这番辞令,既是对孙权的小觑,也是在骄横跋扈地耀武扬威。

孙权读懂了曹操的意思。他把信交给群臣传阅,将领们个个震惊失色。

孙权帐下沸沸扬扬,只有鲁肃不言不语。

孙权计有未决,起身向厕所走去。鲁肃追到走廊檐下。

孙权明白鲁肃的心意,握着鲁肃的手说:"您想说什么?"

"刚才,我看张昭等人的议论,是要贻误将军的,跟他们商议国家大事,将不利我们的统一大业呀!"鲁肃推心置腹地说,"我鲁肃可以投降,像将军您是不行的。我投降,曹操会把我送回乡里,让父老们品评举荐,还少不了当个州郡的小官吏,坐着牛车,带着吏卒,跟士大夫们交游。将军您投降曹操,江东六郡落在曹操手里,后果如何,可想而知!"

这番话使孙权恍然大悟。

鲁肃又劝谏孙权,召回了身在鄱阳的周瑜。

周瑜对孙权说:"曹操虽然打着汉朝丞相的旗号,实则是逆臣贼子。将军凭着非凡的军事才能,再加上父兄所建的基业,割据江东,军队精兵足够驱使,英雄们乐意为国家建功立业,正当横行天下,为朝廷清除奸贼,何况曹操军队不善水战,亲自送上门来让我们打,怎么能主动归降于他!"

周瑜分析战争前景说,北方割据势力尚未清除净尽,马超、韩遂是曹操的后患;步卒骑兵放弃陆战鞍马,要摇橹划桨跟南方水兵争雄;时当隆冬,曹军远来,粮草匮乏;还有士兵不服水土,肯定会疾病流行。占了这么多兵家大忌,我们必能大破曹军。

接着周瑜请求率几万精兵,前往夏口安营扎寨。

孙权看着周瑜,告诫众部将,说道:"老贼曹操想废除汉朝廷自立为帝,只是顾忌袁绍、袁术、吕布、刘表和孤罢了;现在,这几位英雄都不在了,只剩下孤一人了。孤与老贼不共戴天!"孙权拔出佩剑狠狠地砍在面前的奏案上:"各位将领官吏,胆敢再说应当投降曹贼的,他的下场就是跟这个奏案一样!"

孙权派三万兵马给周瑜。临别,孙权语重心长地叮嘱周瑜道:"你与

子敬(鲁肃字)、程公(程普)先出发,孤当继续集结发送人马,多多运送粮草军需,做好后援。"

周瑜、程普作为正副统帅担任左右都督,鲁肃担任赞军校尉协助策划方略,东吴部队正式与刘备联手迎击曹军。孙刘联军逆江而上,跟曹军在赤壁相逢。

曹操的士兵大多是北方人,不习水性,而且不服水土,以致军中流行疾疫。曹操初战失利,于是下令把战船用铁环首尾连接起来。

江东老将黄盖向周瑜献计说:"如今敌众我寡,不宜长久相持,曹军把船舰首尾相连,用火攻定可大胜。"周瑜听后大喜,于是让黄盖写信向曹操诈降,并与曹操事先约定了投降的时间。曹操不知是计,欣然接受了黄盖的"投降",并表示到时重重有赏。

在黄盖诈降的同时,周瑜又命他挑选出十艘船,在上面堆满枯柴,里面浇上油,并在外面裹上红色帷幕,上面插上旌旗,每艘大船后面,还系有空舟一只,以便放火后换乘。

在约定投降的那天夜里,黄盖率领着准备好的十艘火船开向江北。曹军将士听说黄盖来降,都跑出营外观看,指指点点,议论纷纷,丝毫不作防备。

这时,江上正猛刮着东南风,船到江中后,黄盖下令升帆疾驶,迅速向曹军阵地靠近。在距离曹军水寨只有两里处,黄盖下令所有船只同时点火。火烈风猛,十艘火船箭一般地冲入曹军水寨。曹军船只首尾相连,分散不开,移动不得,顿时变成了一片火海。

这时东南风正紧,火顺着风势扑到岸上,一直烧到了岸上的曹军营寨,一时间烟火冲天。曹军被这突如其来的大火烧得惊慌失措,顿时大乱,烧死、溺死者不计其数。

周瑜乘势率大军在后猛烈冲杀,鼓声、喊杀声震天,曹军死伤无数。在长江南岸的孙权、刘备主力也乘机擂鼓前进,横渡长江,大败曹军。曹操被迫率军由陆路经华容道向江陵方向仓皇撤退,一路上,人马自相践踏,死伤累累。

孙、刘联军乘胜追击,一直追到南郡(今湖北江陵境内)。曹操留下征南将军曹仁、横野将军徐晃驻守江陵,折冲将军乐进驻守襄阳,自己率领残兵败将逃回北方。

赤壁之战后,曹操不敢再轻易南下,势力只是局限在长江以北。

赤壁之战使得一代枭雄刘备获得了发展的机会,势力日益壮大。曹操逃往北方后,刘备乘胜攻占了武陵、长沙、桂阳、荆州等地,取得了立足之地。之后,刘备在诸葛亮等人的辅佐下,不断向西发展,经过三年的时间,夺取了刘璋的益州。公元218年,刘备又率兵进攻曹操占领的汉中,两军经过几次激烈的战斗,曹操战败,刘备攻下汉中。

赤壁之战后,江东的孙权在长江中下游一带的统治势力得到了大大巩固。

经过这场赤壁大战,魏、蜀、吴三国鼎立的局面基本形成。

关羽大意失荆州

荆州位于现在的湖北省荆州市,三国时是战略重镇,《三国志》说它"北据汉沔,利尽南海,东连吴会,西通巴、蜀",诸葛亮在《隆中对》中表示占据荆州才能进击中原,一统天下。失去荆州使蜀军失去了夺取天下的跳板。

赤壁之战以后,周瑜占领了荆州。荆州本来是刘表的地盘,刘备认

为应该归他所有。出于战略上的合作伙伴关系,孙权把荆州八郡借给了刘备。

刘备在益州还没站稳脚跟,孙权就派使者前来讨荆州。刘备不想奉还,两方相持不下。此时,曹操要进攻汉中,刘备只得和孙权讲和,把荆州分为两部分,以湘水为界,湘水以西归刘备,湘水以东归东吴。

不久,刘备在汉中打败曹军,斩杀了魏军主将夏侯渊,逼得曹操不得不放弃汉中。公元219年,刘备自立为汉中王。

按照诸葛亮的战略,打算兵分两路,东西夹击曹操。这一次西面大获全胜,就乘势从东面的荆州直接攻打中原。

镇守荆州的是大将关羽。关羽一接到命令,马上派两个部将留守江陵和公安,自己亲自率领大军进攻樊城。

关羽消灭了于禁、庞德后,乘胜进攻樊城。从此,关羽的声名威震整个中原地区。

关羽围攻樊城,眼看就要攻下来了。曹操跟百官商议,准备暂时放弃许昌,避避关羽的势头。

司马懿却说:"大王不必担心。刘备和孙权表面上合作,实际上各有私心。这次关羽得胜,孙权一定很气愤,我们何不派人去游说孙权,约他夹攻关羽。这样,樊城就自然解围了。"曹操听了,赶紧打发使者到孙权那里去。

孙权曾经派人为自己的儿子向关羽之女求婚,遭到关羽羞辱,孙权一直怀恨在心。

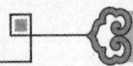

鲁肃在世的时候,一直主张吴、蜀和好,共同对付曹操。后来鲁肃死了,接替他职务的大将吕蒙,就和鲁肃的主张不同。吕蒙是个很聪明而且也很有胆量的人,他极力主张向荆州进攻。

吕蒙说:"刘备、关公等人反复无常,不守信用,原来说夺得了益州就将荆州交还给我们的,到今天还不还。现在,我们趁关羽对付魏军之际,攻击荆州,有了荆州,就有了全部的长江天险,江东的力量就更强了。"

孙权正在权衡利弊,曹操的使者来了,约他夹攻关羽。孙权马上下定决心,复信曹操,表示愿意和曹操联合,袭击关羽的后方。

关羽亲率大军进攻樊城,对于自己的后方,却没有放松防备。他让糜芳守江陵、傅士仁守公安,在蜀、吴交界一带,布置得严严实实。

吕蒙得了孙权的将令,回到陆口(在今湖北嘉鱼西南)时发现,关羽在江边建了许多烽火台,并派有重兵防守,要想渡江,相当困难。最后,他想了一条计策。吕蒙给孙权写了一封信,说自己身体不好,要求回家养病,想建议请孙权另派一名大将来代替自己。孙权不知道吕蒙用计,就召回吕蒙询问。

吕蒙对孙权说:"关羽现在防守很严,我诈说回来养病,是想建议您另外派一个大将守陆口,让关羽放松警惕,他现在攻樊城正在紧要关头,必定会把原来防陆口的兵力调到樊城去,等他调兵后,我们来个突然袭击,荆州就很容易被攻下了。"

孙权问:"谁去守陆口才合适呢?"

吕蒙答:"陆逊是个文武双全的将才,用陆逊守陆口,非常适合,而且陆逊年轻,关羽一定不防备。"

当吕蒙和陆逊俩人一个上任一个下任的时候,关羽正在樊城和曹仁相对抗,关羽很担心东吴,怕东吴在自己的后方发兵,尤其警惕吕蒙,所以他对江南的防备非常谨慎,等到听说吕蒙换成了陆逊,心中一块石头落了地。

中国通史

历史探微

煮酒论英雄

有一次曹操和刘备一起喝酒,曹操跟刘备聊得很投机,问刘备当世谁是英雄?刘备不敢说自己是英雄,将袁绍、袁术、公孙瓒等诸人说了个遍,都被曹操寥寥数语给驳回,后来不得已刘备开始顾左右言其它。曹操有些不耐烦,就说了一句"天下英雄,唯使君与操尔!"这时恰逢天上打了个雷,刘备假装害怕,把筷子掉到了地上,接着他以怕雷为由让曹操放松了警惕,用机智给自己解了围。

没过几天,陆逊从陆口特地派人拜见关羽,送上很多礼物,并大拍马屁。还带去了一封信,信中称赞关羽用兵如神,襄阳、樊城一仗,威名传遍天下。又说:"我是个年轻的后生,见识很不高明,请您冲着孙刘两家联盟的情谊,多多指教我……"关羽很满意,觉得陆逊态度谦虚、老实,就放松了警惕,把原来防备东吴的人马陆陆续续调到樊城那边去了。陆逊把这些情况探听得清清楚楚,一一向吕蒙作了报告。

很快,孙权任命吕蒙为大都督,让他迅速带兵进攻荆州。

吕蒙到了寻阳(今湖北黄梅西南),把所有的战船都改装成商船,把精锐部队都埋伏在船舱里。船上摇橹的兵士都扮作商人,穿上商人的衣服。就这样,一列又一列商船向北岸进发了。

到了北岸,蜀军防守的士兵一见都是些商船,就允许他们把船停在江边。半夜,船舱里的士兵悄悄地上了岸,捉住哨兵,让哨兵带路到荆州城下,骗开城门,一举占领荆州,兵不血刃地攻入北岸。

吕蒙大军神不知鬼不觉地占领了北岸,进军江陵(荆州驻地)、公安。留守江陵的糜芳是刘备的小舅子,可由于关羽跟他关系紧张,他对关羽很不满意。现在吕蒙的大军包围了江陵,他在吕蒙的劝说下,很快被招降。吕蒙夺了荆州城,关羽和一些将士们的家属都在城中,吕蒙派人把这

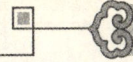

些家属好好保护起来,及时送钱送粮,不断地探望他们的生活情况,还发布了一道严格的命令:"如果有随便拿百姓东西的,军法处置!"正好这时天正下雨,有一个士兵借了老百姓的一顶斗笠遮盖盔甲,被吕蒙遇到,这人还是吕蒙的同乡,吕蒙也不讲情面,杀了这个士兵,于是军士们个个严守军纪。

这时候,曹操方面由徐晃率领的援军,已经靠近樊城前线。徐晃派人散布荆州已被东吴拿下的消息,他把孙权答应曹操夹攻关羽的信抄写了许多份,分别射进城里和关羽的营寨里。曹仁的将士读了信,士气大振,个个决心待援。关羽读了信,进退两难。蜀军人心大乱,关羽正犹豫不决的时候,徐晃发起进攻,打败了关羽。关羽不得不撤去对樊城的进攻。

然后,关羽派使者去江陵打探消息。使者到了江陵,吕蒙派人殷勤招待,还让使者到蜀军将士家中去看望。这些家属都称赞东吴军队秋毫无犯。并纷纷托他带信给自己的亲人,叫他们早点回来。

使者回来后,将士们都向他打听家里的景况,他把所见所闻一说,大伙儿一听东吴人好,一点斗志也没有了,一时间,许多人偷偷溜回到江陵去了。

到此,关羽才知道对东吴的防备太大意了,可是后悔也来不及了。他只好带着人马逃到麦城(今湖北当阳东南)。

吕蒙大兵围住了麦城,城中粮草吃尽,关羽只好带残余人马冲出包围,却被吕蒙的埋伏军队捉住杀掉,至此,荆州完全落入孙权手中。

荆州被夺,关羽被杀,蜀汉遭到致命的打击。从此,蜀国被封堵在三峡之内。而且,诸葛亮计划从汉中、荆州两方面进攻中原的方案也成为泡影。

七擒孟获

七擒孟获在《三国演义》中有详细的描述。诸葛亮七擒孟获不仅平定了南中，解除蜀汉的南顾之忧，还稳定后方，彻底消除南中少数民族的反叛心理。后人用七擒孟获比喻运用策略，使对方心服。

孙权偷袭荆州，杀死了关羽，刘备悲愤交加。公元221年7月，刘备决定要给关羽报仇雪恨，不顾诸葛亮等人的劝阻，一意孤行，亲率七十余万大兵仓促出战，大举伐吴。在夷陵被吴将陆逊火烧连营，大败而归。

夷陵之战失败后，刘备一病不起。他把诸葛亮从成都召到永安，嘱咐后事。他对诸葛亮说："您的才能比曹丕高出十倍，一定能够把国家治理好。我的孩子阿斗，您认为可以辅助，就辅助他；如果不行，您就自己来做一国之主吧。"

诸葛亮流着眼泪，哽咽着说："我怎敢不尽心竭力，报答陛下，一直到死！"

刘备死后，诸葛亮回到成都，辅佐刘禅登上帝位，历史上称为蜀汉后主。刘禅即位后，朝廷上的事不论大小，都由诸葛亮来决定。诸葛亮兢兢业业，治理国家，蜀汉又逐渐兴盛起来。

不久，南中地区(今四川省大渡河以南和云南、贵州一带)一个少数民族首领孟获起兵发动了叛乱。

南中地区聚居了众多少数民族，孟获的叛乱使他们失去了安定的生活，被迫逃难到各地，而且，叛乱也严重影响了蜀汉的统治。可是，刚刚遭受了猇亭大败和刘备去世的蜀汉，一时还没有足够的实力出兵平定叛乱。经过两年的准备工作，国家局势稳定，兵马粮草丰足了，诸葛亮才决

七擒孟获

定发兵南征。

公元225年,诸葛亮率领浩浩荡荡的三路大军,向南中进发。临行前,留守的参军马谡建议说:"南中依仗地势险要、偏远,不服从朝廷管制由来已久了。今天我们把他们打败了,明天他们又会反叛。兵法上讲,攻城为下,攻心为上,我认为这次出征不应该以杀尽他们为目的,而应该征服他们的心。丞相,不知您意下如何?"

诸葛亮赞许地说道:"好主意,我也这样想。孟获在少数民族中很有威信,我们应该让他心悦诚服地服从我们的统治。"

诸葛亮派人全面了解了孟获的情况,知道他虽然英勇,但不懂兵法。于是,诸葛亮制定了周密的作战计划。

一天,两军对垒,蜀汉大将王平突然杀进孟获的营地,孟获慌忙迎战。战了几个回合,王平突然掉转马头,朝孟获喊:"今天暂且饶过你,改日再与你决一胜负。"

孟获看到王平战败逃去,心中大喜,带领兵士穷追不舍。王平带着人马引孟获朝一条山路上跑,路的两旁是陡峭的高山,地形十分险峻。忽然,王平一班人马停住了,孟获正感到奇怪,四周喊声一片,蜀汉士兵举

历史探微

乐不思蜀

魏军入主西川之后,蜀国后主刘禅投降,被送到洛阳,并被封为安乐公,刘禅在这里天天歌舞升平,过得十分快活。为了感谢司马昭,刘禅特意登门拜谢,司马昭设宴款待刘禅。席间司马昭特意演奏了蜀国的音乐,当时蜀国旧臣听到音乐,人人伤悲,以悼念亡国之苦。只有刘禅谈笑自如,司马昭见到这种情况,问他,你思念蜀国吗?刘禅回答:此间乐,不思蜀!司马昭见刘禅这样,就再也不怀疑他。刘禅在洛阳安乐地度过了余生。

着兵器从两旁山上冲下来,孟获中了埋伏,掉转马头想要逃跑,却被层层围上的蜀兵绑了起来。

士兵们押来孟获,诸葛亮往下一看,他身材高大,肩宽臂粗,目光炯炯,果然是一条响当当的硬汉子。孟获心中正懊悔不已,以为被汉人俘虏,必死无疑。这时,诸葛亮慢慢走来,孟获把眼一闭,心想横竖一条命。没想到诸葛亮亲自为他松绑,孟获正惊叹不已,听见诸葛亮说:"孟将军,你没有受伤吧,我们出去走一走。"

走出军营,孟获以为会看见一支精锐的部队,没想到竟都是一些老弱病残,刀枪也都是钝的,旗帜破烂,在旗杆上耷拉着。孟获本来还有些敬畏之情,现在见到诸葛亮军容如此,不免心中生了轻蔑之心。

这时,诸葛亮开口问道:"你看我的军队如何?"

孟获冷笑着说:"以前我不小心,中了你们的埋伏,所以吃了败仗,现在看了你的部队,那打败你肯定不成问题。"

诸葛亮一直观察着孟获的表情,这时微微地笑了:"那好吧,孟将军,我这就放你走,你赶紧回去重整人马,咱们再打上一仗。"

孟获回去后,发誓一定要报仇雪耻,他当即挑选了一支精锐部队。当天晚上,他亲自带了这支队伍来劫营,一直走到蜀营跟前也没被发现,孟获心里暗暗高兴,以为这一次可以大获全胜了。孟获把刀一挥,顿时,兵士们举起火把,一窝蜂地冲了进去。这下,孟获才发现又上当了,原来这是一座空营,还没等他发令撤退,营寨四周已是火把连天,蜀兵铺天盖地一般围了下来。孟获和他的部下毫无抵抗的能力,全都当了俘虏。

天亮以后,士兵把孟获押了上来。诸葛亮说:"这次你又被我活捉了,心里应该服气了吧?"孟获一扭脖子,生气地说:"这根本不是打败仗,而是上了你的当。如果真刀真枪地打上一仗,我还被捉住,那样才能心服呢!"

其实,孟获以为自己这次必死无疑了,才说出这样的话,却听见诸葛亮爽朗的笑声:"来人,给他松绑。"

诸葛亮挥泪斩马谡

接着,诸葛亮又好酒好肉地款待了孟获,让他把被俘虏的士兵都带走,连兵器也一一奉还,诸葛亮说:"那好,咱们再较量一次吧!"

孟获通过这两次的交锋领教了诸葛亮的厉害,不敢再鲁莽行事。他回去后赶紧造土城、土垒,又退到泸水(今雅砻江下游)南岸,以河流为屏障。这样充分准备后,孟获得意洋洋,以为可以高枕无忧了。他对周围的人说:"诸葛亮带兵从北边跑到这儿,水土不服,现在又是夏季最热的时候,瘟疫流行,他们肯定待不了多久就得回去,而我们有泸水作为天然屏障,又修了土城、土垒,诸葛亮飞也飞不进来了。"

但是,诸葛亮早已想好了从两边包抄的妙计。他只留下一部分士兵在岸边,装着准备渡河的样子,把孟获的军队吸引到岸边来准备作战。然后,诸葛亮派出两支精锐部队,分别从上游和下游水流缓慢的地方,偷偷渡过河去,从后面包抄上来。孟获的军队毫无准备,见到汉军就如见到天兵天将,还没来得及抵抗,内部已乱成一团,又全部都成了俘虏。

这回孟获还是不服,说:"这次失败是因为没防后路,丞相倘若肯放我走,我一定召集各路人马和您大战一场。那时再被擒住,我就投降。"

诸葛亮又把孟获放了回去。

这样捉了放,放了又捉,一连捉了孟获七次。孟获最后心服口服,诸葛亮又让孟获照旧管理他们的地方,孟获感恩戴德,南中又恢复了安定。

诸葛亮挥泪斩马谡

马谡(190年-228年),字幼常,深得诸葛亮赏识。虽然刘备临终前

中国通史

曾叮嘱诸葛亮"马谡言过其实,不可大用,君其察之",但北伐时期,诸葛亮还是任命马谡为先锋,导致失去街亭,使蜀军被迫退守汉中,回天无力。

诸葛亮平定了南中(今云南、贵州一带),稳固了蜀汉的后方。两年以后,即公元227年的春天,诸葛亮屯兵汉中,开始积极准备北伐。

诸葛亮制定了巧妙的作战计划,采用声东击西的战术,他派赵云、邓芝进占箕谷(今陕西太白县境内),大张旗鼓,做出要进攻的样子;暗地里,诸葛亮却派大军主力沿汉水上溯,北出祁山,想先取得陇右,然后以居高临下之势,夺取长安。

公元228年春天,诸葛亮出兵祁山。蜀军经过这几年的严格训练,阵容整齐,号令严明,士气十分旺盛。而魏国君臣由于没有准备,放松了警惕。这次蜀军突然袭击祁山,守在祁山的军队挣扎了两下,就纷纷败退。蜀军乘胜进军,祁山北面的天水、南安、安定三个郡的守将被杀得措手不及,投降了诸葛亮。

此时,魏文帝曹丕已经病死,曹睿继位,史称魏明帝,曹魏迁都(都城)到了洛阳。魏国的文武百官得知蜀汉大举进攻的消息,都惊慌失措。曹睿却非常镇静,他立刻派身经百战的张郃统领五万精锐兵力,赶往西线,驻防陇右抵挡蜀军。而且,曹睿还亲自到长安督战。

诸葛亮到了祁山,决定派一支先头部队,去占领战略要地街亭(今甘肃庄浪东南)。诸葛亮让马谡带领先头部队。

马谡从小熟读兵书,而且聪明过人,对军事理论很有研究。诸葛亮对他很器重。不过刘备在世时已看出马谡只知纸上谈兵,过于浮夸,临终时候对诸葛亮说:"马谡常言过其实,不可大用,你要仔细观察。"诸葛亮因为喜欢马谡善出计谋,没有把刘备的话放在心上,常常与马谡商议军事。

这次正好是魏国名将张郃前来争夺交通要地街亭。街亭乃是军事战略要地,如果被魏军夺去,就等于掐断了蜀军的粮道,不但不能安守已经得到的陇西,还得退回汉中,将前功尽弃。诸葛亮深深感到守住街亭的重要性,就决定派马谡去镇守这个要地。

马谡非常自信地说:"请丞相放心!街亭地势险要,易守难攻,对付张郃,一定马到成功。"

诸葛亮小心谨慎地盼咐了很久,然后派用兵谨慎的王平为副将,又作了一番嘱咐,就命令他俩带着二万五千大军出发了。

空城计

失去街亭以后,司马懿亲率大军攻打西城。当时城内只有两千多士兵,并且都是文官,没有大将上阵,于是诸葛亮叫士兵把城门打开,扮成百姓模样,洒水扫街,他自己却到城上焚香弹琴。司马懿的部队见了这种气势,不敢轻易入城,司马懿看后以为诸葛亮在城中设下了埋伏,就马上撤退了。后人还为此赋诗:瑶琴三尺胜雄师,诸葛西城退敌时。十五万人回马处,士人指点到今疑。

马谡自以为通晓兵法,连丞相都对他另眼相看,这次又是独自担负重任,他的威风劲儿甭提有多高了。到达街亭以后,马谡粗粗视察了一下地形,马上下令说:"全军赶紧埋伏到南山的树林中去,等待张郃来了,就杀他个措手不及。"

王平一听,马谡的做法同丞相的叮嘱完全不同,赶紧提醒马谡:"将军,丞相一再嘱咐,要在道口安营扎寨,我们现在趁魏军还未到来,全军砍树搬石,在这里建立起坚固的栅栏和壁垒,张郃即便是插翅也难飞过呀。"

马谡掌握了大权,根本不听王平的劝告,教训他说:"兵书上早有'居高临下,势如破竹'的说法,魏军来了,我们便从山上冲下来,杀他们个片甲不留。"

"可是,南山是一座孤山,如果魏军在山下切断水源,山中没有水,那

中国通史

我们不就陷入绝地了吗？"王平说。

马谡不耐烦地说："置之死地而后生，难道你不明白吗？如果我军陷入绝地，能不拼命战斗吗？那时我军以一当十，必胜无疑。"

王平看实在说服不了马谡，自己又没有实权，只好请求马谡拨给他一支人马，让他在山下建一个寨子，可以相互救应。马谡拨给他一千人，随他安排。

张郃是善于用兵、屡立战功的大将，他率魏军赶到街亭，起先他听说诸葛亮已派二万五千人扼守街亭，不由大吃一惊，后又听说马谡放弃城池不守，而在南山之上屯兵，又喜出望外，立即指挥五万人把马谡扎营的南山围得水泄不通，命令兵士摆好阵势。

马谡一看，立刻命令蜀兵冲击敌阵。张郃不慌不忙地命令弓箭手射箭，蜀兵伤亡很大，只好退回。这样冲了好几次，根本就没有用处。而魏军却稳扎稳打，包围圈越缩越小。但是张郃并不急于攻山，而是派兵先截断了蜀军的水道。

山上没有水源，苦战之后的蜀兵没有水喝，连饭都做不成，蜀兵人心大乱，半夜就有许多蜀兵逃下山去投降了。马谡的兵马越来越少，张郃又来进攻，眼看就要全军覆没了，只好下令"放弃南山，放弃街亭"。马谡带着残兵败将逃跑，多亏王平佯装埋伏，使张郃不敢穷追猛打，才退了回去。

马谡失守街亭本也在诸葛亮意料之中，因为王平看马谡不听劝说，赶紧把马谡在街亭的守备图画好，送到诸葛亮手中，诸葛亮看到守备图，如同惊雷击顶，长叹一声说："马谡呀马谡，你坑害了我全军了！街亭一旦失守，后果不堪设想啊！"

马谡逃回以后，被诸葛亮打入死牢，准备斩首，以严明军法。

马谡在狱中，明知性命难保，但他并不怨恨丞相，而是悔恨自己，骄傲大意，辜负了丞相的信任，给战局带来不可挽回的损失。他给诸葛亮写

228

了一封信,信中说:"明公待我像儿子一样,我也视您像父亲一样,我希望明公能像远古时舜杀死鲧,又使用鲧的儿子那样,那我死也无憾了。"

诸葛亮知道马谡担忧的是自己的儿子,他于是派人带口信给马谡:"你死以后,妻子、儿女会按月发给米粮、俸禄,不用挂念。"

斩首的那一天,马谡从牢里出来,他一见诸葛亮,就"扑通"跪下了,泪流满面,一句话也说不出来。诸葛亮此时心中也万分悲痛,想起马谡平常聪明过人,自己和他亲如父子,然而军法如山,由不得自己徇私情。他上前去,扶起马谡,然后转过身去,对刀斧手挥了挥手,马谡被带出去了。

这时,诸葛亮忍不住失声痛哭,缓缓地对周围的官员说:"我怜惜马谡呀,为他而哭。我又悔恨自己,先帝临终专门嘱咐我不可重用马谡,说他是个言过其实的人。可我不会看人、用人,致全军大败,前功尽弃,现在想起先帝的话,怎能不懊悔、不伤心呀!"说完仰头长叹,泪如雨下。

马谡被斩首后,诸葛亮对街亭战役中有功的王平给以封赏,让他代替马谡为参军,又对自己痛加责备,他上书后主刘禅,请求贬官三等。

司马懿擅权

司马懿生于东汉乱世,史书称他"少有奇节,聪明多大略,博学洽闻,伏膺儒教"。他不但在军事方面有建树,在经济上也为魏国做出了重大贡献,魏国后期大权基本把握在他手里,平生多次与诸葛亮对峙,是西晋王朝的奠基者。

蜀国自诸葛亮死后,便无力进攻魏国,势力也逐渐衰落下来,而魏国

中国通史

势力却日益强大起来。但因为魏国过分倚重司马懿，使政权渐渐地落到了司马氏手里。

司马懿通过几次假病，不但避免了杀身之祸，还掌握了朝中大权。

曹操刚刚掌权的时候，曾经召司马懿出来做官。那时候，司马懿因不满曹操，不愿失节事之，但是又不敢得罪曹操，就假装得了风瘫病。曹操怀疑司马懿有意推托，就派了一个刺客深夜进司马懿的卧室去察看，司马懿将计就计，卧床不起。

刺客拔出佩刀，架在司马懿的身上，装出要劈下去的样子。谁知司马懿纹丝不动，用自己的性命做赌注，曹操才相信司马懿是得了病。

建安十三年(208年)六月，曹操为丞相，又请他出来做官，司马懿思量再三，决定接受任职。曹操对他的才干非常赏识，但是对他也十分防范。曹操梦见过三马共食一槽，槽与曹同音，觉得司马氏将侵吞曹氏权柄，于是，更加怀疑司马懿。他曾警告儿子曹丕，让他接管政权后，一定要对司马懿加倍防范。但曹丕与司马懿私交甚好，不但听不进父亲的警告，还各方面保护司马懿使他免于被害。

到魏明帝即位，司马懿已经是魏国的元老。由于他长期带兵在关中跟蜀国打仗，魏国兵权大部分落在他手里。后来，辽东太守公孙渊勾结鲜卑贵族，反叛魏国。魏明帝又调司马懿去对付辽东的叛乱。

司马懿平定了辽东叛乱，正要回朝的时候，正赶上魏明帝曹睿病故，曹芳即位，司马懿和宗室曹爽同被封为顾命大臣，一同辅佐曹芳，但曹爽年纪轻，又是贵族子弟，平时只爱吃喝交游，凡事都交给富有经验智谋的司马懿去办理。曹爽门下聚集了一帮朋友，有一天，大学者何晏对曹爽说:"大魏是曹家天下,不要过分相信外人。"

曹爽说:"先帝将幼子托付给我和太尉(司马懿),我当然要遵从遗命。"

何晏冷笑道:"从前,老将军(曹爽之父曹真)与太尉一起领兵抗蜀,若不是三番五次受太尉的气,何至于早逝?"

这话不禁引起了曹爽的愤恨。于是,他就与心腹一起谋划削掉了司马懿的兵权。司马懿看在眼里,装聋作哑。但曹爽还不放心,恰在这时,李胜任青州刺史,前来辞行,曹爽便借机让他到太傅府上辞行,趁机察看司马懿的动静。

李胜来到太傅府,只见司马懿面容憔悴地躺在床上,由两个侍女扶着,才勉强撑起身来。李胜对他说:"我要去青州上任了,向您来辞行!"

司马懿含糊地说:"并州接近匈奴,可要好好防备!"

李胜说:"是青州。"

司马懿说:"你从并州来?"

李胜又道:"是山东青州。"

司马懿大笑道:"你刚从并州来?"李胜只得用笔写下来,才对司马懿说明白。司马懿看了好一会才说:"原来是青州啊,我病得耳聋眼花了,请

历史探微

司马昭之心

曹丕死后,曹睿即位,司马懿和他的儿子司马师、司马昭篡位野心日益显露,魏帝曹髦曾气愤地对大臣说:"司马昭之心,路人皆知。"不久,曹髦策划除掉司马昭,结果反被司马昭杀死。司马昭立曹奂为帝。从此,在曹魏政权中,再也没有人敢公开反对司马氏的统治了。这也成了典故"司马昭之心,路人皆知"的出处,寓意为野心非常明显,为人所共知。

刺史路上多保重!"说完,司马懿用手指指嘴巴,侍女捧上汤水,司马懿就在她们手中喝了,汤水还洒了一衣襟。

最后,他流着泪对李胜说:"我年老力衰,时日不多了,剩下两个儿子,要托曹大将军照顾,请李刺史在曹将军面前多多关照。"说完指指两个儿子。

李胜走后,司马懿便披衣起床,对儿子司马师和司马昭说:"李胜回去必定要跟曹爽说,他不会再怀疑我了,曹爽如再出去打猎便可动手。"

李胜赶回大将军府,把情形一五一十地向曹爽作了汇报。曹爽大喜,认为司马懿已经不足为惧。过了几天,他带着魏主曹芳,点起御林军,借口出城祭祖,打猎去了。

等曹爽一班人一出皇城。太傅司马懿便立刻布置人马,完全没有生病的迹象。他披戴起盔甲,抖擞精神,带着他两个儿子司马师、司马昭,率领兵马占领了城门和兵库,并且假传皇太后的诏令,把曹爽的大将军职务撤了。

曹爽和他的兄弟在城外得知消息,急得乱成一团。有人给他献计,要他挟持少帝退到许都,召集人马,对抗司马懿。但是曹爽和他的兄弟都是只知道吃喝玩乐的人,哪儿有这个胆量。司马懿派人去劝他投降,说是只要交出兵权,绝不为难他们。曹爽生性昏庸,不听众门客的劝告,把大将军印交了出去,不久就被司马懿处死。

这样一来,魏国的政权便落到了司马氏的手中。司马氏就这样取得大权,乃至取曹魏而代之,建立司马氏的西晋政权。

过了两年,司马懿死了,接替他职位的是他的儿子司马师。魏国大权落在司马师和司马昭兄弟两人手里。

三国归晋

晋武帝司马炎是晋朝的开国君主,公元265年他继承父亲司马昭的晋王之位,数月后逼迫魏元帝曹奂将帝位禅让给自己,国号大晋,建都洛阳。公元279年他又命杜预、王濬等人分兵伐吴,于次年灭吴,统一全国。

司马懿的两个儿子司马师和司马昭掌握了魏国的政权。朝中大小事务都必须经司马氏定夺。魏少帝曹芳十分痛恨司马师专权,决定派人传令征讨司马氏兄弟。但还没有等曹芳动手,司马师已经逼着皇太后把曹芳废了。公元254年,司马师命令司马昭带兵进入洛阳,另立魏文帝曹丕的一个孙子曹髦为帝。不久,司马师病死了,临终之前把朝中一切权力都交给了弟弟司马昭。

司马昭总揽大权后,野心更大。曹髦又处于其控制之下,他不断铲除异己,并总想取代曹髦。曹髦对司马昭的篡权野心十分不满,他知道自己迟早会被司马昭除掉,就打算铤而走险,除掉司马昭。

有一天,曹髦召见几个心腹大臣进宫,气愤地对他们说:"司马昭之心,路人皆知,我不能坐以待毙。我要你们和我一起除掉他!"

几位大臣都认为要跟司马昭作对,简直是鸡蛋碰石头,就劝他暂时忍耐。但是曹髦根本听不进去,他进宫禀报太后,亲自率领宫内的禁卫军和侍从太监,从宫里杀了出来。

司马昭的心腹贾充率兵前来抵挡,双方打了起来。曹髦上前大喝一声,带人亲自杀过去。贾充的手下兵士一见皇帝自己动手,十分胆怯,扭头就要逃跑。

贾充厉声喝道:"司马公平时养着你们是干什么的!"

兵士们一听,这才壮起胆来,拿起长矛就往曹髦身上刺去。曹髦来不及招架,就被司马昭的兵士活活地刺死了。

消息传到司马昭那里,司马昭也有点慌张,连忙赶到朝堂上,召集大臣们商量。司马昭假惺惺地装出悲伤的样子,说:"现在如何是好啊?"很多大臣要求杀死贾充,好向天下人交代。司马昭当然不想杀自己的心腹,就不吱声了。

后来,司马昭用太后名义下了一道诏书,给曹髦加上许多罪状,把他废为平民,把曹髦被杀的事轻轻掩盖过去了。

曹髦死后,司马昭又从曹操的后代中另立了十五岁的曹奂接替皇位,这就是魏元帝。曹奂只是一个傀儡,政权完全掌握在司马昭手中。公元266年,司马昭的儿子司马炎在洛阳逼曹奂退位,自己登上了皇帝的宝座,建立了晋朝,历史上称为西晋,司马炎就是晋武帝。

司马昭灭蜀之前,曾打算三年之后消灭东吴,以达到他统一天下的设想。但魏灭蜀之后,魏军也损失惨重,同时又缺少消灭东吴所必不可少的一支强大的水军,攻打东吴的计划也就暂时搁置下来。

西晋建立后,司马炎为消灭东吴积极地做着各方面的准备。他大力发展农业生产,以恢复经济,增强国力;加强水军的训练,不断扩充军队,以增强军事实力;安抚归降的蜀国君臣,封他们为侯,以稳定巴蜀之众;收买吴国人心,派使者与吴国讲和,施缓兵之计。

公元269年,晋武帝命羊祜等人镇守荆州、徐州等地,把这些地方作为进军东吴的军事基地。公元272年,司马炎又任王濬为益州刺史,命令他加紧制造大船,训练水军。经过几年的努力,一支强大的水军在长江上游逐渐建立起来。

西晋的国力日益强盛,而江东的孙吴却政局混乱,国力日益衰落。西晋军队在益州造船时所剩下的碎木顺江而下,吴国建平太守吾彦发现后,收集了一些碎木,呈现给吴主孙皓说:"晋国必有攻吴之心,现在必须在建平增加防守。"但孙皓只知大兴土木，饮酒享乐，根本没把吾彦的建议放在心上。

公元279年，司马炎下令兵分六路，一共二十万大军，大举进攻东吴。

公元280年2月，王濬、唐彬率领的七万大军沿江而下，攻克丹杨(今湖北秭归东)，进逼西陵峡。

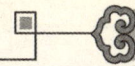

《三国演义》

罗贯中的《三国演义》又名《三国志通俗演义》，是我国第一部章回体长篇历史小说。小说描写了汉末、三国时期复杂的军事和政治斗争，成功地塑造了曹操、诸葛亮、刘备、关羽、张飞等典型形象，展现了波澜壮阔的社会生活画面。被世人称为"第一才子书"。

西陵峡并没有吴军防守，但吴国建平太守吾彦已经在这里横江设置了铁索，在江中又暗置铁锥，企图以此阻止晋军前进。

王濬便派人造了数十个大筏，在前边开道，铁锥遇到大筏，都被拔起。又派人在大筏上安放了长几米的火炬，灌上麻油，遇到铁索后，点燃火炬，铁索很快被融化断掉。王濬顺利排除了障碍，一路势如破竹，进而攻克西陵、夷道(今湖北宜都)、乐乡(今湖北松滋东北)等地。

与此同时，杜预率军攻克江陵，胡奋率军攻克江安(今湖北公安西北)。晋军所到之处，大多不战而胜。

接着，王濬和唐彬率军继续东下，占领巴丘(今湖南岳阳)，与胡奋、王戎等一起平定夏口、武昌，然后顺流而下，一举攻克建业。同时司马炎命杜预南下安抚零陵(今湖南零陵)、桂阳(今湖南郴县)、衡阳(今湖南湘潭西)等地。王濬奉命立即攻克了夏口，然后与王戎联军攻克了武昌，随后又继续向东直逼建业。

至此，晋军主力已完全控制了长江上游地区。

王濬率军抵达横江(今安徽和县东南)一带后，准备渡江进逼建业。吴主孙皓惊慌失措，急忙令丞相张悌、丹阳太守沈莹、护军孙震等率军三

万，渡江迎击晋军。经过激烈的战斗，晋军大胜，杀死吴军将士五千多人，张悌、沈莹、孙震等也都被斩杀。

公元280年3月，王濬率军抵达三山(今江苏南京市西南)。吴主孙皓见形势危急，于是急忙命张象率水军一万多人迎击王濬。吴军看到晋军的阵势，都望旗而降。孙皓无奈，只得又拼凑了两万多人以抵抗王濬，而这两万多人却都趁夜逃跑了。吴国再也没有兵力可以防守了，各路晋军人马纷纷兵临建业，东吴大势已去。

无奈之下，孙皓采纳了大臣薛莹、胡冲的离间计，分别派使者向王濬、司马伯、王浑等人求降，以挑起他们的争端。

王濬识破了孙皓使用的离间计，不顾王浑的阻拦，率水军八万，一举攻下建业。孙皓见晋军已经攻进建业，于是向王濬投降。

至此，由曹丕称帝开始，到吴国灭亡，三国割据时期宣告结束，晋统一了全国。

魏晋南北朝时期

魏晋南北朝简介

魏晋南北朝是中国历史上朝代更迭最为频繁的时期,各地方割据势力战争连绵不断。从魏至隋三百六十年间,先后经历了西晋、东晋、十六国、南朝宋、齐、梁、陈、北朝北魏、东魏、西魏、北齐、北周等三十余个大小王朝的兴亡交替。魏晋南北朝时期的政治特点决定了这一时期经济、思想、文化、民族等方面的特色,思想界异常活跃,形成了自战国"百家争鸣"之后第二个思想大解放的时代;江南经济迅速开发,经济重心南移,南北经济趋于平衡;汉族与各少数民族之间的交流进一步增强,加快了民族融合的步伐。经济、文化、民族方面的发展,为隋朝统一奠定了基础。

杰出历史名人

① 陶渊明(365或372或376年—427年)

字元亮,号五柳先生,入刘宋后改名潜,私谥"靖节"(死后由朋友私下所起),浔阳柴桑(今江西九江)人。陶渊明出身于官僚家庭,但到了他的时代,家道已经衰落,终其一生都过着穷困潦倒的生活。他生活在晋宋易代的时期,士族门阀专政,地方割据,阶级矛盾尖锐,民族矛盾激化。青年时期的陶渊明,也曾胸怀大志,期望能为国效力,但是社会的现实却事与愿违,他的思想发生了变化;中年时,为生活所迫,也曾做过几任小官;到晚年,就完全过着躬耕隐居的生活了。陶渊明的作品,现存有诗歌一百二十多首,还有少量的散文、辞赋传世。其中成就最高的是表现隐居生活

的田园诗。这类诗表现了诗人对黑暗官场的憎恶,对田园隐居生活的向往,对劳动和劳动人民的热爱。风格清新、简朴、平淡、自然,语言简洁、含蓄、浑厚而富有意境,在我国诗歌史上留下了浓重的一笔。

Ⅱ 萧统(501年—531年)

字德施,小字维摩,南兰陵(今江苏常州)人,南朝梁文学家。梁武帝萧衍长子、太子,谥号"昭明",故世称"昭明太子"。自幼聪慧过人,博闻强识,酷爱读书。喜欢交结才学之士,身边聚集了一批有学识的知识分子。萧统对文学颇有自己的理解,主持编纂《文选》三十卷,按照"事出于沉思,义归乎翰藻"的标准,收录从先秦至六朝七八百年间各种文体的作品七百余篇,是我国现存最早的一部诗文总集。保存了中华民族早期的文学精粹,是我们研究梁代以前文学的重要资料,对后世文学发展产生了重要影响。

Ⅲ 谢灵运(385年—433年)

陈郡阳夏(今河南太康)人,南朝宋诗人。谢灵运出身名门,是东晋大将军谢玄之孙。少负才名,善写文,书法亦精。一生仕途坎坷,为了摆脱政治上不得志的苦恼,谢灵运常醉情于山水之间,与自然为友,深入自然之中,探奇揽胜。他的诗歌所描写的多是所到之处,如永嘉、会稽、庐山等地的山水名胜。他的诗歌善于用绮艳工整的语言叙述所见所感,多有形象生动、意境优美的佳言妙句,如:"池塘生春草,园柳变鸣禽"(《登池上楼》);"春晚绿野秀,岩高白云屯"(《入彭蠡湖口》)。其诗中虽仍有玄言诗的影子,但已经摆脱了它的束缚。他的创作极大地丰富和拓展了诗的境界,使山水的描写从玄言诗中独立出来,从而扭转了东晋以来的玄言诗风,确立了山水诗的地位,成为我国古代诗歌的一个重要流派。

重大历史事件

I 门阀士族制

东汉政权是在豪强地主的支持下建立起来的,因此,豪强地主在各个方面都享有特权,逐渐形成名门大族。魏晋时期,统治阶级又颁布了一系列维护士族特权的制度,魏晋时期九品中正制就是将才干、德行与家族门第结合起来选拔官吏的一种制度,是士族制度形成的重要标志。东晋时期形成司马氏皇权和士族大家联合专政的局面,门阀政治达到鼎盛。这一时期,士族在政治上,身居高位,把持大权;经济上,占有大量土地和劳动人口;文化上,传承家学,崇尚清谈玄学,还大兴谱牒之学。特殊的社会环境使得许多的士族不思进取,只图安逸享乐,缺乏执掌政权的能力。东晋后期逐渐走向衰落。士族制度是贯穿整个魏晋南北朝时期最突出的政治特点,决定了这一时期在经济、文化等方面的门阀特色,对后世影响深远。

II 均田制

均田制是我国古代一项重要的土地制度。产生于北魏,一直沿袭到隋唐时期。北魏时期,由于连年战争,人口大量死亡和迁徙,造成大量的土地荒芜。孝文帝为了改变这种现状,颁布施行"均田制"的法令,先确立户口定人数,根据户口数分配土地,分为露田和桑田两种。露田,所有权归国家,耕种者只有使用权。桑田,属于耕种者的私有财产,可以买卖。均田制主要内容:政府向农民分配一定的露田,年老或是身死后须归还国家;成年男子可受桑田,桑田世业,不必归还国家,可以传给子孙,也可以买卖;授田的农民每年必须缴纳一定数量的谷物、租调或麻,还必须服徭役和兵役。均田制的推行,使无地农民获得了土地,生活得以安定,提高了生产积极性。大量荒地开垦出来,粮食产量增加,促进了经济的稳定发展。均田制一直沿用到隋唐时期,唐朝中叶,随着人口的增加,土地兼并日益严重,均田制实施的基础——土地国有制遭到破坏,均田制废止。

Ⅲ 经济重心南移

中国古代的经济重心在北方。但自东汉政权崩溃以后,北方中原地区战争连年不断,农业生产遭到极大的破坏,土地荒芜,水利失修,生产发展受到阻碍。南方则相对安定,大批农民为逃避战乱,大量南迁,带去了先进的技术和生产工具。统治者为了能够在兼并战争中取胜,采取了一系列利于农业生产的措施,劝课农桑、奖励耕织、安抚流民、兴修水利等。江南农业的开发从江东扩展到整个长江流域,进而波及岭南和闽江流域。江南大量荒地得到开发,农田水利设施较为完备,农作物品种增多,生产效率提高,南北经济逐渐趋向平衡,为以后经济重心的逐渐南移打下了坚实的基础。

Ⅳ 民族融合

魏晋南北朝时期,是我国各民族大迁徙、大融合的时代。匈奴、鲜卑、羯、氐、羌等少数民族南下到汉族农耕文明区建立少数民族政权,与汉族相互融合,逐渐改变了原来游牧的生活方式,开始过着定居农耕生活。中原先进的文化吸引着各少数民族政权,一些统治者,开始推行改革,任用汉人为官,学习中原先进的政治经济制度,学习儒家文化。同时,中原文化也吸收了少数民族文化的优秀内容,成为汉族文化的重要组成部分。这一时期,大批中原人口为了躲避战乱南迁,加快了南方地区的开发和发展,南北之间的差异逐渐缩小,客观上促进了民族融合。魏晋南北朝时期的民族融合,为长期分裂之后的大统一奠定了基础,在中国民族史上留下了光辉的一页。

魏晋南北朝时期

◆ 文化艺术成就 ◆

I 郦道元和《水经注》

郦道元(约470年-527年),北魏地理学家。字善长,范阳涿县(今河北涿州)人。少时即喜游览,后来做了官,到各地游历,"访渎搜渠",留心考察水道变迁,沿岸地貌、土壤、气候等地理现象。郦道元之时,有《水经》一书,记载全国大小河流。但随着时间的推移,部族迁徙、河流改道、城市兴衰、名称改变,《水经》中很多地理信息已经发生改变。鉴于此,郦道元亲自为《水经》做注,写成《水经注》一书。《水经》原记载河流一百三十七条,一万余字,经郦道元注释,《水经注》记载大小河流一千二百五十二条,三十余万字,是原书的三十倍。详细记载了河流的发源、流向以及沿岸的自然和社会经济状况。此外,《水经注》文字优美,文笔雄健,是一部极具文学价值的地理名著。

II 刘义庆和《世说新语》

刘义庆(403年-444年),南朝宋文学家,彭城(今江苏徐州)人。宋宗室,袭封临川王,曾任南兖州刺史。爱好文学,喜欢结交招纳文人学士。《世说新语》是由刘义庆组织一批文人编写的,分为德行、言语、政事、文学、方正等三十六门,每门收有若干则故事,共一千二百多则,记述了自汉末至东晋时期士族阶层的言谈、轶事,反映了当时士大夫的社会生存状态,是研究魏晋南北朝时期历史重要的辅助材料。语言简练传神,含蓄隽永,极具个性色彩;文字生动鲜活,善用比喻、夸张等文学技巧,取得较高的文学艺术成就。《世说新语》对后世有着十分深刻的影响,不仅出现了大量模仿它的小说,而且不少人物事迹、文学典故、佳言名句也被后世戏剧、小说所引用。

III 顾恺之和《女史箴图》

顾恺之(约345年-409年),东晋画家。字长康,小字虎头,晋陵无锡

(今江苏)人。曾为桓温及殷仲堪参军,官至通直散骑常侍。顾恺之博学而多才艺,工诗书,尤善于绘画,有"才绝、画绝、痴绝"之称。多作人物及神仙、佛像、禽兽、山水等。画人注重点睛,自云"传神写照,正在阿堵(眼睛)中"。精通画论,著有《论画》、《魏晋胜流画赞》、《画云台山记》,其"以形写神"、"迁想妙得"等观点,对我国后世绘画影响极大。代表作《女史箴图》,绢本长卷设色画,据西晋文学家张华《女史箴》文的描写而绘,原有十二段,今仅存九段,除第一段外,每段都有箴文,画面即揭示箴文所表达的含义,以申劝诫。今传为唐人摹本,现存英国伦敦大不列颠博物馆。

Ⅳ 贾思勰和《齐民要术》

贾思勰,南北朝北魏农学家,齐郡益都(今山东寿光)人,曾任北魏高阳郡太守。出生于世代务农的书香门第,藏书丰富,祖上就非常重视农业生产技术方面图书的阅读和学习,对贾思勰影响极大。从小博览群书,汲取各方面的知识。成年后步入仕途,到过山东、河北、河南的许多地方。每到一处,他都认真考察和研究当地的农业生产技术,访问有经验的老农,积累了丰富的农业生产知识。中年后,曾回到家乡,亲身从事农业生产和放牧活动,从实践中掌握了更多的生产技术。后将其平生观察、试验所得,写成《齐民要术》一书传世。《齐民要术》,是我国现存最早的一部农书,详细论述了各种农作物、蔬菜、果树的栽培及家畜、家禽的饲养,农产品的加工等农牧业生产知识,系统总结了我国黄河中下游地区丰富的农业生产经验,对我国古代农牧业的发展产生了重大影响。

Ⅴ 云冈石窟和龙门石窟

石窟是一种依着山势开凿的寺庙建筑,里面有佛像或佛教故事的壁画,源于印度。云冈石窟和龙门石窟是其中的杰出代表。云冈石窟位于山西大同武周山(又名云冈),东西绵延约一公里,主要的石窟皆完成于北魏迁都洛阳之前。现存洞窟五十三个,造像五万余尊。整座石窟庄严厚重,雕刻精细,继承了秦汉以来石刻艺术的传统,同时又吸收了印度佛教艺术的有益部分，形成了云冈石窟独特的艺术风格。龙门石窟位于河南洛阳城南伊河入口处两岸的龙门山和香山。开凿始于北魏迁都洛阳前后，一直延续到唐代。现存石窟一千三百五十二个，龛七百八十五个，造像九万七千余尊，题记三千六百八十种。刀法圆润精致，造型丰满，表情生动。是研究我国古代雕刻、建筑、艺术、宗教等方面的宝贵资料。

Ⅵ《木兰诗》和《西洲曲》

南北朝民歌是继汉乐府民歌之后又一批人民口头创作，反映了新的社会现实，艺术形式和表现形态都发生了很大变化。一般说来，篇幅都不长，以抒情为主，叙事为辅。而南北朝民歌由于地域、政治、文化等方面的差异，又呈现出不同的风格和情调。北朝民歌粗犷豪放，内容丰富，涉及社会生活的方方面面；南朝民歌则多清丽缠绵，内容比较单一，多表现男女间的爱恋之情。北朝叙事民歌《木兰诗》和南方抒情长诗《西洲曲》，分别代表了南北朝民歌的最高成就。《木兰诗》讲述了少女花木兰代父从军、胜利归来的故事，塑造了一个勇敢机智的女英雄形象，表现出了北方民族粗犷豪迈的个性。语言质朴刚健，具有北方民歌的显著特色。《西洲曲》因首句"忆梅下西洲"而得名。内容表现的是女子对男子的思念，情思缠绵，语言细腻委婉、优美精致，是南朝民歌中的名篇。

八王之乱

八王之乱是西晋时统治阶层历时十六年（291年-306年）之久的战乱，据史书记载西晋皇族中参与这场动乱的王不只八个，但八王为主要参与者，且《晋书》将八王汇为一列传，故史称"八王之乱"。

晋武帝司马炎取得政权以后，为了巩固自己的统治，曾经多次分封自己的子侄兄弟做王，叫他们像众星拱月一样来拱卫皇室。当时分封的王有二十七个之多，其中有名的、势力较大的有楚王司马玮、汝南王司马亮、赵王司马伦、齐王司马冏、成都王司马颖、河间王司马颙、长沙王司马乂、东海王司马越等八人。

晋武帝认为魏朝的灭亡，是因为皇族子弟没有权力，使皇室孤立了。晋武帝为了使司马氏的江山能够长期存在下去，实行了一些稳定天下的措施。一是大封同姓诸王，叫他们拱卫皇室；二是重用外戚，给老丈人、小舅子、表兄弟等都封上了重要的官职，帮他掌握大权；三是拉拢士族地主。这样他在统治集团内树立了威望，而那些同姓诸王、外戚、士族的贪欲也都暂时得到了满足，所以没有出什么大乱子，算是维持了一段时间的太平局面。晋武帝一心想让司马氏的江山长治久安，却不知道这样做为以后的动乱埋下了祸根。

公元290年，晋武帝病死，司马衷即位，史称晋惠帝。武帝临死时，让司马衷的外祖父杨骏和汝南王司马亮做辅政大臣。后来，杨骏用阴谋手段排挤了汝南王司马亮，取得单独辅政的资格。

晋惠帝自己是个白痴，可皇后贾南风却精明强干、心狠手辣。贾南风不愿让杨骏独揽大权，就秘密派人跟汝南王司马亮和楚王司马玮联络,要他们带兵进京,除掉杨骏。

公元291年,楚王玮从荆州带兵进了洛阳。贾后宣布杨骏谋反,派兵杀了杨骏全家。贾南风还不满意,她又废掉杨太后,逼她绝食而死。

杨骏被杀后,由汝南王司马亮和元老卫瓘主持政事。贾南风见自己还不能专权,心里很不满意。不久,贾南风就假传晋惠帝的密诏,派楚王玮把汝南王亮和卫瓘抓起来杀了。

贾后和楚王玮本是同党,但贾南风怕他连杀两王之后,权力太大。当晚,贾南风又宣布楚王玮假造诏书,擅自杀害汝南王和元老卫瓘,该当死罪。这样,楚王玮也被贾南风除掉了。

于是,国家大权就全落在贾南风手中了。

太子司马遹不是贾南风亲生的,贾南风害怕将来太子当政后自己的地位不保,就想尽办法废除太子。她先叫人起草一封用太子口气写的逼晋惠帝退位的信,然后把太子骗来喝酒,把他灌得烂醉,趁其醉得神志不清的时候,让他把那信抄了一遍。

第二天,贾南风召集文武大臣,把太子的亲笔信传给大家看。大臣们怀疑这封信不是太子所写,可一看又是太子的亲笔,谁也不敢出面替太子说话。这样,贾南风就把太子废了。

主管禁军的赵王司马伦对贾南风不满,一直想找机会发动政变。贾南风废黜太子后,司马伦认为这是个好机会,就派人四处散布谣言,说大臣们正在秘密打算扶持太子复位。贾后听到这个消息,马上派人毒死了太子。这样一来,赵王伦抓住了把柄,派齐王司马冏带兵进宫逮捕贾南风。

贾南风一生玩弄阴谋,机关算尽,

中国通史

历史探微

李特流民之乱

八王之乱历经十六年,给百姓生活带来了灭顶之灾。流民遍地,关中几十万流民逃到蜀地,得到了氐族人李特兄弟的照顾。可是这些流民却得到了当地政府的排斥,决定将他们遣回关中。李特去和政府交涉,却看到他们正要袭击流民,双方发生械斗,政府军队被李特打败,遂而发生了流民大起义。后来李特战死,他的儿子李雄继续战斗,并于公元304年称成都王,后来改国号为汉,史书称后汉。后被东晋桓温所灭。

最后也陷入别人的阴谋之中。赵王伦下令把贾南风杀了后,控制了朝政,野心越来越大。第二年,他干脆把晋惠帝软禁起来,自己登上了皇帝的宝座。

赵王司马伦登上皇帝的宝座后,各地的诸侯王都不服气。于是,在诸王之间为争夺王位而互相厮杀,宫廷政变演变为全国性的大动乱。

在这场大动乱中,先后卷入的有赵王司马伦、齐王司马冏、成都王司马颖、河间王司马颙、长沙王司马乂、东海王司马越,再加上前面被杀的汝南王司马亮、楚王司马玮,一共有八个王,因此,历史上称为"八王之乱"。

八王之乱中,白痴皇帝司马衷扮演了一个很奇特的角色。一方面他是八王要消灭的目标,一方面他又被八王争来抢去,成为他们利用的挡箭牌。

司马伦即位不久,齐王司马冏首先举兵声讨,长沙王司马乂、成都王司马颖、河间王司马颙纷纷起兵响应。诸王共同攻打司马伦,朝中百官将士也振奋起来,鼓动洛阳兵士逼迫司马伦下诏退位,然后又把痴傻的司马衷扶上了皇位。

齐王司马冏光复朝廷功居第一,受到了极高的待遇,掌握了朝廷的政权和兵权。为了树立自己的权威,司马冏极力翦灭诸王的势力,引起了

八王之乱

司马颖和司马乂的不满。不久，河间王司马颙联合成都王司马颖、长沙王司马乂等举兵讨伐司马冏。

长沙王司马乂深知，司马衷是能否掌握大权的关键。于是，他率领左右百余人驰入宫中，找到司马衷，然后拥奉着他来讨伐司马冏。于是，司马乂、司马冏在洛阳城内展开了一场厮杀。一时间房屋尽毁，死伤无数，白痴皇帝险些成了箭下之鬼。

双方恶战了三天，最后以司马冏的失败被杀而宣告结束。从此，晋朝政权又落入长沙王司马乂的手中。

然而，争权夺利的斗争还没有结束。司马乂的专权引起成都王司马颖和河间王司马颙的不满，二王联合起兵讨伐司马乂。司马乂紧紧控制着皇帝司马衷不放，他带着司马衷一起来到洛阳城西的十三里桥，亲自抵抗司马颙的前锋张方。张方的兵士对皇帝的军队心存顾忌，纷纷逃跑。

由于长沙王司马乂一直挟持着司马衷，而且对皇帝不曾失礼，所以很得兵士的拥护。但不久，东海王司马越联合殿中侍卫拿下了司马乂，并送给了张方。最后，司马乂被张方活活地烧死。

司马乂死了，司马颙、司马颖上表请求废除了司马伦所立的皇后羊氏和太子司马覃，立司马颖为皇太弟，司马颖趁机掌握了政权。但是不久，东海王司马越又抢到了白痴皇帝，并起兵声讨司马颖。

司马颖听说司马越起兵，命令部下说："除了皇帝外，见一个杀一个！"司马颖的部下听到命令，都奋勇拼杀，连司马衷身边的朝官都毫不留情地杀死，朝官的血溅了司马衷一身，吓得他倒在荒草之中，御玺也丢失不见了。

驻守幽州的刺史王浚不甘心让司马颖夺走皇帝，控制政权，王浚起兵攻打司马颖。结果，司马颖大败，只好率帐下几十骑拥着皇帝坐牛车逃往洛阳。

在洛阳把持朝政的是河间王司马颙的部下张方，司马颖挟持着司马

247

衷逃到洛阳后，张方不但不让他参与政事，还纵容士兵抢劫，弄得朝野上下一片骂声。张方看到在洛阳站不住脚，就打算迁都到司马颙的老巢长安。

不久，张方引兵闯入殿中来劫皇帝，又纵容部下抢掠宫中宝物。洛阳城自曹魏以来近百年的经营和积蓄，一下子被抢了个精光。

迁都长安以后，司马颙乘机排挤了司马颖，另立司马衷的一个没有势力的弟弟司马炽为皇太弟。于是，朝廷大权完全掌握在司马颙及其部将张方手中。

司马颙的独断专行又引起其他诸王的不满，王浚等人推举了东海王司马越为盟主，准备讨伐司马颙，恭迎司马衷还复旧都洛阳。司马越经过近一年的争战，打败了司马颙，把惠帝司马衷又带回了洛阳。

就这样，由于诸王的野心勃勃、竞相争斗，白痴皇帝被奉为至宝，争来争去，风餐露宿，吃尽了苦头。

司马衷回洛阳不久，一次吃面饼中毒，第二天就死了。有人说，是司马越下的毒。司马衷死时四十八岁，在位共十七年。

晋惠帝死后，司马越拥立他的弟弟豫章王司马炽为皇帝，史称晋怀帝。晋朝大权最后落入司马越手中。至此，八王之乱才告结束。

八王之乱自公元291年开始，历经十六年，使晋王朝遭到了致命的打击。公元316年，西晋在北方各少数民族势力的打击下灭亡了。司马睿在江南建立起司马氏的流亡政府，历史上叫做东晋。

有了王导、王敦兄弟的支持，晋王朝的司马氏才能掌握皇权，从此王

氏成了晋王朝的第一王族,史书称"王与(司)马,共天下"(《晋书·王敦传》)。而琅琊王氏也成了东晋门阀政治的开创者。

公元316年,刘耀率领匈奴军队攻破长安,俘虏了晋愍帝,建立仅五十二年的晋王朝灭亡了。

西晋灭亡后的第二年(317年),依靠士族权臣王导的支持,晋朝的皇族司马睿,在建康(今江苏南京)做了皇帝,重新建立晋朝。历史上把这重建的晋朝称为东晋,司马睿就是晋元帝。

司马睿的名望和地位并不高,由于势力单薄,当地士族并不怎么拥护他。他对王导言听计从,视其为知己。王导为了自己的利益,就想把司马睿扶植起来,他决定替司马睿拉拢士族。

王导有个堂哥王敦,是扬州刺史,很有点势力。王导把王敦请到建康,商议如何取得士族的支持。这年三月初三,是当地的禊节,按风俗百姓和官员都要到江边去"求福消灾"。这一天,王导让仪仗队鸣锣开道,司马睿坐上华丽的轿子到江边去,王导、王敦和从北方来的大官、名士,一个个骑着高头大马跟在后面,排成一支十分威武的队伍。

这一天,在建康江边看热闹的人很多,大家看到这种从未有过的大排场,都轰动了。

江南有名望的士族地主顾荣等人听到这个消息,从门缝里偷偷张望。他们一看王导、王敦这些有声望的人对司马睿这样尊敬,以为这个司马睿一定是个有背景的王爷,不是才气横溢,便是能礼贤下士,值得敬重,怕自己怠慢了司马睿,一个接一个地出来排在路旁,拜见司马睿。

如此一来,大大提高了司马睿在江南士族地主中的威望。王导又趁机劝司马睿说:"顾荣、贺循是江南士大夫的领袖,若能把他们提拔到官场中来,南方士族便没有不服的了。"于是,司马睿便在王导的陪同下,拜访了顾荣、贺循,同时请顾、贺出任官职,顾荣、贺循正有此意,经王导一拉,就应命来了。看见他们两个人做了官,江南的士族就像风吹墙头草一

中国通史

历史探微

士族

士族，又称门阀，本意指世代为官的名门望族，萌芽于东汉，是两汉到隋唐官员选拔的系统，所以能入氏族者，大多是王族。氏族活跃于曹魏政权，在东晋进入鼎盛阶段，在这一历史时期士族门阀的势力足以与皇权抗衡，"王与马，共天下"中的氏族势力甚至超越皇权。到了南朝时期"上品无寒门，下品无士族"的历史现状使许多士族不思进取，逐渐走向没落。至隋唐时代，科举制彻底摧垮了士族制度。从此，存续了六七百年的士族制度退出政治舞台。

样，全都倒向了司马睿。纪瞻、卞壶、刘超等名士也都相继会集到司马睿身边，时人称他们为"百六掾"。在这些名士的拥戴下，司马睿很快建立了自己在江东的威望，为东晋政权的建立奠定了基础。

从此，司马睿更加倚重王导，每遇大事，必向他请教。

公元317年，司马睿在建康即位。司马睿正式举行登基大典那天，典礼大臣早叫人安排好御床，准备好龙袍。司马睿换上朝服，在文武百官的簇拥下升堂坐殿，接受百官朝贺。他看到百官匍匐朝贺，山呼万岁，真乃踌躇满志，神采飞扬，也不免回思往事，备感今日之荣耀、富贵来之不易。他想着想着，情不自禁地将身子向左挪了挪，腾出半个御床，用手指着王导说道："王爱卿，请到御床上来坐，寡人与卿共享荣华富贵！"

群臣听到此言，都很吃惊。

王导更是慌忙跪在地上，拜了又拜，诚惶诚恐地说道："如果太阳跟普通的生物在一起，生物还怎么能得到阳光的照耀呢？"司马睿笑着点点头，说："王爱卿真是朕的栋梁之臣啊！"

王导这一番吹捧，使晋元帝十分高兴，晋元帝也不再勉强。当时老百姓当中纷纷传说："王与马，共天下"。意思是说：天下不是司马氏一家的，是王导和司马睿共同掌握的。实际上,那时候司马氏的势力远比不上王氏的势力。王导做宰相,掌握了晋朝的政治大权。他的哥哥王敦都督江、扬、荆、湘、交、广六州的军事,握有重兵,控制了军事大权。其他重要的官职,大多数也被王家人占有。司马睿仅仅因为姓司马,是西晋皇帝的本家,才被推为皇帝,其实他是没有实权的。

王敦掌握军权,根本不把晋元帝放在眼里。晋元帝也看出了王敦的骄横,想削弱王氏的权力,另外重用了大臣刘隗和刁协,渐渐疏远了王氏兄弟。

王导是个很精明的人,他看准了晋元帝司马睿这种做法也奈何不了他,所以他不动声色。但是王敦却很不满,认为司马睿是过河拆桥。于是他借口有人挑拨晋元帝和王导的关系,要来"清君侧",就从武昌起兵,打败了刘隗,进入建康,对司马睿进行武力威胁。王导反对王敦这样公开篡权,劝告王敦退回武昌,王敦也不想背上造反的名声,一场争夺才平息下去。晋元帝对王氏的势力无可奈何,从此忧愤得病,不久就一命呜呼了。他的儿子司马绍继承了皇位,就是晋明帝。第二年,晋明帝乘王敦病重,发兵打败了王敦的军队,王敦气死了。但是晋明帝怕得罪了士族,还是不敢触动王导,对王导还是很恭敬。

祖逖北伐

祖逖(266年-321年),字士雅,东晋名将。著名的"闻鸡起舞"就是讲述他和刘琨的故事。后因朝廷内乱,北伐失败,抑郁而亡。

中国通史

东晋时期,一些仁人志士主张北伐中原,收复失地,但朝廷偏安于江南,对要求北伐的人都不予支持,祖逖就是其中的一个。

祖逖年轻的时候,就怀有雄心壮志,他生性豁达,喜欢结交英雄好汉。他和好朋友刘琨谈论天下大事,常常慷慨激昂,谈到半夜,他们互相鼓励,表示将来一定要为国家干一番大事业。

祖逖和刘琨同睡在一张床上,半夜里鸡叫头遍,祖逖就叫醒刘琨,说:"你听听,这鸡叫的声音多么激越昂扬,那是在叫人发愤图强啊!"他们俩人兴奋得再也睡不着了,就走出来,在晨光中拔剑起舞,准备将来好为国出力。

在匈奴贵族刘渊攻下洛阳灭掉西晋的时候,祖逖也和别人一样南下江南。

祖逖到达泗口时,接到了左丞相琅邪王司马睿任命他为徐州刺史的命令,于是祖逖就在泗口停留下来。可是不久又接到军咨祭酒的任命,于是祖逖又率领宗族等继续南行,渡过长江,到达京口。

祖逖暂时避乱南方,寄希望于司马睿,等待有一天能恢复中原失地。公元313年的一天,祖逖向司马睿提出北伐的主张,他说:"朝廷变故,完全是因为各个藩王自相残杀造成的,以致外族乘虚而入、作乱中原。如今中原人民在胡人统治下,陷于水深火热之中,人人怀着恢复之志。如果命末将统兵北伐,中原豪杰之士必定闻风而起,定能成功。"

但司马睿却无意北伐,他刚刚占据南方,统治尚未巩固,况且当时的西晋在长安还有一个名义上的朝廷。如果发动北伐,收复了中原,对自己不利,因此司马睿只求苟安江南。可是祖逖的北伐主张还是使司马睿无法拒绝,而且,北伐得到了人民群众的响应,所以司马睿不得不同意祖逖的主张,但在行动上并不给予积极支持,只给一千人的粮饷和三千匹布,不给兵器,也不调配军队,让祖逖自己去招募。但祖逖并不灰心,他受命之后,还是积极准备。这时,祖逖已经四十八岁了。

祖逖北伐

那天，人们听说祖逖渡江北伐，纷纷赶来送行，祝他早日收复中原。祖逖一身戎装，显得雄赳赳气昂昂，蛮有信心。壮士们乘船出发了，等船开到江心，祖逖用佩剑敲着船桨，当众誓师说："我祖逖如果不能肃清中原的敌人，决不再过这条大江！"祖逖这铿锵有力的誓言，在碧波浩渺的江面上久久回荡。

当时豫州境内是石勒的地盘。石勒名为匈奴族刘汉政权的大将，实际上拥兵自重。他以邺城为据点，手下战将如云。

祖逖从淮阴率军进入豫州境内后，进军顺利，在北方人民的帮助下不久就收复了黄河以南的大片土地。

祖逖爱兵如子，深得军民爱戴。在祖逖围攻谯郡时，陈川派他的将领李头帮助祖逖。攻下谯城后缴获了一匹很好的战马，李头非常喜欢，祖逖就把这匹战马送给了他。李头十分感激，可是陈川是一个心胸狭隘的人，他知道李头感激祖逖，心中非常恼火，竟把李头杀了。李头部下因此纷纷投奔祖逖。

当陈川杀了李头，李头部下又投奔祖逖后，陈川十分不满，于是与祖逖发生冲突。陈川纵容士兵烧杀抢掠、骚扰百姓，祖逖不得已才进行讨伐，最终打败了陈川。

陈川失败后，便去投靠石勒。石勒派他的侄子石虎率领五万军队助陈川作战，但又被祖逖打得大败而归，石虎、陈川逃走，留下部将桃豹率军守住浚仪的西城，与占据东城的祖逖相持。双方相持了四十天，粮食都很缺乏。祖逖

历史探微

东晋名将陶侃

陶侃是陶渊明的祖父，祖逖死后，东晋朝接连发生内乱。陶侃平定王敦和苏峻的叛乱，与起义军张昌多次激战，连连获胜。他以平民之身屡立战功，打破了"上品无寒门，下品无士族"的门阀之见，位列东晋大司马，一生极富传奇色彩。

心生一计,他叫部下用麻袋装上土,假装是粮食,派一千多人高唱着劳动号子运上了东台;又派几个人搬运一些真的米袋。桃豹的士兵几天没吃饭,见了运米的晋军,就追赶过来。祖逖的部下故意丢下米袋就跑。桃豹的士兵抢到了米,很是高兴,立刻埋锅做饭。他们一边吃着香喷喷的米饭,一边谈论着祖逖军队粮食这样充足,而他们却要经常忍饥挨饿,言谈中不知不觉流露出不愿继续打下去的情绪,军心开始动摇。这情况很快反映到石勒那里,为了稳定军心,石勒火速派人运送粮食去接济桃豹。祖逖得知这个消息,立刻派韩潜等带领一支人马袭击,在汴水(今河南省中牟县境内)岸边,打败了石勒的运粮队,夺得了全部粮食。桃豹听说粮食被抢,知道无法坚持,吓得连夜逃跑了。

祖逖自己生活非常俭朴,克己奉公,不谋私利。并且他勤政爱民,每到一地就鼓励百姓进行农业生产,采取措施恢复经济,使人民安居乐业。祖逖北伐,把石勒的势力赶到黄河以北,盘踞于关中、河东的刘汉势力也岌岌可危,豫州地区社会稳定,生产秩序渐渐恢复正常,人民生活暂时得到保障。因此祖逖深得豫州百姓的敬爱,他们把祖逖比作再生父母。

在祖逖进军豫州期间,司马睿正式称帝,为晋元帝。祖逖北伐取得的成功引起了司马睿的猜忌,他派自己的亲信戴渊统管北方军政,祖逖正要进军河北,却受到戴渊的牵制,祖逖知道北伐胜利无望,因而心中非常苦恼。321年9月,祖逖在忧闷中病死于雍丘。时年五十六岁。

桓温北伐

东晋王朝在祖逖死后接连发生内乱。晋元帝想削弱王氏势力,王敦起兵攻进建康,把与他政见不同的官员杀的杀,罢官的罢官。元帝的儿子晋明帝即位后,王敦又一次攻打建康失败,之后病重而亡。晋成帝的时候,历阳(今安徽和县)镇将苏峻起兵叛变,大臣们束手无策,直到荆州刺史陶侃出兵,花了两年时间,才平定了苏峻的叛乱。

苏峻的叛乱被平定以后,东晋王朝暂时获得了安定的局面。这时候,北方进入混乱时期。

后赵国主石虎死了以后,内部发生大乱,后赵大将冉闵称帝,建立了魏国,历史上称为冉魏;鲜卑族贵族慕容皝建立的前燕又灭了冉魏。公元352年,氐族贵族苻健也乘机占领了关中,建立了前秦。

后赵灭亡的时候,东晋的将军桓温向晋穆帝上书,要求带兵北伐。桓温很有军事才能,他当荆州刺史时,曾带兵攻入蜀地,灭掉了成汉,为东晋王朝立了大功。

但是东晋王朝内部矛盾重重,晋穆帝表面上提升了桓温的职位,心里却很猜忌他。桓温要求北伐,晋穆帝没有同意,却另派了殷浩带兵北伐。

殷浩是个不懂军事的文人,他出兵到洛阳,被羌族人打得大败,死伤一万多人马,连粮草武器也丢光了。

桓温又上了道奏章,要求朝廷把殷浩撤职判罪。晋穆帝没办法,只好把殷浩撤了职,同意桓温带兵北伐。

公元354年,桓温统率晋军,从江陵出发,分兵三路,进攻长安。前秦国主苻健派兵五万在峣关抵抗,被晋军打得大败而归。苻健只好带了六千名老弱残兵,逃回长安,挖了深沟坚守。

中国通史

桓温胜利进军直到灞上,长安附近的郡县官员纷纷向晋军投降。桓温发出告示,要百姓安居乐业。自从西晋灭亡以后,北方百姓受尽战乱的痛苦。他们看到桓温的晋军欢天喜地,都牵了牛,备了酒,到军营慰劳将士们。

桓温在灞上扎营驻兵,想等关中麦子熟了的时候,派士兵抢收麦子,补充军粮。但苻健料到桓温的打算,就把没有成熟的麦子全部割光,叫桓温收不到一粒麦子。

桓温因军中缺粮,只好退兵。但是这次北伐毕竟打了一个大胜仗,晋穆帝把他提升为征讨大都督。

公元356年六月,桓温进行第二次北伐,从江陵发兵,向北挺进。八月,桓温挥军渡过伊水,与羌族首领姚襄军二次战于伊水之北,大败姚襄,收复洛阳。桓温在洛阳修复西晋历代皇帝的陵墓,又多次建议东晋迁都洛阳。东晋朝廷对桓温的北伐抱消极态度,只求苟安东南,无意北还,桓温只得退兵南归。到公元359年,中原地区被慕容氏的前燕政权所占领。公元363年桓温被任命为大司马,都督中外诸军事,录尚书事,第二年又兼扬州刺史,桓温尽揽东晋大权。

公元369年,恒温利用执权之机,发动了第三次北伐,讨伐前燕政权。这年四月出发,六月到金乡(今山东金乡),桓温率水军一路进发至枋头(今河南浚县西南,黄河重要渡口)。前燕王任命慕容垂为大都

历史探微

五胡十六国

东晋建立以后,凭借长江天险,偏安江南;司马睿本身并没太大的实力,只能联合南北大族,但因大族之间,内乱频生,所以导致东晋政权很不稳定。此时,中国的北方匈奴、鲜卑、羯、氐、羌五个民族的统治者先后建立许多割据政权,连同汉族所建立的政权,较重要的有十六个国家,历史上称为"五胡十六国"。

督,率五万军队前往抵御,将晋军粮道截断。桓温被迫从陆路追击,慕容垂率八千轻骑兵追击,将晋军打得溃不成军,晋军死伤三万余人。这次失败以后,所收复的淮北土地重又丧失。

桓温长期掌握东晋的军事大权,野心越来越大。有一次,他自言自语地说:"男子汉如果不能流芳百世,也应当遗臭万年。"

有个心腹官员知道他的野心,向他献计,说要提高自己的威信,把现在的皇帝废了,自己另立一个皇帝。

那时候,晋穆帝已经死去,在位的皇帝是晋废帝司马奕。桓温带兵到建康,把司马奕废了,另立一个司马昱当皇帝,这就是晋简文帝。桓温当了宰相,带兵驻在姑孰(今安徽当涂)。

过了两年,晋简文帝病重,留下遗诏由太子司马曜继承皇位,这就是晋孝武帝。桓温本来以为简文帝会把皇位让给他,听到这个消息十分失望,就带兵进了建康。

桓温到达建康那天,带一队人马,全副武装,手里拿着明晃晃的武器。朝廷官员到路边去迎接时,看到这个情景,吓得变了脸色。

桓温请两个最有名望的士族大臣王坦之、谢安到他官邸去会见,王、谢两人早已听说桓温事前在客厅的背后埋伏一批武士,想杀掉他们。所以,王坦之到了相府,浑身出冷汗,连衣服都湿透了。

谢安却十分镇静。进了厅堂坐定之后,他对桓温说:"我听说自古以来,有道义的将军,都是把兵马放在战场上去抵御外族的入侵,桓公为什么却把兵士藏在壁后呢?"

桓温听了,也有点不好意思,说:"我也是不能不防备点儿。"说着,就命令左右把后面埋伏好的兵撤去。

桓温看到建康的士族中反对他的势力还不小,不敢轻易动手。不久,就病死了。桓温死后,谢安担任了宰相,桓温的弟弟桓冲担任荆州刺史,两人同心协力辅佐晋孝武帝,东晋朝廷中出现了十分团结的局面。

中国通史

王猛治秦

　　五胡十六国时期的前秦宰相王猛博学多才，文韬武略，他辅佐苻坚之时，注重选拔贤能，进行改革，使前秦的国力发展极快，很快一统中原。他死后被谥为"武"，也被称为武侯，和诸葛亮一样为了国事鞠躬尽瘁，死而后已。

　　东晋的桓温第一次北伐驻军灞上后，几日来，三辅郡县的长吏陆续来灞上请降，桓温命他们回到所在郡县，听候晋国的号令，各自忠于职守，不许再助秦反晋。但是，桓温发现地方上的豪强士族却没有一个来拜见的。正在他百思不得其解的时候，有人报告说军营外有个儒生，穿着一身破旧短衣，披散着头发，口中念念有词，说是一定要进见大将军。桓温觉得奇怪，便叫人把这位读书人请了进来。

　　这个儒生叫王猛，是汉人，祖籍北海剧县，后来才迁居到魏郡。王猛小的时候家里非常穷，靠贩卖畚箕过日子，但是他自幼博览群书。王猛生性粗犷不注重生活细节，不修边幅，所以一般人都瞧不起他，不过他依旧是悠然自得满不在乎。王猛志向远大，曾经有人请他去做前秦官府里的小吏，他没有答应。他每每自比管仲、诸葛亮，认为自己有惊世之才。因为没有合适的辅佐对象，他就在华阴山中隐居起来。这次王猛听说桓温带兵打到关中，逼近长安，便特意到灞上来求见。

　　王猛见了桓温略略施了一礼，没等主人让座，便很随意地坐在了几案旁。桓温看这人虽然穿着破衣短衫，行为放荡不羁，但身材魁梧，相貌堂堂，眉宇间隐约透露着过人的机敏和坚毅，一看便知道这个人气度不凡。桓温想试试王猛的学识才能，便请王猛谈谈当今天下形势。王猛把南北双方的政治军事形势分析得头头是道,见解十分精辟,桓温听了不禁暗暗佩服。

王猛一边说一边把手伸进衣襟里东抓西挠,起先将士们感到莫名其妙,不一会儿大家明白过来,原来这位儒生正在捉虱子哩!尽管将士们在旁边暗暗讥笑,王猛仍然旁若无人,而且越谈越来劲。

桓温问他说:"这次我奉天子之命,带大军远征关中,为百姓除害。但是为什么我来到这里,地方上的豪杰都不来找我呢?"

王猛淡淡一笑说:"您不怕千里跋涉,深入敌人腹地。但是长安近在眼前,您却又按兵不动。大家不知道您心里怎么打算,所以没有人来见您啊。"

王猛这一番话正说中了桓温的心事。原来桓温北伐,不是要恢复中原,而是想在东晋朝廷树立他的威信,扩大自己的势力。他驻军灞上,不急于攻下长安,正是想保存他的实力。

桓温被揭穿了心里的秘密,他看出王猛是一个难得的人才,从关中退兵的时候,他再三邀请王猛一起南下,还封他一个比较高的官职。王猛知道东晋王朝的内部矛盾很大,自己不能施展所长,就拒绝了,仍旧回到

历史探微

前秦奠基者——苻洪

苻洪,字广世,苻坚的爷爷,祖先世代都是西戎酋长。年轻时就受到人们的尊敬和爱戴,一身骑射功夫。永嘉之乱时,族人推苻洪为盟主,曾经先后投降刘曜、后赵石虎和东晋,他靠着这三次投降,在乱世中从草寇一跃成为强者,东晋还被封为征北大将军,广川郡公。降晋不过是权宜之计,不久就自称大将军、大单于、三秦王,后来死于叛将麻秋之手,他为苻氏家族奠定了帝王基业,为前秦帝国平定中原谱写下辉煌的一页。

中国通史

他的华阴山去。

但是这样一来,这个捉虱子的读书人却出了名。

后来,前秦的皇帝苻健死了,他的儿子苻生是一个十分残暴的人,他的堂兄弟苻坚推翻苻生自立为王。

苻坚是前秦王朝中一个有所作为的皇帝。苻坚小时候,聪明好学,举止文雅,八岁便求师学习。他的祖父苻洪高兴地说:"我十三岁才读书,大家还说我早慧速成,这小儿八岁就要求读书,实在聪明过人。"

苻坚称帝以前,就想找一个得力的助手。经人推荐,苻坚派人把王猛请了来,两个人一见如故,谈起历史上兴亡大事,见解都不谋而合。苻坚高兴得不得了,真像刘备找到诸葛亮一样,王猛成为苻坚创建大业的主要谋臣。

当时,前秦的始平地区(陕西兴平、武功一带)社会秩序很乱,地方豪强横行霸道,强盗小偷胡作非为,苻坚决定派王猛任始平县令,整顿当地秩序。王猛一到任,立刻颁行法律,并微服私访,了解民间疾苦。很快,他查明了当地为首的不法分子,并按照法律处死了他。

但是,当地的邪恶势力很快就造谣中伤,诋毁攻击王猛。苻坚信以为真,下令把王猛抓来治罪。苻坚说:"为政的要做到爱民如子,当官的应该以德化为先,教育老百姓弃恶从善。你刚刚到任,就大行杀戮,这岂不是太残酷了?"

王猛说:"太平盛世当以礼治天下,而治理乱世,则当严刑峻法。现在陛下对臣委以重任,臣敢不尽忠?臣现在才杀了一个不法之徒,还有许多没有杀呢!陛下如果责备臣不能杀尽凶徒,臣甘愿领罪;陛下如果责备臣杀了一个凶徒为残酷,臣不能领受!"

苻坚一听,大笑说:"你真是朕的诸葛孔明啊!"说完,亲手为王猛松绑。从此,苻坚更加信任王猛。

后来,苻坚升王猛为咸阳内史、京兆尹。以后,王猛又多次升官,担任朝中要职。

王猛身居高位,得到苻坚的信任,引起了一些官员的妒忌。一天,曾跟随苻坚征战立下汗马功劳的樊世见到王猛,叱喝他说:"我辈辛勤耕耘,你这乡下野人却来坐享其成!"王猛面无表情地慢慢说:"不但要你耕耘,你还要给我烧熟了端来。"樊世闻言大怒,扬言要切下王猛的狗头挂在长安城门口。

又有一次,樊世和王猛二人在苻坚的面前吵了起来,王猛虽言语不多,但他那轻视的态度、冷冷的眼神却引起了樊世的无比愤怒。樊世以粗陋之词大骂王猛,甚至要和王猛动手。苻坚于是认定樊世倚功欺人,将其斩首于马厩。

苻坚皇后强氏之弟强德是个无赖,常强占民女,借酒行凶,横行京城。王猛刚被任命为京兆尹,便下令逮捕强德,并派人将处决强德的呈文送到苻坚面前,苻坚想要赦免强德,但他这边已将强德处死。数月之间,氐族权贵被杀判刑的已有二十余人。氐族权贵从此不敢胡作非为,王猛抑制贵族势力的一系列举措也得以顺利推行。

王猛得苻坚如此信任和重用主要是因为王猛打击氐族贵族、抑制贵族中的保守势力,正是在加强苻坚的中央集权地位,巩固君主的统治。而那些有功的贵族往往居功自傲,还时时有权欲膨胀觊觎皇位的兆头。王猛既顺应了苻坚之意,又以他的卓越才能使前秦大大提高了封建化程度。

过了十几年,前秦在苻坚和王猛的治理下,政治清明,百姓安乐,国力越来越强大,先后灭掉了前燕、代国和前凉三个小国,统一了黄河流域。

公元375年,王猛得了重病。苻坚心里十分难过,经常前去探望病情。

苻坚最后一次去探望王猛时,王猛恳切地对苻坚说:"东晋虽然远在江南,但是它继承晋朝正统,乃民心所向,而且现在朝廷内部相安无事,

中国通史

我死之后,陛下千万不要去进攻晋国。我们的敌手是鲜卑人和羌人,留着他们总是后患。一定要把他们除掉,才能保障秦国的安全。"王猛说完,就死了。

王猛前后任相职十六年,在军事、政治、经济、文化等各个方面都有所建树,为辅佐苻坚统一北方,作出了重大贡献。

淝水之战

淝水之战中有绝对优势的前秦败给了东晋,苻坚统一南北的希望彻底破灭,国家也因此衰败灭亡,使暂时统一的局面再次解体。东晋的胜利使南方经济免遭涂炭,而北方分裂成更多的地方民族政权,鲜卑等贵族重新崛起,各自建立了新的国家。

苻坚在王猛去世后先后灭掉了几个小国,统一了北方,但是他却没有听王猛临死留下的忠告。妄想一举消灭东晋,统一全国。

王猛认为前秦的敌手是鲜卑人和羌人,但是苻坚后来却十分信任从前燕来投奔他的鲜卑贵族慕容垂和羌族贵族姚苌。王猛劝他不要进攻东晋,但苻坚却想要灭掉东晋,从而一统天下。

公元382年,苻坚召集文武大臣,表示自己要亲征东晋,但前秦的很多大臣对攻打东晋却持反对意见。左仆射权翼说:"东晋虽然弱小,但他们深得民心,掌权的谢安、桓冲都是十分杰出的人才,所以现在不可轻举妄动。"

太子左卫率石越也反对说:"东晋拥有长江之险,况且现在君臣和睦,上下一心,进攻不易取胜。恳请陛下暂时按兵不动,发展生产,整训部队,等东晋方面出现内乱之时,再乘机攻伐。"

苻坚见群臣反对他的攻晋决策,十分不悦,于是冷笑着说:"以我百万大军,把马鞭扔在长江中,也完全可以阻断长江水流,东晋还有什么天险可以凭恃的呢?"

但大臣们依然反对攻晋,苻坚无奈,只好结束朝议,而与他的弟弟阳平公苻融商量出兵之策。

苻融智勇双全,深得苻坚的信任。但此时他也不同意出兵,并给苻坚分析说:"如今东晋内部团结,无隙可乘,而前秦连年征战,军队疲惫,百姓厌战,攻晋时机还不成熟。而且京城周围有很多鲜卑、羌、羯等族的人,他们跟我们有灭国之仇,如果他们趁大军南下之时发动叛乱,那就追悔莫及了。请陛下慎重考虑。"

苻坚一见苻融也反对攻打东晋,于是发怒说:"没想到你也如此,我还能和谁商量啊?如今我有强兵百万,粮食、兵器都很充足,虽不敢自称为明君,但也绝非是懦弱之主。如今我乘屡胜之威,攻击垂亡之国,就好像疾风扫秋叶一样,岂有不克之理!"

苻融一见苻坚发怒,于是哭泣着说:"臣见识肤浅,诚然不足采纳,但陛下忘了王猛临终前的嘱咐了吗?"

尽管苻坚十分信任王猛,但此时的他已经失去理智,一心想统一天下,早已把王猛临终的嘱咐抛之脑后了。

公元383年,苻坚发布了动员令,大量征兵,很快募集了步兵六十五万,骑兵二十七万,羽林军三万,号称百万大军。8月,苻坚派苻融统率二十五万先头部队打前站,自己亲率大军随后接应。前秦军队水陆并进,一路上旌旗相望,耀武扬威,声威浩大。出发前,连东晋皇帝、宰相俘虏后封什么官号、住什么级别的官邸都准备好了。

慕容垂的两个侄儿偷偷地跟慕容垂商量,准备利用这次战争的机会

中国通史

恢复燕国。

谢安派出的将领胡彬,率领水军沿着淮河向寿阳进发。在路上,他得知寿阳已经被前秦的前锋苻融攻破。胡彬只好退到硖石(今安徽凤台西南),扎下营来,等待谢石、谢玄的大军会合。

苻融占领寿阳以后,又派部将梁成率领五万人马进攻洛涧(在今安徽淮南东),截断了胡彬水军的后路。晋军被围困起来,军粮一天天少下去,情况十分危急。

胡彬见大事不好,连忙派人送信给谢石告急,说:"现在敌人来势很猛,我军粮食将快用完,恐怕没法跟大军会合了。"

送信的晋兵偷越秦军阵地的时候,被秦兵捉住。这封告急信落在苻融手里,苻融立刻派快马到项城去告诉苻坚。

苻坚得知,大喜过望,更加骄傲起来。他把大军留在项城,亲自率领八千名骑兵赶到寿阳,准备一口气击败晋军。

他到了寿阳,跟苻融一商量,认为晋军已经不堪一击,就派了一个使者到晋军大营去劝降。

那个派出的使者不是别人,恰恰是前几年在襄阳坚决抵抗过秦军、后来被俘虏的朱序。朱序被俘以后,虽然被苻坚收留,在秦国当个尚书,但是心里还是向着晋朝。他到晋营见了谢石、谢玄,像见了亲人一样高

历史探微

风声鹤唳

风声鹤唳语出唐房玄龄《晋书·谢玄传》:"闻风声鹤唳,皆以为王师已至。"淝水之战时,前秦苻坚大败,秦军溃退途中丢盔卸甲,一片混乱。而那些侥幸逃脱的士兵,一路上听到呼呼的风声和鹤的鸣叫声,都以为晋军追来,不顾白天黑夜,拼命地奔逃。后人就用风声鹤唳形容惊慌疑惧。

淝水之战

兴,不但没按照苻坚的嘱咐劝降,反而把秦军的虚实都报告给了谢石。他说:"这次苻坚发动了百万人马攻打晋国,如果全部人马一集中,恐怕晋军没法抵挡。现在趁他们人马还没到齐的时候,你们赶快发起进攻,打败他们的前锋,挫伤他们的士气,就可以击溃秦军了。"

谢石、谢玄采纳了朱序的建议,派北府兵的名将刘牢之率领精兵五千人,先对洛涧的秦军发起突然袭击。这支北府兵果然名不虚传,他们像插了翅的猛虎一样,强渡洛涧,个个勇猛非凡。守在洛涧的秦军,因为毫无准备,根本不是对手,勉强抵挡一阵,败了下来,秦将梁成被晋军杀了。秦兵争先恐后渡过淮河逃走,大部分掉在水里淹死了。

洛涧大捷,大大鼓舞了晋军的士气。谢石、谢玄一面命令刘牢之继续援救硖石,一面亲自指挥大军,乘胜追击,直到淝水(今泥河,在安徽寿县南)东岸,把人马驻扎在八公山边,和驻扎寿阳的秦军隔岸对峙。

苻坚派出朱序劝降以后,以为可以马到功成,等待晋军的投降,突然听到洛涧失守,大吃一惊,有点沉不住气。他要苻融陪着他到寿阳城楼上去看看对岸形势。

苻坚在城楼上一眼望去,只见对岸晋军一座座的营帐排列得整整齐齐,手持刀枪的晋兵旗帜鲜明,阵容严整威武。再往远处看,对面八公山上,隐隐约约不知道有多少晋兵。其实,八公山上并没有晋兵,不过是苻坚心虚眼花,把八公山上的草木都看做是晋兵了。

苻坚有点害怕了,他转过头对苻融说:"晋军人多势众,分明是强敌,怎么能说他们弱呢?"打那以后,苻坚命令秦兵严密防守。晋军没能渡过淝水,谢石、谢玄十分着急。他们认为只可速战速决,否则各路秦军到齐,对晋军不利。

谢玄派人给苻坚送去一封信,说:"你们带了大军深入晋国的阵地,现在却在淝水边摆下阵势,按兵不动,难道是不敢与我们决一死战吗?如果你们能把阵地稍稍往后撤一点,腾出一块地方,让我军渡过河水,双方

就在战场上比一比输赢,这才算有胆量呢!"

苻坚一想,认为这是战胜晋军的好机会,他马上召集秦军将领,说:"他们要我们让出一块阵地,我们就撤吧。等他们正在渡河的时候,我们派骑兵冲上去,保管能把他们消灭。"

谢石、谢玄得到苻坚答应后撤的回音,迅速整顿人马,准备渡河进攻。

约定渡河的时刻到了,苻坚一声令下,苻融就指挥秦军后撤。他们本来想撤出一个阵地就回过头来进攻。没料到许多秦兵一半由于厌恶战争,一半由于害怕晋军,一听到后撤的命令,撒腿就跑,阵势大乱。

谢玄率领八千多骑兵,趁势飞快渡过淝水,向秦军猛攻。

这时候,朱序在秦军阵后叫喊起来:"秦兵败了!秦兵败了!"后面的士兵不知道前面的情况,只看到前面的秦军往后奔跑,也转过身跟着边叫嚷,边逃跑。

苻融急忙飞马指挥军队,想压住阵脚,但溃兵像潮水般地往后拥来,哪里压得住。一群乱兵冲来,把苻融的战马冲倒了。

苻融挣扎着想起来,晋兵已经从后面赶上来,手起刀落,杀了苻融。主将一死,秦兵更是像脱了缰绳的惊马一样,四处乱奔。

阵后的苻坚看到情况不妙,只好骑上一匹马拼命逃走。不料一支流箭飞来,正好射中他的肩膀。苻坚顾不得疼痛,继续催马狂奔,一直逃到淮北才歇了口气。

晋军乘胜追击,秦兵全线溃退,被挤倒的、踩死的士兵,漫山遍野都是。那些逃脱的士兵,一路上听到风声和空中的鹤鸣声,也当做东晋追兵的喊杀声,更加没命地向北逃去。

谢石、谢玄收复了寿阳,派飞马前往建康送捷报。

这一天,谢安正跟一个客人在家里下棋。他看完了谢石送来的捷报,漫不经心地把捷报放在床上,照样下棋。

客人知道是前方送来的战报,忍不住问谢安说:"战事情况怎么样?"

谢安慢吞吞地说:"孩子们已经把苻坚打败了。"

客人听了,高兴得不想再下棋,想赶快把这个好消息告诉别人,就告别走了。

谢安送走客人,回到内宅去,再也无法抑制自己兴奋的心情,跨过门槛的时候,踉踉跄跄的,把脚上的木屐的齿也碰断了。

经过这场大战,强大的前秦大伤元气。苻坚逃到洛阳,收拾只剩下十几万的残兵败将,但是慕容垂的兵力却丝毫没受到损失。不出王猛所料,鲜卑族的慕容垂和羌族的姚苌终于背叛了前秦,各自建立了新的国家——后燕和后秦,苻坚本人也被姚苌杀了。

书圣王羲之

晋代书法出现了发展的高峰,出现了隶书和楷书,王羲之"兼撮众法,备成一家",他的书法影响很多人,唐代颜柳,宋代苏黄米蔡,元代赵孟頫,历代名家无不皈依,《兰亭序》是其代表作,有"飘若浮云,矫若惊龙"的美誉。

王羲之(303年—361年),字逸少,祖籍琅邪(今山东临沂),会稽(今浙江绍兴)人。他是晋朝权臣王导的侄子,曾任秘书郎、参军、长史、宁远将军、右军将军等职,后人称之为"王右军"。但使王羲之名传千古的还是他的书法。

王羲之小时候机敏过人。他的伯父是大将军,有一次,他在伯父的军

帐中睡着了,他伯父有事出去了。过了一会儿,几位将军在帐中论事,忘了王羲之还在帐中,就开始密谋造反。

王羲之听到了他们的密谋,知道自己的处境很危险,就吐脏被褥,继续装睡。等那些人意识到王羲之没起来,想杀人灭口时,发现王羲之睡得口水都流出来了,都相信他刚才睡熟了。于是,王羲之幸免一死。

王羲之十六岁的时候,将军郗鉴曾到王家求女婿。王家各位少年闻讯后,都想攀上这门亲家,纷纷走了出来。而只有王羲之一人置若罔闻,露着肚子坐在床上大吃大嚼,旁若无人。结果,王羲之被郗鉴慧眼相中,把女儿许配给他。

这就是王羲之"袒腹东床"的故事,后来被传为佳话。

他七岁的时候,开始跟当时著名的女书法家卫夫人学习书法。他勤学苦练,常常废寝忘食,所以进步得很快,受到卫夫人的称赞。但王羲之并不满足,而是渴望自己的书法能有更深的造诣。

一个偶然的机会,王羲之发现父亲的枕头里有一本前代的书法论著《笔说》,就偷偷拿出来读了。父亲发现了,问他为什么偷书来读,他只是笑,并不申明理由。还是母亲理解儿子的心思,袒护说:"我儿是想看看用笔的方法。"父亲见王羲之年纪还小,怕他学了用笔的技巧反倒不能消化,便说:"等你长大后,再传授给你吧!"王羲之跪下请求:"让孩儿现在就读它吧!等我长大就晚了。"父亲听他说得有道理,就答应了他的请求,很高兴地把书传给了他。经过一段时间琢磨和练习,王羲之的书法果然突飞猛进。卫夫人把这一切都看在眼里,说:"这孩子这么快就懂得了用笔的技巧,将来一定比我强,恐怕我的名声很快就要被他掩盖下去了。"

王羲之的书法越来越有名,当时的人都把他写的字当宝贝看待。据说有一次,王羲之到他的门生家里去做客,门生很热情地接待他。门生家新做了一个几案,王羲之看到几案的面又光滑又干净,引起了他写字的兴趣,叫门生拿笔墨来。

那个门生十分高兴,马上把笔墨拿来给王羲之。王羲之在几案上写了几行字,留作纪念,就回去了。

过了几天,那个门生有事出门去了。他的父亲进书房收拾,一看新几案给墨迹弄脏了,就用刀把字刮掉。等门生回来,发现几案上的字迹不见了,门生为这件事懊恼了好几天。

又有一次,王羲之到一个村子去。见有个老婆婆拎了一篮子六角形的竹扇在集上叫卖,那种竹扇很简陋,没有什么装饰,引不起过路人的兴趣,老婆婆十分着急。

王羲之看到这情形,很同情那老婆婆,就上前跟她说:"你这竹扇上没画没字,当然卖不出去,我给你题上字,怎么样?"

老婆婆心想反正也没有别的办法,也就把竹扇交给他写了。

王羲之提起笔来,在每把扇面上龙飞凤舞地写了五个字,就送给老婆婆。老婆婆不认识王羲之,觉得他写得很潦草,很不高兴。

王羲之安慰她说:"别急。你只告诉买扇的人,说上面是王右军写的字。"

王羲之一离开,老婆婆就照他的话做了。集上的人一看真是王右军的书法,都抢着买。不大一会儿,一篮竹扇就卖完了。

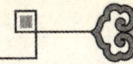

历史探微

山水灵祖谢灵运

谢灵运,东晋权臣谢玄的嫡孙。刘裕建立刘宋王朝后,谢灵运被排挤出中央,后出任永嘉太守,因不满时局,寄情于山水,创作出大量的山水诗。山水诗虽然源于先秦两汉,但谢灵运加强了诗歌的艺术技巧和表现力,"池塘生春草,园柳变鸣禽"等句影响了一代诗风,他也成为中国山水诗的鼻祖。唐代是山水诗歌的鼎盛时期,孟浩然、王维、柳宗元等都做了大量的山水诗。

中国通史

许多艺术家都有各自的爱好,有的爱种花,有的爱养鸟。但是王羲之却有他特殊的爱好。不管多远,只要听说有好鹅,他都想办法去看,或者把它买回来玩赏。

据说山阴有个道士想要王羲之给他写一卷《道德经》,可是他知道王羲之是不肯轻易替人抄写经书的。后来,他打听到王羲之喜欢白鹅,就特地养了一批品种好的鹅。

王羲之听说道士家有好鹅,真的跑去看了。他来到那道士的住处,正见到河里有一群鹅在水面上自由自在地游,一身雪白的羽毛,映衬着高高的红顶,实在逗人喜爱。

王羲之在河边看得入迷,简直舍不得离开,就派人去找道士,要求把这群鹅卖给他。

那道士笑着说:"既然王公这样喜爱,就用不着破费,我把这群鹅全部送您好了。不过我有一个要求,就是请您替我写一卷经。"

王羲之毫不犹豫地给道士抄写了一卷经,那群鹅也被王羲之带回去了。

王羲之的书法艺术,不仅广泛吸收了晋朝以前许多书法家的优点和精华,更重要的是他摆脱了传统的束缚,开创了一种新的境界。人们称赞他写的字是"龙跳天门,虎卧凤阁"(意思是指王羲之的字矫健有力,像龙在空中跳跃游动,像睡卧中的老虎一样威武雄健)。可见人们对他的书法评价之高。

在浙江绍兴市西二十五里处,有一座马鞍状的大山,相传越王勾践在山上种过兰花,因而被称做兰渚山。这里山峦叠翠,清流飞溅,风景如画,山上有一座兰亭,是文人雅士聚会的好场所。

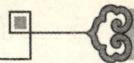

一年春天,王羲之和一群志趣相投的朋友到兰亭去踏青。大家坐在弯弯的溪流两边,玩起"曲水流觞"的游戏来。王羲之令人取来五只椭圆形的青瓷羽觞,内盛山阴美酒,轻轻放在溪水上端,羽觞顺流而下,停在谁面前,谁就得饮酒赋诗,吟不出的就得罚酒一杯。羽觞在弯弯曲曲的溪流上飘荡,两边人吟诗畅饮,玩得十分尽兴。

不知不觉,太阳已经偏西了。同游的人各抒情怀,共写了三十七首诗。有人提议把这三十七首诗集在一起,叫做《兰亭集》,并推举王羲之为这本书写序。王羲之心情很好,便高兴地答应下来。只见王羲之一边磨着墨,一边思索,然后趁着酒兴,当场挥笔,一气呵成,这便是流传千古的《兰亭集序》。

《兰亭集序》的文风清秀,是古代序跋散文中为人称道的上品,至于它的书法,更是登峰造极。全序二十八行,三百二十四字,字字遒劲妩媚,同代与前代的书法杰作都无法与其相比。序中的二十多个"之"字,千姿百态,没有一个相同。后人在评论这篇序文的书法时,都认为这是行书的最高楷模,故称其为"天下第一行书"。虽然不是图画,但具有图画的灿烂;虽然不是音乐,但却有音乐的和谐。千百年来,《兰亭集序》历来被认为是我国书法艺术的珍品,影响着一代又一代的书法大师。

刘裕称帝

刘裕小名寄奴,他自立为帝,国号宋,都建康,历史进入了南北朝时期。他称帝后进行一系列改革,改善当时混乱的政治和社会状况,为元嘉

中国通史

之治打下了坚实的基础,明代大思想李贽称他为"定乱代兴之君"。

公元420年,刘裕称帝,改国号为宋,史称宋武帝。从此我国历史进入到南北朝时期。

这时在中国南方,陆续出现了宋、齐、梁、陈四个王朝,历史上称南朝;在北方,先是北魏,后又分裂为东、西魏,接着东、西魏又为北齐、北周所代替,最后北周又灭掉北齐,这几个王朝历史上称北朝。南北朝就是南朝和北朝的合称。

南北朝时期第一个政权就是刘裕所建立的南朝宋帝国。

刘裕自幼父母双亡,日子过得相当艰辛。他砍过芦苇,种过地,伐过木,捕过鱼。刘裕虽穷,却喜欢结交朋友,常跟朋友们舞刀弄剑,谈论武艺,练就了一身高超的本领。

刘裕的家乡京口,是东晋精锐部队北府兵的驻扎地。有一天,刘裕听说北府兵正在招收新成员,十分高兴,当即前往北府兵总部报名。北府兵将领刘牢之见刘裕身材魁梧,仪表不俗,是个人才,就把他留在自己部下当了个小军官。

公元399年,浙江地区爆发了孙恩、卢循领导的起义,刘裕在镇压这次起义过程中出了名。刘裕很有军事才能,擅长带兵,能约束部下,纪律严明,他的部队战斗力相当强。因此他被派去镇压起义军,他利用起义军战略上的错误,成功地使用计谋,出奇制胜,打败了起义军,从此声名大噪。

公元402年,荆州刺史桓玄发动政变,夺取了东晋政权。但是,桓玄为人非常苛刻,把整个国家弄得民不聊生。于是,刘裕暗地里联合北府兵的中下级军官刘毅、何无忌等人,密谋推翻桓玄。

公元404年,刘裕率众从京口(今江苏镇江市)起兵,向首都建康开进。桓玄闻讯,赶忙派兵阻击,却被刘裕打得大败。最后,刘裕占领了建康,辅佐晋安帝重登宝座,自己则掌握了东晋帝国的大权。

刘裕称帝

历史探微

孙恩起义

淝水之战后，东晋朝堂党派林立，互相倾轧，朝政腐败，不断爆发起义。新安太守孙泰，企图反抗东晋朝廷被朝廷诱杀。其侄孙恩聚众百余人，发动起义，他领导的这次起义坚持战斗了十二年，后被刘裕打败，孙恩投海自尽。

刘裕大权在握，欲望也更加膨胀，萌发了当皇帝的念头。但他知道自己在士族中没什么地位，时机还不成熟，不敢轻举妄动，于是准备出兵北伐，来提高自己的威望，从而寻找机会夺取东晋的天下。

在刘裕的部下中，刘穆之是他最得力的助手。刘穆之最善于筹集兵马粮草，稳固后方。刘裕掌权后，就让刘穆之管理重要的政务，把国家管理得井井有条，为北伐做好了准备。公元409年，经过周密准备，刘裕出兵讨伐南燕。

南燕是鲜卑人建立的政权，南燕国主慕容超常常派兵骚扰东晋北部边境，掠夺边境人民的财物。东晋北部的人民深受其害，早就盼望着朝廷出兵讨伐南燕。所以刘裕的出兵，得到边境人民的拥护。

南燕的国主慕容超马上向后秦求救。

当时，后秦在北方是个比较大的国家。后秦国主姚兴派使者到晋军大营去见刘裕，说："我们和燕国是友好邻国，我们已派出十万大军驻扎在洛阳。你们一定要逼燕国，我们不会坐视不救。"刘裕听了使者这番威胁的话，冷笑一声说："你回去告诉姚兴，我本来打算灭掉燕国之后，休整三年再来消灭你们。现在既然你们愿意送上门来，那就来吧！"使者走了以后，有人对刘裕说："您这样回答他，只怕激怒了姚兴。如果秦兵真的来攻，我们怎么对付？"

刘裕泰然说："这个你不懂。俗话说：'兵贵神速'，他们如果真的要出

273

中国通史

兵,就会偷偷出兵,何必先派人来通知呢?这完全是姚兴虚张声势,吓唬我们。我看他自己也顾不过来,根本没有什么能力管别人。"不出刘裕所料,那时候后秦正跟另一个小国夏国互相攻打,还打了败仗,根本没有精力来救南燕。很快,刘裕就把南燕消灭了。过了几年,刘裕平定了南方的割据力量,再一次北伐,进攻后秦。他派大将王镇恶、檀道济带领步兵,从淮河一带出兵向洛阳方向进攻,自己亲自率领水军沿着黄河进军。

那时候,北方鲜卑族建立的北魏开始强大起来,它的势力已经发展到黄河北岸,和晋军发生了冲突。北魏在北岸集结了十万大军,威胁晋军。刘裕的水军沿着黄河前进,有时船只被水冲到北岸,就受到魏兵的攻击。

刘裕派水军上北岸去打魏军,魏兵就逃,等晋军回到船上,他们又折回来进行骚扰,弄得晋军来回奔跑,没法顺利进兵。刘裕派了一个将军带了七百人组成的卫队登上北岸,沿岸摆开一个半圆形的阵势,两翼紧紧靠着河岸,中间鼓出,当中的一辆兵车上竖了一根白羽毛。因为这种布阵形状像个月钩,所以名叫"却月阵"。

魏兵远远观察着晋军的布阵,不懂是什么意思,也没有敢动。一会儿,只见晋军中间车上有人举起白羽毛,两侧就出现了二千名兵士,带着一百张大弓,奔向兵车。魏兵以为没有什么大不了,就集中三万骑兵向河岸猛攻晋阵。晋阵上一百辆兵车上的弓箭齐发,仍旧挡不住魏兵。没料到晋军在却月阵后面,暗藏了武器,他们布置好一千多支长矛,装在大弓上。这种长矛有三四尺长,矛头特别锋利。魏兵一上来猛攻的时候,晋军兵士们就用大铁锤敲动大弓,那长矛往魏军飞去,每支长矛就能射杀魏兵三四个,三万名魏兵一下子就被射死了好几千。其他魏兵不知道晋军阵后还有杀伤力这么强的武器,吓得抱头乱窜,全线崩溃。晋军又乘胜追击,杀死了大批魏兵。刘裕打退魏军,打通了沿黄河西进的道路,顺利西进。那时候,王镇恶和檀道济带领的步兵,已经攻下洛阳,在潼关和刘裕水军会师。接着一路攻下长安,灭了后秦。

刘裕灭了后秦,把他一个十二岁的儿子和王镇恶留在长安,自己带兵回南方。

过了几年,晋安帝死去,刘裕认为时机成熟,就派人劝说刚刚即位的晋恭帝让位。公元420年,刘裕即位做了皇帝,改国号为宋,东晋灭亡。

北魏孝文帝改革

北魏孝文帝拓跋宏是北魏的第六位皇帝,他统一了北方,结束了北方分裂割据的政治局面,有利于经济的发展。他进行大刀阔斧的改革,加速了当时北方少数民族的融合。

拓跋珪,北魏的建立者,386年—409年在位。字涉圭,鲜卑族拓跋部,先辈建立代国,被苻坚所灭。

苻坚灭亡代国以后,把代国的王子王孙全都带走,代国有个名叫燕凤的大臣,他怕苻坚斩草除根,使代国失去复兴的希望,就设法骗过苻坚,把年幼的拓跋珪(代王的长孙)保护下来。

拓跋珪从小聪明能干,鲜卑人民很喜欢他,都希望他将来能够复兴代国。

公元386年,也就是代国灭亡以后的第十年,终于等到了这个机会。前秦苻坚在淝水之战中被东晋打得大败,拓跋珪乘机在牛川(今内蒙古呼和浩特市东)登上王位,后来迁居盛乐(今内蒙古和林格尔北),重建代国,不久他就把国号改为魏。为了避免和三国时候曹丕建立的魏国混淆,

史书上把拓跋珪建立的魏国叫做北魏。

拓跋珪实行了一系列有力措施,使北魏的政治、经济、文化都得到了迅速的发展。到魏太武帝拓跋焘即位的时候,北魏消灭了十六国中最后剩下来的夏、北燕、北凉三个国家,统一了北方。

文成帝死后,献文帝拓跋弘即位时,年仅十二岁,尊冯皇后为皇太后,由冯太后管理朝政,随着献文帝慢慢长大,母子间的矛盾越来越深。公元471年,十八岁的献文帝被迫禅位于五岁的儿子拓跋宏(即孝文帝),自己做了太上皇。但不久,献文帝被冯太后毒死。

孝文帝即位时,北魏的阶级矛盾愈来愈激烈。鲜卑贵族和地方豪强不断地兼并土地,压迫奴役人民,加上水灾旱灾连年不断,从而激起了此伏彼起的农民起义。北魏的改革迫在眉睫,否则就有被推翻的可能。

然而,拓跋宏还只有五岁,怎么担当得起改革的历史重任呢?于是,精明强干的冯太后就扮演了大改革家的角色。在她的主持下,北魏进行了一系列具有重大意义的改革,北魏的历史也掀开了新的一页。

冯太后主要进行了三个方面的改革。

第一,实行均田制。

公元485年,冯太后颁布均田令。均田令规定:十五岁以上的男子,每人分农田四十亩,女子则每人分二十亩。另外,又专门分给男子种桑树的土地二十亩,或者麻田二十亩。

这样,许多贫苦农民获得了土地,缓和了阶级矛盾,人们重新回到家乡,大片荒芜的土地被开垦出来。

均田制实行后,人民的生活开始得到改善。更重要的是,国家可以直接向农户抽税,保证了国家的财政收入来源。

第二,实行三长制和新的租调制。

北魏初期是以宗主督护制管理地方,中央并不直接控制地方,中央委派一个宗主来管理当地的人民和税收。宗主都是些豪门大族,他们乘机控制了大量户口和人民。这样,中央政府不能直接控制人民,就失去了税收的来源。

三长制规定:五家设一个邻长,五邻设一个里长,五里设一个党长。这个制度一旦设立,加强了国家对地方的统治,权力集中到中央。新的租调制主要是使赋税公平,减轻劳动人民的负担。

改革触犯了地方豪强的利益,许多豪强大族反对,但冯太后还是实行了三长制和新租调制。这一新制度的推行,使农民摆脱了豪强的控制。

第三,实行俸禄制,打击贪官污吏。

北魏的官员没有俸禄,他们的财产全靠掠夺而来。北魏是靠发动掠夺战争起家的,每次战争后的战利品,都依据官员的等级,以皇帝的名义赏赐给大家。这一落后制度一直沿袭下来,就导致贪官污吏四处横行。

公元485年,冯太后制定俸禄制度,并且规定各级官员,只要贪污一匹布就处以死刑。这样,官员的腐败得到了有效控制。

冯太后推行的这些改革措施,都收到良好的效果,为以后孝文帝的进一步改革奠定了坚实的基础。

公元493年,魏孝文帝为了顺利迁都,宣布出征伐齐,亲自率领步兵骑兵三十多万南下,从平城出发,到了洛阳。当时正好赶上秋雨绵绵,足足下了一个月,道路泥泞,行军发生困难。但是孝文帝仍下令继续进军。

大臣们本来不想出兵伐齐,趁着这场大雨,又出来阻拦。孝文帝严肃地说:"这次我们兴师动众,如果空手而归,岂不是让后代人笑话。如果你们不愿南进,就把国都迁到这里。诸位认为怎么样?"

大家听了,面面相觑,没有说话。孝文帝说:"不能犹豫不决了。同意迁都的往左边站,不同意的站在右边。"

一个贵族说:"只要陛下同意停止南伐,那么我们也愿意迁都洛阳。"许多文武官员虽然不赞成迁都,但是听说可以停止南伐,也都只好表示拥护迁都了。

中国通史

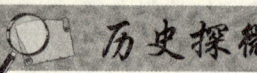

魏孝文帝迁都对改革的影响

北魏最初建都平城(今山西大同),该地区偏北地寒,《悲平城》称它"阴山常晦雪,荒松无罢风",不利于经济的发展;政治上贵族元老长居于此,保守势力相当强大;军事上与柔然(继匈奴、鲜卑之后的古代民族,与敕勒并存)相邻,长受骚扰;所以魏孝文帝改革就一定要迁都。洛阳是历代帝王建都之所,是汉文化沉淀之地,如果迁都洛阳既可巩固前期改革的成果,还可以雄踞中原,推行进一步的改革,所以迁都洛阳是魏孝文帝实行改革的关键。

孝文帝把洛阳这边安排好后,派任城王拓跋澄回到平城,向那里的王公贵族,宣传迁都的好处。之后,他又亲自到平城,召集贵族老臣,讨论迁都一事。

平城中的贵族反对迁都,搬出一条条理由,都被孝文帝驳倒了。最后,那些人实在讲不出道理来,只好说:"迁都是大事,到底是凶是吉,还是卜个卦吧。"

孝文帝说:"卜卦是为了解决疑难不决的事。迁都的事,已经没有疑问,为什么还要卜卦?要治理天下,应该以四海为家,不能一成不变。再说我们上代也迁过几次都,为什么我就不能迁呢?"

贵族大臣被驳得哑口无言,迁都洛阳的事,就这样决定下来了。

孝文帝把国都迁到洛阳以后,决定进一步实行改革。

有一次,他跟大臣们一起议论朝政。他说:"你们看是移风易俗好,还是因循守旧好?"

咸阳王拓跋禧说:"当然是移风易俗好。"

孝文帝说:"那么我要宣布改革,大家可都要遵守。"

接着,孝文帝着手改革鲜卑的旧风俗,从各方面积极推行汉化政策。

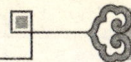

他鼓励约一百万人迁到洛阳附近地区,开辟新的牧场和耕地,采用汉族的先进生产技术,发展农耕和畜牧业。他下令废除鲜卑姓氏,一律改为汉姓,并且带头把拓跋改为元,把自己的姓名改为元宏。一些鲜卑贵族的姓,被改为公孙、穆、奚、陆、贺等,这些姓被定为北魏的国姓,跟汉族大姓崔、卢、郑、王享受同样的待遇。孝文帝还鼓励鲜卑贵族同汉族大地主通婚,自己带头选了汉族大姓的女子做妃子,给五个弟弟娶了汉族大姓的女子为妻,公主也下嫁给汉族的大姓。他又叫鲜卑人改穿汉人服装,学习说汉语,还从南方的汉人那里借来四书五经等书籍,派人抄写,供鲜卑贵族子弟学习。他规定,所有迁到洛阳的鲜卑贵族,都算做洛阳人,死了以后就葬在洛阳的北邙山下。

魏孝文帝大刀阔斧的改革,使北魏政治、经济有了较大的发展,北方少数民族进一步和汉族融合。

孝文帝又改革官制及其礼乐刑法。在官制方面,孝文帝决心彻底摆脱鲜卑的旧传统,让汉族人王肃改革官制。中央设三公、三师、尚书、中书、四征、四镇和九卿等文武官吏,地方上州设刺史,郡设太守,县设县令。这样使官职名称和机构名称全部汉化,从而统一了官职名称。同时,孝文帝在礼乐刑法等方面也进行了改革。祭礼、丧礼、冠礼等全部采用汉族的做法。在音乐方面也依照汉族的规定。在刑法方面,废除残酷的"门房之诛",停止愚昧的"裸体之法",并亲自参加礼仪律令的制定。

对这些改革,一些顽固的鲜卑贵族当然不满意。他们暗中勾结起来,煽动皇太子元恂发动叛乱。元恂打算乘孝文帝出游嵩山的机会,偷偷逃回平城,依靠守旧派占据平城搞分裂。孝文帝在去嵩山的路上得知这个消息,立即派人把元恂逮捕起来,亲自用鞭子打了他一顿。有些大臣替元恂求情,孝文帝回答说:"古语说:大义灭亲。我为了维护国家利益,决不徇私情。"他将太子废为平民,囚禁起来。过了些日子,又把太子毒死了。

魏孝文帝的改革,不仅促进了北魏的发展,客观上也加快了民族融

合的步伐。魏孝文帝在历史上是一位值得赞扬的少数民族的杰出政治家。

科学家祖冲之

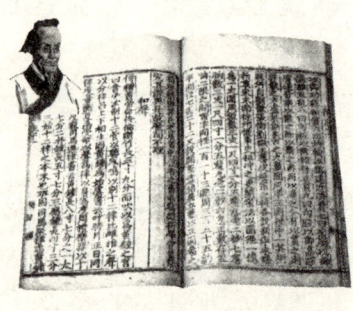

祖冲之,世界著名科学家,他第一次将圆周率(π)值计算到小数点后七位,比欧洲早一千多年,所以又称"祖率"。他的数学研究成果被编纂成《缀术》,是唐朝的数学课本。他编制的《大明历》是当时最科学、最进步的历法。

祖冲之出生在宋文帝在位的时期。那时,虽然宋王朝已逐渐走向衰落,但在这个时期产生了一位非常杰出的科学家,他就是祖冲之。

良好的家庭环境使祖冲之从小养成了勤奋学习的习惯。他二十几岁的时候,就已经是个很有名气的学者了。朝廷见他博学多才,就请他到"华林学省"去做研究工作。祖冲之认真总结前人的科学成就,积累了大量丰富的科学知识。他阅读了大量的科学书籍,又爱独立思考,在前人研究的基础上去进行新的探索。

祖冲之在天文、历史、数学、物理、机械等方面,都取得了重大的成就,如发明水碓磨等,而他对人类最重要的贡献是对圆周率的精密计算。

圆周率就是圆的周长和圆的直径的比例数。木工师傅做木盆或木桶的时候,先做一块一块略带弧形的木板,然后把这些木板拼起来,正好拼成一个圆形的木盆或木桶。问他是如何计算的?为什么木板不会多一块或少一块?木工师傅说:"这道理很简单,三尺圆圆一尺径呗!"

这"三尺圆圆一尺径",就是最粗略的圆周率,做粗笨的木盆或木桶,用这样粗略的比例数字就行了,要制造精密的圆形器具,就必须掌握比较精确的数值才行。在祖冲之以前,已经有许多人在不断努力探求这个数值。祖冲之在前人的基础上继续深入研究,决心攻破这个难关。

古时候做计算题,是用筹码(小竹棍)进行的。祖冲之在案子上摆了许多筹码,一面念口诀,一面挪动筹码,不厌其烦地计算着。他常常天不亮就起床,一直计算到深夜,筹码因为得经常挪动,都被手磨得十分光滑了。祖冲之计算了一万多遍,才算出了比较精确的数值,确定圆周率是在3.1415926和3.1415927之间。这个数值相当精确,把前人对圆周率的研究,提高了一大步。

祖冲之是世界上把圆周率的数值算到小数点以后七位数字的第一人,欧洲的数学家奥托,在祖冲之以后一千多年,才算出了这个数值。所以,有人主张把圆周率改名为"祖率",以此来纪念祖冲之在这方面的重大贡献。

祖冲之博学多才,机敏灵活。他把自己在数学方面的成就应用到历法的研究上,他根据自己对太阳、月亮运行规律的推算,制定出了一种新历法。宋

历史探微

《九章算术》

《九章算术》是中国古代数学专著,许多人为它作过注,最著名的是刘徽、李淳风等。《九章算术》是世界上最早系统叙述了分数运算的著作,而盈不足的算法更是惊奇的创造。中国后世的数学家,大都是从《九章算术》开始研究数学,一些知识还传播至印度和阿拉伯,甚至远至欧洲,是中国为数学发展作出的杰出贡献。

孝武帝大明六年(462年),他把新历法呈交朝廷,请求批准使用。新历法以孝武帝的年号命名,叫做《大明历》。

这种历法测定的每一回归年 (回归年就是两年冬至点之间的时间)的天数,跟现代科学测定的相差只有五十秒。测定月亮环行一周的天数,跟现代科学测定的相差不到一秒,可见它的精确程度了。

公元462年,祖冲之请求宋孝武帝颁布新历,孝武帝召集大臣商议。

那时候,有一个皇帝宠幸的大臣戴法兴出来反对,认为祖冲之擅自改变祖宗的古历,是离经叛道的行为。祖冲之当场用他研究的数据回驳了戴法兴。戴法兴依仗皇帝宠幸他,蛮横无理地说:"历法是古人制定的,后代的人不应该擅自改动。"祖冲之义正词严地说道:"你如果有事实根据,就只管拿出来辩论,不要无凭无据地讲空话!"

宋孝武帝想帮助戴法兴,便找了一些懂得历法的人跟祖冲之辩论,也一个个被祖冲之驳倒了,但是宋孝武帝还是不肯颁布新历。直到祖冲之死了十年之后,他创制的《大明历》才得到推行。

尽管当时社会十分动荡不安,但是祖冲之还是孜孜不倦地进行科学研究。他最大的成就是在数学方面,他曾经对古代数学著作《九章算术》作了注释,又编写一本《缀术》。

祖冲之在科学发明上是个多面手,他造过一种指南车,随便车子怎样转弯,车上的铜人总是指着南方;他又造过"千里船",在新亭江(在今南京市西南)上试航过,一天可以航行一百多里;他还利用水力转动石磨,舂米碾谷子,叫做"水碓磨"。

祖冲之死后,他的儿子祖暅、孙儿祖皓都继承了祖冲之的事业,发扬他积极向上的科学精神,刻苦研究数学和历法,并取得了一定的成就。

"菩萨皇帝"梁武帝

少年英才梁武帝博学多才,军事上曾勇退北魏,大战雍州,后建立南梁,在位时间长达四十八年,是南朝皇帝在位时间最长的一位。笃信佛教,被人称之为"菩萨皇帝",杜牧曾有诗云:"南朝四百八十寺,多少楼台烟雨中!"

东晋南朝时期,江南有王、谢、袁、萧四大名门望族,萧衍就出身于萧氏家族。萧衍的父亲萧顺之是齐朝的建立者高帝萧道成的族弟,为齐朝的建立立下汗马功劳。但萧道成死后,萧顺之却遭到齐武帝猜忌,不被重用,最后郁郁而终。

萧衍有感于父亲在官场上的失意,便决心自己干出番事业来,以出人头地。

萧衍才思敏捷,文笔华丽,是著名的"竟陵八友"(萧衍、沈约、谢朓、王融、萧琛、范云、任昉、陆倕)之一。"八友"都是时贤名士,他们结成集团,宴会赋诗,品评文艺,对后世产生了重要影响。萧衍一生写有大量诗文,其中有不少名作在后世广为传诵。

萧衍不但文章写得好,还胸怀大志。他决心在政治上有所作为,当皇帝可以说是他年轻时最大的奋斗目标。

由于齐朝皇帝昏庸无能,朝中握有大权的萧鸾想取而代之。于是,萧衍利用这次机会,全力帮助萧鸾夺得了皇帝的宝座。萧鸾即位后,为了巩固自己的地位,马上大开杀戒,在位的五年中三次大屠杀,杀尽了萧道成的子孙。这样,萧衍借萧鸾之手,给父亲萧顺之报了仇。

公元497年,北魏孝文帝亲自率兵南征雍州(今湖北襄阳,当时的雍

中国通史

> **历史探微**
>
> **竟陵八友**
>
> 南北朝时期，有一大批文人集合在竟陵王萧子良身边，形成了文学群体，后被人称为"竟陵八友"。这八个人分别是萧衍、沈约、谢朓、王融、萧琛、范云、任昉、陆倕，他们所做的诗歌被称为"永明体"。梁武帝萧衍的七言诗歌，很多都是用七言歌行写成，著名的如《东飞伯劳歌》，对李白、杜甫、高适等人影响极大。

州刺史曹虎反对萧鸾夺位)，此时，正好给了萧鸾借刀杀人的机会。他派萧衍去增援，实际上内定萧衍为雍州刺史，让萧衍坐观曹虎成败，趁机取而代之。

很快，萧衍就接替了曹虎，当上了雍州刺史。于是，萧衍以雍州为中心，积极发展军事力量，秘密制造各种器械，准备起兵夺取皇位。

公元498年，萧鸾病死，儿子萧宝卷即位。萧鸾临终时曾嘱咐萧宝卷，做事不可在人后，所以萧宝卷滥杀无辜，使得齐国统治阶级内部矛盾迅速激化，各种政治势力相互争斗。

公元500年，萧宝卷听信谗言，先下手为强，派人毒死了萧衍的哥哥萧懿，并准备攻打雍州，想一举灭掉萧衍家的势力。

这正好给了萧衍起兵的借口，他马上召集谋士们开会。大家认为，要想起兵攻打建康，首先得拿下荆州。因为荆州地处雍州和扬州之间，是萧衍进兵的必经之地。

不久，萧衍攻占了荆州，实力大增。萧衍推荆州刺史萧宝融为帝，第二年，发兵大举进攻建康。建康城内分崩离析，人们对萧宝卷的统治早已不满，纷纷出城投降。这样，萧衍攻进了建康。

公元502年，萧宝融下诏禅位给萧衍，萧衍终于登上了皇帝的宝座，建立南朝梁政权。

他改国号为梁，改年号为天监。他从天监元年(502年)至太清三年

"菩萨皇帝"梁武帝

(549年),共当了四十八年的皇帝,是南朝在位时间最长、也是历史上有名的皇帝之一。他死后,被尊为武帝,即梁武帝。

即位之初,梁武帝可以说是一个比较开明和有作为的皇帝。为革除齐末弊政,他一即帝位就采取了许多措施,大刀阔斧地整治社会和发展经济。立国之初,国家各级机构混乱,政令不一。梁武帝就派人到各地整顿吏治,同时还对在职官吏的官职进行调整。

为了稳定社会生活,梁武帝又加强整治社会治安,下诏制定了比《齐律》更完备的《梁律》。朝廷有据可依,便于对罪量刑定罪,使社会上犯罪现象大为减少。《梁律》在当时对稳定社会治安确实起了不小作用。

为了恢复生产、发展经济,梁武帝下令在全国实行籍田制度,规定无论是皇帝,还是皇亲国戚或者是朝廷大官和地方官僚,每人必须耕垦一定数量的耕田,他自己经常躬耕籍田,还号召农民尽力耕种,不要荒废田地。

梁武帝还多次减免租调,并免去孤贫之家的三调,至于因战乱而逃亡他乡又回来复业的农民,可以免除五年租税和徭役。他在位期间兴修了许多水利工程,并命官员亲自到水利工地督察。经过一段时间的发展后,梁朝一度出现了国泰民安的小康局面。江南经济一片繁荣景象。

梁武帝私人生活非常俭朴,尤其是到了晚年的时候,他每日只吃一餐,吃的是粗米饭,喝的是豆浆,不喝酒。他虽身为皇帝,但穿的是麻布做的衣袍,用的是木棉做的土帐,一顶帽子要戴三年,一条被要盖两年。他平常不听音乐,除非遇到宗庙祭礼或大型宴会。

他手不释卷,《史记》、《汉书》及诸子百家都读过不止一遍。晚上常常读书到深夜。

萧衍的统治也存在许多弊端,执法上优待皇族,厚待士族,用严刑峻法镇压百姓。

随着年纪的增加,梁武帝开始由开明走向昏庸。

中国通史

梁武帝的昏庸显得与众不同。他生活节俭,注重服饰,仪表整洁,但是本性上他是一个残暴、愚蠢、伪善而又善于玩弄手腕的人。

梁武帝信佛,人称"菩萨皇帝"。他在建康建造了一座规模宏大的同泰寺,他以苦行僧自居,每天早晨、黄昏都到寺里去烧香拜佛,并说这样做是为了替老百姓消灾求福。而到了老年,梁武帝三次宣称出家,都被群臣出钱赎回来。

公元527年,梁武帝第一次表示要出家当和尚,在寺庙里待了四天才回宫。

按照当时的风俗,和尚还俗要出一笔钱向寺院"赎身"。皇帝做了和尚,自然不能例外。过了两年,梁武帝又到同泰寺当了和尚。大臣们请他回宫,他怎么也不答应。

后来,大臣们懂了他的意思,就凑了一亿两银子到同泰寺给这位皇帝和尚"赎身"。

公元546年,梁武帝又到同泰寺出家,并说他为了表示对佛的虔诚,不但把自己的身子舍了,还把他宫里的人和全国的土地都舍了。舍得多,赎的钱当然要更多,大臣们又花了两亿两银子才把他赎回来。

就这样,梁武帝前后三次当和尚,共花了四亿两银子。梁武帝为老百姓求福而舍身出家,结果老百姓为了他的赎身钱,吃尽了苦头,受够了罪。梁武帝昏庸荒唐,信任佞人,朝政日渐腐败,官员贪污成风,使得梁朝变得混乱不堪,农民起义连绵不断。

公元547年,东魏大将侯景因与掌权的高澄发生矛盾,表示愿献河南十三州之地投降梁朝。梁武帝贪图利益,接受了侯景的投降,并派侄子萧渊明率大军北上接应。萧渊明是个不懂军事的纨袴子弟,结果,在彭城被东魏打得大败,萧渊明也被俘。东魏又集中兵力攻打侯景,侯景退据寿阳。

不久,高澄为挑起侯景与梁朝的矛盾,表示愿与梁朝重新通好。梁武帝同意通好,并答应以侯景交换萧渊明。

侯景走投无路,在寿阳起兵背叛了梁朝。很快,侯景率军攻下了建康石头城和东府城,把梁武帝困在台城。台城在久围之下,粮食断绝,饿死者十之八九,最后能作战的只有四千多人了。

公元549年3月,侯景攻入台城,梁武帝被软禁起来,不久就被活活饿死了。

这就是"侯景之乱"。

梁武帝死后,侯景立太子萧纲为傀儡皇帝,但梁朝已经陷入大乱,从此四分五裂。不久,梁武帝的儿子萧绎派大将王僧辩起兵东讨侯景。侯景见形势不利,就自立为皇帝。

公元557年,陈霸先攻入建康,并建立了陈朝。南朝的历史进入了尾声。

陈后主亡国

商女不知亡国恨,隔江犹唱后庭花!陈后主是中国古代少数的兼诗、艺于一身的皇帝。可惜他不思治国,而是大兴土木,直接导致陈朝灭亡。陈朝的灭亡使分裂了二百七十多年的中国又重新统一。

陈霸先登基开国,只当了三年皇帝就病死了,皇位传给侄子陈蒨,陈蒨死后,传给儿子陈伯宗,两年后,被其叔陈顼篡位。陈朝传到第五个皇帝陈叔宝,是个流连于舞榭歌台,终日醉生梦死的亡国之君,后人称他为陈后主。

陈叔宝是个完全不懂国事,整天花天酒地的人,替他办事的人也是

些腐朽的文人,只懂阿谀奉承,除了会拍马屁其他的什么也不懂。他大兴土木,造起三座豪华的楼阁,和宠妃、宠臣宴会赋诗,游玩作乐,通宵达旦。

对陈后主的放荡生活,大臣们看不惯,侍中毛喜是陈朝的几代功臣,陈叔宝很尊重他,开宴会、饮酒赋诗的时候也请毛喜来参加。毛喜看到陈叔宝在为父皇服丧期间就这么放荡,想劝他,但又怕后主发火,便故意装作醉酒的模样,歪歪斜斜地走路。陈叔宝事后一想,毛喜根本没喝醉,分明是在批评自己喝醉酒后的样子,顿时感到毛喜很可恨,想把他杀掉,后经过中书舍人傅绎的劝解,才将毛喜降了官,赶出京城。

自从毛喜被赶走后,大臣们谁也不愿意去劝阻陈后主,由着他任意胡来。

贵妃张丽华,不但长得好看,而且聪明,很有才学,记忆力也非常好。起初,陈叔宝让张丽华管一些宫廷内的事情。后来,陈叔宝不愿上朝,让宦官把大臣们的奏章拿到内室里来批办,张丽华这时又表现出特殊的才能,宦官们奏过的事情她都记得,并且能一条条地答复,后主非常高兴,干脆就让张丽华来处理。时间一长,所有的政务都由她一个人来裁决。朝廷上下,人人都知道是张骞妃在主持朝政,陈叔宝却更加放荡地吃喝玩乐,不管国家大事。

大臣傅宰是个忠心耿耿之人,因看不惯朝廷腐朽作风,也上奏陈后主,希望他改过自新,多为国家着想。而陈后主一句也没有听进去,还觉得傅宰阻碍自己享乐,下令斩了傅宰。

此后,陈后主过了五年的荒唐生活,大修宫室楼阁,对百姓残酷搜刮,人民怨声四起,整个国家呈现一派没落景象。

此刻,长江以北的形势已发生了很大的变化。

北周在灭掉北齐后,到了北周静帝时代,朝廷大权完全控制在杨坚手里。杨坚是北周外戚,祖父为汉族人杨元寿,是北魏武川镇的司马,父

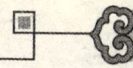陈后主亡国

亲杨忠是西魏十二员大将中的一员,到了北周时,升为柱国大将军、大司空,被封为隋国公。杨忠死后,杨坚继承了隋国公的爵位,掌握了北周的军权。杨坚的女儿是北周宣帝的皇后,这样,杨坚既是周宣帝的岳父,又是周静帝的外公。北周静帝八岁当上皇帝,封杨坚为隋王、大丞相。这样,杨坚权倾北周朝野。

进而,杨坚又产生了取代北周自己称帝的念头。于是,他先借故杀掉了一大批周皇室成员,出兵平息了几股异己势力,巩固了自己的政治地位。还下令减免税收、减轻刑罚,以此赢得下层官吏和老百姓的拥护。

北周大定元年(581年)二月,杨坚正式废掉北周静帝,自己当了皇帝,国号"隋",定都长安,年号"开皇"。他就是隋文帝。不久,他又借故杀了自己的外孙北周静帝,铲除了自己前进道路上的一切障碍。

隋文帝上台以后,实行了一系列改革,经济得到了很大的恢复和发展,社会安定,人民安居乐业,加上他本人带头过着俭朴的生活,严于律己,勤政爱民,使隋国逐步出现繁荣景象,国力也随之雄厚起来。于是,他就开始对外扩张并产生了统一整个华夏大地的雄心。

开皇七年(587年),隋文帝出兵消灭了萧察在江陵建立的后梁政权。紧接着,他把目光又投向了偏安于东南一隅的陈朝。

陈后主荒淫无度、不理朝事的消息,早就传到了杨坚耳朵里。作为皇帝,他也觉得陈叔宝太不可思议,但他心里也暗自高兴,认为这正是灭掉陈国的极好机会。

公元588年,隋文帝令大将杨素造了大批大小战船,派他的儿子晋王杨广和杨素担任元帅,贺若弼、韩擒虎为大将,率领五十万大军,分兵八路,渡江进攻陈朝。

杨素率领水军从永安出发,几千艘黄龙大船沿着长江东下,满江都是旌旗,战士的盔甲在阳光下闪闪发光。南陈的江防守兵看了,都吓呆了,哪里还有抵抗的勇气。

其他几路隋军也都顺利地开到江边。北路的贺若弼的人马到了京口,韩擒虎的人马到了姑苏。江边陈军守将告急的警报接连不断地送到建康。

陈后主正跟宠妃、文人们聚会取乐,醉得七颠八倒,他收到警报,连拆都没有拆,就往床下一丢了事。

后来,警报越来越紧了,有的大臣一再请求商议抵抗隋兵的事,陈后主才召集大臣商议。

陈后主说:"东南是个福地,从前北齐来攻过三次,北周也来了两次,都失败了。这次隋兵来,还不是一样来送死,没有什么可怕的。"

他的宠臣孔范也附和着说:"陛下说得对。我们有长江天险,隋兵又不长翅膀,难道能飞得过来!这一定是守江的官员想贪功,故意造出这个假情报来。"

大家你一言,我一语,根本不把隋兵进攻当做一回事,说笑了一阵,又照样玩乐。

公元589年正月,贺若弼的人马从广陵渡江,攻克京口。与此同时,韩擒虎已从横江(今安徽和县东南)渡江到采石,接着又攻下姑苏,与贺若弼形成两股力量,形成了对建康的包围之势。沿江陈军望风而逃。隋军攻下采石后,采石守将徐子建星夜赶到建康告急。

面对如此险恶形势,陈叔宝此时才感到震惊,下令全城戒严,命令骠骑将军萧摩诃、护军将军樊毅、中领军鲁广达为都督,又命施文庆为大监军,派豫州刺史樊猛率水军从白下(今南京市西北)出发抵抗。

当听说韩擒虎的部队已经到达新林(今南京市西南)时,陈叔宝急得在妃嫔们面前日夜痛哭,把大事都交给了施文庆去处理。施文庆害怕将领们因打仗立功,将来会跟他争权夺利,不但不认真指挥,反而设法阻挠。陈叔宝只是根据施文庆传给他的情报来进行指挥部署。

贺若弼的军队此时已由京口到达了钟山脚下,驻扎在白土冈东南。

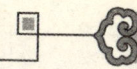
陈后主亡国

萧摩诃再次向陈叔宝请战:"贺若弼孤军深入,援军未到,工事还未筑好,人心也不稳定,我们不如出兵袭击,必定可取胜。"陈叔宝却不答应。

等到隋兵全部压境时,陈叔宝孤注一掷忙派鲁广达在白土冈防守,任忠、樊毅、萧摩诃等由此而向北,布下二十里一字长蛇阵,来对抗贺若弼。陈叔宝把萧摩诃找来,对他说:"公可为我决一死战了。"萧摩诃愤愤地答道:"从来打仗都是为了国家利益,今日之事,兼为老婆孩子了。"说着,就再也不愿理睬陈叔宝了。

陈叔宝虽然布下二十里兵阵,但他既未指定全军统帅,又缺乏背城一战的决心,各军行动互不协调。贺若弼开始也不敢轻举妄动,他登上钟山眺望,见陈军虽有二十里防线,但都是散架子,心中不免好笑。于是就率军向陈军发起进攻。

双方兵戎相见,陈兵很快被击溃,萧摩诃也被活捉,贺若弼迅速率军直奔台城,放火烧掉了北掖门。此时,韩擒虎率领隋军由新林出发,到达石子冈(今南京雨花台附近)。陈军将领任忠眼见陈国大势已去,主动向韩擒虎投降,并领着韩擒虎的部队经朱雀航直奔台城,由南掖门进入皇宫。

皇宫内文武百官仓皇出逃,只有尚书仆射袁宪和尚书江总、吏部尚书姚察等几人留在尚书省府。陈叔宝此时吓得惊慌失措,那些平日娇滴

历史探微

南唐后主李煜

李煜,五代十国时南唐国君,是南唐最后一个皇帝,被北宋赵匡胤所灭,史称李后主。他和陈后主有太多相似之处,一样的命运,一样的多才,一样的不懂政治。但李煜精书法,善绘画,通音律,词的成就最高。他的作品《虞美人》、《浪淘沙》、《相见欢》等词可谓"神品",李煜也被称为"千古词帝"。

中国通史

滴的妃嫔们也乱作一团,狂喊乱叫。陈叔宝见人都跑光了,嘴里叽叽咕咕,埋怨臣下对他不忠。

听说隋兵已到了前殿,他想要逃走躲起来,袁宪见他这副丑态,板着面孔说道:"隋军到来也不一定会冒犯陛下,事已至此,陛下应该沉住气,望陛下整理衣冠,端坐到正殿,像当年梁武帝见侯景一样临危不惧。"

陈叔宝哪里听得进去,忙带着妃嫔朝后边的景阳殿逃去。他在后殿转了两圈,仍未找到一个藏身之地,转眼一看,院子东南角有一个枯井,他不顾袁宪等人的竭力劝阻,准备跳井。

后阁舍人夏侯公韵等人一听说皇帝要跳井,吓得连忙用身体把井口挡住。陈叔宝竟与他们争吵起来,还用脚踢了夏侯公韵一下。他看看自己这副狼狈样,一时悲从中来,两行眼泪滚了下来。夏侯公韵见皇上如此,也就只好把井口让开,陈叔宝不顾一切地"扑通"一声跳了下去,接着又是"扑通"、"扑通"两声,张贵妃、孔贵嫔跟着跳了下去。

袁宪等人见皇帝下了井,只好哭拜而去。这口井名叫"景阳井",一名"胭脂井",井有栏杆,据说用丝帛在上面抹擦,能出现胭脂痕迹。

隋军兵找到后殿,果然有一口井。往下一望,是个枯井,隐约看到井里有人,就高声呼喊。井里没人答应,兵士们吼道:"再不回答,我们要扔石头了。"说着,真的拿起一块大石头放在井口,装出要扔的样子。

井里的陈后主吓得尖叫了起来。兵士把绳索丢到井里,才把陈后主和两个宠妃拉了上来。

陈叔宝后来被押送到长安,最后死在洛阳,张丽华也被高颖下令处死。杨广进入建康城后,把施文庆、沈客卿等人都斩首示众,以谢三吴百姓,祸国殃民的奸臣得到了应有的下场。陈就这样灭亡了,中国又一次归于统一。

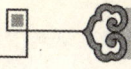 隋唐五代时期

隋唐五代时期

隋唐五代简介

公元581年,杨坚(即隋文帝)代北周称帝,国号隋,开皇九年(589年)灭陈,统一了全国,开启了一个全面繁荣统一的新阶段。隋唐时代是封建制度继续发展并达到全面繁荣鼎盛的时期,政治清明,经济繁荣发展,文化上更是达到前所未有的高峰期,有名家辈出的文坛,最突出的是诗歌;有光辉灿烂的艺术,书法和绘画成就突出;与周边民族交流不断加强,关系融洽,呈现"和同为一家"的和睦局面;对外贸易频繁,唐朝时同七十多个国家有贸易往来,并采取了一系列措施鼓励各国商人来中国贸易,隋唐是当时世界上最文明先进、最繁荣富强的国家。唐朝经过二百九十年的统治,由盛转衰。公元907年,朱温灭唐自立,国号为梁,之后中原地区又先后出现唐、晋、汉、周四个政权。环绕中原地区,主要是南方建立有十个政权,历史进入五代十国时期。

杰出历史名人

① 隋文帝

隋文帝(541年-604年)即杨坚,隋朝建立者,公元581年-604年在位。小名那罗延,弘农华阴(今陕西)人。父亲杨忠北周时官至柱国大将军,封隋国公,杨坚承袭父爵。静帝时,任丞相,独揽朝政,封隋王。公元581年,废静帝自立,建立隋朝。公元589年,灭陈,结束魏晋南北朝长期分裂局面,统一全国。隋文帝即位后,实行改革,开创科举制,废除九品中

293

中国通史

正制；确立了三省制，改州、郡、县三级地方行政体制为州、县二级；经济上，继续推行均田制，开垦土地，保证国家的财政收入。隋文帝崇尚节俭并以身作则，形成隋朝初期勤俭节约的社会风气。隋文帝在位二十多年间，政治清明，经济持续发展，史上称当时的统治为"开皇之治"。

Ⅱ 唐太宗

唐太宗(599年-649年)即李世民，李渊次子，公元626年-649年在位。隋朝末年随父起兵反隋，唐朝建立后，封为秦王。公元626年，发动玄武门之变，得为太子，继承帝位。在位期间，任用贤能，从善如流。完善科举制度，大力兴办学校；发展三省制，确立了尚书省、中书省、门下省分工明确、互相监督的政治管理制度；推行均田制、租庸调法和府兵制，促进农业生产的发展；开明、开放的民族和外交政策，征服周围少数民族，建立都护府，由当地本民族负责管理；打通并维护丝绸之路，发展西域的交通，东联新罗、日本，促进文化与经济的交流和发展；文成公主下嫁吐蕃赞普松赞干布，带去先进的生产技术和工具，促进了藏族经济文化的发展。唐太宗开创了历史上的"贞观之治"，为后来唐朝的全盛局面奠定了基础，是影响中国乃至世界进程的杰出人物。

Ⅲ 武则天

武则天(624年-705年)，唐高宗皇后、武周皇帝，公元690年-705年在位。名曌，并州文水(今山西文水)人。十四岁时选入宫为才人，太宗死后，出家为尼。后被高宗诏为昭仪，公元655年，立为皇后。以后逐渐参与朝政，号为天后，与唐高宗李治并称为"二圣"。公元683年，儿子中宗即位，她临朝称制。次年，废中宗，立睿宗。公元690年，废睿宗自立，改国号为周，史称武周。在位期间，改进科举，创殿试制度，亲自主持考试。用人不拘门第，只重才能；经济上，劝课农桑，减轻赋役，农业、手工业、商业都有长足的发展；民族关系上，击退了西突厥、契丹等少数民族的进攻，设立军镇，常驻军队，并推广屯田，促进边疆地区的开发。虽然武则天统治期间也存在任用酷吏、兴文狱等一些弊政,但总体上,保持了国家的稳定,文化复兴,人民富裕,史称"贞观遗风"。

Ⅳ 唐玄宗

唐玄宗(685年-762年),即李隆基,一称唐明皇。睿宗之子,武则天的孙子,公元712年-756年在位。公元710年,联合太平公主发动政变,除韦后,拥立其父睿宗复位,得立为太子。公元712年即位。玄宗统治期间,前期任用熟悉吏治、富于改革精神的姚崇、宋璟等人为相,励精图治,革除武周以来的一些弊政,政治较为清明,经济持续繁荣发展,唐朝进入全盛时期,封建社会达到前所未有的繁荣时期,史称"开元盛世"。后期,任用李林甫、杨国忠等奸臣为相,吏治腐败,宠幸杨贵妃,沉迷于酒色。同时,府兵制遭到破坏,各节度使拥兵自重,公元755年,安史之乱爆发。次年,逃亡蜀中,太子李亨即位,被尊为太上皇,后回长安,抑郁而死。

Ⅴ 李煜

李煜(937年-978年),五代时南唐第三位国主,字重光,世称李后主。公元961年-975年在位。975年,宋兵攻破金陵,出降,后被毒死。李煜虽然不通政治,却才华四溢,善诗文、音乐、书画,尤精于词。前期降宋之前所写词,多表现宫廷享乐荒废的生活和男女情爱,题材面窄,绮丽柔靡,多是靡靡之音。后期降宋之后,其词多反映亡国之痛,悲往昔,叹今朝,融入自身感情,表现了浓厚的感伤情绪,如:"雕栏玉砌应犹在,只是朱颜改。问君能有几多愁,恰是一江春水向东流"(《虞美人》),形象鲜明,意境深远,语言清新自然,极具艺术感染力。突破了五代以来词多写艳情的窠臼,通过具体可感的个性形象,反映现实生活中具有一般意义的某种意境,扩大了词的题材,将词的创作向前推进了一大步。

中国通史

重大历史事件

I 三省六部制

中国古代封建社会一整套组织严密的中央官制,确立于隋朝,唐朝开始完备,此后一直沿用到清朝。三省指尚书省、门下省、中书省。中书省是决策机构,负责草拟皇帝的诏令;门下省是审议机构,负责审核政令;尚书省是最高行政机关,负责执行国家的重要政令。尚书省下设六部,分别为吏部、兵部、刑部、工部、户部、礼部。吏部负责考核、任免四品以下官员,兵部负责军事,刑部负责司法、审计事务,工部负责工程建设,户部负责财政、国库,吏部负责贡举、祭祀、典礼。六部根据其分工,具体负责各项事务,职责明确,提高了工作效率。三省六部制是中国古代官制制度的重大变革,加强了皇权,促进了中央集权国家的稳定发展。

II 科举制

科举制是中国古代一种通过考试选拔官吏的制度。创立于隋,确立于唐,完备于宋,而延续至元、明、清,持续了一千三百多年。科举主要有贡举、制举、武举、童子举等,其中贡举定期举行,被称为"常科"。贡举考试分乡试、会试、殿试三级,士人可以自由报考。乡试每三年举行一次,中者称为举人;会试在乡试的第二年举行,由礼部主持,考中者称为贡士;殿试在会试当年之后举行,由皇帝亲自主持考试,考中者统称为进士。考试内容主要是四书五经。科举制为历代封建王朝选拔、培养了大批优秀人才,带动了社会的读书风气和知识的普及,对隋唐之后历代的社会结构、政治制度、思想文化产生了重要影响。科举考试的方法为日本、韩国、越南等国家所效法,对东亚乃至世界都产生了深远的影响。

III 府兵制

中国古代的一种兵役制度。建立于西魏、北周、隋朝、唐初沿用,至唐玄宗时取消。府兵制是一种兵农合一的制度,和平时期,凡被选拔充当府兵的,日常务农,农隙时在军府将领领导下练兵。战争时期,由朝廷另派将领集合各地府兵出征,战争结束后,重新回到原驻地,由军府将领统管。府兵出征时自备资粮,分番轮流卫护京师,防守边境。府兵制有利于防范地方割据势力的出现,加强了中央集权。此外,府兵制还结合屯田制,有利于农业生产的发展,减轻了国家财政负担。从唐高宗时起,因为轮流卫护多不及时,负担过重,出现了大量逃避兵役的现象。到唐玄宗时,军府已无兵可交,府兵制名存实亡。

Ⅲ 两税法

唐代中期开始推行的一种赋税制度。唐中叶均田制名存实亡,建立在其基础上的租庸调法难以实行。安史之乱后,人民四处逃亡,土地荒芜,税赋负担不断加重。鉴于此,公元780年,唐德宗采纳宰相杨炎的建议推行两税法。其主要内容有:其一,不分主户(本地籍贯)、客户(外来者),一律编入现居地户籍,就地征税。分夏秋两季征税,夏税不超过六月,秋税不超过十一月;其二,取消租庸调及杂税,租、庸、调折合成钱价并入以上两税征收;其三,地税按照大历十四年(779年)的垦田数为准。两税法的推行改变了唐代中叶以来紊乱的赋税制度,在一定程度上减轻了农民的负担。

文化艺术成就

Ⅰ 李白和杜甫

唐代是我国古典诗歌发展的全盛时期,出现了很多优秀的诗人,李白和杜甫是其中最杰出的代表。李白(701年-762年),字太白,号青莲居士。少时博学多览,吟诗作赋,并好任侠。二十五岁时,开始了长期的漫游生活。天宝年间,曾供奉翰林,但不被重视,又遭权贵弹劾,很快离开长安。安史之乱爆发,入永王李璘幕府,不久李璘兵败,李白受牵累入狱,中途遇赦东还。晚年漂泊困苦,卒于当涂。李白的诗多描写祖国山河的壮丽

中国通史

多姿,也有部分诗歌揭露社会的弊病,表达对劳动人民疾苦的同情,如:"黄河之水天上来,奔流到海不复回"(《将进酒》);"白发三千丈,缘愁似个长"(《秋浦歌》),诗风浪漫奔放,意境奇特,语言流转自然。善于从历史文化遗产中汲取营养和素材,形成其瑰伟绚烂的特色,把我国浪漫主义诗歌推向一个新的高度。杜甫(712年-770年),字子美,祖籍襄阳(今属湖北),曾祖时迁居巩县(今河南巩义)。少时勤学苦读,颇有政治抱负。玄宗时参加进士考试不中,遂各地漫游。后回到长安,寓居近十年,生活困苦,接触社会底层人民生活,了解人民生活的艰苦。安史之乱被困长安,后逃至凤翔,谒见肃宗,拜左拾遗。乱平后,随肃宗回到长安,寻出为华州司功参军。后弃官移居成都,筑草堂于浣花溪,曾任剑南节度使严武幕中参谋、检校工部员外郎,故世称杜工部。杜甫的诗多反映当时的社会现实,表达对人民疾苦的同情,抒发诗人忧国忧民的情怀。善于选择重大历史事件为背景,揭露当时政治的黑暗腐败,如:"朱门酒肉臭,路有冻死骨"(《自京赴奉先县咏怀五百字》);"万里尽征戍,烽火被冈峦"(《垂老别》)。诗风沉郁顿挫,语言纯熟凝练,具有高度的表达力,继承并发展了我国古代诗歌现实主义传统,对后代诗歌创作产生了深远影响。

Ⅱ 韩愈和古文运动

韩愈(768年-824年),字退之,河内河阳(今河南孟州南)人,自谓郡望(郡为行政区划;望是名门望族。郡望连用,表示某一地域范围内的名门大族)昌黎,世称韩昌黎,唐代文学家、哲学家。父母早丧,由兄嫂抚养成人,刻苦自学。唐德宗时进士,历任监察御史、国子监博士、刑部侍郎、吏部侍郎等职。卒谥文,世称韩文公。在文学上,韩愈和柳宗元同为古文运动的倡导者,反对六朝以来辞藻华丽、过度要求排偶用典、格律严格的骈体文,提倡散文体。在继承先秦、两汉散文的基础上,进一步创新发展,强调文章的内容性,主张"文以载道"、"文道结合",坚持"词必己出"、"陈言务去"。韩愈散文内容丰富,体裁多样,文笔多变,语言简练,风格雄健奔放、婉转自如,为古文运动树立了典范。

Ⅲ 画圣吴道子

吴道子,又名道玄,阳翟(今河南禹州)人,唐代画家。幼时孤贫,年未长,穷丹青之妙。曾做过小吏和县尉,后被唐玄宗召入宫中作画。善画佛道人物,曾在长安、洛阳一带寺庙中绘制壁画三百多堵,技巧娴熟,想象奇特,造型准确,风格独特,后世称之为"画圣"。他的画继承了简括的艺术技巧,点划之间,常见缺落,后人称之为"疏体"。他用笔如"莼菜条",焦墨勾勒,略加色彩,自然传神,有飘带之势,人称"吴带当风"。吴道子的真迹,今已无存,传为吴道子的真迹《送子天王图》为后世摹本。要了解吴道子的艺术特点,除了文献记载,只能从唐代壁画中寻觅线索了。

Ⅳ 颜真卿

颜真卿(708年-784年),字清臣,京兆万年(今陕西西安)人,唐代书法家。唐玄宗时进士,历任殿中侍御史、平原太守、吏部尚书、太子太师,封鲁郡公,人称"颜鲁公"。颜真卿出生在家学传统之家,多有从事古文字、书法研究之人,受家族熏陶,自幼勤练书法。颜真卿书法初学褚遂良,后学张旭。颜真卿善楷书,字体肥腴,形成端庄雄伟、遒劲壮丽的风格,对后来影响很大,后世有"颜体"、"颜字"之称。碑刻有《颜勤礼碑》、《郭氏家庙碑》、《麻姑山仙坛记》、《颜氏家庙碑》等。颜真卿亦能写行书,如《争坐位帖》等颇为有名。

Ⅴ 雕版印刷术

隋唐时期,佛教的兴盛和科举制度的推行,刺激了人们对于佛经、儒学经典等书籍的需求,雕版印刷术应运而生。雕版印刷术是在版料上雕刻图文直接印刷的技术。版料一般选择纹理较为密实的木材,如枣木、梨木等。先把选好的木材锯成一块块木板,把要印的文字图画等写在薄纸上,反贴在木板上,再根据每个字的笔画或是图画的线条,用刀一笔一划

刻成阳文,使笔画线条突出在木板上。印书的时候,先用刷子蘸墨,在雕刻好的木板上刷一下,把白纸覆在木板上,用另外干净的刷子轻轻刷一下,把纸拿下来,一页书就印好了,一张张都印完后,装订成册,一本书就印完了。唐朝,雕版印刷多用于佛经、历书等日常用书的印刷,五代时开始用于大部儒家经典的印刷。雕版印刷术的出现,促进了文化的传播发展,是人类文明史上重大的发明。

Ⅵ 敦煌莫高窟

敦煌莫高窟,俗称千佛洞,坐落在甘肃敦煌市东南二十五公里鸣沙山东麓的崖壁上,以精美的壁画和塑像闻名于世。莫高窟始凿于366年前秦时期或更早,之后一直到元代,陆续都有建造。隋唐为莫高窟全盛时期,开凿的洞窟约有三百多个。敦煌壁画内容丰富,洞窟四周和窟顶都画着佛像、飞天、仙女等图像,体态婀娜,神态逼真且富于变化,有着动人的艺术效果。莫高窟的塑像数量也很多,绝大部分的洞窟都保存着塑像,既有高达三十三米坐像,也有高仅几厘米的小菩萨。敦煌莫高窟是我国现存规模最大、保存最完整、内容最为丰富的古典艺术宝库,同时也是举世闻名的佛教艺术中心。

Ⅶ 赵州桥

赵州桥又名"安济桥"。位于河北省赵县洨河上,中国现存的著名古代大石拱桥。隋开皇大业年间(581年–618年)李春主持建造,距今已有一千四百多年的历史。全长50.82米,桥面宽约10米,净跨37.02米。采用敞肩式(桥肩上用四个挖空的小拱"敞开"了,所以称为"敞肩式")拱券(一种建筑结构,简称为拱或券)的做法,中间拱圈由二十八条并列的石券组成,大拱两背上有四个小拱,既增加了排水量,减轻了桥身的重量,节约了建筑材料,又使桥身增加了美观,显得轻巧玲珑。桥上的雕龙栏版生动逼真,艺术精绝。赵州桥是当今世界上现存最早、保存最完整的古代敞肩式石拱桥。

杨广篡位

隋炀帝杨广（569年-618年）是隋朝的第二任皇帝，"修建东京洛阳"、"迁都洛阳"、"修通运河"、"西巡张掖"、"开创科举"、"开发西域"等可以概括他一生所为。

隋文帝杨坚北征突厥，南平陈国，结束了从东汉灭亡以来长达四个世纪的四分五裂局面，统一了中国。他在位期间，隋朝政治稳定，经济繁荣，文化发达，成为一个强大的封建王朝。

他的儿子隋炀帝杨广，却是一个荒淫无度，统治残暴，在中国历史上著名的昏君。隋炀帝是杨广的谥号，根据古代相传的谥法，凡是贪恋女色、荒淫无道的君主，习惯上谥为"炀"。强大的隋朝，盛而不寿，亡在了杨广的手上。

隋炀帝杨广是一个优点、缺点都非常突出的矛盾人物。他的一生，真可谓功过参半。他率兵灭陈，开通大运河，对中国的统一，南北经济、文化的交流，都在客观上起到了重大积极作用；但是他又荒淫无度，统治残暴。杨广在他阴谋夺取太子之位的过程中，便突出表现了他复杂多变的性格。

隋文帝杨坚共有五个儿子，杨广是老二，从小就被封为晋王。杨广小时聪明伶俐，长相俊美，又善于撒娇，很讨皇上、皇后的欢心。他天赋很高，文笔华美，胸襟抱负不凡。在南下灭陈和北征突厥的战斗中，他都立下大功，并笼络了一批人才。杨广本性贪婪无厌，他早就想取代大哥杨勇的太子地位，只因为隋文帝信任杨勇，同时自己羽翼未丰，才没敢动手。后来杨勇因为生活腐化奢侈，渐渐失去了隋文帝的欢心，杨广就加紧活

动起来。

杨广知道隋文帝喜欢简朴,就装模作样,一心讨好。每当隋文帝要到他的王府来,他就把自己宠爱的姬妾锁在屋里,只留下几个又老又丑的女人,穿着粗布衣服,在左右侍候。他故意把乐器的弦弄断,乐器上的尘土也不让人擦掉,摆在惹人注意的地方。隋文帝看到这种情景,以为杨广不好声色,总要夸赞他几句。

有一次,杨广外出打猎,遇到大雨,侍从给他送上油衣(雨衣),他说:"士兵们都被大雨淋着,我怎么能一个人穿呢?"坚持和士兵们一样淋雨。隋文帝听说后,非常高兴,认为杨广有仁爱之心,可以成大事。

太子杨勇有个宠妃叫云昭训,非常妖媚,独孤皇后不喜欢她,几次要太子把她废掉。杨勇不但不听,反而更加宠爱她,独孤皇后大为不满。巧的是,她给杨勇娶的原配夫人元氏,刚过门的第二天,就得暴病死了,独孤皇后认为是被杨勇害死的。

杨广知道独孤皇后不喜欢杨勇,对皇后更加毕恭毕敬。凡是皇上皇后派来的人,不论地位高低,杨广和他的妻子一定都亲自设宴招待;凡是执掌权力的大臣,杨广都去结交。这样,大臣、宫人都说晋王仁义厚道,独孤皇后对杨广更加宠爱了。

杨广做扬州总管时,每次回长安朝见完毕要离京时,总是装得十分孝顺,哭哭啼啼地向母亲独孤皇后告别。有一次告别时,他故意装出难分难舍的样子,哭哭啼啼的,说太子要害他,他怕再也见不到母后了。独孤皇后气愤地说:"太子不像话!我活着,他竟敢这样,我死后,那还得了吗?"她嘱咐杨广,没有她的信不要到京城里来,更不要到东宫去。杨广摸清了皇后的心思,暗暗高兴。独孤皇后经常在隋文帝面前说杨勇的不是。

杨广篡位

杨广在众人面前树立了一个简朴、仁孝、贤德的形象后,又开始培植他的党羽,使得一大批朝臣很快都聚在了他的周围。这些朝臣不仅在隋文帝面前为他歌功颂德,也对太子的无耻行为指手划脚。

最后,杨广终于使隋文帝动心了,废了太子杨勇,立杨广为皇太子,杨广取得了皇位的继承权,只等着父皇驾崩了。

后来,杨广因为调戏隋文帝最为宠爱的妃子宣华夫人,惹恼了隋文帝。隋文帝开始对杨广这些年来的行为产生了怀疑,他急召大臣草诏,让废太子杨勇前来议事。然而,此时宫里宫外全是杨广培植的党羽,隋文帝也奈何不了他了。

不久,杨广派亲信杀死了隋文帝杨坚,顺利地登上了皇位,这就是隋炀帝。

在隋炀帝统治期间,徭役征发异常沉重。605年,隋炀帝下令修建洛阳城,每月服役的男丁多达二百余万人。这项工程历时十个月,几乎有一半的民工活活累死在工地上。

隋炀帝还征发大量民工修筑长城、开凿大运河。修筑长城时,隋炀帝两次征发男丁一百二十万人,死者过半。据粗略统计,为开发各段运河,隋炀帝先后征调河南、淮北、淮南、河北、江南诸郡的农民和士兵达三百多万人。

隋炀帝还在洛阳西郊建造了一个富丽堂皇的大花园——西苑,方圆两百里。苑内有人工海,周围有十多里,海内有蓬莱、方丈、瀛洲三仙山,

历史探微

隋朝大运河

隋灭陈完成中国统一,隋炀帝杨广即位后开始开凿大运河。大运河将钱塘江、长江、淮河、黄河、海河连接起来,是中国古代南北交通的大动脉,也是世界上开凿最早、规模最大的运河。后经元朝修缮,进一步通到北京,全长一千七百九十四公里,成为现今的京杭大运河。

山上有许多亭台楼阁，北面有龙鳞渠入海。沿龙鳞渠西，建有十六院，建筑华丽，各院花木凋谢后，用绫彩剪成花叶加以装饰，池内布满绫制的荷花、菱等。为营建这座大苑，需要从江南采得大木柱，运往东都，每根大柱需二千人往返递送，沿途络绎不绝。

隋炀帝在位期间，几乎年年出巡，曾先后三次巡游江都，两巡塞北，一游河右，三到涿郡，还在长安、洛阳间频繁往来。他每次巡游，都兴师动众，宫人、侍卫和各色随从人员多达十万人，沿途一切消耗，都由所经州县供给。

隋炀帝第一次去江都时，气派异常。他乘坐的龙舟高达45尺，宽50尺，长达200尺，上下还分为四层，有正殿、偏堂，里面用金银珠宝装饰得富丽堂皇。随行的有几十万人和几千艘船，船队首尾相接达二百多里长，光拉纤的士兵就有八万多人，数十万骑兵沿江护送。

隋炀帝在位期间，还连续发动了三次对高丽的战争。公元612年，隋炀帝为了发动攻打高丽的战争，大批征兵、调粮、造战船，仅在山东一带就征发了运粮的车夫六十余万人。隋炀帝对高丽的三次战争都失败了，士兵死亡大半，物资装备几乎全部丢失。

杨广的暴政激起了人民的反抗。处在饥寒交迫困境的贫苦农民，再也不能忍受下去了，爆发了大规模的农民大起义，最终推翻了隋炀帝的昏庸统治，使得隋朝成为中国历史上一个二世而斩的短命王朝。

瓦岗军起义

隋炀帝建东都，挖运河，征高丽，耗尽国家资财，逼死无数百姓，人民

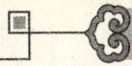 瓦岗军起义

忍受不了兵役、徭役和饥饿的折磨,纷纷揭竿起义。义旗一展,四方响应,几年间全国起义形势日渐高涨。其中最强大的一支,当数翟让领导的瓦岗军。

翟让东郡韦城(今河南滑县东南)人,原是东郡法曹,因为得罪上司,被捉拿下狱。隋朝的刑法严峻,小小的过错便被判了死罪。

这时候,同狱的牢头黄君汉站了出来。他同情翟让惨遭飞来横祸,平日对翟让的为人又十分钦慕,不愿让翟让就这么不明不白地死去。一天晚上,偷偷地把他放了。翟让满心感激,又担心这么做会连累了黄君汉一家,还在犹豫不定。黄君汉生气地斥责他:"这是什么话!快走,天下大事正等你去成就,别担心我黄君汉!"就这样,翟让在瓦岗寨聚集起了一支杀富济贫的队伍。

瓦岗寨上举义旗,四乡八里没法度日的农民,纷纷前来投奔。翟让帐下,聚集了翟氏兄弟、本地豪杰单雄信、王伯当等人。后来程咬金也来投奔,很快发展成为一支强大的反隋武装,人称"瓦岗军"。瓦岗军大多善用长枪,战斗力很强。

这时候,李密也加入了瓦岗军的队伍。

李密出身于贵族家庭,父亲是隋朝有名的武将,被封为蒲山公。李密本来是杨素的儿子礼部尚书杨玄感手下的将官。杨玄感起兵反隋,被隋炀帝打败,李密也被捉去。在押送的路上,李密逃了出来。他在外面流浪了两三年,穷到吃草根、树皮的地步。隋朝官府到处追捕他,最后,他为了寻找个人出路,便投奔翟让。

李密是个很有才干的人,他又做过隋朝的官,政治斗争经验和指挥作战的本领比翟让这些人高明。他看到瓦岗军力量越来越大,可只是袭击来往官兵、抢劫运河上运货的船只,便给起义军的将领们分析形势。他对翟让说:"如今杨广昏庸残暴,老百姓怨声载道,这和秦朝末年刘邦、项羽起兵时候的形势完全一样。凭您的才干,又有精锐的兵马,完全可以席

中国通史

隋末农民起义

隋朝末年,军阀割据,民不聊生,农民举行了大规模的起义,以抗击杨广的暴力统治。后来逐渐形成了三支强大的起义军:河南的瓦岗军大败王世充,围困洛阳;河北的窦建德占领了河北许多郡县;杜伏威、辅公祏在江淮击败隋军,威胁江都。而许多官吏也知道隋朝统治摇摇欲坠,于是开始起兵反隋,其中以太原留守李渊较为强大,并且称帝建立唐朝,之后唐朝军队利用农民起义军的矛盾,开始分化逐个击破,轰轰烈烈的隋末农民起义以失败告终。

卷洛阳和长安,推翻隋朝!"李密的分析,使农民军的首领大开眼界,他们对李密十分钦佩和信任。接着,李密又去说服瓦岗军周围的小股农民起义军和瓦岗军组成联军,共同作战。

翟让与众将商量后,决定先攻打荥阳,隋炀帝派张须陀带兵镇压。张须陀曾多次击败过农民起义军,骄傲自负,根本不把瓦岗军放在眼里。翟让曾经在他手里打过败仗,这次听说又是张须陀来了,有点害怕。李密说:"张须陀有勇无谋,再加上他自以为强大,骄傲轻敌。我们利用他的弱点,保证能打败他。"

李密请翟让率主力摆开阵势,正面迎击敌人,他自己带了一千人马在荥阳大海寺北面的密林里设下埋伏。

张须陀看见翟让人马很少,莽莽撞撞地指挥人马掩杀过来。翟让抵挡了一阵,假装败退。张须陀紧紧追赶,追了十多里,路越来越窄,树林越来越密,正是李密布置的埋伏圈。李密一声令下,埋伏的瓦岗军将士一齐杀出,把张须陀的人马团团围住。张须陀虽然勇猛,但是被伏兵层层包围,左冲右突,没法突围,终于全军溃败,张须陀也被迫自杀。

打败张须陀,瓦岗军威震四方。李密不但号令严明,而且生活朴素,

瓦岗军起义

凡是从敌人那里缴获来的钱财,他都分给起义将士。第二年,当隋炀帝还在江都巡游时,李密建议翟让乘东都空虚,进攻东都。不料走漏了风声,李密随之又建议攻打东都附近的兴洛仓。当时饥民遍地,兴洛仓堆满粮食。兴洛仓也叫做洛口仓,是隋王朝建造的最大的一个储粮城。城周长二十多里,城里挖了三千个大窑,每个窑里储藏着八千石粮食。

翟让、李密两人带七千名精兵分两路攻打兴洛仓。这些士兵原是流离失所的农民,一听说攻打官府的粮仓,个个摩拳擦掌,勇气倍增。他们向兴洛仓发起猛攻。

驻守兴洛仓的隋军负隅顽抗,最终也抵挡不住像猛虎般的瓦岗军,隋军弃城逃窜。瓦岗军开仓放粮,饥民奔走相告,都感动得热泪盈眶。好多农民都积极参加瓦岗军,瓦岗军的势力更加壮大了。

李密在历次战斗中表现突出,瓦岗军的指挥权渐渐落在他手中了。翟让觉得自己的才能不如李密,把首领的地位让给了李密,推举李密为瓦岗军的统帅,以魏公为号,兼任行军主帅。李密改年号为永平。

李密封翟让为司徒(相当于丞相)。洛口仓扩建为洛口城,成为农民政权所在地。瓦岗军发布了讨伐隋炀帝的檄文,列举了隋炀帝十大罪状,指出隋炀帝的罪恶,多的把南山上的竹子都做成竹简,也书写不完;决开东海,用海水也洗刷不清,号召人民起来共同推翻隋王朝。

瓦岗军建立政权以后,各地起义军纷纷响应,前来归附。李密成了中原起义军的领袖。

在遍及全国的起义军的打击下,隋朝的统治迅速土崩瓦解。被起义浪潮吓破了胆的隋炀帝龟缩在扬州,天天心惊肉跳。晚上睡觉,他要几个宫女摇抚才能睡下。有一天,他照着镜子对萧皇后说:"我这个好脑袋,不知该由谁来砍。"

炀帝身边的侍卫军都是关中人,因思念家乡,企图外逃。驻守扬州的将领宇文化及利用侍卫军的怨愤心理发动兵变。

公元618年3月,宇文化及的士兵包围了隋炀帝的行宫,抓起了这位暴君,隋炀帝瞧着满殿明晃晃的刀枪,还哆哆嗦嗦问哗变的士兵:"我犯了什么罪?你们怎敢这样对我!"广大士兵们一条条数说他的罪状,愤怒地说:"天下之人恨不得把你碎尸万段,你还不快来受死"。临死前的隋炀帝还怕挨刀,解下自己的腰带求一个全尸。士兵们就用绸带把这位遗臭万年的昏君缢死了。

李渊晋阳起兵

李渊建立的唐朝是中国历史上最重要的朝代之一,也是公认的中国最强盛的时代之一。延续了二百九十年,共历二十二帝。在文化、政治、经济、外交等方面都有辉煌的成就,是当时世界上最强大的国家之一。

宇文化及杀死隋炀帝以后自封为大丞相,想要打回东都抢夺皇位。不料,在童山战役中却被打得惨败,损失严重,被迫后撤。后来,全部被窦建德领导的起义军消灭。

就在瓦岗军包围东都洛阳时,太原留守李渊也宣布起兵。

李渊本来是隋王朝的贵族,靠承袭祖上的爵位,当上了唐国公。617年,隋炀帝派他到太原去当留守,镇压农民起义。李渊看到隋政权在农民起义军的冲击下摇摇欲坠,便积极发展自己的势力,准备起兵攻隋。

李渊有四个儿子,第二个儿子李世民此时刚十八岁,很有胆识,平时喜欢结交有才能的人。人们也觉得他慷慨好客,喜欢跟他打交道。他分析了当时的形势,认为隋朝的统治不会长久,只有趁天下大乱的机会,夺取政权，才能保住家族的地位和利益。

晋阳县令刘文静，十分看重李世民，李世民也把他看做知心朋友。刘文静与李密联姻而获罪，被革了职，关在晋阳的监牢里。

李世民听到刘文静坐了牢，赶到监牢里去探望。

刘文静说："现在皇上远在江都，李密逼近东都，到处都有人造反。这倒是打天下的好时机。我可以帮你召集十万人马，你父亲手下还有几万人。如果用这支力量起兵，打进长安，号令天下，不出半年，可以取得天下。"

李世民高兴地说："您真说到我心里去了。"

李世民回到家里，对刘文静的话，越想越觉得有道理。但是要说服他父亲，倒是个难题。正好在这个时候，太原北面的突厥可汗进攻马邑。李渊奉命派兵抵抗，接连打败仗。李渊担心被治罪，急得不知道该怎么办。

李世民抓住这个机会，就找李渊劝他起兵反隋。李渊大吃一惊，说："你怎么说出这种没上没下的话来。要是我去报官，准会把你抓起来。"

李世民说："父亲要告就去告吧，儿才不怕死呢。"

李渊当然不会真的去告发，只是叮嘱他以后别说这样的话。

第二天，李世民又找李渊说："父亲受皇上的委派，到这里讨伐反叛的人。可是眼看造反的人越来越多，您能讨伐得了？再说，皇上猜忌心很重，就算您立了功，您的处境更加危险。只有照我昨天说的办，才是唯一的出路。"

李渊犹豫了许多时候，才长叹一口气说："也罢！从现在起，是家破人亡，还是化家为国，就听你的了！"

李渊在李世民的规劝下，把刘文静从晋阳监牢里放了出来。刘文静帮助李世民，分头招兵买马。刘文静拟了一道征兵文告，说是皇帝命令。文告上写道：为了攻打高丽，太原、西河、雁门、马邑一带的百姓，凡年龄在二十到五十岁之间，一律要应征。务必在年底前到河北涿郡集合，违者

中国通史

处死。老百姓见到这个文告,大骂不止。一时间,山西一带,人人惶惶,想造反的人越来越多。

当时,地方割据势力的头子刘武周,反叛隋朝,占据了汾阳宫。李渊借口讨伐刘武周,召集太原副留守王威、高君雅商议。李渊说:"凡有大事都必须禀报朝廷。现在盗贼近在眼前,而天子却远在三千里之外,不知如何是好。"王威、高君雅说:"事情紧急,留守是一方大员,为了平定盗贼,可以自行决定。"李渊见他们这样说,就名正言顺地打着"讨贼"的旗号,派李世民、刘文静到各地去招兵;又暗地派人去河北通知李建成、李元吉,到长安去通知女儿柴绍,都赶到太原相会。

太原的两个副留守王威、高君雅看到李渊父子的举动反常,怀疑李渊图谋不轨。两人商量以后,决定杀掉李渊。恰巧,太原地区干旱,三天以后李渊要到晋祠祈雨,他们便命令晋阳乡长刘世龙带领乡兵,埋伏在晋祠里,伺机动手。可是,刘世龙表面答应,暗中却报告了李渊。李渊和李世民决定先发制人。

第二天,李渊升堂议事,右有高君雅,左有王威。忽然开阳府司马跑了进来,说有机密事要报告。李渊让王威接过状子,开阳府司马不给,说:"我要告的就是副留守,只有唐国公可以看。"李渊故作惊讶地说:"哪里会有这样的事!"说着,装模作样地接过状子来看,念道:"王威、高君雅阴谋引突厥入寇。"这时,王、高二人才意识到落入了李渊的圈套,大呼道:"谋反的人要杀我们!"李世民事先布置好的十几个士兵一跃而出,把王威、高君雅擒获,关进了监牢。

事情也真凑巧,过了两天,几万突厥兵真的来围攻太原城。李渊下令城内严加守备,布置裴寂等人率领军队四面埋伏,为了迷惑敌人,让人把城门全部打开。突厥兵不知虚实,只好撤走。这一来,太原官兵都确信王威、高君雅通敌,突厥兵是他们勾引来的。李渊于是下令杀掉了这两个监视他的人。

310

李渊晋阳起兵

为了解除后顾之忧，李渊又听从刘文静的计策，派人备了一份厚礼，到突厥可汗那里讲和，愿向突厥称臣并约他一起反隋。突厥可汗听后大喜，就答应帮助李渊，并送了一百匹马给李渊。

李渊准备就绪后，正式起兵反隋。李渊自称大将军，派李建成和李世民分别做左右领军大都督、刘文静做司马，又把士兵都称为"义士"。617年七月，带领三万人马离开晋阳，向长安进军。一路上继续招募人马，并且学农民起义军的做法，打开官仓发粮给贫民。这样一来，应募的百姓就越来越多了。

唐军到了霍邑，遭到隋朝将军宋老生的拦击。霍邑一带道路狭隘，又正赶上接连几天大雨，唐军缺粮。士兵中还纷纷传说突厥联合刘武周正准备偷袭晋阳，李渊动摇起来，想撤兵回晋阳去。

李世民对李渊说："现在正是秋收季节，田野里有的是粮食，哪怕缺粮！我们用义兵的名义号召天下，如果还没打仗就后撤，岂不叫人失望。回到晋阳，是没有出路的。"

李建成也支持李世民的主张，李渊这才决定继续进发。

李渊担心宋老生坚守不出，拖垮自己，便先派建成率领几十个骑兵在城下挑战。宋老生有勇无谋，一看唐军人少，亲自带了三万人马从东、南门出城。李世民带兵居高临下从南面山头冲杀下来，把宋老生的人马冲得七零八落。宋老生

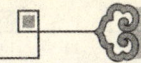

历史探微

渭水之盟

公元626年，唐太宗李世民刚即位，突厥的颉利可汗得知唐政权更迭，亲率二十万精兵直逼唐都长安城。唐太宗率领房玄龄等人在渭水河边与颉利可汗对话，指责他不守盟约，颉利可汗见唐军威风凛凛，而唐太宗又送给他大量金帛财物，以示修好，于是双方杀白马立盟约，颉利可汗领兵而退，这就是著名的"渭水之盟"，为唐朝稳定局势、发展经济赢得了宝贵的时间。

想逃回城去，但李渊的士兵已经占了城池，宋老生走投无路，被唐军杀了。

唐军继续向西进军，在关中农民军的配合下，渡过黄河。李渊的女儿(后封为平阳公主)也招募了一万多人马，号称"娘子军"，响应唐军进关。

李渊集中了二十多万大军围攻长安。李渊攻下长安以后，为了争取民心，宣布约法一百一十二条，把隋王朝的苛刻法令一概废除，并且暂时立炀帝的孙子杨侑为皇帝。

公元618年夏天，隋炀帝在江都被宇文化及杀死以后，李渊才把杨侑废了，自己登上皇位，改国号为唐，定都长安，李渊就是唐高祖。

玄武门之变

玄武门之变发生于唐高祖武德九年（626年），这次政变发生在长安城（今陕西省西安市）大内皇宫的北宫门——玄武门，这次流血政变使李世民铲除异己，继承皇位，开始了贞观之治。

在太原起兵时，唐高祖李渊本来十分犹豫不决，多亏了二儿子李世民态度坚决，想办法把他逼上了反隋的道路。以后的六年，李世民东征西讨，屡建功勋，大唐的天下，一大半是李世民打下来的。他不但有勇有谋，而且手下人才济济，大唐朝廷里出名的人物，文如长孙无忌、杜如晦、房玄龄，武如尉迟敬德、秦叔宝、徐世勣、李靖，都聚集在李世民帐下，他在朝中的势力无人可与之相比。

李渊称帝后，根据立长不立幼的传统习惯，册立长子李建成为太子，并封李世民为秦王,李元吉为齐王。为了在大臣和诸子中树立太子李建成的威望,巩固他的太子地位,唐高祖接二连三地委托李建成办理一些军国大事,平定地方叛乱。

但是,李建成却辜负了父皇的厚望。他不习诗文,不理政务,整日无节制地饮酒,还搬弄是非,在兄弟之间制造不和。唐高祖恨铁不成钢,对李建成越来越失望,而李世民却在统一全国的战争中屡立战功,逐渐受到唐高祖的重用。

李世民先后平定了刘武周、王世充,使得李唐政权得到大大巩固。当李世民胜利返回长安时,受到了高祖和满朝文武大臣的隆重欢迎,他也感到无比骄傲,并深深地感受到皇权的无上威严。

太子李建成对李世民的威望日益提高非常担心,感到李世民对自己的皇位继承权有很大威胁,于是拉拢李元吉和朝中大臣一起对付李世民。李元吉勇猛过人,也立过战功,但他骄淫放纵,名声不好。李建成在太原起兵之后,也统领过一支军队,打过一些胜仗。

特别是作为长子,虽然没有李世民那样雄厚的实力,但在太子这个合法身份周围聚集着一大批的皇亲国戚。他长期留守关中,在京城长安一带有坚固的基础,甚至宫廷的守军(玄武门的卫队),都在他的控制之下。他还和齐王李元吉结成暂时的联盟。

形势对李世民越来越不利。李渊老年纵情声色,有很多的嫔妃。李建成、李元吉便刻意地讨好、拉拢她们,而李世民却不那样做。有些嫔妃曾经向李世民讨要宝物,并为自己的亲戚求官,遭到了李

世民的拒绝。于是,这些人便经常在李渊面前,吹捧李建成而说李世民的坏话。

唐高祖李渊昏庸无能,一次他的一个宠妃尹德妃的父亲尹阿鼠,无缘无故地把李世民的谋士杜如晦痛打了一顿,还恶人先告状,说李世民唆使部下打他。高祖听罢,怒容满面,不问青红皂白,就把李世民叫来,训斥了一顿。

唐高祖渐渐地疏远了李世民,打消了改立太子的念头。

可是李建成仍旧非常忌妒李世民,齐王李元吉便怂恿他乘机杀掉李世民。

李元吉有自己的打算,他也想当皇帝,可是论身份,他排位老三;论才干,又远不及李世民,皇位怎样都排不到他头上。所以,他和李建成联手,一起对付李世民,他认为只要除掉了李世民,下一步再对付李建成则易如反掌了。

李元吉曾打算刺杀李世民,他把想法告诉了李建成。一次,李渊和李世民到齐王府,李元吉令刺客带兵器躲在室内,企图趁机下手。李建成担

历史探微

四百死囚来归狱

唐太宗时期社会安定,而他也以民为本,是个非常尊重生命的人。唐朝对死刑的执行非常严格,全国所有的死刑犯在年末最后一个月都集中在大理寺监狱,这段时间唐太宗会亲自巡视监狱,如果有人喊冤,就要重新审理。这一年面对四百个死刑犯,所有人都没有冤屈,都认为自己当斩,唐太宗很感动,就把他们都放回家,约好来年秋天回到这里,到了第二年秋天,四百个死刑犯都一个不少的回到监狱,而且回家的一年,他们个个与人为善,于是唐太宗将这四百名囚犯全部都赦免了。白居易曾有诗云"怨女三千出后宫,四百死囚来归狱"!

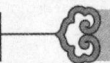 玄武门之变

心高祖在场,事情难以成功,阻止了他。李元吉假装生气,说道:"这是为哥哥着想,对我有什么好处。"李建成相信了他的话,大受感动,把他当做自己的知己。

又一次,李建成、李世民、李元吉三兄弟跟随唐高祖到城外打猎。唐高祖让他们骑马比箭。李建成故意让李世民骑他的一匹难以驯服的烈马。李世民刚骑上马,马就狂蹦乱跳起来。李世民急忙跳下,等马安静了,再骑上去。谁知刚一上去,马又蹦跳起来。这样反复了三次,李世民才制服了这匹烈马。他骑在马上,对旁边的人说:"有人想用这匹马害死我,岂不知,生死有命,怎么害得了呢?"李建成这一计失败了。

李建成一计不成,又生一计。一天夜里,他和李元吉邀请李世民到东宫喝酒,想用药酒毒死李世民。二人频频劝酒,李世民毫无戒心,拿起酒杯一饮而尽,突然感到胸口疼痛难忍,接着就大口吐血,晕倒在地上,幸好淮安王李神通在场,把李世民背回西宫,马上灌了解毒药,才保住一条命。

李建成还用金银财宝收买秦王府的武将尉迟敬德,又鼓动高祖把李世民的心腹谋士一个个调到外地,企图瓦解秦王的势力。眼看矛盾就要由明争暗斗发展到兵戎相见的地步。

李世民召集长孙无忌、高士廉、尉迟敬德等亲信商议对策,大家劝他先发制人。可是李世民心存顾虑,他说:"兄弟相互残杀,总归有失体面。还是等他们动了手,我们再来对付他。"长孙无忌、尉迟敬德听了,非常着急,他们说,如果李世民再不动手,他们也不愿意待在秦王府中等死,纷纷要求离去。李世民没有办法,答应考虑一下。

李世民召来秦王府的幕僚,与他们一起商议。大家说:"做大事决不可信守平常人的节操,天下的危亡在此一举,希望秦王早作决定。"

听了这番话,李世民便下了动手的决心。

一切都谋划好以后,李世民当晚就依计而行。他进宫向高祖告了一

状,他说太子和元吉要杀害自己,又说他们与张婕妤、尹德妃淫乱。高祖听了十分吃惊,就下令叫兄弟俩第二天一早上朝,他要亲自查问此事。

第二天,李世民率领长孙无忌等人入朝,尉迟敬德等人率兵士埋伏在玄武门内,只等李建成、李元吉二人前来。

张婕妤听到了李世民密奏的内容,急忙派人报告李建成。李建成找李元吉商量,李元吉说:"我们应该赶快把兵马布置好,同时称病不去上朝,观察一下动静再说。"李建成说:"怕什么?内有张、尹二妃照应,外有自家军队守卫玄武门,能把我们怎么样?我们一起上朝去,看看情况再说。"说完两人骑马直奔玄武门。

守卫玄武门的将领叫常何,原来是李建成的心腹,但是早被李世民收买过去了。李建成和李元吉走到临湖殿,发现情况不妙,立即掉转马头,往东宫跑。

这时,李世民拍马从玄武门中追出来,高喊着:"殿下,别走。"

李元吉见是李世民,气愤至极,连忙拿起弓箭,想射死李世民。谁知心中慌乱,三次都不能把弓弦拉开。而李世民举弓对准李建成抬手一箭,李建成应声落马。

这时,尉迟敬德带领七十名骑兵赶到。乱军中,李元吉被射下马来,只得步行逃跑。李世民穷追不舍眼看就要追上了,不巧坐骑在混乱中惊慌逃窜,奔向树林,被树枝挂住了,李世民重重地摔在了地上。李元吉回过身,夺下李世民的弓,想用弓勒死李世民。还好,尉迟敬德及时赶到,救下了李世民。李元吉还想逃入武德殿,面见高祖李渊,以求得庇护,尉迟敬德从后面射他,一箭将他射死了。

李渊和一些老臣在海池泛舟游玩,等着三个儿子来对证,听到外面人喊马叫,不知外面发生了什么事情。

李世民派人暗算了李建成、李元吉,历史上把这件事称为"玄武门之变"。

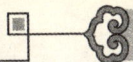

战斗结束,李世民派尉迟敬德向高祖报告情况,高祖吓得目瞪口呆。旁边的一个大臣说道:"李建成、李元吉原本也没有什么功劳,一直忌妒秦王。秦王把他们杀了,这是好事。皇上把国事交给秦王,相信就没事了。"

李渊知道木已成舟,无法挽回,索性就坡下驴,宣布太子与齐王的罪证,承认了李世民玄武门之变的既成事实。

同年8月,唐高祖传位给秦王李世民,自己做了太上皇。李世民即位,就是历史上著名的唐太宗。

贞观之治

李世民统治的唐朝初期出现的太平盛世被称为贞观之治。这一历史时期,唐太宗任人唯贤,广开言路,完善科举,使经济状况很快得到发展,为后来的开元盛世奠定了基础。

李世民既亲身经历了打江山的残酷斗争,深知创业之难,又从隋炀帝身上悟出守业更难的道理,这使他时刻保持清醒。因此,在唐太宗脑海中经常萦绕着农民起义惊心动魄的场面,这使他能兢兢业业,居安思危,励精图治。

唐太宗即位之后,不断与大臣深刻总结隋炀帝倒行逆施、激起人民反抗斗争的历史教训,提出了"水能载舟,亦能覆舟"的观点。在这种爱民、惠民思想的指导下,他制定了一系列去奢省费,轻徭薄赋,选用廉吏,使人民衣食有余的方针、政策。

针对战乱后经济遭到严重破坏、民心不安的情况,唐太宗特别重视

农业生产和农民生活。他全面推行均田制,规定十八岁以上的男子分田百亩,其中八十亩为"口分田"、二十亩为"永业田"。这就在一定程度上,满足了农民对土地的要求,促进了农业生产的发展,保证了国家赋税的收入,并多少限制了豪强对土地的兼并。为了减少人民的赋役负担,推行租庸调政策。他招抚逃亡的农民,给他们土地,鼓励他们从事农业生产。为解决耕地不足的问题,他一再缩减苑囿占地面积,以增加农民耕地。

皇帝以身作则、勤俭治国的精神,上行下效,蔚然成风,对社会经济的恢复和发展产生了积极影响。

在政治方面,唐太宗即位后,首先以知人善任的原则重建了中央权力中心。他不计个人恩怨和私利,任人唯贤,有一次,濮州刺史庞相寿因为贪污被罢了官,并要退赃。他跑到唐太宗那里求情,说自己多年在秦王府跟随唐太宗东征西讨,如今天下已定,自己却落得这样的下场……唐太宗本想对他免于处罚。魏徵知道以后,坚决反对。他对唐太宗说:"过去秦王府的人,现在官居要职的非常多,如果人人都守着旧关系为非作歹,谁还肯做好事呢?"唐太宗接受了魏徵的意见,对他进行查办,最后赏给庞相寿一些缎帛,打发他走了。

随后,太宗又对中央机构进行了一系列的改革,改造了三省六部制。为使中央各部门之间相互监督,太宗特别强调在实践中坚持讨论、封驳、执行相结合的原则,推行"五花判事"制度。中书省是决策机构,门下省是审议机构,尚书省是最高执行机关。地方上实行州县两级制,皇帝常派巡察使、按察使监督州县。与此同时,行政机构也得到精简,贞观初年文武官员总共只有六百四十人。精简后的国家机关,效率得到了提高,既节省了财政开支,又减轻了人民负担。

唐太宗推行了"府兵制"。府兵叫卫士,由政府从民户中征集,二十一岁应征,六十岁免役。卫士平日务农,农闲时军训。服役的时候,要自备兵器口粮,分批轮流守卫京城或边境。一旦发生战争,由朝廷下令征集,交给大将统率。这种兵制叫做"寓兵于农",就是从农民中征召,兵源比较有保证;把部分军需品转嫁到农民身上,减轻了国家的军费负担。同时,由于兵将不能长期相守,避免有野心的将帅拥兵割据。

贞观初年,东突厥不断发动南侵,抢夺人口、牲畜和粮食,极大威胁了唐朝北疆的安定。对此,李世民先是采取克制态度,缓和矛盾;另一方面又积极训练士兵,准备坚决反击突厥。他亲自训练精锐部队,使军队的战斗力大大提高。公元629年(太宗贞观三年),大将李靖等发兵十多万,分四路出击东突厥,取得了决定性的胜利。太宗又先后平定了吐谷浑,统一了高昌,打击了西突厥,开拓了与西方往来的商路,加强了东西方的文化交流。他提倡"胡越一家","我为天下主,无问中国和四夷,皆养活之"。修好四邻,团结少数民族,使大唐王朝声威远播,太宗本人也在少数民族人民中赢得了"天可汗"的美誉。

唐太宗是凭借武力走上皇位的,但他格外重视思想教育,积极提倡儒学,大力兴办学校,组织人力编修史书。早期,他就网罗了十八学士在自己周围,作为"智囊团"。即位以后,唐太宗又设立了"弘文馆",以管理学校、著书立说、培养选拔人才。太宗还亲自视察国子监和太学,增筑学舍,增加学员。贞观时期,科举制也有了新发展,各科目争奇斗艳。上述措

三省六部制

三省六部制是从唐朝开始正式设立的中央政权体系,分别为尚书省,门下省和中书省;六部是吏部、户部、礼部、兵部、刑部和工部,主要表现是由中书省发布命令,门下省审查,尚书省执行,三省的职权分工特别明确,进一步体现了当时贞观王朝的开明之风。纵观历史,中国一共出现了八百多个帝王,但只有李世民做到了"三权分立"。

施,直接促进了文化的发展。

"以铜为镜,可以正衣冠;以古为镜,可以知兴替;以人为镜,可以明得失。"唐太宗能做到以人为镜,虚心听取批评意见,他虚怀若谷,从谏如流。他不仅善于听取反面意见,而且主动鼓励臣下提不同意见,注重重用耿直忠谏、有真才实学的人。贞观四年(630年),唐太宗下令修复洛阳乾元殿,准备自己到洛阳游玩的时候使用。给事中(专门负责向皇帝上书论述政令得失的官员)张玄素上书反对,他说:"修复洛阳宫并不是当前最紧要的事情。当年,隋炀帝修建洛阳宫,大兴土木,用两千人拉一根木柱,从几千里以外运到洛阳,劳民伤财,给百姓造成多么大的苦难。如今,战争刚刚结束,财力不如隋朝,民生凋敝,陛下却先修缮洛阳宫,这不是比隋炀帝还残暴吗?"唐太宗听了很不高兴,说:"你认为我不如隋炀帝,那么我比桀、纣如何呢?"张玄素说:"如果不取消这项工程,陛下将来的命运与夏桀、商纣同样可悲。"尽管这番不客气的批评听起来很不舒服,但是唐太宗经过认真的考虑,觉得张玄素的话有道理。于是立即下令停工,并且赏赐张玄素二百匹绢。

在当时,不管身份职位高低都敢于针砭时弊。在这种活跃的气氛下,唐太宗避免了许多决策上的失误,加强了地主阶级统治集团内部的团结,正如太宗自己所说的:皇帝虽有美玉,还需来自良工巧匠——臣下的"琢磨"。

贞观十七年(643年),唐太宗为了表彰为国家作出杰出贡献的人物,下令把长孙无忌、杜如晦、魏徵、房玄龄、尉迟敬德、李靖、秦叔宝、程知节等二十四名功臣的像画在凌烟阁上,这就是历史上传为美谈的"凌烟阁画像"。画成以后,唐太宗经常去观赏,表示对功臣的赞赏和纪念。

公元649年(太宗贞观二十三年)5月,唐太宗终因积劳成疾,刚刚五十三岁就与世长辞了。虽然他当了二十多年皇帝,晚年也有不尽如人意之举,但纵观他的一生,他仍然是中国历史上最杰出、最伟大的封建君主。

武则天称帝

武则天是中国历史上唯一一个女皇帝,也是即位年龄最大的皇帝(六十七岁即位),又是寿命最长的皇帝之一(终年八十二岁)。自立为武周皇帝,改国号"唐"为"周",定都洛阳,号称"神都"。史称"武周"或"南周"。

武则天名曌,并州文水(今山西省文水县东)人。她的父亲武士彟,曾经跟随李渊起兵反隋,被任命为工部尚书。武则天十四岁的时候,唐太宗听说她长得美,选她入宫,封为"才人"。她的母亲杨氏,失声痛哭,可年仅十四岁的武则天竟然平静地说:"能见到天子,这是福分,为什么因为她那么小就进了深宫而悲伤呢!"入宫后,太宗赐号武媚。

当时太宗的御厩里,有匹名马,长得肥壮可爱,但是性格暴躁,很难驾驭。有一次,唐太宗带着宫妃们去看那匹马,跟大家开玩笑说:"你们当中有谁能制服它?"

武媚勇敢地站了出来,说:

"陛下,我能制服它!"

太宗惊奇地看着她,问她有什么办法。武则天冷静地说:"只要给我三件东西:铁鞭、铁锤、匕首。如果它调皮,就用鞭子抽它;还不服,用铁锤敲它的头;如果再捣蛋,就用匕首砍断它的脖子。"

唐太宗于是对她产生了浓厚的兴趣,认为这个女孩儿的性格很特别。

唐太宗李世民在位二十多年,天下大治,百姓安宁。但民间忽然有了这样一个传说,说唐帝位传到三代后,将有武氏取而代之。李世民听到这

个说法,便对姓"武"的人产生了芥蒂。

不久,李世民在宫中设宴款待众武将。宴中,李世民让众人说出自己的小名。大将李君羡自称小名五娘,众人大笑。可是李世民忽然想起了民间的那个传说,他心中暗惊:"五娘"莫非就是传说中的"武娘子"!

于是李世民回去作了调查,他发现李君羡官衔、爵号、籍贯中都有个"武"字,李世民更感忌讳,便寻个借口,贬他做了个华州的地方官,不允许他入京。后来索性找了个借口将他杀掉。

李世民以为祸患已经解除了,不曾想日后真正的威胁仍然留在宫中。那一年,武则天二十六岁,已在宫中待了十二年。

太宗去世时,才人和太宗的侍妾、宫女都出家当了尼姑。

高宗做太子的时候,曾经入宫侍奉太宗,一眼便喜欢上了才人。高宗王皇后长期没有儿子,萧淑妃正受到高宗的宠幸,王皇后很不高兴。于是,她心生一计,将才人领进后宫,留在身边,作为心腹,可以利用她让皇帝疏远萧妃。

武则天入宫以后,低声下气、卑躬屈膝地侍奉皇后,皇后十分高兴,多次在皇帝面前称赞她,于是她被封为昭仪。渐渐地,武昭仪越来越受高宗的宠幸,她认为王皇后的利用价值已经没有了,便与她反目。

王皇后失了宠,她恍然明白,自己引狼入室,给自己找了个更强劲的对手。王皇后和萧妃于是联合起来去说武则天的坏话,但高宗一句也听不进去。

不久,昭仪生了一个女儿,皇后前来看望。皇后离开后,昭仪偷偷把女儿掐死,等到高宗到来,昭仪佯装高兴地和皇帝交谈,然后掀开被子看女儿,发现女儿已经死了。之后她吃惊地询问左右的人,侍女们回答说:"皇后刚才来过。"昭仪立即放声痛哭,皇帝发怒道:"皇后杀死我的女儿!过去她与淑妃互相说坏话、嫉妒,现在又如此可恶!"又过了许久,天子封昭仪为宸妃。武则天不断地在高宗旁边诋毁皇后,高宗于是产生了废王皇后,封武媚为皇后的想法。

一天,唐高宗私下把他打算立武则天做皇后的事告诉了长孙无忌、褚遂良等几个大臣。褚遂良说:"王皇后出身名门,是先帝给陛下娶的,再说皇后又没有过错,怎么能说废就废呢?"唐高宗没办法,便没再谈下去。

第二天上朝,武则天"垂帘听政",唐高宗又提到废皇后的事,褚遂良说:"陛下就是要换皇后,也要选一个名门闺秀,武氏出身寒微,怎么配呢?再说,武氏曾经是先帝的妃子,陛下立她做皇后,今后人们会怎么议论陛下呢?"听到这儿,唐高宗气愤地让褚遂良退下去。

武则天在帘子后面听见了,怒不可遏。她控制不住在帘子后面大声喊道:"还不赶快把这狗东西打死!"高宗没有表态,长孙无忌阻止说:"遂良是先帝老臣,有罪也不能加刑!"

得不到老臣的支持,武则天便私下拉拢了一批大臣,作为亲信,在高宗面前支持武则天当皇后。他们在高宗面前进言:册立皇后乃是陛下的家事,别人管不着。高宗这才下定了决心,把王皇后废了,册封武则天为皇后。

武则天当了皇后以后,就把那些反对她的老臣一个个降职、流放,长孙无忌竟被她逼得自杀了。

不久,高宗害了一场病,成天头昏眼花,有时候连眼睛都睁不开。高宗见武则天对朝政很感兴趣,又很聪明,便将朝政大权交给了她。武则天掌了权,把国家大事处理得井井有条,她的威信也越来越高。武则天渐渐不把高宗放在眼里,高宗作的决定必须经过她的批准才有效。唐高宗十分气

恼,有一次,他跟宰相上官仪商量。

上官仪说:"陛下既然嫌皇后太专断,不如把她废了。"

高宗是个没主意的人,听了上官仪的话,说:"好,那就请你去起草一道诏书吧。"

不料他们的谈话,被旁边的太监听见了。那些太监都是武则天的心腹,便连忙把这件事报告给了武则天。等上官仪把起草好的诏书送给高宗,武则天早已赶到了。

唐高宗见了武则天,吓得没了主意,结结巴巴地说:"我本来没这个意思,都是上官仪教我干的。"武则天于是下命令把上官仪杀了。

当时,大臣们把唐高宗和武则天一并称为"二圣"。而事实上,权力都集中到了武则天一人手中,唐高宗不过空有其名罢了。

公元683年,高宗去世了。武则天先后把两个儿子立为皇帝——中宗李显和睿宗李旦,但她对"太后"这个头衔很不满意。于是,她把中宗废掉,又把睿宗软禁起来,自己以太后名义临朝执政。

不久,徐敬业在扬州起兵,当时著名的文学家骆宾王替他写了一篇

历史探微

请君入瓮

《资治通鉴》中记载:武则天任用酷吏,以周兴和来俊臣最为狠毒,有一回,武则天接到一封告发周兴谋反的信,就让来俊臣严查此事。来俊臣准备了丰盛的酒席,把周兴请到家里,向他请教如何让犯人招供的好办法,周兴阴笑着说:"你找一个大瓮,四周用炭火烤热,再让犯人进到瓮里"。来俊臣随即命人抬来大瓮,按周兴说的那样然后回头对周兴说:"宫里有人密告你谋反,现在就请君入瓮吧。"周兴一听马上招供了。于是后人用"请君入瓮"比喻用某人的方法整治他自己。

讨伐武则天的檄文。武则天叫人把这篇文章拿来念给她听。文章大骂武则天"豺狼成性"、"残害忠良"、"弑君鸩母"(鸩,指用毒酒害人),质问她"一抔之土未干,六尺之孤何托?""试观今日之域中,竟是谁家之天下?"武则天心里很是气愤,不过表面上装做毫不介怀,说:"这文章是谁写的?是个人才!"

为了平定叛乱,武则天把宰相裴炎找来商量。没想到裴炎慢条斯理地说:"现在皇帝年纪大了,不让他执政,别人就会有借口叛乱。只要太后把政权还给皇帝,徐敬业的叛乱自然会平息。"

武则天一听裴炎的话,气得火冒三丈,当即把他打进监牢;并派出大将带领三十万大军讨伐徐敬业。很快,叛乱就被平息。

随后越王李贞、琅玡王李冲起兵被镇压,国家逐渐恢复了安宁,武则天的统治也越来越稳固了。于是,她便想要自己称帝。

有个和尚猜到了太后的心思,便伪造了一部佛经,献给武则天。那部佛经里宣称,武则天本是弥勒佛投胎到人世的。佛祖派她下凡,是为了让她代替唐朝皇帝统治天下。武则天对此很是满意。

又过了几月,有个官员名叫傅游艺,联络了关中地区九百多人联名上书,请求太后即位称帝。武则天假装推辞,暗地里却提升了傅游艺的官职。人们看这样做能升官晋爵,便纷纷仿效,于是,劝她做皇帝的人越来越多。据说当时文武官员、王公贵族、远近百姓、各族首领、和尚道士,上劝进表的有六万多人。

公元690年9月,武则天终于登上了皇帝宝座,自称"圣神皇帝",改国号为周。成为我国历史上第一位,也是唯一的一位女皇。

唐明皇与杨贵妃

唐玄宗李隆基虽然有开元之治，但他统治后期贪图享乐，不理政事，导致安史之乱，马嵬之变又不得不赐死杨贵妃，以保自己的荣华，诗人李商隐发出了"如何四纪为天子，不及卢家有莫愁"的叹息！

公元712年，唐玄宗李隆基即位，年号"先天"。因为他死后的庙号是"玄宗"，所以史书上便称他为"玄宗"，又因谥号为"至道大圣大明孝皇帝"，又称他为"明皇"。李隆基是睿宗的第三个儿子，深得父皇的喜爱。于是在李隆基二十八岁时，睿宗便逊位于他。当政早期，玄宗大力改革，除旧布新，使得国泰民安，民富国强，经济发达，文化昌盛。历史上称这一繁荣时期为"开元盛世"。

杨贵妃(719年—756年)，名玉环。她是中国历史上四大美人之一，唐玄宗的宠妃。祖籍弘农华阴(今属陕西)，后徙居蒲州永乐(今山西永济)。父亲杨玄琰在蜀州(治所晋原，今四川崇州)为司户。玉环也就是在这时出生于四川。由于父亲早逝，玉环由其叔父杨玄璬收养。

杨玉环十六岁被选为唐玄宗第十八子、寿王李瑁的妃子。寿王李瑁，是唐玄宗最宠爱的武惠妃所生，所以，他的地位优越。三年后，开元二十五年(737年)十二月，武惠妃去世，唐玄宗非常悲痛，而后宫佳丽三千，竟没有一个让他满意。

不久，玄宗过生日，即"万寿节"。妃嫔、儿女和文武大臣们照例要给皇上朝贺。玄宗无心应付，眼看着行礼一批批地进行，轮到儿女们敬贺了，突然，他眼前一亮，寿王李瑁身旁的一个王妃，美得让人销魂。尤其是那双眼睛，仿佛会说话、会发光，把周围的一切都照亮了。玄宗当即就问

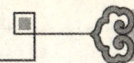

高力士:"在李瑁身边的那个姑娘是谁?"高力士回答说:"是您当初为寿王选的妃子,您忘了吗?今年22岁,名叫杨玉环。"得知此女是自己的儿媳妇,玄宗先是一惊,但他实在着了迷,决心把她留在自己身边。

高力士给皇帝出馊点子,表面上让杨玉环到庙里出家,暗中接她入宫。杨玉环哪能抗旨,只得奉旨到道观太真宫出家,道号"太真"。杨玉环坐上一乘轿子,没有到太真宫而是直奔骊山去了。那里有一座华清池,实际上是一座叫温泉宫的离宫,皇帝这时正在那里等杨玉环。第二年八月,唐玄宗册立杨玉环为贵妃。

杨贵妃深受唐玄宗恩宠,就连她的家族也飞黄腾达了。她死去的父亲被追赠为太尉、齐国公,叔父杨玄珪任光禄卿,两个堂兄都升了大官,玄宗还派人把杨贵妃的三个姐姐接到京城长安居住。杨贵妃还有个堂兄叫杨钊,在四川当县尉(县令的助手)。有一年,杨钊受四川地方长官的委托,带了大量名贵特产,进京结交杨贵妃一家。杨氏姊妹引着杨钊来见玄宗,玄宗便把杨钊留在皇宫里当差,不久就把他提升为禁军的参军。可见,杨贵妃在玄宗心里的地位是多么重要。

自从有了杨贵妃陪伴,唐玄宗纵情享乐,过着异常奢靡的生活。他们吃一顿饭,至少要几十盘山珍海味,一盘菜的价钱,等于十户中等人家的产业。那些皇亲国戚,都争着向皇帝和贵妃进献价值最昂贵的食品,为此,宫里还专门设立了"检校进食使"的官职,负责评比各家食品的精美程度。有一次,一位公主,从公主家到皇宫的路上,几百个壮汉拿着棍棒在前面开路,军官们骑着马在两旁巡行,差役们抬着一个个食物盒子,列队行进。老百姓和一般官员们见了,必须赶快让路、躲避,不然,就要挨棍棒,受处罚。唐玄宗把杨贵妃住的地方叫做"贵妃院"。专门给贵妃制作衣料的丝织匠和绣花匠,就有七百人之多。

官员们把从老百姓身上搜刮来的奇珍异宝、名贵服饰和新奇玩意儿,源源不断地运到长安,献给杨贵妃和唐玄宗。

中国通史

　　杨贵妃喜欢什么东西,玄宗一声令下,想尽一切办法也要弄来。有一次,杨贵妃想吃鲜荔枝。荔枝产在岭南(今广东省)和川东(今四川省东部),离长安几千里路,那时候最快的运输工具是马。命令一传下去,地方官员马上派出最善于骑马的人,骑上最快的马,带着鲜荔枝,一站一站地换人换马,接力传送。鲜荔枝很快被送进了长安皇宫里面,剥开一尝,颜色和味道都还保持着新鲜,一点没变。"一骑红尘妃子笑,无人知是荔枝来"正是这种场面的写照。

　　有一天早晨,杨贵妃触犯了玄宗,玄宗一气之下,叫人把她送到了她哥哥家里。

　　可贵妃离开后,玄宗变得失魂落魄,茶饭不思。高力士摸透了他的心思,提出要把贵妃院里的东西给贵妃送去,玄宗正想把贵妃接回来,只是碍于面子。他一听到这个建议,马上欣然同意了,并把南方刚刚进贡的一筐荔枝也一同送了去。贵妃看见了宫中东西便落下泪,剪了一缕头发给宫使,说:"请将头发送给陛下,说奴婢感激不尽。"宫使回宫如实禀告,玄宗听后急忙把贵妃接了回来。打这以后,唐玄宗对杨贵妃,更是百般顺从和宠爱。他的皇后、妃子一大群,宫中美女几千人,但玄宗都不理会,他的心中只有一个杨贵妃,真是"后宫佳丽三千人,三千宠爱在一身"啊!

　　唐玄宗把杨贵妃的三个姐姐,分别封为韩国夫人、秦国夫人、虢国夫人,对她们也是十分宠爱。他甚至打破君臣之间的规矩,亲昵地称她们为"姨"。她们可以自由出入皇宫,在她们面前,就连公主也不敢坐。可见,杨家的势力已经压倒了满朝的人。

　　杨家兄妹权势骤显,气焰冲天,各级官员办事,就到这几位的府中去走关系,只要杨家出面,事情才能办妥。那些吹牛拍马想向上爬的人,都争先恐后地到杨家送礼,杨家门口熙熙攘攘。这送礼也不是那么简单的,因为必须送给五家(杨贵妃的两个哥哥、三个姐姐)同等分量和质量的礼物,否则就会引起纷争,事情更加难办。唐玄宗给赏赐,也是五家一起赏,赏得一样多。杨氏一家仗着唐玄宗的宠爱，为非作歹、横行霸道。

"在天愿作比翼鸟，在地愿为连理枝"，唐代著名诗人白居易用此句描写了唐玄宗与杨贵妃之间的爱情故事。但唐玄宗毕竟是位皇帝，他所讨好杨贵妃的种种方法无不是利用他高高在上的皇权，所以他的爱情故事也必然会和政治联系起来。

"春宵苦短日高起，从此君王不早朝。"唐玄宗因宠爱杨贵妃，把她的亲戚都封为大官，他的族兄杨国忠更是权倾朝野。杨国忠仗着自己是皇亲国戚，到处搜刮百姓，营私舞弊，混淆是非。统治集团的腐败，最终导致了"安史之乱"的爆发，极大地动摇了大唐王朝的统治，而杨贵妃也成了这场政治斗争的牺牲品。

公元755年11月，安禄山串通部将史思明，以讨伐杨国忠为名，在范阳起兵，率领十五万大军，大举南下反唐，"安史之乱"正式爆发。安禄山叛军一路上烟尘滚滚，鼓声震天，横冲直撞，直逼洛阳，沿途地方州县官员见此情形，纷纷投降或逃跑。

不久，安禄山叛军占领了洛阳，安禄山自称大燕皇帝。后来，大将郭子仪、李光弼等人率军打败了史思明，切断了安禄山的后路。正当安禄山进退两难之际，杨国忠害怕驻防潼关的哥舒翰立下大功，会威胁他的地位，就要求唐玄宗下诏命令哥舒翰带兵出关。潼关是京城长安的门户，十分险要。关外

历史探微

韦后当权

公元705年，宰相张柬之等人发动政变，拥立唐中宗李显，终于恢复了唐朝的政权。但唐中宗却一直受到皇后韦氏、女儿安乐公主等人的影响，张柬之等人被流放。韦皇后有意想把自己变成第二个武后，终于他们在公元710年合谋毒死李显，并要加害相王李旦。李旦的儿子李隆基发动政变，诛杀韦皇后，拥立父亲李旦做了皇帝。

中国通史

的叛军见后路已被切断,便养精蓄锐,派精兵埋伏在灵宝西面的山谷里,只等唐军出关,决一胜负。哥舒翰率领的二十万大军一出关,就中了叛军的埋伏,几乎被打得全军覆没,从而叛军乘势占领了潼关。

潼关一陷落,关内就无险可守了,长安朝廷上下混乱,从潼关到长安之间的一些地方官员和守兵,也都纷纷弃城逃跑。唐玄宗见形势危急,只得带着杨贵妃和一群皇子皇孙,在将军陈玄礼和禁卫军护送下,悄悄地逃离了长安。

唐玄宗一行一路上走走停停,到了马嵬驿(今陕西兴平市西)停下来歇息。此时,随行的将士因心情郁闷,再加上奔波和劳累。越想越恼火,于是把满腔的怒火都发泄在了奸相杨国忠身上。

士兵们以杨国忠阴谋造反的罪名将他杀了,士兵们杀了杨国忠,情绪激昂,乘势把唐玄宗住的驿馆也包围起来。唐玄宗听说士兵们杀了杨国忠,大惊失色,于是赶紧出来慰劳将士们,让他们各自回营休息。但士兵们根本不理会,仍然吵吵嚷嚷的,并高喊要将杨贵妃也处死。

这下可把唐玄宗难住了,他怎么舍得杀他最宠爱的贵妃呢?他思量了很久,知道此时局面已经不可控制,只得把杨贵妃交了出去,命人把杨贵妃用带子勒死了。

安史之乱

安史之乱(安指安禄山,也指安庆绪;史指史思明,也指史朝义)是中国历史上一次重要的事件,前后达八年之久,是唐朝由盛而衰的转

330

折点。

唐玄宗执政后期,节度使安禄山和史思明发动了长达八年之久的叛乱,史称"安史之乱"。

节度使一职于睿宗时始封,但当时只是统领边防军镇的使职,后来唐玄宗为了便于控制和防御周边的少数民族,将节度使增为十个,他们除管军政外,还兼管本辖区民政及财政,使其权势增加。

李林甫掌权以后,不但排挤朝廷的文官,还猜忌边境的节度使。当时,边境将领中有一些胡族人。李林甫认为胡人文化低,不会被调到朝廷当宰相,就在唐玄宗面前竭力主张重用胡人,理由是胡人善战,而且跟朝官没联系,因此比较靠得住。唐玄宗本来最怕边境的将领谋反,就听信李林甫的话,提拔了一些胡人当节度使。在这些胡族的节度使中,唐玄宗、李林甫特别看中一个平卢节度使安禄山。安禄山年轻时曾在平卢军里当过将官,因为不遵守军令,打了败仗。边境守将把他押送到长安,请朝廷处分。当时的宰相张九龄为了严肃军纪,把安禄山判了死刑。唐玄宗听说安禄山挺能干,就下令把安禄山放了。

张九龄曾劝告过唐玄宗说:"安禄山违反军令,损兵折将,按军法不能不杀,而且据我观察,安禄山不是个善良人,不杀恐怕后患无穷。"

但唐玄宗不听张九龄劝谏,还是赦免了安禄山。后来,张九龄也被撤了职。安禄山却靠他奉承拍马的手段,一步一步地升官,当上了平卢节度使。三年之后,又兼任范阳节度使。

安禄山当了节度使以后,大量搜罗奇禽异兽、珍珠宝贝,然后把它们送到宫廷讨好唐玄宗。他知道唐玄宗喜欢边境将领报战功,就用阴谋手段,诱骗平卢附近的少数民族首领和将士来参加宴会。在酒席上,用药酒灌醉他们,把他们杀了,又提着他们首领的头,以此来向朝廷邀功。

唐玄宗常常召安禄山到长安朝见。安禄山抓住这个机会,使出他狡猾的手段来讨唐玄宗的喜欢。

中国通史

唐玄宗认为安禄山对他一片忠心，心里非常高兴。以后又封安禄山为郡王，还替他在长安造了一座跟王公贵族住的一样华丽的府第。安禄山搬进王府后，唐玄宗每天派人陪他一起喝酒作乐。一次，玄宗叫他来见太子。臣子见了太子，照规矩应该下拜。可安禄山不拜。他只是拱手站着，说："我只知道有皇上，不知道有太子。"玄宗见他对自己这样忠心，更喜欢他了。安禄山知道唐玄宗一心宠爱着杨贵妃，竟然不知羞耻地拜杨贵妃为干娘，每当晋见唐玄宗和杨贵妃的时候，他总是先拜贵妃，后拜玄宗。玄宗问他为什么，他回答说："我们胡人是先母后父。"唐玄宗就越发觉得他憨厚可爱。

有一年安禄山生日，玄宗和杨贵妃赏赐了他许多价值昂贵的衣服和宝器。到第三天，杨贵妃私自把安禄山召进宫来，用锦绣做成的大襁褓（背负婴儿用的布兜）裹着安禄山，让宫女用彩轿抬着他，在皇宫里游玩。说是"替禄儿洗三朝（婴儿出生的第三天叫三朝。这一天要给婴儿洗澡、去脐带，众亲友要送礼贺喜，主人家要备酒饭招待宾客，这些活动就叫洗三朝）"。玄宗知道了不以为羞耻，还赏赐给杨贵妃"洗儿金银钱"，赏给安禄山大量财宝。从此，安禄山随便进出皇宫，和杨贵妃对坐饮酒作乐，甚至通宵达旦地在一起鬼混，而唐玄宗竟当做若无其事！

凭着安禄山行贿和拍马屁的绝好功夫，他很快又兼任了范阳节度使、河东节度使。这样一来，安禄山一人身兼三镇节度使，掌握了河北、辽宁西部、山西一带的军事、民政及财政大权。同时，史思明也由他推荐当上了平卢兵马使。

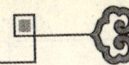 安史之乱

后来，杨国忠接替李林甫当上了宰相，杨国忠看到安禄山越来越受到玄宗的宠信，担心自己的地位会受到威胁，于是经常向玄宗汇报说安禄山有谋反的野心和迹象。这样一来，安禄山和杨国忠的矛盾越来越尖锐。

安禄山仗着皇上对他的信任，野心日益膨胀。他看到了唐王朝在一片歌舞升平之中潜在的危机，以为夺取天下的时机就要到了，所以尽管他表面上在玄宗面前装出一副憨厚迟钝的样子，但暗地里却在招兵买马，伺机反叛。

公元755年11月，安禄山认为时机已经成熟，于是串通部将史思明，以讨伐杨国忠为名，在范阳起兵，率领十五万大军，号称二十万，大举南下反唐，从而，"安史之乱"正式爆发。

安禄山叛乱的消息传到长安，唐玄宗根本不相信安禄山会造反，以为是有人造谣，直到警报一个接一个传来，他才慌了起来，立刻召集大臣们商议。满朝文武官员也没有经过这样的大变乱，个个吓得目瞪口呆，无计可施。很快，安禄山叛军长驱直入，占领了洛阳，安禄山在洛阳称大燕皇帝。洛阳失陷后，常山(今河北正定)太守颜杲卿与平原(今山东陵县)太守颜真卿起兵讨伐安禄山，并号召诸郡响应。河北人民不堪忍受叛军的残暴行为，纷纷自发组织队伍，多则数万人，少则万人，奋力抵抗安禄山叛军。

唐朝大将郭子仪、李光弼率朔方军一万多人东征河北，并趁史思明的叛军疲惫懈怠之机，在嘉山(在常山郡东)大败叛军，斩杀四万多人，史思明狼狈逃奔。战争的胜利鼓舞了唐军的士气，河北民众也参加到郭、李军中，河北十余郡又都回归了朝廷，从而切断了安禄山的后路。

正当安禄山进退两难之际，唐王朝的统治者自己却替叛军打开了潼关大门。驻防潼关的哥舒翰建议唐玄宗命郭子仪、李光弼引兵北取范阳，直捣安禄山的老巢，而潼关则由他据险坚守，以待叛军内部发生兵变。

中国通史

杨国忠害怕哥舒翰立下大功，会威胁自己的地位，于是就怂恿唐玄宗说："如今潼关外的叛军已经不堪一击，哥舒翰守在潼关按兵不动，会丧失歼灭叛军的时机。请皇上下诏命哥舒翰出兵收回洛阳。"昏庸的唐玄宗听信杨国忠的话，下诏命令哥舒翰带兵出关。

潼关是京城长安的门户，地势十分险要。关外的叛军见后路已被切断，于是养精蓄锐，并派精兵埋伏在灵宝西面的山谷里，只等唐军出关。哥舒翰率领的二十万大军一出关，就中了叛军的埋伏，几乎被打得全军覆没，叛军乘势占领了潼关。

潼关一陷落，长安朝廷上下乱作一团，从潼关到长安之间的一些地方官员和守兵，都纷纷弃城逃跑。唐玄宗见形势危急，立即召集大臣商量对策，但文武百官们都不知所措，杨国忠于是劝唐玄宗逃往蜀地。于是唐玄宗带着杨贵妃和一批皇子皇孙，在将军陈玄礼和禁卫军护送下，悄悄地逃出了长安。

唐玄宗急急忙忙地逃到成都后，太子李亨在灵武（今宁夏吴忠西南）即位，史称唐肃宗。他任用郭子仪等大将，集合西北各路军队，准备平定叛乱。此时安史叛军一路烧杀抢掠，早已激起了沿途老百姓的强烈抗议，纷纷起来反抗，于是在广大人民群众的支持下，唐军对叛军进行了有力的抗击，安史叛军不断遭到挫败。

公元757年，安禄山被他的儿子安庆绪杀死。唐军乘叛军内乱之机，

历史探微

唐朝募兵制

自唐以后，募兵制取代征兵制，募兵制是封建时代兵制的一大变革。唐玄宗时期，为了增强军事力量，实行了募兵制。这种制度是由国家招募男丁当兵，免征赋役，供给粮食，募兵制减轻了农民的负担，有利生产，却也容易导致军阀的形成。

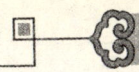

收复长安、洛阳等地。公元759年,史思明率十三万兵马进攻邺城(河南安阳市)。此时唐军粮食供应不足,士气低落,史思明大败唐军,占领了邺城。后来,史思明杀了安庆绪,自称大燕皇帝。接着,叛军又攻陷洛阳。不久,叛军内部又发生内乱,史朝义杀死了史思明。公元762年,唐军再次收回洛阳,史朝义在逃跑中被迫自杀,其部下将领全部投降。至此,历时八年之久的安史之乱终告结束。

安史之乱是唐朝由盛而衰的转折点。在这次动乱中,使中国北方地区人民遭受了一场空前的浩劫,社会经济受到严重破坏。

虽然安史之乱最后被平定了,但在平叛战争中发展起来的节度使,势力日益强大。节度使手握重兵,在他们所管辖的地区,朝廷既不能任免官吏、征收赋税,又不能调动军队。这样一来,唐朝中央的力量大大削弱,各节度使之间又互相攻伐,进而形成了藩镇割据的局面。

黄巢起义

"待得秋来九月八,我花开后百花杀。冲天香阵透长安,满城尽带黄金甲"。黄巢能诗能文,这首《咏菊》可见一斑。而他领导的农民起义是唐代历史上规模最大的农民起义,加速了唐朝的灭亡。

唐宣宗虽是一个比较开明的皇帝,但经过藩镇混战、宦官专权和朝廷官员的朋党之争,最终也没能改变政治混乱局面。

唐宣宗死后,先后接替皇位的唐懿宗李漼、僖宗李儇,只知道追求奢侈糜烂的生活,腐朽到了极点。皇室、官僚和地主加重了对农民的剥削,

税收越来越重;加上连年不断的天灾,农民不堪重负和压榨,纷纷破产,有的走上反抗的道路。

唐懿宗即位那年,浙东地区爆发了裘甫领导的农民起义,起义队伍从一百人不断壮大到三万,坚持斗争八个月,震动了整个越州(治所在今浙江绍兴)。

过了八年,驻守在桂林的八百名兵士(大多是徐州一带的农民),因为驻防期满,上司一再延期不让他们换防。他们杀了军官,推举粮料判官(管理军队粮食供应的官员)庞勋为首领,发动起义。他们从桂林向北进攻,打回老家,沿路农民纷纷响应,到了徐州,起义队伍发展到二十万人。

虽然这两次起义都被朝廷镇压下去,但是,百姓反抗的情绪却日渐高涨,新的起义的规模也在不断壮大。

唐朝末年盐税特别重,加上奸商抬高盐价,百姓买不起盐,有些贫苦农民,为了逃避官税,就靠贩私盐挣钱,但经常受到官府的打击。他们结成一支支贩私盐的队伍,这些人走南闯北,见多识广,常年与官府周旋。在他们中间,涌现了一些首领,有的后来成为农民起义的领袖。

黄巢(?—884年),曹州冤句(今山东曹县西北)人,自幼靠贩卖私盐为生。青少年时善于骑射击剑,喜欢读书,在家乡伙伴中很有威望。据说,他曾几次赴长安参加科举考试,因为他无后台,加上面貌丑陋,结果名落孙山。

公元874年,濮州盐贩首领王仙芝,聚集了几千农民,在长垣发动了起义。王仙芝自称"天补平均大

历史探微

王仙芝起义

公元874年,王仙芝在山东长垣发动起义。起义军很快占领了长垣县城,而后攻克濮州、曹州。广大民众纷纷参与起义,军队人数发展到数万人,汝州大捷后唐朝来招安王仙芝,起义军反对,公元878年,王仙芝起义失败被杀,黄巢起义成为王仙芝起义的延续。

黄巢起义

将军",发出文告,揭露朝廷官吏造成贫富不平的罪恶。这个号召很快得到贫苦农民的响应。不久,黄巢也起兵响应支持。

黄巢和王仙芝两支起义队伍会合之后,转战山东、河南一带,接连攻下许多州县,声势越来越大。唐王朝非常恐慌,命令各地将领镇压起义军。但是各地藩镇都害怕跟义军交锋,使唐王朝束手无策。

唐王朝见此形势,就准备采用招降的手法。在起义军攻下蕲州时,他们派宦官到蕲州见王仙芝,封他"左神策军押牙兼监察御史"的官衔。王仙芝一时迷了心窍,表示愿意接受任命。

黄巢得知这个消息,带了一群起义将士,去找王仙芝,并狠狠地责备了他,王仙芝还想搪塞,黄巢抡起拳头,朝王仙芝劈头盖脑地打了过去,旁边起义将士也你一言,我一语骂王仙芝。王仙芝知道自己理亏,只好认错。

经过这番波折,黄巢决定跟王仙芝兵分两路进军。王仙芝向西,黄巢向东。王仙芝和尚君长、尚让等率领一部分人,攻破一些州县。可是他曾经七次向唐朝统帅请求投降,终没有得到允许,最后被唐军打败,牺牲了几万人,王仙芝也被杀死。致使这支起义军最终以失败而告终。

王仙芝失败后,起义军重新会合,大家力推黄巢为王,又称冲天大将军。并改年号"王霸",设置官属,建立政权的形式。

当时,官军在中原地区力量比较强,黄巢看出官军的企图,决定选择官军兵力薄弱的地区,便带兵南下。他们顺利渡过长江,打进浙东。起义军接连打下越州、衢州。接着,又劈山开路,打通了从衢州到建州的七百里山路,一直打到了广州。

起义军在广州休整以后,岭南地区发生瘟疫,黄巢决定带兵北上。唐王朝命令荆南节度使王铎、淮南节度使高骈集合大批官军沿路拦击,被黄巢起义军一一击破。起义大军顺利地渡过长江,吓得高骈躲进扬州城不敢应战。

起义军渡过淮河,向官军将领发出檄文,说:"我们进攻京城,只向皇

帝问罪，不干众人的事。你们各守各的地界，不要触犯我们的锋芒！"

各地将领接到檄文，都想保存实力，不愿为唐王朝卖命。消息传到长安，唐僖宗被吓得胆战心惊。

公元880年，黄巢带领六十万大军，浩浩荡荡开进潼关。潼关周围漫山遍野，飘扬着起义军洁白的大旗。守潼关的官兵还想顽抗，黄巢亲自到阵前督战，将士们见了，一齐欢呼，声音在山谷间回响，震天动地。唐军凭借关隘，勉强守了两天。到第三天，尚让和黄巢的外甥林言，分兵从一条"禁谷"的小路绕到关后，内外夹击，攻破了潼关。这条"禁谷"，在平时为了防止商人逃税，禁止通行，而且里面长满了灌木藤葛。这回起义军打来，唐军竟然忘记设防。双方接战以后，官军溃败，争着从禁谷逃命，一夜工夫，把地面踏平了，这样一来，正好给起义军开辟了道路。

起义军攻下潼关，唐王朝惊慌失措，唐僖宗和宦官头子田令孜带着妃子，逃到成都，来不及逃走的唐朝官员全部出城投降。

当天下午，黄巢坐着金色轿子，在将士的簇拥下，进入长安城。长安百姓扶老携幼，夹道欢迎。

公元881年1月，黄巢在长安大明宫即位称帝，国号叫大齐，年号金统，任命尚让为宰相，孟楷、盖洪为将军，著名诗人皮日休为翰林学士，组成了由起义军文武首领和唐朝降官混合的大齐政权。起义军经过七年的斗争，终于取得了胜利。

但是，黄巢起义军长期的流动作战，占领过的地方，都没留兵防守。几十万起义军进入长安以后，四周还是官军势力。没有多久，唐王朝调集各路兵马，包围长安。此时长安城里的粮食供应又出现了严重问题。唐王朝又召来了沙陀贵族、雁门节度使李克用，率领四万骑兵进攻长安。起义军十五万迎战，遭到大败，只好撤出长安，转移到淮河中游地区，攻打陈州，但最后也是损失惨重，黄巢只得下令撤退，后来他们被李克用击败。起义军的一些人，看到大势已去，陆续向唐朝将领时溥投降，葛从周等投

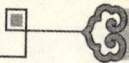

到朱温部下。

公元885年夏天,黄巢和黄邺、黄揆、林言等逃到泰山狼虎谷,走投无路,黄巢自杀。延续了十年的轰轰烈烈的农民大起义结束了。

黄巢领导农民起义虽然失败了,但他们转战了十二个省区,建立了"大齐"政权,并且第一次提出"冲天"、"均平"的思想,把我国农民革命斗争推向一个崭新的阶段。

朱温灭唐

黄巢起义后,连年征战的唐朝已经名存实亡,形成了藩镇割据局面。公元907年朱温大权独揽,后来他建立后梁,历史进入五代十国时期。

黄巢起义失败后,唐僖宗回到长安。此时的唐王朝政权仍然被宦官们把持着,他们横行霸道,为所欲为;而地方上的藩镇在镇压起义的过程中,扩大势力,争夺地盘,造成了地方割据现象严重。

唐僖宗死后,他的弟弟李晔被宦官立为皇帝,即唐昭宗。昭宗希望从宦官手中夺回实权,摆脱他们的控制;而朝中的大臣们也因为长期受宦官压迫而敌视他们。于是,一场争斗正在酝酿。

公元900年,唐昭宗和宰相崔胤,在宣武节度使朱全忠的支持下,除掉了两个骄横跋扈的宦官——枢密使宋道迅和景务修,激怒了宦官。于是,统领禁军的刘季述、王仲先,枢密使王彦范、薛齐偓四个大宦官,暗地里策划要废掉唐昭宗。

这年十一月,唐昭宗外出打猎,一时兴起多喝了些酒。晚上回宫,昭

宗借着酒劲儿杀死了几个伺候他的人。刘季述等人就以此为由，冲进皇宫要废掉唐昭宗。他们在宫殿庭院里布置了禁军，把百官召集起来，叫人用崔胤等人的口气写了一道奏折，请求太子监国，然后逼迫大家署名。他们拿着百官署名的奏折，带兵闯进唐昭宗的寝宫。当面要昭宗退位，太子监国。何皇后担心昭宗的安全，只得取出皇帝的传国大印交给刘季述。刘季述、王仲先把昭宗、何皇后以及十多个侍从转移到了少阳院。派人锁上宫门，布置禁军围住少阳院，把昭宗囚禁了起来。昭宗等人困在里面，与外面失去联系，连最基本的生活用品都不能保证，吃饭喝水都是从临时凿的墙洞递进去的。

昭宗被囚禁后，刘季述等人就假造昭宗的诏令，要太子出来监国，昭宗做太上皇，把少阳院改名"问安宫"。接着，刘季述大开杀戒，把与唐昭宗有联系的人一一杀死。他们晚上杀了人，白天用车把尸体拉出去，以此来镇住众人，树立他们的"威信"。

崔胤把刘季述等人的所作所为，写信秘密送给朱全忠，要朱全忠兴兵前来救唐昭宗的驾，除掉刘季述。

朱全忠就是黄巢起义军将领朱温，宋州砀山（今安徽省砀山县）人，小名朱三。

在黄巢起义军中，他屡次立功，深得黄巢信赖，大齐政权建立后，黄巢派他做同州（今陕西省大荔县）防御使。之后，唐军进攻起义军，他见形势危急，为求自保，投降了朝廷。

唐僖宗看朱温较为乖巧，善于打仗，便赐给他"全忠"的名字，还给他封官晋职，让他前去镇压黄巢起义军。朱全忠借机扩充兵力、扩大地盘，将徐州、兖州、郓州等地据为己有，成了举足轻重的军阀。

当时与朱全忠势力相当的，还有河东节度使李克用。朱全忠很想除掉李克用。黄巢兵撤河南的时候，有一次朱全忠受到起义军的围攻，情势危急，他就向李克用求救。李克用领兵打败了起义军，解了朱全忠的急。

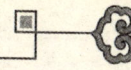 **朱温灭唐**

朱全忠大摆宴席,热情款待李克用,表面上看来,是在感谢他的救危之恩。谁知李克用喝得酩酊大醉之后,朱全忠竟然派兵围住了李克用的驿馆,想趁机害死李克用。幸亏李克用手下的亲兵骁勇善战,拼死相救,李克用才保住了性命。

从那以后,李克用就与朱全忠结下了仇,而且经常打来打去。但结果却不一样,李克用只能保住河东地区,朱全忠却越打势力越大,打败了很多其他的军阀,吞并了他们的兵马和地盘,成为一个拥有强大军队,占据广大地区的最强大的新军阀。

朱全忠在收到崔胤的秘信后很是高兴,他认为是自己插手朝政的好机会,便派了亲信溜进长安,秘密联络宰相崔胤,支持他消灭宦官,复立昭宗。崔胤有了朱全忠做后台,胆子便大起来,发兵除掉了刘季述,拥护昭宗复位。

昭宗重新当了皇帝,就与崔胤一道,想把宦官全部杀掉。剩下的宦官见情况不妙,便抢先下手,把昭宗劫持到凤翔,投靠了凤翔节度使李茂贞。

朱全忠立即发兵进攻凤翔,理直气壮地要李茂贞交出唐昭宗。李茂贞兵微将少,根本不是朱全忠的对手,屡次战败后,朱全忠大军又将凤翔紧紧围住,断绝了一切粮草来源。不久城内就没了粮,又加上连日大雪,城内被饿死、冻死的将士不计其数。困在孤城里的李茂贞只得束手就擒。

朱全忠把昭宗"救"了回来,耀武扬威回到长安。回到长安之后,朱全忠把宦官全部杀掉,之后又杀了宰相崔胤。从此朝政大权就落到了朱全忠一人手上。

公元904年,朱全忠提出要把京城从长安迁到洛阳去,唐昭宗被迫赞成。

迁都时,朱全忠命兵士把长安的百姓全赶到了去洛阳的大道上,并派人把长安的宫室、官府和百姓的住房全部拆光,使长安城变成了一座废墟,把拆下的材料,顺着渭水、黄河运送到洛阳。整整一个多月,从长安到洛阳的路上挤满了被迫迁移的长安百姓,他们扶老携幼,哭哭啼啼,大骂祸国殃民的朱全忠。

中国通史

唐昭宗和皇后、皇子、公主、侍从及朝中的官员，也只得默默地离开长安，向东行进。行到途中，朱全忠下令杀掉了昭宗身边的几个官员和二百多个侍从。

到了洛阳，一切军政要职都被换成了朱全忠的心腹，之后他便派亲信大将杀了唐昭宗。三天之后，朱全忠立了一个十三岁的孩子做傀儡皇帝，即唐哀帝。

在这之后，朱全忠又陆续把朝廷里剩下的三十多个大臣全都杀死，投进了黄河。

宦官杀了，皇帝杀了，老大臣也全没了，朱全忠要做皇帝用不着费吹灰之力了。但是狡猾的朱全忠还不愿赤裸裸地登位，以免引起藩镇的不服和反对。他要让唐哀帝主动地把皇位让出来，使他"顺理成章"地登上皇帝的宝座。

公元907年3月，在朱全忠的逼迫下，最后一位唐朝皇帝唐哀帝亲笔写下禅让的"御札"，向朱全忠"禅位"。朱全忠于是正式即位称帝，下令改国号为梁，以大梁(今河南开封)为国都，自己改名叫朱晃，即梁太祖。

唐王朝二百多年辉煌的历史至此宣告结束。

历史探微

白马驿之祸

又称白马之祸，是公元905年朱温诛杀朝官的一次事件。朱温在亲信鼓动下，于滑州白马驿(今河南滑县境)一夕杀尽左仆射裴枢等三十余人，投尸于河，史称"白马之祸"。白马之祸后，唐朝政府的势力基本被扫除。两年以后(907年)，朱温废唐哀帝自立为皇帝，改国号"梁"，史称后梁，朱温也成为了梁太祖，唐朝正式灭亡。

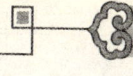 宋辽金元时期

宋辽金元时期

宋辽金元简介

宋辽金元时期包括北宋与辽及西夏（960年—1127年）、南宋与金（1127年—1279年）、元（1271年—1368年）三个历史阶段。公元960年，宋朝建立。开国之初，为了避免出现唐朝末年以来藩镇割据的现象，采取重文轻武的施政方针，导致军事上长期积弱的局面，屡受北方少数民族的侵扰。1038年，西夏李元昊称帝之后，宋夏之间战争不断，宋朝屡战屡败。947年，辽太宗耶律德光称帝，正式定国号为"辽"。宋朝建立初年，曾两次出征北伐，皆被辽军击退。1004年，辽军南下，主和的宋真宗与辽订立和约，宋朝向辽纳贡，双方各守边疆，互不侵犯，自此形成了辽宋西夏三国鼎立的格局，到1115年金国建立，这种格局很快被打破。1125年，金国联合北宋灭辽。1127年，金军南下掳走徽、钦二帝，北宋灭亡。同年，康王赵构南下南京即位为南宋皇帝，开始了南宋与金对峙的局面。1206年，成吉思汗统一蒙古各部，逐渐强盛起来。1234年，蒙古灭金。1271年，忽必烈定国号为元。1276年，灭宋，元朝最终统一了中原。

杰出历史名人

① 宋太祖

宋太祖(927年—976年)，即赵匡胤，北宋王朝建立者，公元960年—976年在位。涿州(今河北)人，出身军人家庭。948年，投奔郭威幕下，郭威称帝后，任禁军军官，后周世宗时，任殿前都点检。公元960年，

中国通史

发动陈桥驿兵变,代周自立,国号为宋,定都开封。采取各个击破的策略,先后灭掉荆南、后蜀、南汉、南唐等割据政权,基本实现了全国的统一。之后,宋太祖采取"杯酒释兵权"、"削弱相权"、"强干弱枝"等措施,将军权、财权、行政权等牢牢把握在手中。又兴修水利,劝课农桑,减轻赋税,鼓励农业生产的发展。他重文轻武、偏重防内的政治措施虽然防止了地方割据势力的出现,加强了中央集权,但也促成了之后宋朝长期"积贫积弱"的局面。

Ⅱ 宋徽宗

宋徽宗(1082年-1135年),即赵佶,宋哲宗弟,哲宗无子,他即位,公元1100-1125年在位。在位期间,任用蔡京、童贯等奸臣主持朝政,穷奢极欲,荒淫无度,大肆搜刮民财,滥征苛捐杂税。信奉道教,建造道观,自号"教主道君皇帝"。又四处搜刮奇花异石,称为"花石纲"。最终导致河北、两浙等地农民起义的爆发。1125年,金兵南下,年底,传位于宋钦宗,自称太上皇。1127年,金兵攻破开封,徽宗出降,被金兵掳走,后死于五国城(今黑龙江依兰城北旧古城)。宋徽宗虽然在政治上昏庸无能,但在书画方面却造诣颇深。在书法上,自创"瘦金体"楷书,瘦直挺拔、飘逸秀丽;在绘画上,善画山水、人物,尤精花鸟,以精工逼真著称,相传他画鸟,用生漆点睛,高出纸面,几欲跃出。广泛搜罗古今名画,命人编辑成《宣和书谱》和《宣和画谱》,在中国书画史上占有重要的位置。

Ⅲ 成吉思汗

成吉思汗(1162年-1227年),名铁木真,出生于蒙古乞颜部孛儿只斤氏族。12世纪末至13世纪初先后统一了蒙古各部落。1206年,被推举为大汗,称为成吉思汗(蒙古语有"海洋"或"强大"之意)。成吉思汗统一蒙古草原之后,采取了一系列巩固政权的措施:进一步完善千户制度,建立起军事、政治、经济三位一体的千户制;编制《札撒大典》,用法规和制度管理蒙古;采取比较开明的宗教政策,宣布宗教自由,允许各教派的存在。公元1211年和1215年大举攻金,占领中都。1219年,以西域花刺子

宋辽金元时期

模国屠杀蒙古商人和使者为由,出兵西征,灭花剌子模,继续追击,占领中亚大片土地。1226年,率军消灭西夏主力,次年,西夏灭亡,在六盘山下清水县(今属甘肃)病逝。忽必烈建立元朝后,追尊为元太祖。成吉思汗是举世闻名的军事家和政治家,对后世影响深远。

Ⅳ 岳飞

　　岳飞(1103年-1142年),字鹏举,相州汤阴(今属河南)人。南宋抗金名将、民族英雄。南宋建立初期,宋高宗主张收复失地,任用了大批主战将领,其中包括岳飞。后岳飞上书,反对南迁,宋高宗以越职为由将岳飞罢官。不久追随宗泽,任统制。1129年,宗泽死后,金军再次南侵,宋军溃败。岳飞率军转战广德、宜兴地区,并于清水亭等大败金兵,收复建康,追击金兀术四战四胜。1133年,金军扶植的傀儡刘豫伪齐政权派兵攻占襄阳等郡,次年,岳飞自江州(今江西九江)挥师北上,大破伪齐军,收复襄阳、信阳等六郡,升任清远军节度使。后多次上书反对与金议和,均遭到宋高宗和秦桧的拒绝。1140年,金军毁约南下,岳飞联络北方义军,袭击金军后方,自率主力北上,收复郑州、洛阳等地,在郾城、颍昌等地大败金军主力。时高宗、秦桧一意求和,诏令各路宋军撤回,岳飞被迫撤退。回临安后,被解除兵权,改授枢密副使。不久,被诬下狱。绍兴十一年农历十二月廿九除夕之夜,以"莫须有"的罪名与长子岳云及部将张宪一同被杀。1178年,宋孝宗时平反,追谥"武穆"。宋宁宗时追封鄂王。岳飞是中国历史上著名的抗金将领,其精忠报国的精神激励着后世。

重大历史事件

Ⅰ 行省制

　　行省制是中国古代的行政制度。源于魏晋时的行台制度,是中央机构处理重大事件时派出的临时性机构。金朝后期,在与元朝的战争中接连失败,为了处理地方的军政,金中央政府便派宰臣到边境地区"行尚书

中国通史

省事",开府置佐,这些机构当时叫做"行尚书省",只是作为尚书省的派出机构。蒙古入主中原后,仿照宋、金的政治制度,设立尚书省管理一个地区的路、府、州、县,成为地方的最高行政机构。元代中统年间(1260年—1263年),尚书省并入中书省,地方机构改称行中书省,简称行省。除京师附近地区直属于中书省外,于河南、江北、江浙、江西、湖广、四川、陕西、辽阳、甘肃、岭北、云南等地设置了十一个行中书省。行中书省设有宰相、平章、政事、左右丞等,主管本辖区的军政大事,成为地方一级最高行政管理机构。行省制有利于管辖广阔的疆域,加强了中央集权,为后来的明清所继承。

II 民族等级制

民族等级制是元朝推行的民族压迫、民族分化的政策。元代是蒙古族入主中原建立的政权,蒙古族以少数民族的身份成为全国的统治者。为了维护蒙古族的特权地位及其对其他民族的统治地位,根据民族及其归降的先后顺序,将全国各民族划分为四等:第一等是蒙古人,包括蒙古各部的人;第二等是色目人,包括西夏、回回、西域以至留居中国的一部分欧洲人;第三等是汉人,包括契丹、女真和原来金朝统治下的汉人;第四等是南人,指南宋统治下的汉人和西南各少数民族人民。并规定了四等人在统治机构、军队、刑法处罚、征收赋税等方面的不同待遇。民族等级制度进一步激化了民族矛盾和阶级矛盾,加速了元朝的灭亡。

III 庆历新政

北宋仁宗时,官僚机构庞大,效率低下,官俸激增,人民负担加重,农民起义渐多,辽和西夏威胁北方和西北边疆,统治阶级内部部分人士为革处弊端、巩固统治,主张改革。庆历三年(1043年),参知政事范仲淹提出"明黜陟、抑侥幸、精贡举、择官长、均公田、厚农桑、修武备、减徭役、覃恩信、重命令"等十项以整顿吏治为中心的主张。宋仁宗采纳了大部分的建议,施行新政,但很快遭到夏竦等人的反对,反对派又指责范仲淹、富粥、韩琦等人结党营私，触怒了宋仁宗，范仲淹等人被罢黜，新政也被废止。庆历新政以改革吏治为中心，触动了北宋立国以来恩养士大夫的体制，遭到大地主大官僚的强烈反对，改革最后以失败告终。

Ⅳ 绍兴和议

北宋灭亡后，金朝在中原地区扶植起刘豫伪齐政权作为傀儡。但伪齐多次对南宋用兵，均以失利告终。又因横征暴敛，遭到百姓的反抗。1137年，金废除已毫无利用价值的伪齐政权。南宋遂派王伦出使金国求和，金同意了南宋的请求。次年，秦桧任宰相，与金定议：宋对金称臣，年贡岁币银、绢各二十五万两、匹；金许还河南、陕西地及宋徽宗"梓宫"。但金随即发生政变，主和派失势，主战派兀朮等人掌权，派军重新占领已划归南宋的河南、陕西地区，和约遂废。金兀朮继续南下，遭到岳飞、韩世忠、刘锜等人的顽强抵抗，并取得了顺昌、郾城、颍昌等战役的胜利。宋高宗和秦桧却命令撤军、一意求和。1141年，与金达成和议，规定：南宋向金称臣，金册封赵构为宋皇帝；金与南宋间东以淮河，西以大散关（今陕西宝鸡西南）为界，以南属宋，以北属金；南宋每年向金纳贡银、绢各二十五万两、匹。史称"绍兴和议"。

文化艺术成就

Ⅰ 女词人李清照

李清照（1084年-约1151年），号易安居士，齐州章丘（今山东章丘）人，中国文学史上杰出的女词人。父亲李格非是当时的著名学者，受其父影响，少即能作诗词。丈夫赵明诚为金石考据学家。早期生活优裕，与赵明诚共同致力于金石书画的收集，志趣相投，生活美满。这期间所作词多写其悠闲的生活，优美、婉约、精巧。后期金兵侵入中原，流寓南方，赵明诚病死，生活困苦不堪。国破之痛，亡夫之苦使得她后期的词风发生改变，多慨叹身世，怀乡忆旧，韵调悲愤、苍凉。善用白描手法，刻画细腻、微

中国通史

妙的心理活动,语言清丽,形成了她自己独特的风格——易安体。在词学理论上,强调协律,崇尚典雅、情致,提出词"别是一家"之说,反对以作诗文的方法作词。她的词将真挚的感情与完美的形式巧妙的结合在一起,将"语尽而意不尽,意尽而情不尽"的婉约风格发展到极致,成为婉约派的代表人物之一。

II 关汉卿和《窦娥冤》

关汉卿号已斋叟,大都(今北京)人,元代杂剧作家。与马致远、郑光祖、白朴并列为"元曲四大家"。所作杂剧今知六十余种,现存有《窦娥冤》、《救风尘》、《拜月亭》、《单刀会》、《蝴蝶梦》等十余种,内容多揭露封建社会政治的黑暗腐败,表现了劳动人民的悲惨遭遇,讴歌了人民的反抗精神。《窦娥冤》是其代表作品之一。《窦娥冤》全名《感天动地窦娥冤》,写寡妇窦娥被无赖张驴儿看中,欲纳为妾,窦娥誓死不从。张驴儿恼羞成怒,诬陷窦娥杀人,买通官府,窦娥被判死刑。临刑前,窦娥指天为誓:死后必血溅白练、六月飞雪、大旱三年,以白己冤。刑后果皆应验。之后,窦娥父亲窦天章为官,为窦娥洗清冤屈。剧本塑造了窦娥这一正直、善良的女性形象,歌颂了她敢于同黑暗势力做斗争、英勇不屈的反抗精神,揭露了元代社会的混乱局面。

III 书法大家赵孟頫

赵孟頫(1254年-1322年),字子昂,号松雪道人、水精宫道人,湖州(今属浙江)人。宋宗室之后。入元,历任刑部主事、翰林学士承旨等,封魏国公,谥文敏。赵孟頫博学多才,诗文书画音律全能,尤以书法和绘画为精。书法上,诸体皆通,以楷书和行书为多,字体圆转流动,结构工整,后人专称之为"赵体"、"赵字",与颜真卿、欧阳询、柳公权并称为楷书四大家。在绘画上,提倡"作画贵有古意,若无古意,虽工无益",反对南宋以来的画院画风,推崇唐人笔墨。同时,注重绘画笔墨中加入书法运笔的趣味。山水、人物、墨竹、花鸟无所不能。赵孟頫的主张和观点,是在尊古基础上的创新,开创了元代新画风。

Ⅳ 沈括和《梦溪笔谈》

沈括(1031年-1095年),字存中,杭州钱塘(今浙江杭州)人,北宋科学家。宋仁宗嘉祐年间进士。1072年,提举司天监。次年,赴两浙考察水利、差役。1075年,出使辽国,驳斥其争夺土地的要求,并将辽国的河流山川,风土人情绘图,编成《使契丹图抄》奏上。1076年,任延州(今陕西延安)知县,加强对西夏的防御。晚年,筑梦溪园于润州(今江苏镇江东),专心著述,举生平所见所闻,成《梦溪笔谈》。《梦溪笔谈》是一部笔记体著作,分故事、辩证、乐律、象数、人事、官政、权智、艺文、书画、技艺、器用、神奇、异事、谬误、讥谑、杂志、药议十七目,共六百零九条。内容涉及天文、历法、数学、地理、医药、农学等社会生活的各个领域,系统总结了我国古代,特别是北宋时期的科学技术成就,如毕昇发明活字印刷术、金属的冶炼、石油的应用等,因沈括本人就具有较高的科学素养,所以记录详实可靠,具有极高的史料价值,被英国科技史专家李约瑟称为"中国科学史上的坐标"。

Ⅴ 朱熹和理学

朱熹(1130年-1200年),字元晦,一字仲晦,号晦庵,别称紫阳。徽州婺源(今属江西)人,寓居建阳(今属福建)。师事程颢、程颐的三传弟子李侗。平生博学多览,广注典籍,在经学、史学、哲学等方面都有不俗的表现。在哲学上,朱熹继承并发展了程颐、程颢有关理气的学说,建立起一整套客观唯心主义的理学体系,世称程朱理学。其学认为:理、气相互依存,不能分离,"天下未有无理之气,亦未有无气之理",但又断言:"理在先,气在后"、"有是理便有是气,但理是根本。"强调知先于行,但又认为知行相互联系,相互依存,认识到行在认识中的作用。强调"天理"和"人欲"的对立,要人们追求"天理",放弃"人欲"。教学上,强调启发式教学,"书用你自去读,道理用你自去究探,某只是做得个引路底人,做得个证

明底人,有疑难处,同商量而已。"同时又对自然界的某些运动变化提出自己的某些见解,如从山上的螺蚌壳证明地质变迁等。他的理学在明清两代被确定为儒学正宗,并影响到日本等国。

Ⅵ 宋瓷

宋代是我国陶瓷工艺的成熟期,无论是瓷器的种类、样式还是烧制工艺,都达到了较高的水平。宋瓷以单釉色的高度发展为特点,整体釉色美妙,清新典雅,含蓄隽永,将简约质朴的韵味发挥到极致。装饰手法有印花、画花、刻花、镂花等,纹饰题材也丰富多样,以花鸟虫鱼为主,也有人物、山水等,造型精巧、饱满,丰富多样,制作考究。出现了各种不同的形式,主要有玉壶春瓶、梅瓶、花口瓶、卷口瓶、洗口瓶、瓜棱壶、葫节式壶等,其中"梅瓶"、"玉壶春瓶"最受欢迎。宋时还形成了定窑、汝窑、官窑、哥窑、钧窑五大名窑,并形成各自的特色,如河南钧窑,以绚丽多彩著称于世。此外,景德镇窑、磁州窑等所生产的瓷器也很出名。宋代是中国陶瓷发展的辉煌期,被西方学者誉为"中国绘画和陶瓷的伟大时期"。

陈桥兵变

宋太祖赵匡胤（927年—976年），在"陈桥兵变"中黄袍加身，建立宋朝，结束五代十国分裂混战的局面，统一了大半个中国。又以杯酒释兵权等策，加强中央集权。在位十六年，庙号太祖，是一位开国明君。

从公元907年到960年，中原大地更换了五个朝代、十三位君主，在我国的历史上留下他们或长或短的足迹。

赵匡胤就是在此期间发动陈桥驿兵变，兵不血刃，得到政权，建立大宋王朝的。

赵匡胤是北宋的开国皇帝，他幼年丧母，家道贫寒，靠打工卖艺为生。后汉初年，赵匡胤已经成年，但仍然漫游四方，后来朝廷征用李守真为枢密使，他就前去投奔。由于他勇猛善战，屡立战功，从而不断得到升迁。

周世宗柴荣即位后，委任赵匡胤典掌禁军。当时，北汉发兵进犯后周，双方在高平关(今属山东)展开大战。战斗刚刚开始，后周将领樊爱能等就临阵脱逃，形势非常危急。就在这时，赵匡胤率领将士横冲直撞杀入北汉军中，北汉士兵被冲得七零八落。赵匡胤乘胜进攻河东城，并趁势火烧城门，眼看就要攻入城中，不料赵匡胤右臂被乱箭射伤。

周世宗怕赵匡胤发生意外，下令停止进攻，收军回营。通过此次战斗，周世宗对赵匡胤的勇猛十分赞赏，提升他为殿前都虞候。

956年春，赵匡胤跟从周世宗讨伐南唐，周军与南唐军在淮南展开大战。在赵匡胤的率领下，周军英勇善战，锐不可当，在涡口(在今安徽怀远)打败数万南唐军，斩杀了南唐兵马都监何延锡等将领。

为了保住淮南,南唐征集十五万大军,由大将皇甫晖、姚凤等率领,在清流关(在今安徽滁县)驻扎,欲与后周军决一死战。赵匡胤率军杀入南唐中军,左冲右突,无人能挡。后周军队乘势掩杀,南唐军大败而走。

赵匡胤乘胜追到城下,南唐大将皇甫晖扬言欲与他一决胜负,赵匡胤含笑答应。皇甫晖、姚凤整顿军队,列阵而出。赵匡胤催马直取皇甫晖,不几个回合,一刀砍下皇甫晖首级。姚凤见势不妙,拨马就逃,赵匡胤飞马追上,轻舒猿臂,活擒了姚凤。南唐军见主将一死一俘,斗志全无,均弃城而逃,赵匡胤率军掩杀入城,夺得城池。赵匡胤立了大功,周世宗拜他为殿前都指挥使。不久,又拜他为定国军节度使。

南唐皇帝害怕赵匡胤,就想借机离间周世宗与赵匡胤。他一面放出谣言说赵匡胤与南唐有联络,一面又派人送信给赵匡胤,并赠银三千两。赵匡胤将银两和信件全部交给后周内府,使离间计不攻自破。因他对周朝的一片忠心,第二年,赵匡胤被拜为忠武军节度使。

959年,周世宗北征,赵匡胤被任命为水陆都部署。后周军队抵达莫州,赵匡胤率军先到瓦桥关,收降守将姚内斌,打败敌骑兵数千人,平定燕南。

进军路上,周世宗阅览四方所报文书,发现有一个书袋,里面有一个三尺多长的小木条,上面写着"点检做天子"。周世宗感到十分奇怪,于是下令撤军回师。回到京师后,周世宗立即撤了殿前都点检张永德,而拜赵匡胤为殿前都点检。

959年,周世宗病逝,由七岁的幼子柴宗训(即周恭帝)即位,而实权却由符太后掌握。这时的赵匡胤,除任殿前都点检外,还兼任归德军节度使,负责防守京城开封,权势日渐增大。

赵匡胤看到柴宗训这个皇帝年幼无能,想取而代之,自己当皇帝。赵匡胤的弟弟赵匡义,还有专门给赵匡胤出谋划策的赵普看出了赵匡胤的心思。当时民间又流传着"点检做天子"的说法,因此,赵匡胤、赵匡义、赵普等人秘密策划,准备篡夺皇位。

公元960年正月初一,开封城内一片繁华热闹景象。宫廷内大摆筵席,文武百官向皇帝朝贺新年,喝酒正喝在兴头上,忽然有人进来在老宰相范质耳边低声耳语了几句,范质急匆匆随他出去了。一会儿,范质惊慌地跑进殿内,向八岁的小皇帝奏道:"辽兵联合北汉十余万人大举南下,情况危急。"

年幼的小皇帝急得直哭,他不顾众大臣,直奔后宫找母后去了。符太后一听也慌了,呆了一会儿,她让柴宗训将此事托范质去办理。

听了母亲的话,小皇帝心中有了底,不慌不忙走进殿中,对众大臣说:

"范老爱卿,敌兵压境,情况紧急,你看派哪一位将军迎敌呢?"

这时文武百官包括范质都把目光投向了武官行列中的头一位,这不是别人,正是赵匡胤。范质上前一步:

"万岁,臣看此人非殿前都点检赵将军莫属。"

其他官员也随声附和,小皇帝一听当即下诏命赵匡胤领兵出京迎敌。

这时候,赵匡胤心里高兴极了,原来,根本没有什么辽兵,那是赵匡

历史探微

杯酒释兵权

赵匡胤登上帝位后,有一次将石守信等召到后花园,和他们说"你们虽无异心,如果部下一旦以黄袍加身,你们虽然不想做皇帝,能办到吗?"众将一听,请求太祖指示明路。太祖告诉他们释去兵权,出守地方,以终天年。众将明白了太祖的意思,第二天都称病去职。太祖安排他们到地方做节度使。赵匡胤几杯美酒,轻而易举地解决了大将专军权的问题,被誉为"最高政治艺术的运用",成为千古佳话。

胤秘密派人谎报的军情,赵匡胤早已估计到自己会被派去前往迎战,事情的发展果然如赵匡胤所预料的,赵匡胤就这样名正言顺地将军队掌握住了。

赵匡胤领旨走出殿堂,他立即征调京城和各地的兵马,在校兵场上点兵、训兵两日。正月初三,赵匡胤带兵浩浩荡荡离开开封城向东北进发。当日黄昏时分,部队行至陈桥驿,赵匡胤下令全军就地安营扎寨。

士卒接到命令,马上安营埋锅造饭,有些士卒没事就开始闲聊起来。士卒中有一个自称能掐会算的,他抬头看到了即将落山的太阳,忽然大声喊道:"太奇怪了,今天怎么会有两个太阳呢?"大家一听也急着去看。

"那不是?!一上一下,这叫天有二日,人有二主呀!"

这时候的赵匡胤在中军大帐里不停地踱步,他所想的只有三个字:当皇帝。这不真的叫天有二日、人有二主吗?赵匡胤不停地思索着:事情的成败,就在今天晚上了。

天慢慢地黑了下来,在大将高怀德的营帐中,烛光闪闪,人影绰绰。

"有谁反对赵点检当皇帝,我的剑可不认人!"高怀德高声喊道,他和赵匡胤拜过把兄弟。

赵匡义在旁边又接着说:"当今皇帝年幼无为,早应废除才是!"

赵普看到时机已成熟,问帐中诸将:"你们当中若有不同意的可以离去!"

没有人走,赵普见大家都默认了,就拿出一件新做的龙袍。黄色龙袍在烛光下闪闪发光,夺人眼目。

"走啊!拥立新皇帝去。"将军们前呼后拥向中军大帐走来。

赵匡胤看到了火把亮光,听到"拥立赵将军……拥立新皇帝……"的喊声,赵匡胤知道自己的计划成功了,但赵匡胤没有出帐迎接,而是急忙上床蒙头假睡了。

众将进到帐中,叫"醒"赵匡胤,拿着龙袍就往赵匡胤身上套。

赵匡胤口中说道:"周主待我不薄,恩重如山,怎么能以下犯上,不敢不敢……"但说话的同时,自己早把龙袍穿好了。

众将包括赵匡义、赵普都倒地叩头,高呼"万岁"。就这样点检真的做起天子来了。这就是历史上有名的"陈桥驿黄袍加身"。

赵匡胤自己当上了皇帝,他马上率领军队返回开封,守城的大将石守信、王审价和赵匡胤早已联系好了,军队一到,城门大开,反对赵匡胤的人都一一被杀,后周的老宰相范质等下跪请降。赵匡胤要求范质起草诏书,宣布柴宗训让帝位于自己,范质照办了。柴宗训和符太后知道这时已无回天之术了,只愿求得一条生路,拱手让出了皇帝宝座。

赵匡胤名正言顺地当起了皇帝,他原来担任过后周的宋州归德节度使,因此,他把国号定为"宋",这一年是公元960年,后周灭亡标志着五代的结束,中国历史上重要的朝代北宋从此开始了。

澶渊之盟

澶渊之盟不仅使宋国的燕云十六州丢失,还要每年给辽国进贡使其不再南侵,使北宋国威扫地。虽然澶渊之盟对北宋而言是丧权辱国,但却让宋辽双方保持百余年和平,对两国之间的贸易关系和民族融合非常有利。

辽朝欺侮宋朝无能,多次进犯宋朝边境。到宋太宗的儿子宋真宗赵恒即位后,辽国又调动二十万大军,侵犯到靠近黄河的澶州(现在的河南省濮阳),威胁着宋朝的都城汴京。

中国通史

历史探微

北宋交子

宋代商品经济发展较快，商品流通中需要很多货币，铜钱满足不了流通的需要量，于是产生了交子，就是纸币。北宋交子是我国最早的纸币，也是世界上最早的纸币，不仅在中国货币史上，而且在世界货币史上，都享有不可或缺的重要地位。南宋时期政府出面发行"会子"，在全国范围内发行。

面对契丹威胁，宋主战派和主和派展开了激烈的斗争。主和派以参知政事王钦若和佥署枢密院事陈尧叟为代表，他们认为现在辽军士气正旺，应该避其锋芒。王钦若建议宋真宗迁都金陵，陈尧叟则建议应迁都成都。

主战派以宰相寇准为代表，他对宋真宗说："陛下神武英明，武将文臣和谐团结，如果陛下能够御驾亲征，必然能够鼓舞士气，辽军不战自退。况且我军能够坚守城池，以逸待劳，等敌人疲惫之时，乘势出击，可以稳操胜券。为什么要抛弃宗庙社稷而逃到江南、四川那样边远的地方去呢？如果迁都，势必造成军心大乱，敌军乘机大举深入，天下怎么会保得住呢？"

宋真宗认为寇准的分析很有道理，于是决定御驾亲征，并作好了抗击契丹的准备。

宋真宗率军来到澶州南城时，契丹军队气势正盛，大臣们请求真宗先观察敌我形势后再前进，但寇准却斩钉截铁地说："陛下如果不过黄河，人心就会更加惊恐，敌人的气焰就不能被压下去。况且各路将领正率军赶来增援，还有什么疑虑不敢前进呢？"于是寇准指挥卫士推着皇帝乘坐的车子前进，渡过黄河，来到澶州北城的城门楼。

远近的宋军将士看见皇帝的黄色伞盖，跳跃欢呼，欢呼、呐喊声传到几十里外。契丹军队听到后面面相觑，十分惊愕。宋真宗于是把军事指挥权全部委托给寇准，寇准号令严明整肃，下令士兵迎头痛击来犯之敌，把契丹军斩杀了一大半,残余的敌军慌忙退去。

之后,宋辽双方相持了十几天。契丹大将萧挞览视察地形时被宋军射杀,锐气大挫。萧太后害怕陷入腹背受敌的境地,于是派密使送信来要求订立和约。寇准主张让契丹称臣,归还幽、蓟旧地。但宋真宗有些厌战,想同意契丹议和的请求。寇准无奈,只好同意议和。

于是,宋真宗派曹利用作为使节,前往契丹军中商谈议和事项,宋朝每年应向契丹缴纳的岁币数目,并告诉他说:"迫不得已,一百万贯以下都可以同意。"

寇准得知后,私下把曹利用召到自己的营帐中,对他说:"虽然皇上有旨意,但是你答应契丹的数目不能超过三十万。"

曹利用到了契丹军中,萧太后坚持要关南地。曹利用严词拒绝,但暗示宋每年可以向契丹交纳一定的金帛。萧太后不同意,于是派遣监门卫大将军姚柬到宋议和,仍然要求归还关南地,但也遭到宋真宗的拒绝。

契丹要求割地的愿望虽未达到,但几经反复后,签订了对其有利的和约。和约规定:宋与契丹为兄弟之国,宋真宗称契丹萧太后为叔母;宋每年交给契丹银十万两、绢二十万匹;两国各守旧疆,两国互不侵犯,不得收容对方逃亡"盗贼";城池依旧修缮,不得新增城堡,不得改移河道等。因和约签于澶州,澶州古称澶渊郡,所以史称"澶渊之盟"。

宋辽之间争夺燕云十六州的战争长达二十五年,澶渊之盟签订后才真正结束。澶渊之盟不仅让辽军得以安然地从险境中脱身,而且还获得了丰厚的战利品。对宋朝来说,澶渊之盟是一个屈辱妥协的和约。

但从另外一个角度来讲,"澶渊之盟"的订立,结束了宋辽之间长达数十年的战争,使此后宋辽边境长期处于相对和平的状态。宋辽两国和好后,加强了彼此之间的经济交流和商业活动,促进了南北经济文化的发展。

王安石变法

王安石变法是针对北宋当时"积贫积弱"的现实而掀起的改革。他从理财入手，颁布了农田水利法、均输法、青苗法等律法，并推行保甲法和将兵法以强兵，但因为触动了地主阶级的利益，最终以失败而告终。

王安石字介甫，抚州临川(今江西省抚州市临川区)人，我国历史上著名的政治家和文学家。王安石从小就受到了良好的教育，喜欢读书，兴趣广泛。

北宋庆历二年(1042年)，王安石考中进士，被授予签书淮南节度判官厅公事之职。其后，历任鄞县知县、舒州通判、群牧司判官、常州知州、江南东路提点刑狱、三司度支判官、知制诰等职。王安石担任鄞县(今浙江省宁波市)知县的时候，曾亲自视察当地的农业生产和水利灌溉情况，并组织农民兴修水利，疏通河道，还在青黄不接的季节，把县仓的存粮借给农民，使农民免受地主豪绅的重利盘剥。这样，既方便了贫苦农民，又使官府所存的陈粮经常换成新粮，因此受到人们的称赞。王安石当了将近二十年的地方官，做了不少对农民有利的事，深得民心。

1063年，宋仁宗病死，宋英宗即位，王安石也因母丧，故辞掉官职，回江宁守丧。

多年为官的经历，让王安石看到了北宋时代太多的社会问题，也意识到北宋王朝深重的危机。

宋仁宗做了四十年皇帝，虽然也曾任用过范仲淹、包拯等一些正直的大臣，但并未采用他们改革的计划和思想，国家越来越衰弱。直到宋神宗赵顼即位时才有一些改变。

宋神宗富有年轻人所特有的进取心,尽管他对变法问题的考虑不成熟、不缜密,然而却敢作敢为。他还在当太子时,便通过韩绛了解了王安石的情况,对王安石有很深的印象。因此,他继位不久,就任命王安石为江宁府知府,接着,又调他到京城做官。

王安石奉诏进京后,与宋神宗谈论变法之事。尽管在许多方面,王安石同宋神宗有分歧,但在富国强兵、加强专制主义封建统治的原则问题上,两人不谋而合。于是宋神宗决定,让王安石来进行变法。1069年(北宋熙宁二年)2月,宋神宗任命王安石为参知政事,开始进行变法。第二年12月,王安石又被任命为宰相,于是变法在更大规模上展开了。

王安石改革的范围非常广泛,总的来说主要内容是:

一、青苗法。这个办法曾在鄞县试用过,产生了良好的效果,现在拿来推广到全国实行。宋仁宗统治期间,陕西转运使李参在当地百姓青黄不接之时,让他们自己估计当年的谷、麦产量,先向官府借钱,等秋熟后归还官府,称做"青苗钱"。王安石借鉴这条经验,制定青苗法。1069年9月,宋神宗批准颁行青苗法,先在部分地区实施,随后推行全国。青苗法旨在限制高利贷者的活动,减轻农户受富户高利盘剥之苦,同时也为朝廷开辟财源。

二、农田水利法。政府鼓励地方兴修水利,开垦荒地。1069年11月,王安石颁布《农田利害条约》,鼓励农户开垦废田,兴修水利,建立堤防,对有成绩的官吏,按功绩大小给予升官奖励。对能提出有益于水利建设建议的人,不论社会地位高低,均按功利大小酬奖。农田水利法的实施,使许多水利工程得到修复,使大量薄地变为良田。

三、免役法。官府的各种差役,民户不再自己服役,改为由官府雇人服役。民户按贫富等级,交纳免役钱,原来不服役的官僚、地主也要交钱。这样既增加了官府收入,也减轻了农民的劳役负担。

中国通史

历史探微

范仲淹实施新政

李元昊建立西夏后，北宋的边防开始紧张，北宋皇帝仁宗任用范仲淹为相，实施新政改革。范仲淹写了著名的《答手诏条陈十事》，提出了明黜陟、均公田、修武备、减徭役等十项改革措施。新政实施几个月后政治局面已见好转，可惜后来仁宗听信保守派谗言，不到一年就下诏废弃一切改革措施，将主张改革的范仲淹、欧阳修等人远调边塞，数度被贬。范仲淹的新政改革虽然失败了，但他"先天下之忧而忧，后天下之乐而乐"的思想却影响了千千万万个炎黄子孙。

四、方田均税法。为了防止大地主兼并土地，隐瞒田产人口，由政府丈量土地，核实土地数量，按土地多少、肥瘠收税。

五、保甲法。政府把农民按住户组织起来，每十家是一保，五十家为一大保，十大保为一都保。家里有两个以上成年男子的，抽一个当保丁，农闲练兵，战时编入军队打仗。

1069年7月，宋神宗批准在淮、浙、江、湖等六路颁行均输法。均输法规定：发运使总管东南六路的赋税，根据六路的财赋情况和京城每年所需物资的品种、数额，斟酌六路每年应该上供物资的品种、数额。这项新法改变了以前供求关系严重脱节的状况，调节了物价，减少了巨贾囤积居奇的机会，既保证了京城朝廷的消费供应，又减少了政府的财政支出，同时也减轻了人民的负担。

变法不是在一帆风顺中进行的，在此期间，王安石遭到了反对派的围攻。御史刘琦、知谏院范纯仁以均输法与商贾争利为由，主张废除此法。甚至连王安石的文坛老友司马光、苏轼等人都指责青苗法取息过重，并说会出现富人不愿借、穷人不愿还青苗钱的情况。

面对众大臣的极力反对，王安石公开推崇商鞅，从正面阐述了"天变不足畏,人言不足恤,祖宗之法不足守"的"三不足"思想的正确性,在政治上和思想上占据了优势,从而把变法推向了高潮。

这些新法的推行,实现了王安石富国强兵的愿望。同时,王安石还改革科举制度与学校教育制度,使太学成为培养优秀人才的摇篮,培养了许多德才兼备的人才。

1072年-1074年间发生了山崩和大旱等罕见的自然灾害,保守派乘机以此为由围攻王安石及其新法,一些变法派人物也见风使舵,站到了反对派一边,诸多不利因素的影响,使王安石被迫辞职。

1075年2月,宋神宗恢复了王安石相位,但王安石仍处于被围攻之中,新法难以继续推行。1076年,王安石连续上书请求罢官归田,获准后出任江宁知府,王安石主持的变法接近尾声。

王安石变法所推行的一系列措施在一定程度上限制了大地主和豪商们对农民的剥削,促进了农田水利事业的发展。变法期间,宋朝的国家财政状况有所改善,军事力量也得到大大加强。伟大的革命导师列宁曾称赞他为"中国十一世纪的改革家"。

岳飞抗金

岳飞,著名抗金将领,曾多次大败金兵,他率领的军队被称为"岳家军",人们流传着"撼山易,撼岳家军难"的名句,表示对"岳家军"的最高赞誉。和张俊、刘光世、韩世忠并称为"南宋中兴四将"。

岳飞,字鹏举,老家河南汤阴。他出生于一个农民家庭,父亲在一场

中国通史

大水中被淹死了,母亲姚氏懂得民族大义,经常教育儿子要精忠报国。并特地在岳飞背上刺了"精忠报国"四个大字。

后来,岳飞的母亲把他送去读书,他学习认真,进步非常快。岳飞又向他的同乡人周侗学习武艺,十几岁的时候就成为武艺高强的人,远近皆知。

北宋末年,二十岁的岳飞参加了攻打辽国的战争。在金军开始进攻北宋时,岳飞又去打击金军。

1127年,宋高宗即位之后,岳飞和八字军的首领王彦渡过了黄河。他们一起在河南新乡打败了金军,把新乡从金军手中夺了回来。就在八字军向太行山区进军的时候,八字军和金军遇上了,双方打了起来。岳飞在此次战斗中抓了金军大将拓跋耶乌,且刺杀了金兵大将黑风大王,自从这场战斗以后,金军一听说他的名字就非常害怕。

兀术带领金军攻打浙江定海,在定海烧杀抢劫了一番正准备要回去。岳飞听后很生气,率军在广德拦住了金军,打了六次仗,把金军全都打败了,在金军军营中,他们暗地里都叫岳飞为"岳爷爷"。1129年,韩世忠在黄天荡大败金军,岳飞在建康城外打败了金军,兀术的军队被打得像散了架似的。

1133年,金国派刘豫再次进攻南宋,南宋派岳飞应战。岳飞率领的军队都非常勇猛,经过多次英勇的战斗,南宋岳家军终于夺回了六郡的土地。随后岳飞又带领军队打到安徽的庐州,再次将兀术和刘豫打得一败涂地。

岳飞不仅很英勇,还是一个善用计谋的人。岳飞很爱护士兵,因此很多人都要参加岳飞的军队。岳家军也逐渐越来越壮大,常常打胜仗,成为抗击金军的主要队伍。

宋高宗接受了"绍兴和议"屈辱性的和议条件,向金国称臣纳贡。可是,金国并没有信守他们自己提出来的和议条件,在绍兴十年(1140年)

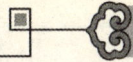 岳飞抗金

五月,由兀术带兵,分四路南侵。不到一个月工夫,占领了中原和陕西等地,并且进一步威胁淮河以南地区。

南宋的百姓听说了"绍兴和议"之事都很气愤。南宋朝廷派岳飞带领军队去河南抗击金军。

岳飞为了打败金军,做了周密的战斗准备工作。他派出大将牛皋、杨再兴带领一支军队向北进攻,准备夺回河南的土地。同时,又派一位名叫梁兴的原起义军首领回到太行山区,领导起义军联合向北进攻的宋军一起攻打金军,而岳飞自己和他的儿子岳云则带领宋军守卫在河南的国城,准备和金军的主力决一胜负。

兀术带领十多万的大军要和岳飞决一胜负。大军里有三千多名"铁浮图"和万名的"拐子马"。"铁浮图"是指铁塔兵,这些士兵特点是身材高大,力气大,武艺强,箭法精,头戴着铁盔,身穿两层铁甲,枪刺不透,刀砍不进去,如铁塔一般牢固可靠,所以就号称"铁浮图"。"拐子马"就是指骑兵,他们的特点是几匹马连在一起,特别善于冲锋陷阵。这"铁浮图"和"拐子马"可以说是金军的"常胜军"和秘密武器。因此这一回,兀术发誓将要打败岳家军。

大部分精良的军队都被岳飞派出到各地收复失地,岳飞身边只有很少的一些军队。大家看到兀术的军队气势汹汹,不免心里有点害怕。岳飞叫他们

历史探微

虞允文采石大捷

1161年,金主完颜亮统率金军主力越过淮河,直逼长江。宋军溃败,虞允文被派往采石(今属安徽省马鞍山市)督战,虞允文见主帅李显忠未到,就亲自督师,鼓舞士兵凭藉长江天险,死里求生,否则兵败后也没有生路,大有破釜沉舟之势,这次大战虞允文身先士卒,以1.8万兵力与115万金军决战于采石矶,结果大败金军,史称"采石大捷"。

不用怕,并想了一个奇招,他吩咐士兵把军斧绑在长杆上,打仗时不骑马,步行作战,专砍敌人的马腿,等敌人从马上掉来的时候,再砍他的脑袋。又吩咐另外一些士兵都带上一把钩镰枪。这种钩镰枪特点是有个钩子和一个弯镰,在打仗时可先用钩子把敌人的铁盔钩下来,继而用弯镰割掉他的脑袋。

在决战的那一天,南宋军队就用岳飞这个办法把金军的"铁浮图"和"拐子马"打得人仰马翻,溃不成军。

兀术不甘心就这样败给岳飞,又带领了十二万大军向岳家军进攻。岳飞已算到金军还会再向他们进攻,就派杨再兴去探听敌人的动向。杨再兴走的时候才带三百名骑兵,路上碰到了金军的大队人马,杨再兴毫不惧怕他们,冲入金兵当中,杀死了金军多人。兀术气坏了,下令放箭射死了杨再兴。

得知杨再兴被杀,岳飞十分悲痛,发誓要为杨再兴报仇,于是,他率领军队追击到朱仙镇,又把金军杀得大败,就连兀术要制止逃兵都制止不了。

岳家军之所以有如此强大的战斗力,是因为岳飞严格要求、严格操练的结果。岳飞治军赏罚分明,他自己又能够和士兵同甘共苦,以身作则。因此岳家军纪律严明,部队所到之处,秋毫无犯。老百姓深受感动,自发地用酒肉慰劳岳家军,送稻草给他们打地铺,替岳家军带路和运送给养,随时报告敌人的情况。所以,岳家军才能够克敌制胜,所向披靡。

岳飞带领岳家军把金军打得如丧家之犬,金军的将士们都传言"撼山易,撼岳家军难"。他们只要听到岳家军来了,就不战自退,吓得掉头便跑。然而就在这时,高宗的一道金牌发来,下令岳飞将各路大军一律撤回原驻地。原来,高宗害怕岳飞功高震主,听信了奸臣秦桧的谗言,借口"孤军不可久留",一天催发了十二道金牌。君命不可违,岳飞涕泪交流,痛心疾首,大放悲声:"十年之功,废于一旦!"

成吉思汗统一蒙古

宋高宗赵构与宰相秦桧对金王朝投降议和的丑行,遭到朝野正直之士的反对。于是,秦桧开始加紧打击和迫害岳飞,他唆使其党羽编造罪状来陷害岳飞。

1142年1月,一代爱国名将岳飞以"莫须有"的罪名惨遭杀害,年仅三十九岁。岳飞死后,全家被抄,甚至下属也被株连罢免或处死。

高宗退位后,宋孝宗为了鼓士气,平民愤,追复岳飞官职,将其遗骸迁葬于西湖栖霞岭下。

人们在杭州岳飞墓前铸造了秦桧夫妇等四个铁人,双手反剪,面向岳飞坟跪着,墓阙上悬联:"青山有幸埋忠骨,白铁无辜铸佞臣。"表达了人们对这位爱国英雄的无限崇敬之情。

成吉思汗统一蒙古

成吉思汗,世界史上杰出的政治家、军事家。1271年元朝建立后,忽必烈追尊成吉思汗为元朝皇帝,庙号太祖,谥号法天启运圣武皇帝。在位期间多次发动对外征服战争,征服地域达西亚、中欧的黑海海滨。

蒙古族生长在中国北方茫茫草原上,他们骑马放牧,到处迁移,靠着自己的勤劳与智慧、慢慢地发展壮大起来,这时出现了一位对世界历史有深远影响的人。

那时蒙古草原上的人民过着一种原始的生活。他们分别属于各个不同的部落,而各个部落之间为了扩大自己的势力,互相交战掠夺财物和人口,草原上一直处在腥风血雨当中。

铁木真九岁那年，父亲也速该被塔塔儿部的人毒死，孛儿只斤部一时群龙无首，原来归附也速该的泰赤乌部等，也趁机各自带走了很多奴隶和牲畜，脱离了孛儿只斤部，铁木真兄妹五人只好由母亲月伦抚养。为了躲避仇人的追杀，铁木真和母亲、兄妹们躲进深山里，靠捉野鼠、挖野菜过日子，生活十分艰苦。

熬过苦难的童年，青年时期的铁木真，长得身材高大，智勇双全。泰赤乌部的奴隶主担心铁木真长大以后会来报仇，就采取突然袭击的办法把铁木真抓来，给他戴上木枷示众。有一天，铁木真乘泰赤乌部人举行宴会的机会，用枷锁打倒了看守人，在奴隶锁儿罕失剌父子的帮助下，逃回家中。为了防止再遭袭击，他把全家迁到肯特山去居住，并和勃儿贴结了婚，以便取得翁吉剌部的支持。

铁木真决心恢复他父亲也速该时的势力。这时在他身边有两个忠心耿耿的那可儿——博尔术和者勒蔑，还有他的两个有力气的弟弟——合撒儿和别勒古台。他们团结在一起，准备逐步积聚力量。不料这时又遇到蔑儿乞人的袭击，在仓促逃命时，铁木真连他的妻子也来不及带走，使她成了蔑儿乞人的俘虏。

遭到一连串挫折的铁木真，开始逐渐懂得了斗争策略。他知道如果单凭自己几个人的力量是不能打败敌人的，只有利用蒙古各部之间的矛盾，取得一些部落奴隶主的支持，才能壮大自己的力量，打败敌人。于是，他忍痛把妻子的嫁妆黑貂裘献给克烈部的脱斡里勒汗，并且称他为义父，又和只剌东部的首领札木合结为兄弟，取得他们的支持。果然，他们联合出兵打败了蔑儿乞人，夺回了铁木真的妻子。这次胜利使铁木真开始恢复元气，许多旧时的部属、勇士们又纷纷回来了。1189年(金世宗大定二十九年)，一些奴隶主拥戴铁木真为汗(古代北方少数民族最高统治者的称号)。为了加强自己的权力和防止邻部的袭击，铁木真重新整顿了军队，成立了专门警卫他的侍卫队，又建立了保护、训练战马、管理战车等专门机构,使战斗力得到了提高,为未来的统一战争作了各种准备。

铁木真的壮大引起了札木合的不快,恰好札木合的弟弟因掠夺铁木真部下的马群而被杀。札木合气急败坏,便集合其部属的札只剌的十三部三万之众进攻铁木真,铁木真也将他的三万士兵分成十三翼迎战札木合。双方战于答兰巴勒主惕地方(今克鲁伦河畔),这就是蒙古历史上著名的"十三翼之战"。会战结果,铁木真失败,被迫退到鄂嫩河去。因札木合用极其残酷的手段把战俘处死了,引起了札木合部下许多人的不满,所以他们毅然脱离札木合,反而投奔到铁木真那边去。铁木真虽然在"十三翼之战"中战败了,却使坏事变成了好事,札木合部下许多奴隶主、属民和奴隶成了铁木真新的支持者,铁木真反而更壮大了。

1201年,铁木真与扎木合率领的十一个部落的联军在阔亦田展开大会战,扎木合被打败。扎木合逃到额尔古纳河,居然背信弃义掠夺同盟军的百姓和财物。铁木真于是带着队伍穷追猛打,双方又经过了一场激烈恶战,扎木合被打败。

第二年,铁木真又攻打塔塔儿残部,大获全胜,铁木真统一了蒙古的东部。但是在西边还有许多部落,离得最近的克烈部对铁木真虎视眈眈。

这时候,铁木真为他的长子术赤向王罕的孙女求婚,遭到王罕的拒

绝,于是双方关系恶化。1202年春天,王罕假装同意铁木真的婚约,想骗他来赴宴,乘机把他杀死。不料王罕计谋泄露,于是他决定先下手为强,立即对铁木真发动突然袭击。铁木真措手不及,仓皇逃走,跟随他的只有十九个人,他们退到班朱泥河(沼泽的意思)地方停驻下来。那里没有人烟,没有粮食,他们只得喝浑水解渴,射野马为食。这一段时间,是铁木真在统一全蒙古过程中最艰苦的日子。后来,铁木真退到贝加尔湖以东的地方,他一面向王罕求和;一面利用喘息时机,收集溃军。到这年秋天,他的军事实力又恢复了。铁木真暗暗派兵包围了王罕的驻地,突然发起进攻,王罕逃到鄂尔浑河畔之后,被乃蛮人杀死了。

消灭了克烈部之后,铁木真在1204年(金章宗泰和四年)夏天,亲率大军出征乃蛮,乃蛮部的首领塔阳汗被杀,后来蔑儿乞部、乃蛮部等残余部分联合,企图打败铁木真。草原上的习惯一般认为夏天马瘦不宜出征,所以多在秋高马肥时作战。铁木真的两个弟弟却主张反其道而行之,正好利用乃蛮等部的习惯做法和轻敌思想,出其不意,攻其不备。铁木真于是采纳两个弟弟的建议继续进军,待到两军接近时,恰巧铁木真一方的一匹马受惊跑到了乃蛮营中,乃蛮首领看到铁木真的马瘦成这个样子,更加麻痹轻敌。

历史探微

塔塔统阿创蒙古文字

蒙古族原来没有文字,只靠结草刻木记事。在铁木真讨伐乃蛮部的战争中,捉住一个名叫塔塔统阿的畏兀儿人,铁木真让塔塔统阿掌握金印和钱谷。铁木真还让塔塔统阿用畏兀儿文字母拼写蒙古语,塔塔统阿创制蒙古文字,在蒙古汗国历史上是一个创举,而第一部蒙古民族的古代史——《蒙古秘史》就是用畏兀儿字书写成。

双方经过一昼夜的激战,乃蛮部伤亡惨重,首领也被杀。其余的人夜间突围,不计其数的人掉下悬崖摔死。

铁木真完全消灭了两个强大的敌人后,已经征服了大草原上几乎所有的部落。1206年,铁木真宣布成立"大蒙古国",自称为"成吉思汗"。

成吉思汗成为全蒙古的大汗,标志着蒙古族的历史进入了新的阶段。成吉思汗为蒙古的统一做出了巨大贡献。在东起呼伦贝尔草原,西至阿尔泰山的辽阔领域内,过去语言、民族、文化水平各有差异的各部落开始结合成一个共同体,他们之间文化和经济联系进一步加强,共同的语言逐步形成,勤劳勇敢的蒙古族开始了统一的过程,在世界历史上扮演着重要的角色。

中国通史

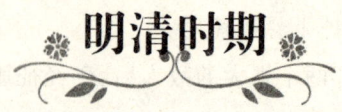

明清简介

明清时期,是我国统一多民族国家的巩固发展和封建制度渐趋衰落的时期。1368年,明太祖朱元璋南京称帝,明朝建立。之后,朱元璋废丞相,设立特务机构,八股取士,制定新律例,集行政、司法、军事、立法大权于一身,使中央集权专制统治达到前所未有的高峰;在经济上采取了一系列恢复经济的措施,社会经济繁荣发展,至明成祖时,明帝国达到全盛。但到明英宗时,宦官专权,吏治腐败,土地兼并严重,开始走向衰落。1644年,李自成领导起义军攻占了北京,明朝覆亡。东北的满清政权入主中原,开始了清朝的统治,清朝是统一的多民族国家空前巩固和发展的阶段。清前期,统治者采取了有利于国家统一和社会安定发展的积极措施,封建经济发展到一个新的高峰,史称"康乾盛世"。乾隆后期,各种社会矛盾日趋尖锐。1840年爆发的鸦片战争打开了中国国门,帝国主义入侵,签订不平等条约,割地赔款,在短短半个世纪的时间里,逐步沦为半殖民地半封建社会。身处在水深火热中的中国人民奋起反抗封建王朝和帝国主义的双重压迫,苟延残喘的清王朝最终于1911年被孙中山领导的辛亥革命推翻了,中国长达两千多年的封建社会也随之宣告结束。

杰出历史名人

① 明太祖朱元璋

明太祖朱元璋(1328年—1398年),幼名重八,又名兴宗,后改名元璋,字国瑞,濠州钟离(今安徽凤阳)人,1368—1398年在位。少时出家为僧,元末,参加郭子兴部红巾军,后自立一军。1368年,在基本扫除各路农民起义军的势力之后,在应天(今江苏南京)称帝,国号为明。同年北上攻占大都(今北京),推翻了元朝的统治,逐步统一了全国。明朝建立后,他奖励垦荒,兴修水利,发展生产,均平赋役,提倡节俭,与民休息。同时惩治贪官污吏,制定《大明律》,兴胡惟庸、蓝玉两次大狱,废除行中书省及丞相制,兴建学校,选拔学官,改进科举考试内容,集中皇权,加强中央集权的专制统治。在明太祖统治期间,社会经济文化得到快速的恢复和发展,史称"洪武之治"。

Ⅱ 明成祖朱棣

明成祖朱棣(1360年—1424年),年号永乐,1402年—1424年在位。朱元璋第四子,初封燕王,带兵驻守北平(今北京)。1398年,明太祖死去,皇太孙朱允炆即位,即明惠帝(又称"建文帝",建文为其年号)。建文帝即位后,听取大臣建议,实行削藩政策。燕王朱棣以"清君侧"为由,发动"靖难之役"。1399年,攻破南京,夺取帝位。明成祖即位后,先后五次北伐蒙古,追击蒙古残部。1406年,下令改建北京城,并于十四年后迁都北京,以南京为留都。派郑和率领庞大的船队先后七次出使南洋等地,远至东非,促进了中国与亚非各国在政治、经济、文化等方面的交流。在位期间,还命解缙等人组织三千多名学者,经数年努力,编纂成中国古代历史上最大的类书《永乐大典》,保存了大量的古代文化典籍。1424年,朱棣在第五次北征蒙古途中病逝,庙号成祖。

Ⅲ 清圣祖爱新觉罗·玄烨

爱新觉罗·玄烨(1654年—1722年),顺治皇帝第三子,年号康熙,1661年—1722年在位。即位时年仅八岁,政权掌握在四位辅政大臣:索尼、苏克萨哈、鳌拜、遏必隆手中,专政擅权。云南两广的吴三桂等三藩势

力日益强大,形成割据势力。康熙帝以退为进,韬光养晦。于1669年亲政后,逮捕鳌拜,革职拘禁,并在1681年平定了三藩叛乱。为了维护国家的统一,出兵驱逐雅克萨的沙俄侵略军,遏制了沙俄的扩张,签订了《中俄尼布楚条约》,确定了中俄东段边界。康熙帝还亲征新疆准噶尔,平定叛乱,维护了国家的统一与领土完整。在位期间,重视农业生产,停止圈地运动,减免赋税,下令让在明末农民起义中夺回耕种的原明朝官僚的土地归现耕种者所有。崇尚儒学,尤其是程朱理学,开明史馆,编纂《全唐诗》、《佩文韵府》、《康熙字典》等书籍。重视人才的选拔,开博学鸿词科。曾兴《南山集》、《明史》等文字狱。康熙帝是清代前期较为圣明的统治者之一,在位期间,政治清明,社会安定,国家统一,经济发展,文化繁荣,为清代"康乾盛世"的盛世局面奠定了基础。

Ⅳ 清高宗爱新觉罗·弘历

爱新觉罗·弘历(1711年—1799年),雍正皇帝第四子,年号乾隆,1735年—1796年在位。即位后重视农业生产,推广农业生产技术,鼓励开荒,兴修水利,促进农业生产的发展。平定准噶尔叛乱,打败天山南路大小和卓势力,在新疆设伊犁将军,驻扎军队,巩固和完善对新疆地区的管辖。效仿其祖父举行博学鸿词科考试,完成了《明史》、《大清一统志》、《续文献通考》、《皇朝文献通考》、《大清会典》等典籍的编纂。乾隆三十八年(1773年),开四库全书馆,历经十年,编成大型文献丛书《四库全书》,保存了大量古典文献。但在编修过程中,借机销毁、窜改对清朝统治不利的书籍,又屡兴文字狱,加强思想统治。统治期间,六次南巡,五次游五台山,到曲阜祭孔,浪费无度。晚年宠信和珅,使其得以揽权纳贿,大长全国上下贪污之风。加之地主阶级大肆侵占土地,土地兼并极为严重,阶级矛盾加剧。在繁荣的表象下,潜藏的矛盾日益突出。

明清时期

重大历史事件

Ⅰ 厂卫机构

厂卫机构是中国古代官署机构。厂,指东厂、西厂;卫,指锦衣卫,合称为厂卫。锦衣卫设置于明太祖时,原为护卫宫廷的卫军,掌管皇帝出入仪仗。后来明太祖为了加强专制统治,特令其兼管刑狱,赋予巡查缉捕权力,从事侦察、逮捕、审问活动,用刑十分残酷,由皇帝直接领导。东厂,明成祖时为清除建文帝残余势力和镇压人民,于1420年在北京东安门设立。由宦官提督,只对皇帝负责,可以越过司法部门,任意逮捕缉拿臣民,权力在锦衣卫之上。西厂,明宪宗为加强特务统治于1477年设立,也是由太监提督,权力超过东厂,后因其结党营私,排除异己,陷害忠良,遭到朝野上下反对而撤销。厂卫制度是皇权膨胀的产物,协助皇帝监视官吏和镇压人民,加强中央集权,巩固统治。

Ⅱ 内阁制度

明朝建立之初,承袭元朝的政治制度,设立中书省。1380年,朱元璋为加强统治,撤销中书省,并规定永不设丞相。后因政务繁忙,朱元璋从翰林院指派官员,另设武英殿、文华殿、文渊阁、东阁等大学士,协助皇帝处理政事,草拟奏章。明成祖时,命翰林院官员入午门内的文渊阁当值,开始参与政务的处理,称为内阁。明仁宗以后,内阁大学士多是几朝元老,权位愈重。清朝沿用了内阁制度,设有三殿(保和殿、文华殿、武英殿)和三阁(文渊阁、体仁阁、东阁)大学士,但是,掌握实权的多为满族贵族,而且参与要务的官员多由皇帝亲自委任,而不一定是内阁成员,内阁职权逐渐低落。军机处成立之后,取代了内阁的许多职权,内阁成员只是处理一些例行公事,"大学士"也成为文臣的一种荣称。

Ⅲ 军机处

军机处是清代政务机构。1729年,雍正帝用兵西北,为了及时处置

军情，遂设军机房。1732年，正式改称"办理军机处"，简称军机处，职权也扩大为参与全国军政大权。军机处设军机大臣，无定员，一般以特选的大学士、尚书、侍郎等官充任。军机大臣在军机处轮流值班，随时听候皇帝的召见，商议军国大事，并根据皇帝的旨意拟定谕旨，发布到有关部门。对于资历较浅的军机大臣，授予"军机大臣上学习行走"，地位稍低。军机大臣的僚属称为军机章京，通称小军机，掌管军机处的日常文书工作，缮写谕旨，记载档案等。1911年，内阁成立后撤销。

Ⅳ 摊丁入亩

摊丁入亩是清朝沿用历代将丁银并入田赋征收的一种赋税制度。明代推行"一条鞭法"，将代役丁银逐渐摊入田赋中征收，但施行得并不彻底，清朝继续推行。康熙五十一年（1712年）规定，依照上年各地所报丁数，固定税额，以后"滋生人丁，永不加赋"。雍正年间，将康熙时固定下来的丁税分摊到田赋之中，与田赋一体折合为银两征收，称为地丁银。摊丁入亩，将丁银摊入田赋征收，彻底废除了汉唐以来的人头税，简化了税种和征收手续，在一定程度上限制和缓解了土地兼并，农民的负担相对减轻。

Ⅴ 闭关锁国

明初由于倭寇骚扰沿海的情况时有发生，明太祖朱元璋采用了禁海政策，之后几个皇帝也基本都沿袭这一政策。明成祖时虽然曾经派郑和七次下西洋，但仍继续实行海禁。直到明隆庆年间（1567年—1572年），倭患平定，海禁才逐渐放开，允许人民海外贸易。清朝时，统治者害怕汉人和外国人联合反抗清朝的统治，对外政策趋于保守。尤其是台湾郑成功反清力量出现后，清廷愈严出海之禁。康熙时，海禁政策略有放松，但之后又出现罗马天主教干涉中国内政事件，清朝政府实行禁教政策。1757年开始实行闭关政策，只留广东虎门一处对外贸易，并设立公行，专门负责对外贸易，并对外商进行监督和限制。直到1840年，英国侵略者用大炮轰开了中国的国门。

文化艺术成就

I 曹雪芹和《红楼梦》

曹雪芹(约1715年—1763年或1764年),名霑,字梦阮,号雪芹、芹圃、芹溪。自曾祖起,三代任江宁织造,康熙六下江南,其中四次由曹家接驾,并住在曹家。曹雪芹早年就在这"秦淮风月"之地的"富贵"环境下长大。雍正初年,受统治阶级内部政治斗争的牵连,曹家受到重大打击,曹雪芹的父亲曹頫被革职,家产没收。之后,曹雪芹遂全家迁往北京,过着一贫如洗的艰难日子。曹雪芹经历了这样大的转折,备感世态的炎凉,使他对封建社会的黑暗和罪恶有了更深的认识。生活虽然窘迫不堪,但曹雪芹仍以坚韧不拔的毅力,从事《红楼梦》的写作和修订,直至因贫病无医而逝世。《红楼梦》以贾宝玉、林黛玉、薛宝钗的爱情为主线,以贾府这一贵族大家庭生活为中心图画,揭示了封建社会末期渐趋崩溃的社会现实。书中塑造了众多个性鲜明的人物形象,对当时的社会黑暗进行了深刻的揭露和批判。《红楼梦》是中国最具文学成就的古典小说,是中国长篇小说的巅峰之作。

II 四库全书

清代乾隆时期纂修的一部大型丛书。1773年,《四库全书》正式开始编修,以纪昀、陆锡熊等人为总纂官,陆费墀为总校官,下设纂修官、分校官和监造官等四百多人,包括很多当时著名的学者,如戴震、邵晋涵等人,又征募了近四千名抄写人员,穷十年之功,方告完成。全书分经、史、子、集四部,因此名为"四库"。《四库全书》纂修完成后,先后缮写七部,分藏于北京文渊阁、圆明园文源阁、承德避暑山庄文津阁、盛京(今沈阳)文溯阁、扬州的文汇阁、镇江文宗阁、杭州的文澜阁。其中文汇阁、文宗阁藏

中国通史

本毁于太平天国的战火,文澜阁藏本在太平天国战火中毁损颇多,后虽经补抄完整,但已非全书,文源阁藏本被英法联军烧毁。文溯阁藏本现藏于甘肃兰州,文源阁藏本保存于中国国家图书馆,文渊阁藏本现存于台北故宫博物院。四库全书收录图书三千五百多种,几乎囊括了清代中期以前传世的经典文献,是对中国有文字记载以来古典文献的集结和总汇。

Ⅲ 北京故宫

北京故宫旧称"紫禁城",是明清两代的皇宫。始建于明成祖永乐四年(1406年),永乐十八年(1420年)基本竣工,历时十四年,在元大都宫殿的基础上,由蒯祥负责设计兴建。明清两代又经历过多次的扩建和修缮。故宫占地七十二万多平方米,殿宇廊屋九千多间,建筑面积十五万多平方米。其建筑按布局和功用分为外朝和内廷两大部分。外朝以太和殿、中和殿、保和殿三大殿为中心,两旁分列文华殿和武英殿,是皇帝日常朝会、举行盛典的地方。内廷以乾清宫、交泰殿、坤宁宫三殿为中心,两旁分列东西六宫,其后有御花园,是皇帝办事和居住的地方。整个故宫主殿沿着南北方向的中轴线排列,并向两旁展开,左右对称,气魄宏伟,灿烂辉煌,极为壮观。

Ⅳ 李时珍和《本草纲目》

李时珍(1518年—1593年),字东璧,号濒湖山人,蕲州(今湖北蕲春)人。李家世代业医,父亲是当地名医,李时珍继承家学,但更注重研究药物,富有实践精神。他远涉深山旷野,采集草药,遍访名医宿儒,搜集民间验方。足迹遍及湖广、江西等地,每到一处,就虚心向当地人请教,了解各种各样的药物,观察药物的形态和生长状况。就这样经过长期的实地调查研究,搞清楚了很多关于药物的问题,又收集整理宋元以来民间发现的药物,充实内容,用二十七年的时间,完成了《本草纲目》的撰写。全书收录原来医书所载药物一千五百一十八种,新增三百七十四种,载方一万多个,配图一千多幅,纠正了以前很多的记载错误,并有不少新的发现,对我国药物学的发展作出了重大贡献。

Ⅴ 徐霞客和《徐霞客游记》

徐霞客(1587年—1641年),名弘祖,字振之,号霞客,南直隶江阴(今属江苏)人。年少时即博览图经地志,因明朝政治黑暗,不愿入仕。于是,专心从事于旅行,醉心于地理考察和探险旅行,历时三十余年,足迹遍及大半个中国,并将观察所得,按日记载。徐霞客去世后,由季梦良、王忠纫编次成书。所记为作者1613年—1639年旅行途中所见所闻,对沿途地质、水文、气候、植物等地理现象,均有详细的记载。如他对岩溶地貌类型作了系统的划分和命名,对各种类型进行了详细的描述,指出了岩溶地貌形成的原因,他对岩溶地貌研究的成就比欧洲早一个多世纪。此外,书中描写生动,记述详细,也是一部很好的文学作品。

中国通史

朱元璋建明

朱元璋(1328年-1398年)，明王朝第一任皇帝，原名朱重八，后取名朱国瑞。朱元璋推翻了元朝的暴政，在位三十一年，建立了全国统一的封建政权——明朝。

刘福通的北方红巾军起义失败后，南方江淮一带的红巾军继续和元朝斗争。凭借实力，朱元璋消灭了对手，推翻了元朝，当上了明朝的开国皇帝。

朱元璋小名重八，父亲朱五四，朱元璋十七岁那年(1344年)，家乡发生了大旱灾、蝗灾和瘟疫。他的父母和大哥在半个月里相继死去。

家里除了几间破草房，什么也没有，孤零零的朱元璋只能靠吃树皮草根过日子。后来，他流落到皇觉寺，把头发剃掉当了和尚，混口饭吃。可那时，寺庙里的粮食也不多，朱元璋只好到处流浪，捧着一口破钵化缘。在淮河中游一带游食了三年以后，他又回到皇觉寺。

朱元璋在这三年中结交了不少朋友，其中有许多人信奉白莲教和弥勒教，和他们一起秘密地进行反对元朝的活动，朱元璋也受到了影响。

回到皇觉寺后，有一天，朱元璋接到好朋友汤和的一封信，劝他去投奔郭子兴的起义军。开始的时候，他拿不定主意，后来有人发现了这封信，要告他和红巾军勾结，朱元璋被迫逃走。1352年，朱元璋成了郭子兴部下的一名红巾军士兵。

朱元璋不但英勇善战，而且很会办事，深得郭子兴的赏识。参军只两个月，郭子兴就把他提拔成自己的亲兵，还把义女马氏嫁给了他。第二年，又把朱元璋提升为镇抚，从这时候起，朱元璋开始蓄积自己的力量。

1353年,突围濠州后,朱元璋回到自己的家乡招兵买马,少年时代的伙伴徐达、吴良、周德等纷纷来投奔他,不到十天工夫,就招募了七百多人。这些人和后来投奔来的邓愈、常遇春、胡大海等,都成了朱元璋手下最得力的大将,为明朝的建立立下了汗马功劳。

朱元璋还招募了一些读书人,帮他出主意。定远有弟兄俩很有名气,哥哥叫冯国用,弟弟叫冯国胜,朱元璋就向他们请教打天下的道理。冯氏兄弟告诉朱元璋:"金陵(元朝叫集庆,现在的江苏省南京市)是历代帝王的都城,地理位置很重要。谁能先攻下这个地方,然后再派大将向四面征伐,收取民心,谁就能得天下。"朱元璋听了暗自点头,把这些道理都记在心里。1354年,朱元璋吸收了定远的一批地主武装,他的队伍扩大到两三万人。

刘福通占据安丰和颍州之后,建立了龙凤政权,任命郭子兴之子郭天叙为都元帅,部将张天佑、朱元璋为副元帅。郭天叙没有什么作战经验,再加之红巾军中大多将士都是朱元璋的亲信,朱元璋虽名义上是副帅,但实权却全部掌握在他手里。

没多久,郭天叙、张天佑在攻打集庆(今江苏南京)的时候,被叛徒杀死,朱元璋就当了名副其实的大元帅,郭子兴的旧部全归他指挥。朱元璋

历史探微

鄱阳湖之战

鄱阳湖之战发生在1363年,是朱元璋和陈友谅为争夺南部地区进行的水上大战。这次水战前后历时三十七天,陈友谅因战略指挥上发生失误,决战以朱元璋的胜利而告终。鄱阳湖大战被誉为中世纪世界规模最大水战。此战的胜利奠定了朱元璋平定江南的基础,为以后北伐和灭元创造了条件。

独掌兵权以后,率领大军在采石(属今安徽省)打败元将海牙,并乘胜进攻集庆,俘获元兵三万六千多人。

朱元璋率军进入集庆城后,把城中大小官吏、贫民百姓都召集到一起,对他们声明说:"如今天下大乱,民不聊生,我朱元璋为民除害,请大家不要惊恐害怕。元朝旧政中不合理的地方,我都为大家革除掉。贤良之士我当优礼对待,并予以重用,官吏不许欺压老百姓。"

城中百姓听了十分高兴,一致表示拥护朱元璋。于是朱元璋改集庆为应天府,以应天府作为根据地,从此地向四周发展。

在攻下集庆后一年多的时间里,朱元璋派诸将先后攻克镇江、广德、长兴、常州、宁国、江阴、常熟、徽州、扬州等应天周围的诸多据点。接着,朱元璋率军出击浙西、浙东,攻克建德路、婺州,消灭了那里的元军。每攻占一座城池,朱元璋都开仓赈济贫民,深得广大贫苦农民的拥护,朱元璋的队伍也日益发展壮大。

自投军以来几年的时间里,朱元璋逐渐从一个小步卒发展成为称雄一方的霸主。随着势力日益强大,他的野心也日益膨胀起来,他决心学习汉高祖刘邦,削平群雄,统一中国,改朝建国,当上皇帝。

由于刘福通派出三路大军分兵北伐,使元军主力被吸引到北方战场,徐寿辉领导的农民军和朱元璋领导的农民军,便乘机在江淮地区不断扩地发展。1360年5月,陈友谅杀死徐寿辉,自称皇帝,建立汉国,占据江西,向湖广推进,随即又向朱元璋统治的以集庆为中心的广大地区发动进攻。陈友谅的势力发展迅速,从而成为朱元璋统一中国的首要障碍。

朱元璋建明

1363年4月，朱元璋采纳刘伯温的建议，在鄱阳湖用火攻大败陈友谅。1364年，朱元璋在应天称吴王，任用李善长、徐达为丞相。

1367年，朱元璋兵分两路，一路由胡廷瑞率师攻取福建，一路由徐达为征虏大将军、常遇春为副将军，统率二十五万大军，渡过淮河，长驱北伐，直取中原。

出兵之前，朱元璋向将士制定严格的纪律，严禁士兵滥杀无辜，不准骚扰百姓。朱元璋还在发布的檄文中说："驱逐胡虏，恢复中华，立纲陈纪，救济斯民。"以此作为纲领。

徐达、常遇春大军很快攻克沂州、益都路、东平、济南、莱阳、东昌、乐安等地，占据了山东全境。此时，南征大军也顺利攻取福州。朱元璋南征北伐两路大军，都按计划取得节节胜利，推翻元王朝指日可待。

1368年1月，朱元璋在应天府登上皇帝宝座，建国号大明，年号为洪武，开始了明朝二百七十七年的历史。朱元璋经过十几年的苦心经营与南征北伐，终于实现了他当皇帝的愿望。

明王朝的建立，在全国产生了巨大的政治影响，极大地鼓舞了北伐将士的士气。3月，徐达率军继续北上，很快攻克永城、归德、许州、陈桥等地。4月，徐达率大军自虎宾关进至河南塔儿湾，与元军展开一场激战。结果，元军大败，河南完全被明军控制，北伐中原取得胜利。

1368年6月，为了进一步布置攻克元大都的战略路线，朱元璋从应天赶到汴梁，召集徐达等大将商议北伐元大都之计。大将军徐达建议停止西进，乘胜迅速北上，攻取元大都。朱元璋欣然同意，制定了具体的进军策略和路线。

8月，徐达率数十万大军攻克元大都。元大都的陷落，宣告了元朝统治的灭亡。朱元璋改大都为北平，意在平定北方，仍以应天为南京。

1371年，明军灭夏，控制了四川。1381年，明军进入云南，元梁王兵败自杀。1387年，朱元璋东取辽东，元丞相纳哈出降。

至此，朱元璋终于完成了他统一全国的大业。他的名字和所取得的成绩在我国历史上留下了不可磨灭的一页。

土木之变

1449年，在今河北的土木堡，明朝军队同瓦剌军队发生一场大战。这场战争使明英宗朱祁镇成为瓦剌的阶下囚，五十万明军全军覆没，从此明朝一蹶不振，史称"土木之变"。

明太祖建立明朝后，鉴于历史上宦官专权引起国家混乱的教训，立下一条规矩，不让宦官参与国家政事。他把这条规矩写在大铁牌上，挂在宫里，想要他的子孙世世代代遵守。但到明成祖的时候，这条规矩就逐渐被破坏了。

明成祖从他侄儿手里夺得皇位，怕大臣反对他，所以特别信任身边的宦官，在他迁都北京以后，就设立了特务组织"东厂"，专门刺探大臣和百姓当中有没有谋反嫌疑的人。他怕外面的大臣靠不住，让亲信太监做东厂提督。这样，宦官又逐渐参与到政事中来，并且权力也逐渐增大。到了明宣宗，连皇帝批阅奏章，也交给一个宦官代笔，叫做司礼监。这样一来，宦官的权力更大了。

明宣宗时期宫里识字的太监不多，只有王振粗通文字，大家都叫他王先生。后来，明宣宗派他教太子朱祁镇读书。朱祁镇年幼爱玩，王振想出各种各样法子让他玩得痛快，朱祁镇非常喜欢他。

明宣宗死后，刚满九岁的太子朱祁镇即位，这就是明英宗。王振当上

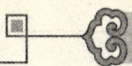 土木之变

了司礼监,帮助明英宗批阅奏章。明英宗一味追求玩乐,根本不问国事。王振趁机把朝廷军政大权抓在手里,大臣们谁要不买他的账,王振便寻求机会铲除他。侍讲刘球在奏章中得罪了他,王振怂恿明英宗把刘球关进监狱,派心腹把他杀了;御史李择遇见王振不下跪,便被降职并调到铁岭卫(今辽宁省铁岭市)。

在朝中凡是对王振不礼貌的大臣,都遭到了他的陷害和打击。而那些对王振阿谀奉承、溜须拍马的无耻之徒,却步步高升。

明朝英宗年间,明朝北方的边界上崛起了一支强大的蒙古人部族,这支部族号称瓦剌。瓦剌和明朝经常在边境互市,交换一些货物。后来因为互市的摩擦,终于爆发了一场战争。

1449年,瓦剌的首领也先派了二千多人跟明朝做买卖,为了多得一点赏赐,也先谎报了贸易的人数。这件事让宦官王振知道了,便说也先欺骗朝廷,单方面削了价,只给也先五分之二的钱,还下令礼部不给来贸易的人吃饭。也先本来就有侵犯明朝的图谋,现在终于有了借口。于是立即发兵攻打山西的大同,明军抵挡不住瓦剌军的进攻,节节败退,朝野上下非常震惊。

明王朝本来已经派了驸马都尉井源率兵四万去增援大同了,但是王振却还想扩大这次冲突。他的家乡就在大同附近,只怕瓦剌人侵占了自己在家乡的田庄,又想趁这个机会,到家乡人面前抖威风,顺便建立奇功,巩固自己的地位,便竭力劝明英宗御驾亲征。

王振极力主张英宗亲自带兵出征瓦剌军队,并说瓦剌人不堪一击,英宗信以为真,下令三天后立即出征。朝中官员听到圣旨,吓得在午门外跪了一大片,都说御驾亲征不是儿戏,三个月能不能准备好还成问题,要英宗收回成命。可是,英宗皇帝只相信王振,根本不管大臣们的建议,一意孤行地要按原来的命令行事。

没过几天,明英宗和王振带着五十万临时拼凑起来的队伍出发了。

中国通史

瓦剌崛起

元朝末年明朝初年蒙古分裂为兀良哈部、鞑靼部、瓦剌部三部。后来瓦剌经过长期发展,势力增强,尤其是也先当政期间,大有吞并中原之心,土木之变,也先取得绝对胜利,他直接进围北京,但伤亡惨重,不得不将明英宗送还。也先死后,瓦剌部落分散,逐渐衰落。

出发前只把北京交给弟弟朱祁钰留守,也不管敌情如何,也不商量作战方略,连后勤保障都没安排好,把亲征当做儿戏一般。

明军出了居庸关,从怀来往宣化进发。几天来,风雨不断,道路泥泞,人马困乏,军粮不足,明朝士兵有很多又得了重病,病死在途中的人不计其数。一同随行的将领们,一再上表乞求停下休整,劝明英宗别再冒进。可是,王振却执意不肯,一定要按时赶到大同,谁再上表,就把谁绑起来在军营里示众。

也先得知英宗亲征,明军军纪涣散、军粮不足,不由得心中暗喜。他指挥军队假装战败,引诱明军深入。

这一天,英宗率领疲惫不堪的军队到达大同。王振认为瓦剌军队少,不是明军的对手,就命令军队继续北进。也先利用"两山夹一道"的有利地形,设下了埋伏。等到明军一到,也先率领瓦剌军队从两面的山坡上冲下来,大败明军。

明军被迫撤退。但王振却想到老家摆摆威风。便劝英宗到他家里玩上几天。几十万大军向蔚州的方向跑去。但刚走出几十里路,王振又命令军队掉过头来往回跑。原来,他怕这么多的兵马到了蔚州,把地里的庄稼践踏了,经王振这么一折腾,明军就延误了撤兵的宝贵时间,瓦剌的追兵渐渐地赶了上来。

英宗和王振跑得最快,天黑之前,他们跑到了土木堡。土木堡离怀来城没有多远了,大臣们劝英宗趁着天亮赶快进城。但王振执意不肯,

土木之变

因为装运他财产的几十辆大车还没有赶到。王振命令军队在土木堡驻扎下来。

第二天,天刚蒙蒙亮,瓦剌军赶到土木堡,把明军紧紧包围起来。明英宗派人向也先求和。也先知道,明英宗带的明军人数众多,打起硬仗,自己定会遭到损失,便假装答应议和,停止了进攻。

明英宗和王振相信了也先的承诺,下命令让士兵到附近找水喝。士兵们争先恐后跳出壕沟往河边跑,乱成一团,将领们要制止也制止不了。

这时候,早就埋伏好的瓦剌军士兵从四面八方冲杀过来。明军士兵一看,吓得纷纷丢盔弃甲,狂奔乱逃。瓦剌军紧紧追赶,明军士兵被杀和被乱兵踩死的不计其数。

明英宗和王振几次想突围都没有成功。平时作威作福的王振,这时候却吓得浑身发抖。禁军将领樊忠,早就恨透了这个祸国殃民的奸贼,气愤地说:"我为天下百姓杀死你这个奸贼。"说着,抡起手里的大铁锤,朝着王振脑门一锤砸去,结果了王振的性命。樊忠自己冲向瓦剌军,拼杀了一阵,被瓦剌军乱枪刺死。

明英宗在混乱中被瓦剌人俘虏,这便是明朝历史上极为耻辱的"土木堡之变"。

经过这次变故,五十万明军,几乎全军覆灭,明王朝元气大伤。瓦剌首领也先一面用明英宗做人质,向明王朝要挟勒索;一面加紧带兵南下,包围了北京。

努尔哈赤建后金

明王朝后期,宦官专权,朝廷斗争十分残酷,政治腐败,边防也越来越松弛,在我国东北地区的建州女真在其首领爱新觉罗·努尔哈赤的领导下,趁机扩大势力,开始强大起来。

努尔哈赤出身建州女真的一个贵族家庭。祖父觉昌安和父亲塔克世,都是建州女真的贵族,被明朝封为建州左卫的官员。努尔哈赤从小就练习骑马射箭,练得一身好武艺。十岁那年,母亲死去,他的继母虐待他。努尔哈赤离开了家里,和当地小伙伴在一起,在莽莽林海里打猎、挖人参、采松子、捡蘑菇,然后把这些山货带到抚顺去卖掉,挣钱维持生活。抚顺的集市很热闹,女真人常在那里用山货跟汉人交换铁器、粮食、盐和纺织品。努尔哈赤接触了很多汉人,学会了汉文。

建州女真有好几个部落,互相残杀。明朝总兵李成梁利用建州各部的矛盾来进行统治。努尔哈赤25岁那年,建州女真部有个土伦城的城主尼堪外兰,引领明军攻打古勒寨城主阿台。阿台的妻子是觉昌安的孙女。觉昌安得到消息,带着塔克世到古勒寨探望孙女。正遇上明军攻打古勒寨,觉昌安和塔克世在混战中都被明军杀害。努尔哈赤痛哭了一场,葬了他的祖父、父亲,但是想到自己的力量太小,不敢得罪明军,就把一股怨恨全集中在尼堪外兰身上。他跑到明朝官吏那里说:"杀我的祖父、父亲的是尼堪外兰,只要你们把尼堪外兰交给我,我也就甘心了。"明朝官吏只把他祖父、父亲的遗体交还他,却不肯交出尼堪外兰。

努尔哈赤满腔悲愤回到家里,翻出了他父亲留下的十三副盔甲,分发给他手下兵士,向土伦城进攻。努尔哈赤英勇善战,尼堪外兰人不是他

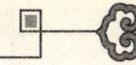

的对手,狼狈逃走。努尔哈赤攻克了土伦城,继续追击,趁机又征服了建州女真的一些部落。

尼堪外兰东奔西窜,最后逃到了鄂勒珲(今齐齐哈尔附近),请求明军保护。努尔哈赤也追到那里。明军看努尔哈赤不肯罢休,怕因此引起战争,不利于明王朝的统治,就让努尔哈赤杀了尼堪外兰。

努尔哈赤灭了尼堪外兰,声势越来越大。过了几年,统一了建州女真。努尔哈赤消灭了尼堪外兰引起女真其他部族的恐慌。1593年,叶赫部联合了女真、蒙古九个部落,结成联盟,合兵三万,分三路进攻努尔哈赤。

努尔哈赤听到九部联军来攻,事先做好迎战的准备。他在敌军来路上,埋伏了精兵;在路旁山岭边,安放了滚木石块。

第二天,建州派出的探子回报敌兵人数众多,将士们听了非常害怕。努尔哈赤说道:"现在我们占据险要地形,敌兵虽然多,不过是乌合之众,一定互相观望。如有哪一个领兵先攻,我们就杀他一两个头目,不怕他们不退。"

九部联军到了古勒山下,建州兵在山上严阵以待,先派出一百骑兵迎战。叶赫部一个头目冲来,马被木桩绊倒,建州兵士冲上去把他杀了,另一头目看到这情景也吓昏过去。这一来,九部联军没有统一指挥,四散逃窜,努尔哈赤乘胜追击,击败了叶赫部。过了几年,努尔哈赤基本统一了女真族各部。

努尔哈赤统一了女真族后,于1616年建立了后金国。努尔哈赤觉得自己兵强马壮,而明朝却日益衰弱,就有了攻打明朝的野心。两年后,努尔哈赤准备两万精兵准备进攻明军,在出征前,他宣读了女真同明朝的"七大恨",最大恨就是明王朝无故杀害了他的爷爷和父亲,一定要报仇雪恨。这两万军队很快攻占了抚顺城,守城明将李永芳投降了金兵。

消息传到万历皇帝那里,他非常震惊和气愤,觉得堂堂大明朝被小

中国通史

小女真族打败,感到有些耻辱。他立即命兵部侍郎杨镐为辽东经略,指挥辽东所有军队讨伐努尔哈赤。

杨镐本来是个文官,从未领过兵打过仗。但此人刚愎自用,自以为是个军事天才,认为皇帝命他领军,是自己荣升的好机会。他没把女真军队放在眼里,认为他们只不过是一群乌合之众,杨镐率十万军队,分别由山海关总兵杜松、辽东总兵李如柏、开原总兵马林和辽阳总兵刘铤率领。

出征前,杨镐将四个总兵召集在一起研究如何进兵。一开始没有一人提出建议,杨镐有点不耐烦了,原来杜松和刘铤两个都是有名的猛将,英勇善战,但文化不高,不懂打仗的策略;马林是个贪生怕死、懦弱胆小的人,不敢开口;而李如柏是个非常谨慎持重的将领,不愿冒失地提出策略。

杨镐十分着急,李如柏终于鼓足勇气说道:"大人,我看我们十万大军应该集中在一起,由沈阳沿大路直扑抚顺,再攻后金都城。这样一来由于天冷大路好走,二来我们有十万大军,也不怕金军袭击。不知大人同意我的意见吗?"

历史探微

宁远大捷

努尔哈赤率兵攻占河东辽阳、沈阳等大小七十余城,于1626年攻打古城宁远。袁崇焕详细研究了关内外的形势后,自告奋勇主动到宁远请战,到了宁远后他安置难民,加强防卫,并且建立了以宁远、锦州为主体的新防线。为了增强火力,袁崇焕将"红夷大炮"架上城头严阵以待,宁远一战,后金军死伤惨重,只好退军。与后金苦战多年,这是明朝取得的第一次胜利,被称为"宁远大捷"。努尔哈赤戎马一生,只打了这一个大败仗,不久身亡,清军从此对袁崇焕十分敬畏。

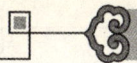

其实李如柏这个意见是很有道理的,集中兵力可以一鼓作气打垮金军,而且十分稳妥,不冒什么风险。杨镐也觉得这主意不错,但他又一想,我是主帅没拿出方案,岂不显得我无能?想了一会儿,他拿定主意:

"李将军的这个计划不错,但我认为过于谨慎了。我十万大军虽可势如破竹,但不易将金军全部消灭。为消除隐患,我认为要分兵四路,四位将军各率一路从中、南、北等方向共同进兵,这样定可全歼金军。"

按计划杜松率主力直攻抚顺,李如柏攻建州,马林由北向南攻,刘铤一路由南向北攻,杨镐自己则留在沈阳指挥全局,并号称有四十七万大军。

努尔哈赤早就料到明军会大举进攻的,当手下将士向他报告四路明军分头进攻时,他早已胸有成竹:"哈哈,这真是天助我大金。明军分路进攻,我军正可以一路一路地消灭他们,先打杜松这支主力部队。"其实,后金军总共只有七万多人,连努尔哈赤自己也非常害怕,自己面对这样强大的军队。但作为主帅一定要稳定军心,便自己给自己打气,后金将士一看主帅这么有信心,更增加了战斗的勇气。

杜松率军快速前进直逼抚顺城,但他有个缺点,打仗只会拼杀不会用计谋。这一日杜松率军到达萨尔浒,立刻在山上扎营,休息片刻他就亲自带一半军队去攻打萨尔浒东北面的界凡,留下另一半军队在大营里。他这些行动早就被努尔哈赤派出的探子打听得一清二楚,努尔哈赤当即命令少数部队死守住界凡,然后亲率精锐部队直扑萨尔浒。

这天傍晚,后金军围攻萨尔浒明军的战斗打响了,顿时尘土飞扬,万马嘶鸣,黑压压的后金军呐喊着向山上冲。山上营里的明军可慌了神,一来根本没有想到敌军会现在进攻,二来主帅不在,军心不稳。只能仓促应战。训练有素的后金军英勇善战,百年多未打过仗的明军显然不是对手。很快这一部明军全军覆没,明军在萨尔浒遭到第一次重创。

努尔哈赤不待全军休息,立刻传令全军下山追击杜松的另一半进攻界凡的明军。此时界凡正在进行激烈的战斗,杜松这员勇将正在率军全

中国通史

力攻打,守界凡的后金军队依据地势拼死抵抗,战斗十分残酷,大批的明军和后金军都倒下了。就在这时,杜松忽然听到后面一阵大乱,转身一看:又一支后金军从后面冲杀上来。他连忙上马,传令全军立刻突围,返回萨尔浒。此时杜松还不知道萨尔浒明军已被后金军全歼。

此时,努尔哈赤的大军已把杜松的两万军队团团围住,虽然明军总数比后金军多,但兵分四路后每一路都比后金军要少,局部上处于劣势。杜松率将士左冲右突,但总攻破不了后金军的包围圈。努尔哈赤下令放箭,一阵一阵的箭雨将明军成批成批地射倒,最后杜松也倒在了箭雨之中。

努尔哈赤仍然使用集中兵力,各个击破的战略,以攻为守,杜松军被歼之后,努尔哈赤又率八旗兵赶回萨尔浒,攻破了马林军营,马林见势不妙,慌忙撤回开原,刚到开原,马林军就被后金军打散了,第二路明军又是惨败。

而坐镇沈阳指挥的杨镐,正等待明军从前线传回各路的捷报,没料到一连两天接到的是两路明军覆灭的消息,把他给吓晕了。知道自己战略上的失误,十万兵马,分成四路,一路只有两万多兵力,努尔哈赤虽然只有六万人马,但他兵力集中,而杨镐想到现在双方力量对比,明军明显处于劣势,连忙快马传令叫另两路军停止前进。可是已经错过良机,调整战术,已是回天无力了。

李如柏非常胆小,他率领的中路右翼军行动最缓慢,采取的是观望态度。还没出兵,接到杨镐停止进军的命令,就急忙撤退了。在山上巡逻的后金哨兵,远远看见明军撤退,一起击鼓呐喊,明军兵士以为后面追来了大批的后金军,顿时大乱,兵士们拼命逃跑,踩死踩伤无数,李如柏的右翼军也溃散了。

而刘铤率领的南路军,在杨镐停止进军命令发出的时候,已经深入后金阵地,他根本不知道其他各路明军失败的消息。刘铤军纪律严明,兵

390

士训练有素,加上武器火药也多,进入后金阵地以后,勇猛冲杀,连拔后金军几个大营。

努尔哈赤知道刘铤骁勇善战,认为后金军连续作战,已经很疲劳,刘军气势旺盛,硬拼恐对后金军队不利。于是他心生一计,选了一个明军降兵,冒充杜松部下,把努尔哈赤以杜松名义写的一封信送给刘铤,说杜松已经到达赫图阿拉城下,只等刘铤军去会师,合力攻城,抄了努尔哈赤的老窝,不要恋战小股敌人。刘铤信以为真,生怕杜松夺去头功,马上收兵,命令火速进军赫图阿拉。这里山高坡陡,涧深路窄,兵马不能并列前行,只有改成单列进军,刚走不远,忽听杀声四起,努尔哈赤埋伏在这里的后金兵,从四面八方向刘铤杀来。刘铤军难以招架,且战且退。努尔哈赤又派一队后金军全副明军打扮,慌称是杜松军来接应的。刘铤又大上其当,把人马带进了努尔哈赤的包围圈。后金军里应外合,杀声阵阵,刘铤军难以抵抗。刘铤挥舞大刀,左杀右砍,奋力拼杀,手刃数十人。终因寡不敌众,被金军砍成重伤,落马而死。

萨尔浒之战,只用了五天时间,明军十万兵马损失一大半,明朝大伤元气。萨尔浒之战以明朝失败,后金胜利而告终。萨尔浒大战以后,努尔哈赤的后金政权迁都沈阳,将沈阳改称盛京。

清兵入关

恸哭六军俱缟素,冲冠一怒为红颜!为了爱妾陈圆圆吴三桂引清兵大举进入山海关,标志着中国历史上最后一个封建王朝——清王朝的

开始,也被认为是中国近代史的开端。

1644年,李自成攻占北京,崇祯皇帝自缢而死,明王朝覆灭了。

李自成率领农民军攻入北京城后,建立了大顺政权。大顺政权一面出榜安民;一面严惩明王朝的皇亲国戚、贪官污吏。李自成派刘宗敏和李过,勒令那些权贵交出平时从百姓身上搜刮来的赃款,充当起义军的军饷,拒绝交付的处重刑。民愤大的皇亲国戚被起义军抓起来杀头。

京城大官僚吴襄,被刘宗敏抄了家产,并且逮捕起来追赃。有人告诉李自成说,吴襄的儿子吴三桂是明朝的山海关总兵,手下还有几十万大军。如果把吴三桂招降了,就解除了大顺政权的威胁。

李自成就叫吴襄给吴三桂写信,劝说他向起义军投降。

吴三桂的大军驻扎在宁远一带防守。起义军逼近北京的时候,崇祯帝接连下命令要吴三桂带兵进关,对付起义军。吴三桂赶到山海关,北京已被起义军攻破。过了几天,吴三桂收到父亲的劝降信,犹豫不决。吴三桂决定到北京去看看情况再说。

吴三桂带兵到了滦州,遇到一些从北京逃出来的人。吴三桂找来一问,听说他父亲吴襄被抓,家产被抄,已经恨得咬牙切齿,接着,又听说他最宠爱的妾陈圆圆也被起义军抓走,更是怒气冲天,立刻下令退回山海关。

李自成得知吴三桂拒绝投降,决定亲自带二十多万大军,进攻山海关。吴三桂本来就害怕农民军,听到这消息,非常害怕。他顾不了什么民族大义,写了一封信,派人飞马出关,请求清朝帮助他镇压起义军。

多尔衮听到这个消息,非常高兴,这是他多年梦寐以求的,马上写信给吴三桂,答应出兵,并告诉他降清可以封王。吴三桂就这样投降了清朝。

顺治元年(1644年)四月二十二日,李自成和吴三桂约好,双方进行决战。在决战开始时,农民军把吴三桂的人马包围起来,占了上风。然而,早就埋伏好的清军突然掩杀过来。农民军猝不及防,乱了阵脚,败下阵来。李自成这才知道吴三桂已经投降了清朝,要引着清军入关了。

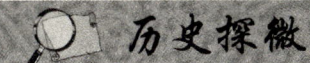

扬州十日

1645年,清军大军进攻扬州,明朝将领史可法带领扬州军民对清军进行殊死抵抗,后来清军攻破扬州,史可法被俘后英勇就义,清军在扬州城内进行了大屠杀,仅仅被收殓的尸体就超过了八十万具,史称扬州十日。

李自成率军连夜返回北京。他深知敌我力量对比对农民军不利,决定退出北京,作长期抗清的准备。便率领军队撤往陕西去了。

李自成离开北京的第三天,多尔衮带领清兵,耀武扬威地开进北京城。

多尔衮用顺治小皇帝的名义发布诏书,宣布以北京为首都。从此,清朝从偏居东北的小朝廷,成为统治全国的大清帝国。多尔衮因率清军入关和迁都北京有功而被封为叔父摄政王。顺治皇帝的母亲皇太后为了讨好多尔衮,巩固儿子的皇位,也和多尔衮结了婚。因此,多尔衮又被封为皇父摄政王。

多尔衮当了皇父摄政王,独掌朝中大权。国家大事,他也不和别人商量,有时便在家里独自裁决。多尔衮掌握着正白旗和镶白旗,他还嫌不够,又把正蓝旗收归自己管辖。八旗劲旅当中,皇帝只掌管正黄旗和镶黄旗两旗,多尔衮却掌握了三旗,比皇帝还多一旗。

多尔衮虽然很有谋略,但是仍保持着满族贵族的野蛮习气。进入北京以后仍然像满族入关前那样强行圈占土地,把这些土地分配给王公贵

族和八旗兵丁。除了"圈地"之外,他还强迫汉族百姓投靠到满族权贵门下,为他们当牛做马,耕地服役。后来,许多人不堪满族贵族的奴役,纷纷逃亡,清朝又颁布了"逃人法",规定谁要窝藏逃亡的人,就要对谁处以重刑。

"圈地"、"投充"和"逃人法"很不得人心。可是,只要有人在朝廷上稍微表示不满,多尔衮就大发雷霆,恶狠狠地说:"今后,凡是有人敢为'圈地'、'投充'、'逃人法'上奏疏的,一律从重治罪!"

过了几年,顺治皇帝逐渐长大,对多尔衮独断专行越来越不满。顺治七年(公元1650年),多尔衮病死了,十四岁的顺治皇帝开始独掌大权。他下令没收多尔衮的财产,免去他的爵位,把依附他的王公大臣全部贬职、革职或者处死。随后,顺治皇帝又将多尔衮掌握的正白旗收归自己名下。从此,清朝的皇权也一步步地加强起来了。

康熙削藩

康熙皇帝是出色的政治家和军事家,他勤政爱民,文武兼备,他的削藩政策维护了大清帝国的统一,从而开创康乾盛世,奠定了中国多民族统一国家的基础。

康熙帝是清王朝一位贤德开明的君主,他在位期间,做过许多有益的事情,特别是解决了南方"三藩"的问题。

三藩是指当时镇守云南的平西王吴三桂、镇守福建的靖南王耿精忠、镇守广东的平南王尚之信。清军在北京建立大清王朝后,封吴三桂等人为王。为了稳定大清政权,清政府利用他们各自手中的兵力,剿灭各地的农民军和南明抗清势力,吴三桂等也都乘此机会不断扩大自己的势力。

顺治末年,吴三桂等藩王不断招兵买马,扩张势力。他们把持地方政务,压迫百姓,弄得民不聊生,怨声载道。

三藩之中,以吴三桂势力最为强大,他也是最傲慢、最飞扬跋扈的藩王。他割据云南之后,大肆圈占民田,大肆搜刮民脂民膏,增加繁重的赋役,百姓叫苦连天。吴三桂还控制了云南、贵州等地的政治事务,所有文武官员,包括总督、巡抚都受他的节制。

耿、尚二人也是没把大清王朝看在眼里,他们通过各种暴虐的手段对当地农民进行残酷的剥削压迫,并且横行霸道,无恶不作。尚之信在广东天天饮酒作乐,喝醉了就任意杀人,是个十足的杀人恶魔。耿精忠在福建也是横征暴敛,欺压百姓,十分猖狂。老百姓对他们都深恶痛绝。

三藩割据势力的日益膨胀,严重威胁着清王朝的国家统一,清政府与三藩的矛盾日益尖锐起来。年轻的康熙帝清楚地认识到三藩的危害性,于是暗下决心,一定要寻找机会除掉三藩。

1673年初,尚可喜上书康熙帝,请求告老还乡,由他的儿子尚之信接管藩中事务。康熙觉得这正是削弱三藩的良机,于是允许尚可喜告老还乡,但不允许他的儿子尚之信承袭爵位。

康熙的这一举动引起了吴三桂和耿精忠的不安,为了试探康熙的意向,他们也分别上书请求撤藩。康熙早就想撤三藩,于是将计就计,立即下令同时撤除三藩,并加紧派官员前去云南、广东、福建等地处理撤藩事宜。

吴三桂和耿精忠一见康熙果然下令撤藩,分别秘密筹划,准备起兵反叛。

1673年11月,吴三桂终于打出"反清复明"的旗号。他自称"天下都招讨兵马大元帅",分兵两路进攻湖南和川陕。第二年3月,耿精忠在福建起兵响应,向浙江、江西发动进攻。1676年2月,尚之信也在广东起兵响应,

中国通史

> **历史探微**
>
> 《康熙字典》
>
> 《康熙字典》是中国第一部以字典命名的汉字辞书,由张玉书、陈廷敬等三十多位著名学者编撰,也是汉字研究的主要参考文献之一。编撰工作始于康熙四十九年(1710年),成书于康熙五十五年(1716年),历时六年,因此书名叫《康熙字典》。

向广西进攻,至此,三藩勾结反清,叛乱范围扩展到云南、贵州、福建、广东、湖南、四川、陕西、甘肃、浙江、江西、贵州等十一个省,声势浩大,严重威胁清政府的统治地位。

三藩叛乱,江南失守的消息传到北京,朝廷上一片混乱。那些不主张削藩的大臣们又唱起高调来,他们主张与三藩求和。可是主张削藩的明珠、莫洛、米思翰等怎么也不肯退让,他们主张平定三藩的叛乱。康熙皇帝坚定了他的削藩决心,决定派八旗军全力讨伐吴三桂,狠狠反击叛军。

对耿精忠、尚之信,康熙皇帝则软硬兼施。他一方面派他们住在北京的兄弟前往福建和广东进行劝说,一再表示对他们以前的行为不再追究;另一方面,又派八旗军去攻打他们。这软硬兼施的办法果然见效,不久,耿精忠和尚之信就投降了。三藩中平定两藩,只剩下了西南的吴三桂了。

耿精忠和尚之信被降服,给吴三桂以很大打击。但他仍不死心,孤军作战,在攻入湖南以后,叛军的气焰十分嚣张,八旗军多次未能攻下被叛军占领的岳州、长沙等地。

康熙帝下令继续加强正面进攻,同时派兵绕道湖南南部深入广西,袭击叛军后方。八旗军越战越勇,叛军内部却发生了动摇分化。吴三桂手下的大将林兴珠、韩大任等认为继续与清军对抗,百害而无一益,所以都投降了清军。

即将覆灭的吴三桂,已经六十四岁了,牙齿已经掉了一半多,就连走路也摇摇晃晃地要人搀扶。可是他的野心大,仍旧想当皇帝,终于在康熙十七年(1678年),公然在衡州自称"大周皇帝",改元昭武,并大封伪官伪将,企图用这种办法给他的部将们打气。可是,事与愿违,叛军终于抵抗不住清军的强劲有力的攻势,节节败退。

一天,吴三桂听到前线战败的消息,心中一急,突然中风昏厥,部下们好不容易才把他弄醒过来。1678年8月,他终于一命归天。

吴三桂死后,他的部将马宝、胡国柱草草安葬了他的尸体,就赶忙派人前往云南接吴三桂的孙子、十三岁的吴世璠前来奔丧。吴世璠到了衡阳以后,继承了皇位,改元洪化。然后带着他祖父的棺材匆匆忙忙地逃离湖南,退回到云南昆明。

尽管吴世璠逃回了云南昆明,但他仍不死心,仍然同清王朝顽固地对抗。康熙二十年(1681年)11月,康熙皇帝特地派去了大将贝子章泰和都统赖塔,他们二人带着骁勇善战的精锐部队攻破了昆明,吓得吴世璠畏罪自杀。这样,历时八年之久的三藩之乱终于全部平定了。

由于康熙帝坚决果断,平定了三藩,避免了一场使全国再度陷入混乱和分裂的战争,维护了清王朝的统治,使百姓得以安居乐业,国家经济稳步发展。这也是康熙成为明智贤达的君主的原因之一。

平定准噶尔

清军平定准噶尔贵族叛乱之战,是一次维护祖国统一、反对民族分裂的战争。这次战争,起于清康熙二十九年(1690年)噶尔丹部,止于清乾

中国通史

隆二十二年(1757年)达瓦齐部,迭经三朝,历时七十年,终于取得了胜利。

明末清初,我国北方的蒙古族分裂为三个部落:在今内蒙古地区的是漠南蒙古,在今蒙古一带的是北喀尔喀蒙古,游牧于天山以北一带的是漠西厄鲁特蒙古。厄鲁特又称卫拉特,又分为四部,即和硕特(游牧于今新疆乌鲁木齐地区)、准噶尔(游牧于今伊犁河流域)、土尔扈特(游牧于今新疆塔城地区)、杜尔伯特(游牧于今额尔齐斯河流域)。四部中,准噶尔部势力最强,先后兼并了土尔扈特部及和硕特部的牧地,迫使土尔扈特人转迁于额济勒河(今伏尔加河)流域,和硕特人迁居青海。到噶尔丹执政时,在吞并了新疆境内的杜尔伯特和原隶属于土尔扈特的辉特部后,进占青海的和硕特部,又攻占了南疆维吾尔族聚居的诸城。随着准噶尔势力范围的不断扩大,噶尔丹分裂割据的野心愈益膨胀。此时,正是沙皇俄国疯狂向外扩张的时期,为达到侵略中国西北边疆的罪恶目的,对噶尔丹进行拉拢利诱。康熙二十六年(1687年)底,沙俄阴谋策动噶尔丹叛乱,支持他进攻喀尔喀蒙古。在沙皇俄国的唆使和帮助下,噶尔丹率兵进攻喀尔喀蒙古。

喀尔喀蒙古被打败后,几十万的漠北蒙古人逃到漠南,请求清政府给予保护。康熙帝派使者来到噶尔丹那里,要他将侵占的地方交还给漠北蒙古。噶尔丹在沙俄的鼓动下,根本不理睬康熙帝的劝说,不但不肯退兵,还大举进犯漠南,气焰十分嚣张。

康熙帝见噶尔丹有分裂割据的野心,决定亲征噶尔丹。1690年,康熙帝兵分两路:左路由抚远大将军福全率领,出击古北口;右路由安北大将军常宁率领,出击西峰口;康熙帝亲自带兵在后面指挥。

噶尔丹对地形熟悉,长驱直入,向南一直打到乌兰布通,距离北京仅有七百里。康熙的西路军刚一接触噶尔丹军,就吃了败仗。噶尔丹更加得意洋洋。

噶尔丹下令骑兵驻扎在大红山下,后有树林掩护,前有河流阻挡,可谓是"一夫当关,万夫莫开"。他还把上万只骆驼,缚住四脚躺在地上,驼背上加上箱子,用湿毡毯裹住,摆成长长的驼城。叛军就在那箱垛中间射箭放枪,阻止清军进攻。

清军用火炮火枪对准驼城的一段集中轰击,驼城被打开了缺口。清军的步兵骑兵一起冲杀过去,福全又派兵绕到山后夹击,把噶尔丹军队杀得大败,纷纷丢了营寨逃走。

噶尔丹见形势不利于自己,赶快派个喇嘛到清营求和。福全一面停止追击,一面派人向康熙帝请示。康熙帝下令说:"进军追击!别中了贼人的诡计。"果然,噶尔丹求和只是缓兵之计,等清军奉命追击的时候,噶尔丹已经带了残兵逃到漠北去了。

噶尔丹回到漠北,表面向清朝政府表示屈服,暗地里重新招兵买马。1694年,康熙帝约噶尔丹会见,订立盟约。噶尔丹不但不来,还暗地派人到漠南煽动叛乱。扬言他们已经向沙俄政府借到鸟枪兵六万,将大举进攻清军。

1696年,康熙帝第二次亲征,分三路出击:黑龙江将军萨布素从东路进兵;大将军费扬古率陕西、甘肃的兵,从西路出兵,截击噶尔丹的后路;康熙帝亲自带中路军,从独石口出发。

历史探微

康熙收复台湾

清朝初年,台湾一直为郑成功后人所有,为了收复台湾,清政府先后同台湾进行了十一次谈判。康熙当政期间,他先后改变策略,命施琅进攻澎湖,一举攻占澎湖列岛,歼灭了郑氏集团的军事力量,进而展开政治攻势,使台湾接受了清政府的招抚条件。1684年清政府设立了台湾、凤山、诸罗三县,隶属福建省,康熙大帝终于实现了台湾与祖国大陆的统一。

康熙帝的中路军在科图遇到了敌军前锋，但东西两路还没有到达，这时候，有人传说沙俄将要出兵帮助噶尔丹。随行的一些大臣就有点害怕起来，劝康熙帝班师回北京。康熙帝气愤地说："我这次出征，没有见到叛贼就退兵，怎么向天下人交代。再说，我中路一退，叛军全力对付西路，西路不是危险了吗？"

当下，康熙帝决定继续进兵克鲁伦河，并且派使者去见噶尔丹，告诉他康熙帝亲征的消息。噶尔丹根本不相信康熙皇帝会亲征到此，他放声大笑说："哪能来得那么容易！"可是，等他登上克鲁伦河边的北孟纳兰山，见到河南岸清营黄幄龙纛，十分鲜明，大兵屯集，漫无边际，吓得六神无主，不由得自言自语起来："哪能来得那么容易？哪能来得那么容易！"随后跌跌撞撞地回到军营，闷头不语。当天晚上，他丢下营帐辎重，率领部众向西逃走了。

康熙帝一面派兵追击，一面赶快通知西路军大将费杨古，要他们在半路上截击。

噶尔丹带兵奔走了五天五夜，到了昭莫多（今蒙古人民共和国乌兰巴托东南）正好遇到费杨古军。费杨古按照康熙帝的部署，在小山的树林茂密地方设下埋伏，先派四百人诱战，边战边退，把叛军引到预先埋伏的地方，清军出击，叛军见无路可逃，于是拼死抵抗，双方展开了一场激战。费杨古又派出一支人马在山下袭击叛军辎重，前后夹击。叛军死的死，降的降。最后，噶尔丹只带了几十名骑兵脱逃。

噶尔丹叛军经过两次大战，所剩无几。康熙帝劝噶尔丹投降，但是他顽抗到底。隔了一年，康熙帝第三次下诏亲征。在清军的征剿下，叛军的将领纷纷投降。噶尔丹走投无路，服毒自杀而死。

清政府平定噶尔丹贵族的叛乱，使得清政府重新控制了阿尔泰山以东的地区，加强了对西部边疆地区的统治。

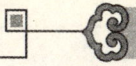

鸦片战争

鸦片战争之前,中国是独立自主的封建国家,鸦片战争之后清政府签订了《南京条约》等一连串不平等条约,使中国主权遭到严重破坏,开启了受西方列强侵略的历史。

虎门销烟之后,英国侵略者不甘心失败,于1840年,在其他西方资本主义列强的大力支持下,向古老封建的中国发动了一次侵略战争,即鸦片战争。他们企图通过战争打开闭关锁国的中国贸易大门,首战由关天培打响。

在虎门销烟之后,英国人不断派出军舰到广东海面骚扰。一天夜晚,两艘英国舰船偷偷地向虎门方向驶来。广东水师提督关天培看到英舰后立即命令士兵向英舰发出警告"不得进入虎门海域!"但两艘英舰仍然我行我素,直朝虎门气势汹汹地驶来。战争的序幕拉开了。

关天培指挥众将开炮奋勇迎敌,他们弹无虚发,敌舰顿时乱作一团,有的舰被打着火了。这时,英国侵略者才知道虎门炮台的厉害,急忙调转舰头,仓皇逃走了。

英军不肯善罢甘休,他们又发动一次更大规模的侵犯。

1840年6月,英国公然发动了残酷的侵华战争——鸦片战争。从它的规模和持久性两方面看,都是以往任何冲突不可比拟的。腐朽落后的清朝政府表示妥协,道光皇帝下令撤了林则徐的职务,同时派主和派琦善为钦差大臣到广州与英国人进行谈判。

琦善到广州之后,为了表示友好的态度,首先将海面上的中国战舰撤回,将海底的防御木桩全部拆除,将一些主战的将士也撤换下来。士兵看到这种情形非常气愤。

中国通史

关天培看到这位钦差大臣的所作所为,心急如焚,这不是搬石头砸自己的脚吗?让我们中国水师丧失战斗力束手就擒吗?不出所料,1841年1月7日,英军开始进攻大角和沙角两个炮台。由于琦善已经扫除了许多海上障碍,英舰得以长驱直入。

关天培见形势十分严峻,他亲自到靖远炮台坐镇指挥,同时派人到广州城里面见琦善请求增援,可是琦善只派了两百名士兵增援关天培。当敌舰开始攻击靖远炮台时,关天培感到自己为国捐躯的日子到了。于是屹立在阵地前,手中高举着战刀,带领将士们对天发誓:

"人在炮台在,誓与炮台共存亡!"士兵们都被关天培的精神打动了,将士们誓死卫国。

关天培1780年出生。他小时候喜欢玩打仗游戏,他擅长组织,又能在游戏中别出心裁地设一些技巧,使游戏既充满趣味,又启发智慧。那时候,关天培在私塾读书,准备通过读书走上科举之路。但后来,他对四书五经没有兴趣,便立志长大后做一名军人。

关天培长大后,投入了军营。当兵后,他刻苦练习武艺,习拳舞棒、骑马射箭,各种技艺超群。他喜欢读一些历史书籍,尤其是对描写战争的历史书籍,他更是爱不释手。他在战场上冲锋陷阵,多次立功,深受士兵们的敬佩,多次被提升。

1834年他被任命为广东水师提督,成为广东水师的最高军事长官。当时,正值英国殖民者大量向我国贩运鸦片,企图以此打开中国市场的大门。而原广东海关和水师又腐败不堪,炮台失修,武备废弛,贪污贿赂成风。关天培到任以后,不辞劳苦,身体力行。为了整顿和加强海防,他对虎门进行了实地考察,指出虎门是"外洋至省城水路咽喉",必须重点设防。为此,他制定了增建改建炮台、扩充编制、加强训练、严肃军纪等一整套措施,并坚决贯彻执行,在局部起了抵抗侵略的作用。

在加强炮台建设的同时,关天培又增添巡洋兵舰与巡洋兵丁,亲自督促水师官兵,在各个炮台加紧训练。由于关天培整顿海防、建设虎门要塞,对于支持禁烟斗争和反击外国武装侵略,发挥了重要作用。

英军开炮猛攻靖远炮台,守军死伤大半。关天培负伤十余处,血流如注,仍镇定指挥。炮手牺牲后,关天培亲自燃放大炮,后因火门被雨水淋湿,大炮无法发射。英军从台后上来,关天培挥刀与敌人搏斗,亲手格杀数人,后不幸中弹,壮烈殉国。四百余名守台将士也全部壮烈牺牲。

琦善的妥协使爱国官兵遭到了重大伤亡,道光皇帝又下令逮捕了琦善,派御前大臣奕山到广州主持战事。

奕山跟琦善一样,也都被英军的坚船利炮吓破了胆。他到广州以后,匆匆忙忙派兵去袭击英军。英军刚一反扑,他就吓得魂飞魄散,急忙缩进广州城。英军把广州城包围起来,奕山不敢再战,派广州知府余保纯向义律求和,订立了《广州条约》,答应六天以内把清军从广州撤出去,还赔偿六百万元的"赎城费"。

清朝政府的妥协退让,让英军尝到了战争的甜头。英国政府任命璞鼎查为全权公使到中国进一步扩大侵略战争。中英双方在东南沿海各地展开了更加激烈的战斗:

1841年,英国付出沉重代价,攻陷了福建厦门,遭到当地居民的强烈反抗,被迫又退了出去。

英军继续北上,再次进攻定海。定海三总兵葛云飞、王锡朋、郑国鸿率领官兵奋起抵抗,与英军激战数日,终因敌我悬殊,壮烈牺牲,定海陷落。

英军攻打浙江镇海,两江部督裕谦(蒙古族)亲

历史探微

戊戌变法

戊戌变法是指中国清朝光绪年间(1898年)进行的一项政治改革运动。以康有为、梁启超为首代表,主要内容是学习西方,改革政治,发展农、工、商业等。这次运动遭到保守派的反对,使光绪被囚,康梁二人分别逃往法国和日本,谭嗣同等六人(戊戌六君子)被杀害,历时仅一百零三天,也叫百日维新。

中国通史

自登城指挥战斗,兵败投水自尽。

接着宁波、慈溪、乍浦……一一陷落。

道光二十二年(1842)春天,英军进犯到了长江出海处的吴淞口。他们想突破吴淞进入长江,入侵中国的内地。

驻守在吴淞的江南提督陈化成以其英勇善战和清廉奉公赢得所属官兵及百姓们的爱戴称颂,鸦片战争爆发前,他被调任江南水师为提督,扼守吴淞口。在这危难之际,陈化成虽年近七十,但深知责任重大。一赴任,就风尘仆仆巡视边防,抓紧训练。

英军连犯定海,总兵葛云飞等人壮烈殉国。陈化成极为悲恸,他发誓,不会让他们的血白流,不会允许英国人的铁蹄肆无忌惮地踏在中国的领土上。他向部下表示:"武将战死沙场,是最大的骄傲,我已准备马革裹尸,拼死一战了。"在他的率领和激励下,将士扼守炮台,奋勇还击,迫使敌人多次溃退。

1842年6月,英国舰队进入长江,他们先在船舷用木制假人,探中国守军的虚实。陈化成识破敌人的奸计,沉稳应战,随机应变,箭在弦上,引而不发。敌舰对陈化成摸不着头脑,只好退却。敌人再次进攻,两江总督牛鉴和徐州镇总兵王志远怯阵惧敌,意欲后退,当即遭陈化成严厉斥责:"我历经海战四十余年,多次在炮弹中出生入死,一心只为保家卫国。今天与英舰遭遇,正是诸位建功立业,报效祖国之际,岂能丢下阵地,逃之夭夭,今日一战,只有进,没有退。为国家社稷人民大众,虽死无憾,虽死犹荣!"

当英军猛扑吴淞口两炮台时,陈化成不避危险,来到阵前指挥。陈化成为了最大限度地打击敌人,命令炮手待敌舰靠近时再打,很快击毁敌舰三艘。英军指挥官探听到了清政府两江总督牛鉴非常胆小时,英军马上对准他开了几炮。

炮弹落在牛鉴附近,把牛鉴吓得魂飞魄散。他以为英军已经杀到跟前来了,也顾不上体面,慌忙丢了纱帽,脱下朝靴,钻到士兵中间没命地跑起来。

　　牛鉴带头逃跑,惊动了守卫在东炮台的清军指挥官。他们也心惊胆战起来,丢下士兵不管,自己跑了。英军见东炮台无人指挥,一阵猛攻,冲了上去,东炮台失守。这时,陈化成外无援兵,内有降将,大批将士战死受伤,处境十分危急。集中了兵力的英军舰艇不停地进攻,双方距离越来越近,而清军的炮位因为不能自如升降,无法打击近处的敌人。很多将士倒了下去,陈化成也已经七处受伤。鲜血染红衣裤,仍亲自安装炸药燃放大炮,活着的将士被他的英勇无畏精神感动,也奋勇与敌人血战。陈化成被敌人炮弹击中,殉职疆场。

　　英军攻占吴淞以后,又攻取了上海、宝山,顺长江直下镇江。驻守镇江的两千多名官兵在没有增援的情况下,英勇奋战,决心与城池共存亡。血战到最后,没有一个人投降、退却和逃跑。

　　镇江失守了,英军趁机扩大战果,沿长江而上,英国军舰到达南京下关江面。还没等英军攻打,清朝政府忙派人到南京与英国进行谈判。于是,签订了中国近代第一个屈辱的不平等条约——《南京条约》。

　　通过《南京条约》及其补充条约,英国从中国获取了许多特权,主要内容有:

　　一、割让香港岛给英国。英国早就想在中国沿海占领岛屿一处。鸦片战争爆发前,查顿向帕麦斯顿献策,认为可以占香港。香港拥有非常安全、广阔的停泊港,给水充足,并且易于防守。《南京条约》规定,清政府将香港割让给英国,"任便立法治理。"从此,香港建立起英国的殖民统治,成为侵略中国的重要基地。

　　二、赔付巨款。中国赔偿英国鸦片烟价六百万元、商欠三百万元、军费一千二百万元,共二千一百万元,分四年付清。

　　三、开放五口通商口岸。《南京条约》规定,开放广州、福州、厦门、宁波、上海为通商口岸。英国在这五个口岸有权驻领事等官员,商人可以自

由通商,不受清政府指定的"行商"进行贸易的限制。从此,中国东南沿海各省门户大开,资本主义商品汹涌而来。随后的《虎门条约》还准许英国人在五口租地建屋,永久居住。之后,外国侵略者利用这一点,在中国各通商口岸划出一部分土地,作为直接管理的租界,并以租界为据点,在政治上、经济上加强对中国的控制和掠夺。

四、控制关税。规定英国商人"应纳进口出口货税、饷费、均宜秉公议定则例"。从此,中国丧失了关税自主权,只要英国不同意,中国就不能增减海关税率。

五、享有领事裁判权。《五口通商章程》规定,凡是英国人与中国人发生"交涉词讼",或在中国领土上犯罪,其如何定罪,"由英国议定章程、法律,发给管事官(即领事官)照办",中国官员无权依据中国法律进行判处。这种"领事裁判权"制度,严重破坏了中国司法主权,开创了外国人在中国犯罪而不受中国法律管束的恶例。

六、享有片面最惠国待遇。最惠国待遇应该是缔约国双方的对等权利。但在中英不平等条约里,却只规定了外国能够片面享受最惠国待遇。

鸦片战争和《南京条约》的签订,使中国由一个独立的封建帝国,逐渐开始沦为半殖民地半封建社会。

太平天国运动

太平天国历时十四年,占领长江中下游地区多年,战事波及半个中国。他颁布的《天朝田亩制度》反映了农民对土地所有制的渴望。太平天国使清政府国力大伤,虽然以失败告终,但对后来的反清革命产生正面影响。

清政府被迫签署《南京条约》后，为支付战争赔款，大肆搜刮百姓钱财，残酷剥削压迫，使人民苦不堪言。于是广东广西爆发了历史上有名的"太平天国起义"。

1814年，洪秀全出生于广东省花县的一个中农家庭。他七岁到村中私塾读书，因为聪明好学，勤奋上进，他十八岁时，在史学和文学两方面的造诣就远近闻名了。但因为家贫，只好以教书为生。

一直信奉"学而优则仕"的洪秀全，多次应考科举不第。当洪秀全目睹清政府的腐败无能，广大贫民百姓痛不欲生，于是他决定丢掉科举功名的幻想，开始关注现实社会。

后来，在一本基督教教义《劝世良言》的影响下，洪秀全和同学冯云山、族弟洪仁玕毅然弃掉私塾中的孔丘牌位，一起创立拜上帝会，离开家乡，到外地进行广泛的宣传活动。

几年后，洪秀全回到家乡，一边教书一边写作，写下了《原道救世歌》、《原道醒世训》、《原道觉世训》等文章。

《原道救世歌》提出了农民政治平等的要求和主张。《原道醒世训》提出"天下多男人，尽是兄弟之辈，天下多女子，尽是姐妹之群"的朴素平等思想，号召人们为实现"天下一家，共享太平"的人间天国而努力奋斗。《原道觉世训》把社会划分为"皇上帝"和"阎罗妖"，号召农民尊奉"皇上帝"，击灭"阎罗妖"，实际上是反对满清皇帝和地主阶级。

这些文章为拜上帝会制定了教义，使拜上帝会成为有明确纲领和严密组织的革命团体。

在洪秀全著书之时，冯云山深入广西桂平县紫荆山区做苦工、当塾师，串村走寨，全力宣传拜上帝会的教义，积极吸收贫苦农民参加拜上帝会。

后来，洪秀全进入广西紫荆山区和冯云山会合，深入汉、壮、瑶等各民族，广泛发展会员，向群众宣扬拜上帝会的各种主张，开展各种宗教仪式，积极为起义作准备。

中国通史

为了争取广大群众的大力支持,洪秀全自称是上帝的儿子、耶稣的弟弟,全知全能的"皇上帝"赐给他宝剑、玉玺,命他来到凡间做"真命天子,斩邪留正"。

受命于天的舆论形成后,拜上帝会日益壮大,并形成了以洪秀全、冯云山、杨秀清、萧朝贵、韦昌辉、石达开等为领导核心的具有严明纪律的革命团体,起义的时机日益成熟,拜上帝会开始加紧打制各式兵器。

准备就绪之后,金田起义爆发了。

金田起义后,太平军士气高涨,连续攻克汉阳、汉口、武昌。各地反清势力闻风而起,太平军迅速增加到百万以上。1853年春,太平军分两路,顺江东下。3月19日,太平军夺取南京,洪秀全把南京改名为天京,作为太平天国的都城。

定都天京后,太平天国颁布了《天朝田亩制度》,宣布废除封建土地所有制,均分天下田地给天下农民耕种,以实现"有田同耕,有饭同食,有衣同穿,有钱同使,无处不均匀,无人不饱暖"的人人平等的理想社会。这正是广大贫苦农民所期望的。

太平天国还实行了男女平等的政策,禁止买卖妇女,并规定妇女和

历史探微

《天朝田亩制度》

中国历来是一个以农业为基础的大国,农业人口占绝大多数,古往今来的农民起义基本都围绕着土地问题,所以洪秀全也不例外。他建立太平天国后以解决土地问题为中心,颁布了《天朝田亩制度》。《天朝田亩制度》规定:"凡分田照人口,不论男妇,算其家口多寡,人多则分多,人寡则分寡。"它将农民的平均主义思想制度化,目的是要达到建立"无处不均匀,无人不饱暖"的理想国,虽然有进步性,但却如同昙花一现,迅即消逝。

男子一样,可以分配土地和生活资料,可以参与军政事务。对外太平天国否认不平等条约,禁止贩卖鸦片,反对外来侵略。

为了尽快推翻清王朝的统治,太平天国决定进行北伐和西征。1853年5月,由林凤祥、李开芳率领两万太平军精锐部队,自扬州出发开始北伐。北伐军从安徽打到河南,并横渡黄河,挺进山西,挥师直逼天津。

然而,此时此刻,北伐军也遭遇到严重的困难。时值深秋,严冬将至,北伐军粮草不足,数万人的寒衣尚无着落,饥寒交迫。1854年2月,北伐军无奈之下,不得不开始南撤,但又被清军包围,只得坐守待援。北伐军的形势十分严峻。

天京得到北伐受挫的消息,立即派遣援军北上接应。但是援军在北上途中,遭受清军袭击,几乎全军覆没。由于外无援兵,粮草、弹药严重不足。加上清军不断增兵围剿,北伐最终以失败告终。

太平天国在北伐的同时,又分兵西征。1853年5月,赖汉英等率战船千余艘,声势浩荡,沿江西进。不久,西征军占领汉口、汉阳,包围武昌。

正当太平天国军事胜利达到最高潮时,太平天国领导集团内部却发生了激烈的争权夺利斗争。

定都天京后,东王杨秀清实际掌握着太平天国的军政大权。随着太平军在西征战场和天京外围取得重大胜利,杨秀清的权势欲望也膨胀到了顶点。杨秀清不满现状,于是在1856年8月,杨秀清逼迫天王洪秀全封他为"万岁"。洪秀全无奈,只得答应,同时感到自己的君权受到了严重的威胁甚至性命难保,于是密令在前线督战的韦昌辉回京斩杀杨秀清。

韦昌辉野心也很大,一直伺机夺取太平天国的最高统治地位,这次正好是一个千载难逢的良机,他岂能错过!9月1日深夜,韦昌辉率部秘密进入天京,迅速占据城内各要害地方。次日凌晨,乘杨府不备,韦昌辉率兵冲入杨府,将杨府上上下下的官员,乃至杨秀清的一家老小通通斩杀,无一幸免。

中国通史

翼王石达开赶回天京后，责备韦昌辉滥杀无辜，韦昌辉趁机要除掉石达开。石达开慌忙连夜逃往安庆，韦昌辉于是将石达开留在天京的老少家人全部杀害，并张贴告示，诬蔑石达开谋反。

石达开从武昌调回四万精锐之师声讨韦昌辉，并要求洪秀全下诏处死韦昌辉。洪秀全也担心韦昌辉会危及他的天王地位，下诏处死了韦昌辉。

经过天京事变后，洪秀全对石达开也心存戒心，对他的信任度减小了。于是在任用他的同时，又封自己的两个哥哥为王，以牵制石达开，石达开对此深感不满。

1857年5月，石达开率二十万太平军将士从天京出走，经安庆开往江西，太平天国走上了分裂的道路。石达开继续打着太平天国的旗帜，流动作战于广西、湖南等地，重创清军，同时太平军也损失惨重。1863年6月，石达开的部队在大渡河被清军围困，最后全军覆灭。

天京事变后，太平天国元气大伤，清军趁机发动猖狂反攻。情急之时，洪秀全提拔了李秀成、陈玉成、洪仁玕等一批年轻的将领，形成新的领导核心，同时补充了一些兵力，使太平天国化险为夷。

1858年9月，陈玉成、李秀成两部太平军彻底摧毁了清军重建的江北大营，并解除了安庆之围。为振兴太平天国，1859年颁布了洪仁玕提出的改革内政和建设国家的新方案——《资政新篇》。

1860年5月，太平军以秋风扫落叶之势解除了江南大营对天京的围困。之后，李秀成指挥各路人马齐下苏杭，整个浙江地区与苏南几乎连成一片，成为太平天国的根据地。

这时，清军乘太平军无暇西顾之机，以重兵围击西线，企图夺取天京上游重镇安庆。安庆是天京的西大门，地理位置举足轻重，太平军急忙回师以解安庆之围。1861年9月，安庆失守，陈玉成被害，西线局势已无可挽回。

1860年10月，第二次鸦片战争结束，腐败无能的清政府和帝国主义签订了《北京条约》，出卖了中国的大量权益，并和中外反动势力勾结起来，联合绞杀太平天国。

1862年初，太平军进军上海，遭到英、法、美等国的洋枪队的攻打，损失极其惨重。李秀成率领英勇的太平军不屈不挠，摧毁清军营盘三十余座，击毙法国海军上将卜罗德。

1862年5月，曾国藩率湘军主力顺江东下，进犯天京。天王洪秀全急忙命令远在上海作战的李秀成火速回师，全力援救天京，关系太平天国存亡的天京保卫战开始了。

由于清军的疯狂进攻，太平军艰苦卓绝的突围都惨遭失败，损兵折将，太平军不得不开始转入防御阶段。由于内无粮草，外无救兵，李秀成建议放弃天京，转入江西、湖北，另开辟根据地，洪秀全断然拒绝了李秀成的建议。

几个月后，洪秀全病死，天京城人心惶惶，形势相当危急。1864年7月19日，清军炸塌城垣，一举攻入城内，天京沦陷。李秀成带千余士兵突围也被清军拦截，被俘后被曾国藩残酷杀害。

天京的陷落，标志着太平天国运动的失败。

太平天国革命的失败，根本原因在于农民阶级的局限性。

由于农民群众分散落后的经济地位，决定了他们的散漫性、狭隘性、保守性以及私有观念、政治浅见等缺陷。他们面对的却是满洲贵族、汉族地主和外国侵略者勾结起来的残忍凶狠的敌人，因此，失败就很难避免了。

但是，太平天国运动的历史意义却是伟大的。它沉重打击了清王朝腐朽的政治统治，加速了清王朝的灭亡，英勇抗击了西方殖民主义者的入侵，阻止了中国殖民化的进程。

太平天国运动对中国以后的革命运动也产生了深远的影响，它在中国的历史舞台上永远闪耀着不灭的光芒。

中国通史

武昌起义

武昌起义以"保路运动"为导火索,历经阳夏保卫战等多次战役,结束了清王朝的封建统治,推翻了中国两千多年的封建统治,成立了中华民国,使民主共和观念深入人心,为辛亥革命打下了良好的基础。

1911年的武昌起义,是20世纪初中国具有重大意义的一个历史事件,对近代社会历史发展有着深远影响。

武汉三镇,地处中国腹地,京汉、粤汉铁路的交会点,长江航线的中心,历来就是我国政治、经济、交通、军事重镇。自鸦片战争以来,武汉及整个湖北成为帝国主义侵略的重要地区。同时,清政府为了偿还所欠帝国主义的债务,无休止地对人民进行剥削压迫,增收各种各样的苛捐杂税,如车税、船税等等,就连吃肉喝酒也要交税。人们辛辛苦苦劳动一年的收入还不够交税钱,再加上多年的洪涝灾害,广大人民简直无法继续生活下去。

在武汉很早就开始有革命党人秘密活动,先后成立了日知会、群治学社、振武学社等革命团体。为了防止清政府镇压和破坏,1911年1月,革命党人又把振武学社改称"文学社",革命党人在研究文学的名义下从事革命活动。

广州起义的失败,并没有浇灭革命的烈火。共进会决定要在两湖(湖南、湖北)举事,革命形势的发展促使共进会与文学社联合起来。

1911年9月,共进会与文学社正式合并,建立了起义的领导核心:蒋翊武任总指挥,孙武任参谋长,起义指挥部设在武昌城一个小巷内。9月24日,两个革命团体举行会议,制定了周密的起义计划。会议最后确定了

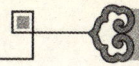

起义日期,决定在中秋节动手。

10月9日,孙武等人在汉口俄租界检测炸弹时,不慎爆炸受伤。俄国巡捕闻声而至,逮捕了几名没来得及逃走的革命党人,搜走了革命党人的旗帜、印信、文告等物,并转交给了清政府总督衙门。

革命党人的机关暴露后,湖广总督瑞澂心里害怕极了。立即下令紧闭四城城门,在全城疯狂搜捕革命党人。当晚,起义领袖彭楚藩、刘复基、杨宏胜等人被残暴地杀害,武昌陷入了反革命的白色恐怖之中。

在这紧急关头,新军中的革命党人自动秘密联络,准备发动武装起义。10月10日晚,湖北新军工程第八营士兵在革命党人熊秉坤的率领下,打响了武昌起义的第一枪。

10月10日上午,工程八营的班长熊秉坤,正在和其他同志焦急地等待起义的通知。这时战友李泽乾进来了,向他报告说:"城里戒备森严,人们传说官府昨晚侦破了谋反机关,抓走了好多人,还要按名单到处抓人呢!"又说有人还看到了官府杀害彭、刘、杨三人的告示。熊秉坤见情况危急,就利用吃早饭的机会低声对各队代表徐少斌、金兆龙等人说:"我们防守军械库,应当首先起义。因为各营起义后,都必须到这里领取弹药,我们不动手,别的营怎敢轻举妄动!"于是就约定下午三点钟上完操以后起义,并通知了在楚望台执勤的革命党人接应。可这时候,营里突然接到上级的紧急命令:停止上操。熊秉坤只好将起义时间改为晚上七点以后。

快到七点的时候,排长陶启胜见士兵程正瀛手里拿着上了子弹的枪,金兆龙也在擦枪,就问:"你们想干什么?"金兆龙回答说:"以防不测!"陶启胜大声说:"你们想造反吗?"金兆龙急不择言,说:"造反就造反,你能把老子怎么样!"陶启胜上前跟金兆龙扭打起来,要把他抓起来惩处。程正瀛见情势危急,向陶启胜开了一枪。陶启胜受了轻伤,连滚带爬地出门逃命,迎面正碰上了熊秉坤。熊秉坤知道陶启胜是清政府的走狗,怕他去告发,就一枪了结了他的性命。

全营革命党人听到枪声,立即行动起来,顿时枪声大作。就这样,几

中国通史

个新军革命士兵的行动,揭开了武昌起义的序幕。

起义的士兵们打死了阮荣发等3个反动军官,其他军官见势不妙,有的翻墙逃跑,有的躲进了厕所。各队士兵见长官死的死,逃的逃,胆子就更大了。他们蜂拥而出,集中到熊秉坤周围。熊秉坤见大家都动起来了,就鸣笛集合,并且先带领40多个战士奔向楚望台,和那里准备接应的同志会合起来,占据了军械库。其他战士也跟着往那里集中。熊秉坤以总代表的身份,向大家宣布说:"从现在起,我们的军队叫湖北革命军。今天晚上的作战目标是攻占总督府,以完成武昌独立为原则,口令是'同心协力'。"

宣布命令后,熊秉坤感到自己头衔小,缺乏领导起义的威望和指挥经验,恐怕难以控制局势,就去找队官(相当于连长)吴兆麟。吴兆麟进过参谋学堂,军事知识和作战经验都比较丰富,被人们称为"智多星",熊秉坤和士兵们都推举他为临时总指挥。吴兆麟要求士兵们绝对服从命令,要同心协作,并对起义部队作了部署。

这时候,蔡济民等人又带领别的营的起义士兵和学生来到楚望台。南湖炮队把火炮拉了出来,架设在中和门城楼、楚望台和蛇山等制高点。约有两千人的革命军参加了围攻总督衙门的战斗。

总督衙门是清朝统治湖南、湖北两省的中枢,有一丈多高的围墙,易守难攻,而且瑞澂在这里配备了雄厚的兵力,并采用当时最先进的武器防守。革命军在进攻以前,切断了电线,全城一片漆黑。他们先派步兵去攻打,敌人的火力太猛,无法接近。又让炮队发炮射击,由于天色太黑,看不清目标,作用微乎其微。吴兆麟等人商议后,就决定分三路前去放火。一会儿的工夫,只见火光冲天,总督衙门前的大旗杆看得清清楚楚。革命军的炮手们以旗杆为目标,猛烈轰击,十发九中。步兵人马在炮火的掩护下,冲向总督衙门。

总督瑞澂吓得魂飞魄散,心惊胆战地说:"炮弹太厉害了,在这里落下一颗就不得了!"话音未落,果然一颗炮弹落在院中,爆炸起火。他吓得急忙叫人在衙门后墙挖了个洞,爬出去逃到事先停在长江的楚豫号兵舰上去

武昌起义

了。统制张彪凭借有利地形和先进的武器装备,带领清兵在望山门负隅顽抗,机枪吐着火舌,封住革命军前行的道路。熊秉坤挑选了三四十人组成敢死队,沿着墙根爬行前进,接近了机枪阵地后,突然跳起掀倒机枪,后面的革命军也跟着冲了上去。

当敢死队冲到总督衙门附近的时候,张彪率领清兵发起了反冲锋,把革命军拦腰截成两段。敢死队前有敌人机枪的猛烈扫射,后有敌人的围攻,双重危险摆在革命军眼前。在这生死存亡的紧要关头,熊秉坤急中生智,命令士兵散开,对围困自己的敌人进行包围。勇士王世龙、纪鸿钧先后提着两桶煤油,攻其不备,纵身冲进总督衙门,浇上煤油,放起火来。敌人见衙门里燃起熊熊烈火,立刻军心大乱,纷纷逃跑。王世龙和纪鸿钧不幸壮烈牺牲。其他敢死队战士趁敌人混乱溃逃之机,冲进了总督衙门,引火烧毁大堂。张彪见总督衙门成了一片火海,也不敢恋战,只得长叹了一口气,率领残兵败将过江逃到汉口去了。

经过整整一夜的激战,革命军占领了总督衙门和武昌全城。数百名革命勇士在战斗中献出了宝贵的生命,用鲜血换来了胜利。10月11日上午,武昌城头飘起了革命的大旗,革命党人取得了这来之不易的伟大胜利。

武昌起义由于发起的时间是旧历辛亥年,所以又称这场伟大的革命为"辛亥革命"。这次革命沉重打击了清朝的腐朽统治,使得清王朝的统治很快土崩瓦解。

历史探微

黄花岗七十二烈士

1911年,黄兴率领革命党先锋队一百六十多人在广州举行起义,起义军与清兵激战一夜,伤亡极其惨重,以失败告终。这次起义使一百多名革命党人壮烈牺牲,后来同盟会会员潘达微将七十二具烈士遗骸收殓,葬于东郊黄花岗,被称为"黄花岗七十二烈士"。广州起义虽然失败了,但它极大振奋了群众的斗志,成为辛亥革命的前奏。

图书在版编目(CIP)数据

中国通史/崔钟雷主编. -- 哈尔滨:哈尔滨出版社,2012.4
(课外讲堂)
ISBN 978-7-5484-0910-6

Ⅰ.①中… Ⅱ.①崔… Ⅲ.①中国历史-青年读物②中国历史-少年读物 Ⅳ.①K209

中国版本图书馆CIP数据核字(2012)第010800号

书　　名:	中国通史
主　　编:	崔钟雷
副 主 编:	石冬雪　王江梅　吕延林
责任编辑:	杨磊　孙迪
责任审校:	陈大霞
装帧设计:	稻草人工作室

出版发行: 哈尔滨出版社(Harbin Publishing House)
社　　址: 哈尔滨市香坊区泰山路82-9号　邮编: 150090
经　　销: 全国新华书店
印　　刷: 北京朝阳新艺印刷有限公司
网　　址: www.hrbcbs.com　www.mifengniao.com
E-mail: hrbcbs@yeah.net
编辑版权热线: (0451)87900272　87900273
邮购热线: 4006900345　(0451)87900345　87900299
　　　　　或登录蜜蜂鸟网站购买
销售热线: (0451)87900201　87900202　87900203

开　　本:	880×1230　1/32	印张: 13	字数: 350千字

版　　次: 2012年4月第1版
印　　次: 2014年4月第3次印刷
书　　号: ISBN 978-7-5484-0910-6
定　　价: 18.80元

凡购本社图书发现印装错误,请与本社印制部联系调换。　服务热线: (0451)87900278
本社法律顾问: 黑龙江佳鹏律师事务所